W0204512

Ulrich Hähner, Ulrich Niehoff, Rudi Sack,
Helmut Walther

Vom Betreuer zum Begleiter

Eine Handreichung zur Leitidee der Selbstbestimmung

Lebenshilfe

Ulrich Hähner, Ulrich Niehoff, Rudi Sack,
Helmut Walther

Vom Betreuer zum Begleiter

Eine Handreichung zur Leitidee der Selbstbestimmung

Lebenshilfe-Verlag Marburg 2021

Bibliografische Information Der Deutschen Nationalbibliothek

Die Deutsche Nationalbibliothek verzeichnet diese Publikation in der Deutschen Nationalbibliografie; detaillierte bibliografische Daten sind im Internet über http://dnb.d-nb.de abrufbar.

Herausgeber:
Bundesvereinigung Lebenshilfe e.V.
Raiffeisenstraße 18, 35043 Marburg
Tel.: (0 64 21) 4 91-0
Fax: (0 64 21) 4 91-16 7
E-Mail: bundesvereinigung@lebenshilfe.de
Internet: www.lebenshilfe.de

Lektorat: Roland Böhm
Satz und Gestaltung: Heike Hallenberger

Titelbild: Partiturauszug aus »Die Moldau« von Bedrich Smetana
Fotos: Rudi Sack
Druck: Appel & Klinger Druck und Medien GmbH

ISBN 978-3-88617-324-2
11. Auflage 2021, unveränderter Nachdruck der
9., vollständig überarbeiteten und aktualisierten Auflage 2016

Inhalt

Vorwort zur 1. Auflage 7
Vorwort zur vollständig überarbeiteten 9. Auflage 10

Zur Einführung in die Leitidee der Selbstbestimmung

Ein guter Helfer, ein schlechter Helfer
People First London 15

»Ich bin unheilbar«
Rudi Sack 17

Von der Verwahrung über die Förderung zur Selbstbestimmung
Fragmente einer Entwicklung der Behindertenhilfe
Ulrich Hähner 29

Grundbegriffe selbstbestimmten Lebens
Ulrich Niehoff 45

»Zwei Kunden«
Ulrich Hähner 57

Argumente für ein selbstbestimmtes Leben

Selbstverantwortung – Selbstbestimmung – Selbstständigkeit
Bausteine für eine veränderte Sichtweise von Menschen mit Lernschwierigkeiten
Helmut Walther 61

Das zerstörte Selbstbild von Menschen mit »geistiger Behinderung« mit Bezug auf Gedanken von Dietmut Niedecken
Ulrich Niehoff 89

Normalisierung der Beziehungen
Menschen mit Lernschwierigkeiten und ihre Begleiter
Rudi Sack 103

Selbstbestimmung und Recht
Welche rechtlichen Aspekte von dem Thema Selbstbestimmung berührt werden
Ulrich Hähner, Vincent Stampehl 121

Selbstbestimmung für Menschen mit hohem Unterstützungsbedarf: Ja, aber ... !?
Rudi Sack 135

Zum Handeln der Begleiter

Überlegungen zur Entwicklung einer Kultur der Begleitung
Ulrich Hähner 153

Persönliche Zukunftsplanung heißt Stärken stärken
Ulrich Niehoff 181

Barrieren beseitigen – Selbstbestimmung ermöglichen
Helmut Walther 187

Einführende Überlegungen zum Handeln der Begleiter
Ulrich Niehoff 199

Aus der Sicht von Selbstvertreter(inne)n:
Wie sollen Heilerziehungspfleger(inne)n arbeiten?
Rat behinderter Menschen der Bundesvereinigung 207

Sexualität selbstbestimmt leben
Ulrich Hähner 211

»My Home Is My Castle« – Wohnen und Selbstbestimmung
Rudi Sack 235

Stellungnahme zur Bundesinitiative »Daheim statt Heim«
Rat behinderter Menschen der Bundesvereinigung 259

»Spiel dich frei!« Empowerment durch Theaterarbeit
Rudi Sack 261

Eltern sind keine Gegner – Eltern sind Partner
Ulrich Hähner 275

Zum Schluss mit einem Augenzwinkern

Was ist eigentlich geworden aus der
Selbstbestimmungsdebatte? – eine Typologie.............. 297

Vorwort zur 1. Auflage 1997

Ist es legitim, als Fachleute, als Professionelle ein Buch zu schreiben zum Thema Selbstbestimmung für Menschen mit geistiger Behinderung? Wenn in diesem Buch vor den Gefahren der »Ver-Objektivierung« behinderter Menschen durch Medizin, Therapie und Pädagogik gewarnt wird, verlieren die Autoren dann nicht an Glaubwürdigkeit, da sie ja über ihre Erfahrungen mit Menschen schreiben, anstatt das Buch mit Betroffenen zu gestalten?

Eine berechtigte Frage!

Nachdem durch den Kongress der Bundesvereinigung Lebenshilfe »Ich weiß doch selbst, was ich will! Menschen mit geistiger Behinderung auf dem Weg zu mehr Selbstbestimmung« im Herbst 1994 in Duisburg das Thema in großer Breite angegangen worden war, stehen jetzt Fragen im Raum, welche Konsequenzen denn dieses neue Paradigma nach sich zieht, insbesondere im Blick auf fachliches Handeln.

Deshalb richtet sich unser Buch nicht an Menschen mit geistiger Behinderung, sondern es ist von Fachleuten für Fachleute geschrieben. Und unabwendbar ist richtig: Wenn das Leitbild der Selbstbestimmung in den nächsten Jahren mehr zum Tragen kommen soll, wird sich die Rolle der Professionellen fundamental verändern müssen.

In diesem Sinne möchten wir mit diesem Buch Gedanken und Diskussionen zur Neuprofilierung beruflicher Identität anstoßen.

Wir Autoren haben bei vielen Gelegenheiten versucht, mit behinderten Menschen ins Gespräch zu kommen, haben versucht zu erfahren, welche Vorstellungen sie haben zu den Formen der Hilfestellungen, die sie wünschen und wie Betreuer/Begleiter sich einstellen sollen. Ihre Antworten können uns nicht voll befriedigen, weil wir offensichtlich noch nicht die richtigen Wege gefunden haben, von Menschen mit Behinderungen eindeutige Voten zu erhalten, aus denen sich die richtigen Folgen für unser Begleitungshandeln ableiten ließen. Diesbezügliche Versuche müssen fortgesetzt werden.

Weder wir Professionellen, noch Menschen mit geistiger Behinderung sind es bisher gewohnt, Konzeptionen gemeinsam zu entwickeln. Noch viel weniger Erfahrungen liegen vor, wenn es darum geht, Nutzer von Dienstleistungen so zu unterstützen, dass sie ihre Meinungen und Wünsche gleich selbst in ein Konzept einfließen lassen können.

Zur Frage der Bezeichnung der Menschen, die als geistig behindert gelten, haben wir Autoren lange Diskussionen geführt. »Geistig Behinderte gibt es nicht!«, lautet die Überschrift eines Aufsatzes von Georg Feuser aus dem Jahre 1996, in dem er weiter ausführt »Es gibt Menschen, die wir aufgrund unserer Wahrnehmung ihrer menschlichen Tätigkeit, im Spiegel der Normen, in dem wir sie sehen, einem Personenkreis zuordnen, den wir als ›geistig behindert‹ bezeichnen. Geistige Behinderung kennzeichnet für mich einen phänomenologisch-klassifikatorischen Prozeß ...«.

Wir möchten der die großen Unterschiede, z. B. in der sozialen Situation, verwischenden Aussage »Wir sind doch alle behindert!« nicht das Wort reden, wenn wir auf die allseits bekannte Problematik hinweisen, eine Gruppe von Menschen ab einem bestimmten Punkt der Kategorie »geistig behindert« zuzurechnen und die größere Gruppe – nämlich wir alle – nicht. Denise W. – sie kann nicht sprechen – berichtet in einem Magazin 1996 über ein per Computer vermitteltes Gespräch mit ihrer Mutter. Auf deren Frage: »Was hast Du gedacht, als wir Dich für geistig behindert hielten?« antwortet die Tochter unter starkem Weinen: »DACHTE ZERTRETE GERNE DIE GEDANKEN VON EUCH WEIL SEHR GEFAEHRLICH FÜR DAS LEBEN IST FAST TOT-JA GEISTIG BEHINDERT IST DAS SCHLIMMSTE WAS MAN SAGT DAS STIMMT«.

In dieser Ratlosigkeit erscheint es uns am treffendsten, von Menschen zu sprechen, die als geistig behindert bezeichnet werden – manchmal schon allein aufgrund der Tatsache, dass sie in einer Werkstatt für Behinderte arbeiten oder in einem Wohnheim der Lebenshilfe leben. Wir würden uns freuen, wenn Sie, liebe Leserin, lieber Leser, uns einen Begriff nennen könnten, der diese Menschen nicht so stark diskriminiert.

Wir haben uns entschlossen, dieses Mehrautorenbuch als Autoren gemeinsam zu verantworten, dennoch aber die einzelnen Beiträge mit dem Namen des jeweiligen Verfassers zu kennzeichnen; dies insbesondere deshalb, weil auch wir Autoren durchaus nicht bei allen Aspekten des Begleitens – schon – einer Meinung waren. Das Thema ist einfach noch zu neu!

Das Buch stellt in gewisser Weise einen Steinbruch dar, aus dem die Leser(innen) sich die Steine herausklauben müssen, die ihnen jeweils wichtig erscheinen.

Die Unterschiedlichkeit der Beiträge im Herangehen an das Thema kann einen Eindruck vermitteln von unseren fruchtbaren, anregenden, oft bis in die frühen Morgenstunden hineinreichenden Diskussionen über einzelne Aspekte dieses Buches.

Welche Bedeutung haben nun Begriffe wie »Begleitung« oder »Begleiter«? Die Vorsilbe »be« ist besitzergreifend. So drückt z. B. das Wort behandeln ein hierarchisches Verhältnis zwischen handelndem Subjekt und behandelten Objekt aus. Gerät damit das von uns gewählte Wort »Be-gleitung« in Misskredit? Wir fanden es passend – auch besser als den Begriff »Assistenz«, der z. B. den Beziehungsalltag zwischen behinderten Menschen und Helfern nicht wiedergibt.

Ein Blick in die Wörterbücher verunsichert zunächst, reizt manchmal zum Lachen, trifft aber doch das von uns Gemeinte. Hier einige Beispiele:

- Begleiten: geleiten, beschirmen, behüten, beschützen, sichern, bewahren, nach Hause bringen, heimbringen, heimgeleiten, mitgehen, heimfahren, wegbringen, unter seine Fittiche nehmen ... (Textor);
- Begleiter, der; - s, -, Begleiterin, männliche bzw. weibliche Person, die jmdn., etwas begleitet; begleitende Person ... sinn.: Begleitung, Schatten, Trabant; Aufpasser, Anstandswauwau; Betreuer, Führer ... (Duden);
- Begleiten: In diesem im 17. Jahrhundert zuerst bezeugten Verb sind zwei ältere Verbformen zusammengeflossen: 1. mhd. begleiten, ahd. bileiten »leiten, führen« (im 17. Jh. aussterbend); 2. geleiten, mhd. geleiten, ahd. gileiten (vgl. leiten). Die niederl. Form begeleiden läßt auf eine (allerdings nicht bezeugte) Vorform begeleiten schließen. Die alte Bedeutung »führen« ist abgeschwächt zu »mitgehen« (vielfach übertr.), in der Musik zu »ergänzend mitspielen« (entspr. dem frz. accompagner u. accompagnare) (Duden, Herkunftswörterbuch);

- Begleitung (Akkompagnement, frz. accompagnement) in der Musik das unterstützende und harmonisch ergänzende Mitgehen eines Tasteninstrumentes oder einer Instrumentalgruppe mit einer solistischen Vokal- und Instrumentalstimme. Das mit dem Aufkommen der Monodie um 1600 verbundene Hervortreten einer melodietragenden Einzelstimme machte eine rangmäßig nachgeordnete B. notwendig … . (Meyers Enzykl. Lexikon).

Hier finden wir uns wieder: Aus dem Objekt der Pädagogik ist das Subjekt »melodietragende Einzelstimme« geworden, welches Unterstützung erhält in Form von »rangmäßig nachgeordneter Begleitung«.

Die Autoren

Vorwort zur vollständig überarbeiteten 9. Auflage

Offenbar ist es so, dass der Band »Vom Betreuer zum Begleiter«, der 1997 in der ersten Auflage erschienen war, sich weiterhin einer guten Nachfrage erfreut. Die Autoren haben die Erarbeitung genossen, auch wenn es natürlich mitunter harte Arbeit war. Wir haben miteinander gerungen, damals zu einem Thema, das noch recht neu war! Aufgrund des für ein Fachbuch außergewöhnlichen Erfolgs, der sich auch in einer fünfstelligen Verkaufszahl ausdrückt, hat der Lebenshilfe-Verlag ihn immer wieder neu aufgelegt (und in der Bewerbung als »Dauerbrenner« tituliert). Wir Autoren haben jeweils gerne unsere Zustimmung zum Nachdruck gegeben. Der anhaltende Absatz schmeichelte und schmeichelt ja auch unserer Eitelkeit, ebenso wie die gelegentliche Rückmeldung, dass das Buch in so manchen Ausbildungsgängen und Studienstätten für zukünftige Mitarbeitende in der Arbeit mit behinderten Menschen zu den »Standardwerken« gehöre.

Bei der letzten Nachfrage des Verlags sahen wir uns nun aber doch herausgefordert, erst einmal zu überprüfen, ob unsere vor immerhin 20 Jahren gesammelten Aussagen immer noch Gültigkeit haben könnten. So haben wir uns in Rücksprache mit dem Verlag dazu entschlossen, eine grundlegend überarbeitete Fassung des Buches zusammenzustellen. Um es kurz zu sagen: ganz überwiegend kamen wir zu dem Schluss, dass die Inhalte von »Vom Betreuer zum Begleiter« noch kein »Schnee von gestern« seien, dass die Forderung nach einem »selbstbestimmten Leben« von Menschen mit Lernschwierigkeiten nach wie vor Gültigkeit hätte und zugleich im Alltag ihrer Begleitung in Einrichtungen und durch Dienste keinesfalls schon so selbstverständlich umgesetzt sei, dass man darüber gar nicht mehr zu reden bräuchte. Gleichwohl haben wir uns dazu entschlossen, im Buchtitel nicht mehr vollmundig von einem »neuen Paradigma« zu sprechen, sondern besser von der »Leitidee der Selbstbestimmung«.

Was hat sich verändert in 20 Jahren? Was immer einem Wandel unterliegt, ist die Diskussion um Bezeichnungen. Obwohl sich in Deutschland nach wie vor keine alternative bzw. neue Bezeichnung für »geistige Behinderung« eindeutig durchgesetzt hat (und diese Bezeichnung z. B. in Gesetzbüchern und Schulartenbezeichnungen unverändert relevant ist), haben wir uns dazu entschlossen, sie – abgesehen von Zitaten und von Zusammenhängen, in denen z. B. ein Bezug zu Gesetzestexten oder historischen Betrachtungen hergestellt wird – nicht mehr zu verwenden und überwiegend von »Menschen mit Lernschwierigkeiten« zu sprechen, manchmal auch von »kognitiver Beeinträchtigung«. Als wir das Buch in seiner ersten Auflage verfassten, war es gerade seit relativ kurzer Zeit en vogue, von »Menschen mit Behinderung« bzw. im speziellen von »Menschen mit geistiger Behinderung« zu sprechen. Die Lebenshilfe hatte z. B. ihren Namen Anfang der 90er Jahre entsprechend abgeändert. Man war stolz drauf, dass man den »Menschen« zuerst nannte und seine »Behinderung« hintanstellte. Heute kommt uns gerade diese Wendung wieder falsch vor, wenn wir uns (wie in der Klassifikation der ICF oder auch im Behinderungsbegriff der Behindertenrechtskonvention der Vereinten Nationen) vergegenwärtigen, dass »Behinderung« kein isoliertes Thema des so bezeichneten Menschen darstellen kann, sondern als »behinderte Teilhabe« immer erst in der Wechselwirkung zwischen dem beeinträchtigten Menschen und seiner Umwelt entsteht, etwa weil gesellschaftliche Barrieren ihn an seiner Teilhabe hindern. Im Slogan einer Kampagne der Aktion Mensch wurde das am treffendsten zum Ausdruck gebracht: »Behindert ist man nicht, behindert wird man!« In diesem Sinne kann man dann konsequenterweise auch nicht mehr vom »Menschen mit Behinderung« sprechen, denn die Präposition »mit« würde ja gerade wieder signalisieren, dass »Behinderung« dem so bezeichneten Menschen zu eigen ist, gewissermaßen als sein individuelles Persönlichkeitsmerkmal, während der »behinderte Mensch« eher das von anderen Menschen bzw. den Umweltbedingungen behinderte Individuum bezeichnen kann.

Nun mag der eine oder die andere unserer Leser(innen) denken, Begriffe seien ohnehin Schall und Rauch, und sie haben durchaus unsere Sympathien für eine so pragmatische Sichtweise. Als Autoren sehen wir uns dennoch in der Pflicht, möglichst genau mit Begriffen umzugehen. Sie werden beim aufmerksamen Lesen aber feststellen, dass es uns selbst nicht immer gelungen ist, die selbst vereinbarten Regeln bei der Begriffsverwendung konsequent einzuhalten. Wir üben noch!

Die Leser(innen) werden in dieser Neuauflage viele überarbeitete und einige wenige, praktisch unveränderte Beiträge aus früheren Auflagen finden, aber auch ein paar neue Beiträge, unter anderem zu rechtlichen Aspekten der Selbstbestimmungsdiskussion, zum Aspekt der Barrierefreiheit sowie zur Frage der Chancen von Menschen mit sehr hohem Unterstützungsbedarf auf ein selbstbestimmtes Leben. Entlassen wollen wir Sie im letzten Beitrag mit einem Augenzwinkern: In einer »Typologie« beschäftigen wir uns scherzhaft, und doch ein bisschen ernst gemeint, mit der Frage, wie unterschiedliche »Typen« von Kolleg(inn)en in den letzten 20 Jahren mit dem Gedanken der Selbstbestimmung umgegangen sind. Vielleicht tut es ganz gut, sich diesem wichtigen Thema nicht nur mit dem gebotenen Ernst, sondern gelegentlich auch mit der entlastenden Wirkung des Humors zu nähern.

In diesem Sinne wünschen wir Ihnen viel Spaß, aber auch wichtige Erkenntnisse beim Lesen dieser Neuausgabe.

August 2016, die Autoren

Zur Einführung in die Leitidee der Selbstbestimmung

Ein guter Helfer, ein schlechter Helfer

Ein guter Helfer

Jemand, der Dir wirklich zuhört.
Jemand, der nicht gleich alles für Dich macht.
Jemand, der daran glaubt, was du tust.
Jemand, der Dich als Erwachsenen behandelt.
Jemand, der Dir und der Gruppe hilft,
Dinge für Euch selbst zu tun. Jemand,
der Euch nicht die
Entscheidungen abnimmt.

Ein schlechter Helfer

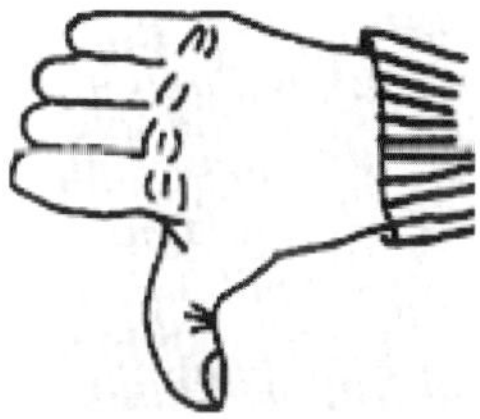

Jemand, der die Entscheidungen für Dich trifft.
Jemand, der Dich wie ein Kind oder ein Baby
behandelt.
Jemand, der Dir nicht zuhört.
Jemand, der Dir sagt, was Du machen musst.
Jemand, der alles für Dich tut.
Jemand, der Dir nicht beibringt, wie Du etwas für Dich selbst tun kannst.
Leute, die entscheiden, worüber bei den Treffen gesprochen wird.

(Aus: »Wie man eine People-First-Gruppe aufbaut und unterstützt«, Fachzeitschrift »Geistige Behinderung«, Heft 1/1995, Rubrik »Für die Praxis«, Seiten 15 und 16)

Ein guter Helfer ein schlechter Helfer

[illegible]

Ein schlechter Helfer

[illegible]

[illegible]

»Ich bin unheilbar«

Rudi Sack

1.
Wenn mir eines auf den Wecker geht, dann ist das mein Wecker. Wenn er mich unbarmherzig aus meinen Träumen reißt. Um sechs Uhr. Und zwar täglich. Ich bin nun mal kein Frühaufsteher, noch nie gewesen. Aber was hilft's? Schwerfällig drehe ich mich zur Seite, bringe meinen Peiniger mit einer ungelenken Handbewegung zum Schweigen und erhebe mich widerwillig aus dem geliebten Bett. Ich zwinge mich dazu, denn alles andere wäre unfair gegenüber Monika. Monika ist die mutigste Frau der Welt. Ich weiß wohl, wie dankbar ich sein muss, dass sie mich geheiratet hat, trotz aller Warnungen. Und ich kann es nicht ausstehen, wenn Monika leiden muss, wegen mir. Es macht mich traurig, wenn sie leidet.

So wie damals, in der ersten Zeit nach unserer Heirat, als ich morgens meinen Wecker so manches Mal hinter den Kleiderschrank schleuderte und dann schnell vergaß. Ich finde, man muss es verstehen, wenn ein Mensch um sechs Uhr einfach nicht in der Lage ist, aufzustehen. Mein Chef hatte kein Verständnis. So richtig wurde mir das aber erst klar, als ich eines Tages von der Arbeit nach Hause kam und unsere Küche betrat. Auf der einen Seite unseres Küchentischs saß Monika, und sie sah mich an mit diesem Hundeblick, der mich erstarren lässt. Dieser Blick bedeutet »Ich leide, wegen dir!« . Auf der anderen Seite befand sich ein mir völlig unbekannter Mann mit Rollkragenpullover und leicht ergrautem Vollbart. Auf seiner langen, spitzen Nase thronte eine viel zu klein geratene und blau umrandete Brille, durch die er meiner Frau eindringlich in die Augen schaute. »Ist er das?« , fragte er mit einer leichten Kopfbewegung in meine Richtung. Monika nickte.

Ich war schon immer sehr eifersüchtig. Und ich kann es überhaupt nicht leiden, wenn ein fremder Mann mit Rollkragenpullover meiner Frau in ihre Kuhaugen sieht und solche Fragen stellt. »Wer ist das?«, presste ich hervor. Mein fleischiger Zeigefinger war zitternd auf den Rollkragen gerichtet. »Das ist Herr Pommé« , sagte Monika tonlos, »von der psychologischen Angehörigenberatung.« Der Rollkragen hatte in der Zwischenzeit seinen überaus behaarten Kopf in meine Richtung gedreht und sah mich etwas amüsiert an. »Nana«, sagte er in einem Tonfall, der wohl gutmütig klingen sollte. »Keine Angst, Herr

Sack. Ich unterhalte mich nur ein bisschen mit Ihrer Frau.« – »Und worüber, wenn ich fragen darf?« – »Über Ihr kleines Problemchen. Aber das können Sie vielleicht selbst herausfinden, Herr Sack. Es hat etwas mit Ihrer Arbeit ...« Weiter kam er nicht. »Raus!«, zischte ich den Rollkragen an und machte mich daran, ihn an selbigem zu packen. Da geschah das Unbegreifliche. Monika verlor die Fassung und schrie mich an: »Nun mach doch nicht alles noch komplizierter, als es ohnehin schon ist!« Wie gelähmt sah ich sie an. »Bitte, aber was ist denn so kompliziert?«, hauchte ich. Sie reagierte mit einigen gestammelten Erklärungen, von denen ich in etwa so viel verstehen konnte: Während ich selbst in der Firma auf mein regelmäßiges morgendliches Zuspätkommen noch nie angesprochen worden war, erhielt Monika wohl schon seit langem Anrufe von Herrn Müller. Herr Müller ist Leiter der Abteilung, in der ich arbeite. In zunächst freundlichem, später immer ungeduldigerem Ton forderte er sie auf, sie möge doch bitte dafür Sorge tragen, dass ich pünktlich zur Arbeit erscheine. Zum Schluss hatte er ihr sogar unverblümt die Frage gestellt, ob sie sich eigentlich überhaupt in der Lage sähe, mit so einem Mann wie mir fertig zu werden, und er sei ohnehin schon immer der Meinung gewesen, solche Ehen könnten nicht gutgehen. In ihrer großen Not hatte Monika sich an die psychologische Angehörigenberatung gewandt und einen Hausbesuchstermin mit Herrn Pommé vereinbart.

Beim Rollkragen hatte seit meinem kleinen Angriff das Interesse an unserem Fall offensichtlich nachgelassen. Während ich vollkommen erschöpft auf die Küchenbank sank, stand er bereits im Flur und richtete noch einige eindringliche Worte an Monika, von denen ich nur einzelne Fetzen wie »Therapie«, »stationär« und »Denken Sie auch mal an sich!« aufschnappte. Später nahm ich Monika in die Arme und weinte. Wie ein Dreijähriger. Es macht mich traurig, wenn sie wegen mir leiden muss. Ich schwor, fortan jeden Morgen ohne Murren aufzustehen, und daran habe ich mich bis heute gehalten.

Als ich die Küche betrete, sitzt Monika bereits am Frühstückstisch. »Du hast Post«, verkündet sie und wedelt mit einem Schriftstück, das sie gerade aufmerksam liest. »Oh schön, was ist es denn«, frage ich, »darf ich mal sehen?« – »Moment, ich bin gleich soweit. Der Info-Brief für die Ferienfreizeit, auf die ich dich angemeldet habe.« Sie reicht mir ein Blatt und behält die restlichen. »Was ist das andere?« – »Ach, das ist für mich. Einige Mitteilungen und eine Einladung zum Informationsabend für die Angehörigen.« – »Gehst du hin?« – »Ich muss wohl. Hier steht ›Ein intensiver Austausch mit den Angehörigen ist uns sehr wichtig und unbedingte Voraussetzung für einen reibungslosen Ablauf der Maßnahme«« – »Soso, ja natürlich«, sage ich und vertiefe mich in das Blatt, das für mich bestimmt ist.

Ich mag meinen Freizeitklub sehr, und ich bin auch immer gerne auf die Urlaubsfahrten mitgegangen. In den letzten Jahren habe ich viele interessante Länder bereist, die ich sonst wohl niemals kennengelernt hätte: Italien, Griechenland, Holland. In diesem Jahr ist das Angebot allerdings leider etwas reduziert, aus Kostengründen. Ich hatte die Wahl zwischen »Reiten auf dem Ponyhof«, »Urlaubsparadies Bayerischer Wald« und »Städtereise: Heilbronn«. Monika hat mir zum »Urlaubsparadies« geraten, weil sie Pferden grundsätzlich misstraut und weil bei der Städtereise eine Übernachtung in der Jugendherberge geplant ist, was sie für mein Alter (ich gehe auf die 50 zu) wirklich nicht mehr angemessen findet. Ich habe ihr, wie jedes Jahr, zugestimmt und mich für das »Urlaubsparadies« entschieden.

Ich betrachte den Brief. Oben der vertraute Kopf: ein kleines Bild zeigt zwei Strichmännchen, die sich an der Hand halten. Bei dem einen Männchen ist der Oberkörper mit einem Strich gezeichnet, bei dem anderen befindet sich an dieser Stelle ein großer, runder Kreis. Daneben steht in geschwungener Schrift der Name unseres Freizeitclubs – »Wir helfen Dicken«. Ich habe mich schon oft geärgert über diesen Namen. Ich weiß ja, dass ich dick bin, aber muss mir das wirklich immer wieder vor Augen gehalten werden? Wenn die Leute sagen »Der da ist ein Dicker!«, dann meinen sie nicht nur meinen Bauch. Jeder weiß, ein »Dicker«, der ist irgendwie was anderes. »Dicker« ist ein Schimpfwort. Wenn Kinder sich streiten und sich gegenseitig ganz besonders spöttisch betiteln wollen, dann sagen sie: »Oh Mann, du bist ja dick!« - Ich kann das Wort nicht mehr hören. Ich ertappe mich bei dem Gedanken, die anderen, die, die noch mehr Pfunde auf die Waage bringen, das seien doch eigentlich die Dicken, aber ich? Nee, ich doch nicht!

Es hat im Übrigen schon mehrere Anträge gegeben, den Namen unseres Vereins zu ändern, aber wenn Sie mich fragen, alle diese Versuche, uns vom Etikett »Dicke« zu befreien, endeten in einem sprachlichen Fiasko. Der letzte Vorschlag lautete »Freizeitangebote für Menschen mit sogenannten Unförmigkeiten«. Ich habe von dieser Gruppe in Amerika gehört, in der die Dicken sich selbst zusammenschließen, um für ihre Rechte einzutreten. Sie nennt sich »B. I. B.«, und ausgesprochen heißt das »Big Is Beautiful«. Ich streiche zärtlich über meinen Bauch. Vielleicht haben sie recht, diese US-Dicken.

Ja, nun ist es also raus, ich bin dick. Verzeihen Sie, dass ich mich Ihnen nicht gleich richtig vorgestellt habe. Meine Mutter sagte immer, es sei eine so bedeutende Sache, wenn ein Mensch dick sei, da solle man lieber gar nicht erst um den heißen Brei herumreden. Sie wusste, was sie sagte. Als ich zur Welt kam, redeten die Ärzte nämlich ausgesprochen intensiv um den heißen Brei herum. Zwar hatte meine Mutter diesen Blick kurz bemerkt, den die Hebamme, nachdem sie mich mit viel Mühe herausgezerrt hatte, dem Stationsarzt zuwarf. Sie wunderte sich auch ein bisschen, als Dr. Schnieder sich, nachdem er mich genauer in Augenschein genommen hatte, umständlich räusperte und ihr dann sehr hastig gratulierte. Aber Mama war einfach viel zu glücklich, um zu bemerken, dass das, was sie da in ihren Armen hielt, unverkennbar ein zukünftiger Dicker war. Und als dann am Telefon die Oma, die sich im Leben nichts mehr als eine Enkelin gewünscht hatte, nach kurzer Enttäuschung über mein falsches Geschlecht sagte: »Ach, das ist doch ganz gleich, Hauptsache es ist *dünn*!«, da war sich meine Mutter der Bedeutung dieses Ausspruchs zunächst gar nicht bewusst.

Das ging gut bis zu dem Tag, an dem wir aus dem Krankenhaus entlassen wurden. Mama sollte noch zu einem letzten Gespräch in Dr. Schnieders Zimmer kommen, und da ich bereits fertig eingepackt in meinem Körbchen lag, nahm sie mich einfach mit und stellte mich direkt neben den Stuhl, auf den sich zu setzen Dr. Schnieder ihr bedeutete. Der sagte lange Zeit gar nichts, dann sah er meine Mutter aufmunternd an und sagte: »Glauben Sie mir, Sie werden Ihren Kleinen noch einmal sehr lieb haben, wahrscheinlich mehr als die anderen Kinder.« Mama starrte ihn verständnislos an. »Wie bitte?« Dr. Schnieder schwieg wieder, dann schluckte er. »Hören Sie, Ihr Rudi wird nie so sein wie andere Kinder. Es besteht aus medizinischer Sicht überhaupt kein Zweifel daran, dass er dick ist – unheilbar.« Meine Mutter sagte nichts. Meine Mutter schrie. Sie ballte die Fäuste und schrie, was das Zeug hielt. Ich schwöre, dass ich dieses Schreien noch heute in den Ohren habe. Aber das glaubt mir ja keiner.

Der Freizeitbrief ist so abgefasst wie immer. Die üblichen Informationen über das, was wir mitbringen sollen, Vorschläge zur Höhe des Taschengelds, Anzahl der Unterhosen und zum Lichtschutzfaktor der Sonnencreme. Daneben, wie jedes Jahr, der Hinweis, dass wir uns auf viele tolle Überraschungen freuen könnten. Ich freue mich wirklich, denn unsere »Freizeitfreunde« geben sich immer große Mühe, ein Programm ganz nach unseren Bedürfnissen zu gestalten. Dabei kommt es vor allem darauf an, uns nicht zu überfordern. Das hat unser Vereinsleiter den ehrenamtlichen »Freizeitfreunden« eingeschärft. Ich hörte es, weil ich während der letzten Freizeit eine »Teamsitzung« am Schlüsselloch belauschte. Das ist, wenn die »Freizeitfreunde« am Abend, nachdem sie uns ins Bett geschickt haben, den Wein und die Schokolade auspacken und sich über uns unterhalten.

Monika ist inzwischen zum morgendlichen Duschen gegangen. Ich kann der Versuchung nicht widerstehen und ziehe hastig die Blätter zu mir herüber, die an ihrem Platz liegen. Ich lese: »Fragebogen zur Sommerfreizeit – Bitte unbedingt sorgfältig ausfüllen! Wir können sonst keine Verantwortung übernehmen – 1) Name des Freizeitteilnehmers, 2) Name und Adresse der Erziehungsberechtigten, 3) Körpergewicht, 4) Taillenumfang, 5) Besonderheiten (z. B. Magenknurren, extreme Achselschweißbildung), 6) Was isst er/sie gerne? 7) Darf er/sie bei entsprechendem Anlass ein Gläschen Alkohol trinken? 8) Auffälligkeiten im Sozialverhalten, 9) Sind Sie einverstanden mit evtl. sexuellen Kontakten zu einem/r anderen Freizeitteilnehmer/in?« (An dieser Stelle hat Monika bereits ein dreifach unterstrichenes »Nein« eingetragen.) »10) Wurde eine Sterilisation durchgeführt ...?«

Als Monika vom Duschen zurückkehrt, habe ich die Blätter längst unauffällig an ihren Platz zurückgelegt. Besorgt blickt sie auf die Uhr. »Weißt du eigentlich, wie spät es schon ist? Bitte beeile dich doch!« Sie hat Recht, wie immer. Ich kann meinen neuen Arbeitsplatz nicht schon wieder aufs Spiel setzen.

Es ist etwas Besonderes, dass ich jetzt »draußen« arbeite. Früher war ich in der WfdM, der Werkstatt für dicke Menschen, wie alle Dicken. Und es gibt einen Grund, warum ich dort um alles in der Welt nicht mehr hin will – die Fußgängerampel an der Schillerstraße. Das ist so: Um in die WfdM zu kommen, musste ich den Dickenfahrdienst in Anspruch nehmen. Einen Führerschein können wir Dicke ja nicht machen, denn wir passen nicht hinter's Lenkrad. Und auch die Benutzung öffentlicher Verkehrsmittel kommt ab einem gewissen Dickheitsgrad nicht infrage. Sie wissen schon: Wegen der zu schmalen Eingangstüren. Dafür wurde ein Dickenfahrdienst eingerichtet, eigentlich eine praktische Sache. Aber nichts hasste ich so sehr wie die Fußgängerampel an der Schillerstraße. Sie befindet sich direkt bei einer großen Grund- und Hauptschule, und jeden Morgen, wenn unser Fahrzeug vor der Ampel zum Stehen kam, drückte sich eine Horde feixender Schüler an unseren Fensterscheiben die Nasen platt. Im Winter war es anfangs meist erträglich, denn wenn die Scheiben angelaufen waren, konnten sie uns in der Regel nicht erkennen. Bis unser Fahrdienst auf die großartige Idee kam, sich einen Slogan zu geben und diesen in großen Lettern auf den Bussen anzubringen. »Wir halten Dicke mobil!« stand nun weithin sichtbar auf all unseren Dickentransport-Fahrzeugen, und somit war der allmorgendliche Spaß der Schüler in der Schillerstraße auch während der Wintermonate gesichert.

Ich erinnere mich noch gut an meinen ersten Tag in der WfdM. Gleich zu Beginn wurde ich in das Büro von Herrn Weiß geführt, dem Werkstattleiter. Herr Weiß schien ein freundlicher Mensch zu sein, denn er strahlte mich an, schüttelte kräftig meine Hand und sagte: »So, du bist also der Rudi Sack. Na dann herzlich willkommen in der Dicken-Werkstatt, Du wirst Dich bei uns sicher sehr wohl fühlen.« Ich war außerordentlich überwältigt von einem so herzlichen, offenen Empfang, denn ich hatte wirklich nicht erwartet, dass man sich in einem so großen Betrieb gleich am ersten Tag mit dem Chef duzt. Meine Eltern haben in meiner Erziehung immer sehr darauf geachtet, mir Höflichkeit und Freundlichkeit beizubringen, und so hätte ich gerne geantwortet: »Ich danke dir sehr für die überaus freundliche Begrüßung, lieber ...«, aber ich kannte ja leider seinen Vornamen noch nicht. So murmelte ich nur verlegen »Guten Morgen« und setzte mich auf den Stuhl vor Herrn Weiß' gigantischem Schreibtisch. Sofort begann ich, all die Schriftstücke, die dort umherlagen, möglichst unauffällig zu überfliegen in der Hoffnung, irgendwo den Vornamen des Werkstattleiters geschrieben zu sehen. Und tatsächlich, schon nach wenigen Minuten, während derer Herr Weiß beständig auf mich einredete, entdeckte ich einen Umschlag, auf dessen Adressfeld sein vollständiger Name gut lesbar zu erkennen war: Theodor Weiß. Theodor fragte mich gerade, ob ich denn gerne zur Arbeit ginge, und mit einem Strahlen antwortete ich: »Ja, sehr gerne, obgleich es mir, ehrlich gesagt, manchmal ein bisschen schwerfällt, so früh aufzustehen. Geht's dir auch manchmal so, Theo?«

Wenige Augenblicke später befand ich mich auf dem Flur. Mit einem Wutanfall, der losbrach wie ein Orkan, hatte Theo mich hinausgeworfen. Ich habe damals lange Zeit gebraucht, bis ich mir sein Verhalten erklären konnte. Schließlich kam ich zu dem Schluss, dass ich mit dem Thema »Frühaufstehen« wohl seinen wunden Punkt getroffen haben musste.

Ich verbrachte einige interessante Jahre in der WfdM. Da ich nie wieder irgendeinen unserer Betreuer auf das Thema »Frühaufstehen« ansprach und auch sehr fleißig arbeitete, hatte ich in der ganzen Werkstatt einen ausgezeichneten Ruf. Schließlich wurde ich sogar zum Dicken-Sprecher bestimmt. Das hatte vor allem den Vorteil, dass ich fortan den Jubiläumsfeiern oder ähnlichen festlichen Anlässen, bei denen die Dünnen sonst unter sich blieben, als Vertreter der Dicken beiwohnen durfte. Diese Feiern waren wirklich ein großartiges Erlebnis für mich. Man sah dort Landräte, Bankdirektoren, Bischöfe und manchmal sogar Minister. All diese feinen Leute redeten viel und tranken und aßen noch mehr. Besonders gerne erinnere ich mich an jenen Tag, als unser Chef für seine 20jährige Tätigkeit als Werkstattleiter ausgezeichnet wurde. Die Sozialministerin kam höchstpersönlich, um ihm einen richtigen Orden umzuhängen. Ich war mächtig stolz auf meinen Theo, und als die Ministerin ihm während ihrer Ansprache immer und immer wieder für seinen unermüdlichen und aufopferungsvollen Einsatz in dieser so schwierigen Aufgabe dankte, da wurde mir erst richtig klar, was für ein schweres Schicksal unseren Theo eigentlich getroffen hatte, weil er jeden Tag mit all uns Dicken verbringen musste. Theo bedankte sich bei der Ministerin mit Tränen in den Augen und er versicherte, dass ihm das Zusammensein mit uns unwahrscheinlich viel geben würde. »Frau Minister«, so sagte er mit zitternder Stimme, »die heutige Auszeichnung wird mir ein Ansporn sein, mich weiterhin unbeirrbar für eine Gesellschaft einzusetzen, die die uns Anvertrauten, unsere dicken Freunde, eines Tages selbstverständlich als vollwertige Menschen anerkennt.« Die Festgäste waren ergriffen von dieser Kurzansprache, und als sie Beifall klatschten, sprang ich auf und rief voller Begeisterung »Bravo, Theo!«. Theo erblickte mich, winkte mich an sein Rednerpult und fiel mir um den Hals. Danach umarmte mich sogar die Ministerin, was sie dreimal wiederholen musste, bis alle Fotografen der anwesenden Zeitungen diese gute Tat der Ministerin für ihre Leserschaft auf Zelluloid gebannt hatten.

Fortan hatte ich bei Theo einen Stein im Brett. Er versprach sogar, sich den von mir vorgebrachten Antrag der Dicken-Vertretung auf Einrichtung einer Raucherecke für Dicke ernsthaft durch den Kopf gehen zu lassen. Eines Tages wurde ich in sein Büro gerufen. Neben unserem Chef saß Herr Fahl, der Sozialarbeiter der WfdM. Theo kam gleich zur Sache. In wenigen Monaten sei es soweit, dass das seit langem geplante Wohnheim für Dicke eröffnet werden könne. Er sei sich mit Herrn Fahl einig, dass ich ganz besonders geeignet sei, mit in das neue Haus einzuziehen. Herr Fahl erklärte mir, wie das Leben in so einem Wohnheim abliefe, dass ich dort richtig selbstständig werden könne und dass es in meinem Alter (ich war damals 25) wirklich Zeit würde, endlich erwachsen zu werden und aus dem Elternhaus auszuziehen. Dann zeigten sie mir die Pläne des Hauses und einen Prospekt mit den Möbeln, die in meinem Zimmer stehen würden. Die Möbel gefielen mir nicht so sehr, aber das mit dem Erwachsenwerden reizte mich schon. Mama war wirklich etwas zickig geworden, seit meine Geschwister ausgezogen waren. Fast jeden Morgen hatten wir Streit, weil es ihr nicht gefiel, welchen Pulli ich zu welcher Hose anzog. Außerdem mochte sie es gar nicht, wenn ich zur Disko unseres Freizeitklubs ging, weil sie der Meinung war, dass die laute Musik dort mir sehr schade. Ich willigte also ein. Theo beauftragte Herrn Fahl, so schnell wie möglich einen Hausbesuch bei meinen Eltern zu machen.

Drei Monate später zog ich in das neue Wohnheim ein. Mama heulte Rotz und Wasser, doch Papa bemühte sich, sie zu beruhigen. »Versprich mir, uns keine Schande zu machen, mein Junge!«, sagte er betont sachlich, als sie mich samt meiner Siebensachen im neuen Zimmer abgeliefert hatten. Dann hustete er, nahm Mama am Arm, und sie verließen mich. An jenem Abend fühlte ich mich doch sehr einsam in diesem fremden Zimmer mit all seinen neuen Möbeln, und ich war froh, dass ich wenigstens meinen Fernseher von zu Hause mitgebracht hatte. Ich wusste, dass er mich über den ersten Abend trösten würde, zumal heute um 21.15 Uhr meine Lieblingssendung laufen sollte – der Tatort aus Münster.

Zunächst verlief alles planmäßig. Ich rückte den Fernseher zurecht, stöpselte Antennen- und Stromkabel ein, lümmelte mich in meinen neuen Ikea-Sessel und drückte auf die Fernbedienung. Wie gewünscht lief Axel Prahl als Kommissar Thiel mit FC-St.-Pauli-T-Shirt im Kommissariat ein, und ich fühlte mich schon wesentlich wohler. Doch als er gerade zum Telefon griff, um mit Gerichtsmediziner Karl-Friedrich Börne zu zanken, da war auf dem Bildschirm mit einem Schlag nur noch ein Flimmern zu sehen. Im ersten Moment blieb ich noch ruhig, denn ich glaubte einfach an eine Sendestörung bei der ARD. Als jedoch nach drei Minuten immer noch keine Veränderung eintrat, versuchte ich die übrigen Fernsehsender einen nach dem anderen durch und fand auch dort überall nur Schneegestöber vor. Langsam beschlich mich der Verdacht, mein Fernseher könnte beim Umzug Schaden genommen haben, und meine anfängliche Wut, die sich in fünf Faustschlägen und drei Fußtritten gegen diesen unzuverlässigen Kasten entlud, wich allmählich einer echten Verzweiflung, mit der ich dann schließlich resigniert in mein neues Bett stieg.

Am nächsten Morgen erschien ich mit geröteten Augen und tiefen schwarzen Ringen darunter zur ersten gemeinsamen Frühstücksrunde. Unsere Heimleiterin, Frau Schmolz, sah mich besorgt an und fragte: »Rudi, was ist denn mit Dir los?« Doch bevor ich antworten konnte, fügte sie hinzu: »Nein, sag nichts, ich weiß schon. Du hast Heimweh, nicht wahr?« Wieder holte ich Luft, um zu antworten, doch wieder kam sie mir zuvor: »Hast du denn kein Kuscheltier oder so was mitgebracht, um den Abschied von zu Hause zu erleichtern?« Diesmal holte ich schneller Luft als Frau Schmolz, und so erfuhr sie von mir, dass ich seit etwa 20 Jahren kein Kuscheltier mehr hätte. Dann wandte ich mich lieber meinem Müsli zu, denn es erschien mir wenig wahrscheinlich, dass es mir gelingen könnte, Frau Schmolz die ganze Geschichte mit dem Fernseher zu erklären.

Als ich am Abend aus der WfdM zurückkehrte und mich gerade in die Dusche begeben wollte, wurde ich im Gang von Joe aufgehalten. Joe war unser Praktikant. Er klopfte mir väterlich auf die Schulter und erklärte, dass ich heute gar nicht zum Duschen gehen brauche, da ich laut Badeplan erst am Donnerstag dran wäre. Ich war darüber zunächst ein bisschen verwundert, denn ich hatte wirklich das Bedürfnis, mich zu waschen, doch dann fiel mir Herr Fahl mit seiner Bemerkung ein, dass ich im Wohnheim erst so richtig erwachsen werden würde. »Natürlich«, dachte ich mir, »zum Erwachsenwerden gehört sicher auch die Selbstdisziplin, sich nur dann zu duschen, wenn man laut Badeplan an der Reihe ist!« Ich ging zurück in mein Zimmer, und da mir irgendwie langweilig war, drückte ich ein bisschen traurig auf den Knöpfen meines Fernsehers herum. Und siehe da, auf einmal gab die Flimmerkiste wieder richtige Bilder zum Besten, und selbst der Ton war zu hören. Ich verbrachte einen vergnüglichen Abend vor meiner Glotze und hatte schon fast vergessen, dass sie jemals kaputt gewesen war, da passierte auf einmal dasselbe wie am Vorabend: Schneegestöber auf allen Kanälen.

Das wiederholte sich fortan Abend für Abend. Ich glaubte lange Zeit an einen Spuk, doch eines Tages entdeckte ich ein gewisses System in der Geschichte: Erstens fiel das Schneegestöber Abend für Abend um Punkt 21.30 Uhr ein, zweitens waren alle Fernseher im Haus davon betroffen.

Es stellte sich schließlich heraus, dass die ganze Geschichte auch etwas mit meinem Erwachsenwerden zu tun hatte. Frau Schmolz hatte sich viele Gedanken gemacht, wie wir alle am besten erwachsen werden sollten. Es gab Dinge, die sie sich ganz speziell für einzelne Bewohner ausdachte, das waren die »Förderpläne«. Und dann gab es Dinge, die sie uns allen verbot. Das nannte Frau Schmolz die »Konzeption«. Eine der wesentlichen Aussagen dieser Konzeption bestand darin, dass zu viel Fernsehen schädlich sei – insbesondere für Dicke. Da Frau Schmolz aber eine sehr moderne Dickenpädagogin sein und uns daher keineswegs grundsätzlich einen Fernseher auf dem Zimmer verbieten wollte, fand sie eine geniale Lösung. Sie ließ einfach den Antennenverstärker des Hauses mit einer Zeitschaltuhr versehen, und die sorgte allabendlich ab 21.30 Uhr für das Schneegestöber auf den Bildschirmen.

Unser Wohnheim war offensichtlich sehr berühmt. Denn wir bekamen viel Besuch von Menschen, die in größeren Gruppen durch unsere Zimmer geführt wurden. Besonders groß war der Andrang am »Tag der offenen Tür«, den Frau Schmolz alljährlich organisierte. Einmal machte ich mir einen Spaß daraus, die ganze Zeit in meinem Zimmer zu bleiben und den Tag statistisch auszuwerten: Es waren genau 216 Besucher, die mein Zimmer betraten, 52, die sich auf meine Bettkante setzten, 17 öffneten den Kleiderschrank, fünf die Schubladen meines Schreibtischs und einer sogar mein Necessaire, das sich auf der Ablage über dem Waschbecken befand.

Unter den 216 Besuchern meines Zimmers an diesem Tag war auch Monika. Doch Monika machte sofort einen ganz anderen Eindruck auf mich. Sie blieb lange vor der Tür stehen und fragte dann schüchtern, ob sie hereinkommen dürfe. Ich verstand zuerst gar nicht den Sinn ihrer Frage. Als sie sie wiederholte, wurde ich rot und bat sie herein. Es war Liebe auf den ersten Blick. Monika blieb drei Stunden, und wir erzählten uns gegenseitig aus unserem Leben. Es stellte sich heraus, dass sie nur wenige Häuser weiter in unserer Straße wohnte, 27 Jahre alt war und in der städtischen Bücherei arbeitete.

Ich berichtete Monika, dass ich in der vergangenen Woche auf einem großen Kongress gewesen war. Auf diesem Kongress, den die deutsche Dickenhilfe alle zwei Jahre veranstaltet, treffen sich die namhaftesten Dickenpädagogen aus ganz Europa. Auch die deutsche Dickenpädagogik hat übrigens einige glanzvolle Vertreter hervorgebracht, z. B. Professor Speckschwarte, um nur einen zu nennen. In diesem Jahr waren nun zum ersten Mal auch einige Dicke selbst zur Teilnahme an dem Kongress eingeladen, und es war eine große Ehre für mich, dass ich zu den Auserwählten gehörte. Ich sah viele kluge Menschen und hörte einige interessante Vorträge, wobei ich auch vieles über uns Dicke erfuhr. Ich vernahm einiges Philosophische über unsere Andersartigkeit und unser archaisches Wesen.

Plötzlich wurde mir bewusst, dass Monika gar nicht dick war und dass es insofern überhaupt keinen Sinn ergab, wenn ich mich in sie verliebte. Das wusste ich auch aus der Konzeption von Frau Schmolz. Ich verstummte. Monika sah mich an und fragte: »Was haben Sie auf einmal?« Was sollte ich ihr sagen? Ich sah sie einfach mit großen Augen an und schwieg. Monika begriff offenbar sofort, dass es jetzt besser war, wenn sie ginge, aber bevor sie mich verließ, sagte sie noch: »Besuchen Sie mich mal! Ich würde mich wirklich sehr freuen.« Natürlich habe ich sie besucht. Wir haben uns dann sehr oft gesehen, und wir waren wirklich sehr ineinander verliebt Anfangs kam Monika auch hin und wieder zu mir. Nach anfänglichem Zögern erlaubte Frau Schmolz, dass wir dann auf mein Zimmer gehen durften, aber sie bestand absolut darauf, dass wir die Zimmertüre offenstehen ließen. Ich war das gewohnt, aber Monika fand es eine Zumutung, und als sie Frau Schmolz zur Rede stellte und verlangte, dass sie mit mir allein sein dürfe, da platzte unsere Wohnheimleiterin heraus über die Triebhaftigkeit der Dicken, und dass sie schließlich die Aufsichtspflicht hätte und was Monika denn überhaupt von mir wolle. Von diesem Tag an weigerte sich Monika, das Wohnheim noch einmal zu betreten. Ich verbrachte so viel Zeit wie möglich in ihrem Ein-Zimmer-Appartement, oder wir gingen gemeinsam im Park spazieren, und schließlich fragte mich Monika, ob ich nicht bei ihr einziehen wolle. Ich sagte: »Ja, Monika.«. Und sie fragte mich, ob ich sie heiraten wolle, und ich sagte wieder »Ja, Monika«.

Es folgte ein wahres Spießrutenlaufen. Frau Schmolz ließ drei dickenpädagogische Gutachten erstellen, um meinen Auszug aus dem Wohnheim zu verhindern. Dennoch gewannen wir den Prozess vor dem Betreuungsgericht. Der Standesbeamte zögerte lange, ob in meinem Fall die Ehefähigkeit gegeben sei. Gänzlich aussichtslos war es jedoch, uns den Traum von einer kirchlichen Trauung zu erfüllen, denn der Pfarrer bezweifelte angesichts meiner Leibesfülle, ob ich überhaupt in der Lage sei, die Ehe zu vollziehen. Als wir schließlich überglücklich unseren Trauschein in Händen hielten und das Treppchen vor dem Standesamt hinuntergingen – allein, denn unsere Familien waren nicht gekommen – da sagte die mutigste aller Ehefrauen: »Und nun lass uns Kinder haben, ja?« Ich zuckte zusammen. Das war der Augenblick, vor dem ich monatelang Angst gehabt hatte. Ich sagte nur knapp: »Lass uns jetzt erst mal feiern und ein anderes Mal darüber reden, ja?« Ich weiß wirklich nicht, wie ich es ihr sagen soll, dass ich überhaupt keine Kinder kriegen kann. Meine Eltern hatten mich, als ich siebzehn Jahre alt war, ins Krankenhaus geschickt, um mir »den Blinddarm herausnehmen zu lassen«. Als ich nach der Operation erwacht war, hatte ich Schmerzen im Unterleib und entdeckte dann eine Narbe an einer Stelle, wo ich den Blinddarm gar nicht vermutet hatte. Der Stationsarzt hatte mich aufgeklärt: ich war sterilisiert worden. Meine Mama hatte geweint, als ich sie zur Rede stellte, und sagte: »Mein lieber Sohn. Dicksein ist erblich und selbst, wenn du ein dünnes Kind kriegen würdest: Wie sollte es denn später mal seinen Klassenkameraden erklären, was für einen Vater es hat?« Ich sah Monika traurig in die Augen, als ich auf einmal ein Summen vernahm, zuerst ganz leise und entfernt, dann immer lauter und bedrohlicher. Es wurde so laut, dass ich mir schließlich die Ohren zuhielt und einen gellenden Schrei ausstieß.

II.

Sechs Uhr. Der Wecker hat kein Erbarmen, wie jeden Morgen. Schwerfällig drehe ich mich zur Seite, bringe meinen Peiniger mit einer ungelenken Handbewegung zum Schweigen und erhebe mich widerwillig aus dem geliebten Bett. Ich bin schweißgebadet. Was für ein schrecklicher, absurder Traum. Lange betrachte ich mich im Badezimmerspiegel und überlege, wie sehr mich mein Dicksein wirklich beeinträchtigt. Natürlich, es fällt mir zuweilen schwer, nach dem Mittagessen in der Kantine die steilen Treppen zum Büro wieder hinaufzusteigen. Mein Kollege hat mich auch schon mal als Hängebauchschwein bezeichnet. Aber davon abgesehen, führe ich doch ein verdammt normales Leben. Außerdem ist das Dicksein nicht mal unheilbar.

Oder vielleicht doch?

Von der Verwahrung über die Förderung zur Selbstbestimmung

Fragmente einer Entwicklung der Behindertenhilfe

Ulrich Hähner

Bank-Mikkelsen formuliert 1969:
»Normalisierung ist die Gesamtheit der Mittel, durch die ein geistig Behinderter dahin gelangt, ein Leben zu führen, das dem normalen so nahe wie möglich kommt«. Dieses Prinzip verlangt die Beseitigung bzw. Minimierung entwicklungshemmender, also behindernder Lebensbedingungen.

Und Nirje, einer der Väter dieses Prinzips fordert 1970, »dem geistig Behinderten Errungenschaften und Bedingungen des täglichen Lebens zu verschaffen, so wie sie der Masse der übrigen Bevölkerung zur Verfügung stehen«. (Zitiert nach Labrégère 1986)

Dieser so einfach formulierte Satz ist zur Richtschnur für die Entwicklung der Behindertenhilfe geworden. An ihm kann der Vergleich geführt werden, ob die Lebensbedingungen behinderter Menschen denen der übrigen Gesellschaft entsprechen. Wahrgenommene Diskrepanzen sind die Aufforderung, weitere Annäherungen zu initiieren, keine Ausgrenzungen zu akzeptieren, Teilhabe an der Gesellschaft und Selbstbestimmung zu ermöglichen. Das sind die Forderungen, die mittlerweile in Gesetze gegossen sind, und auf die Anrechte für Menschen mit Behinderungen bestehen. Das alles hat 50 Jahre gedauert und ist bis zur Forderung einer inklusiven Gesellschaft sicher nochmals eine zu leistende Generationsaufgabe. Dass es überhaupt so einen Fortschritt gegeben hat, ist nicht nur dem grundlegenden Gedanken der Väter des Normalisierungsprinzips zuzurechnen. Die bundesrepublikanische politische Entwicklung nach 68 machte es möglich, sich mit dem Nationalsozialismus und seinen Folgen auseinanderzusetzen. Sie war Wegbereiter auch für die, die es sich zur Aufgabe machten, in die Schmuddelecken der bundesrepublikanischen Gesellschaft zu leuchten, und sich die Psychiatrien und Anstalten vornahmen und die unhaltbaren Zustände ans Licht brachten. Und es gehörte dazu das Glück eines gewaltigen ökonomischen Aufschwungs, der Investitionen auch in diese Bereiche möglich machte. Manch teure Einrichtung der Behindertenhilfe entstand in dieser Aufbruchzeit in exklusiven Lagen der Industriegebiete.

Einige Schritte dieser Entwicklung sollen hier fragmentarisch skizziert werden, um den bisherigen langen Weg vom menschenverachtenden und -vernichtenden »dritten Reich« bis zur Diskussion um die Inklusion aufzuzeigen.

»Lebensunwert« – ein Begriff und die Folgen

»Im Jahre 1933 haben die Nationalsozialisten das ›Gesetz zur Verhütung erbkranken Nachwuchses‹ verabschiedet. Das war das erste Massenvernichtungsgesetz des Dritten Reiches. Durch ärztliche Diagnosen, Willkür- und Gewaltmaßnahmen wurden bis 1945 350.000 bis 400.000 Menschen in Deutschland zwangssterilisiert.« (...) »Mit dem Datum des Kriegsbeginns am 1.September 1939 hat Adolf Hitler durch einen Geheimerlaß den ›Gnadentod‹ für ›unheilbar Kranke‹ angeordnet. Bis Mitte 1941 wurden 70.000 Menschen in den Tötungsanstalten der ›Euthanasie‹ durch Gas getötet. Danach wurden bis Kriegsende einige 100.000 Menschen in einer großen Anzahl psychiatrischer Einrichtungen durch Hunger, Überdosierungen von Medikamenten und die Nichtbehandlung von Krankheiten getötet« (Nowak 1994, 21).

Nachdem das Grauen des Nazistaats überwunden war, ging es in den Anstalten zunächst so weiter: Personal und Ärzte, die in den Jahren zuvor in dieses Programm eingebunden waren, wurden weiter mit der Versorgung von Menschen mit geistigen Behinderungen betraut und diese fand in den gleichen psychiatrischen Krankenhäusern und Anstalten statt. Träger dieser Einrichtungen von zum Teil mehr als 1000 Betten waren freie Wohlfahrtsverbände (insbesondere kirchliche Träger, also Diakonie und Caritas) und die Länder als Träger von Psychiatrischen Krankenhäusern.

Eindrücke von der Arbeit auf einer jener Oligophrenen-Abteilungen einer Psychiatrie im Jahr 1967, einer Station, auf der überwiegend schwer beeinträchtigte behinderte Menschen untergebracht waren: Zum Essen wurde mein Patient mit Händen und Füßen an einen Stuhl fixiert, er bekam ein Bettlaken umgebunden, mit einem geschickten Griff entfernte man ihm das Gebiss und die Anweisung lautete »Füttern, und wenn er spuckt, ist er satt«. Geschlafen wurde in großen Schlafsälen, freitags war Badetag. Persönliche Sachen gab es kaum, praktische Anstaltskleidung war üblich. Wenn die Station gut besetzt war, ging man mittwochs nachmittags für eine Stunde in Gruppen im Anstaltsgelände spazieren. Der Stationsarzt war der Meinung: »mit diesem Patientengut kann man nicht anders umgehen!«

Die Unterbringung von Menschen mit geistiger Behinderung in der Psychiatrie bleibt zunächst eine Variante der Normalität. Entsprechend war die Versorgung der »Patienten« rein pflegerisch ausgerichtet. »Die Mehrdimensionalität der Gesamtpersönlichkeit eines Menschen mit den Sinnbereichen des Körperlichen, Psychischen und Sozialen und unter Berücksichtigung der Dimension ›Zeit‹, d. h. seiner lebenslangen Entwicklung und Veränderung hat keine Bedeutung mehr« (Krebs 1988, 171). Die Folgen der Depersonalisierung in solchen Einrichtungen beschreibt Jervis (1978, 129): »Der Patient verschließt sich langsam immer mehr in sich selbst, wird energielos, abhängig, gleichgültig, träge, schmutzig, oft widerspenstig, regrediert auf infantile Verhaltensweisen, entwickelt starre Haltungen und stereotype Ticks, passt sich einer extrem beschränkten und armseligen Lebensroutine an, aus der er nicht einmal mehr ausbrechen möchte,...«. »...wenn man einem Insassen seine menschliche Würde nimmt, wird sein Verhalten unwürdig und unmenschlich, wenn er dauernder Bewachung, brutalen Freiheitsbeschränkungen, Mißbrauchshaltungen und psychischen Gewalttätigkeiten ausgesetzt ist, wird sein Verhalten umso ärmer, würdeloser, feindseliger, verzweifelter und gewalttätiger« (ebd., 127).

Der Beginn der Entpsychiatrisierung

In der Psychiatrie-Enquête, in ihrer Endfassung vorgelegt von einer Sachverständigen-Kommission im Jahre 1975, steht zu lesen »dass, von einer Minderzahl eindeutig krankenhausbedürftiger geistig Behinderter abgesehen, das psychiatrische Krankenhaus für die Behandlung und Betreuung dieser Personengruppe nicht geeignet ist. Geistig Behinderte bedürfen in erster Linie heilpädagogisch sozialtherapeutischer Betreuung, die ihnen in der Regel in hierfür geeigneten Einrichtungen außerhalb des Krankenhauses angeboten werden sollte.« Die Lebensbedingungen der »langzeithospitalisierten Menschen« wurden erstmals auch öffentlich als »elend« und als »zum Teil menschenunwürdig« beschrieben.

Der Aufbau heilpädagogisch orientierter Einrichtungen vollzog sich in einem langwierigen Prozess, der erst in den 90er Jahren abgeschlossen war. Sie stellte jedoch einen ganz wesentlichen Schritt zur Humanisierung der Arbeit mit Menschen mit Behinderung dar. Das gemeinsame Vorgehen von Politik, Wissenschaft und Praktikern hat diese Veränderung ermöglicht. Parallel dazu kam es zu einem grundlegenden Wandel auf den verschiedenen Ebenen, die Menschen mit Behinderungen betreffen.

Die Dekade des Aufbruchs

Mitte der 50er Jahre war die »Lebenshilfe für das geistig behinderte Kind« (1958) gegründet worden und der »Verband für spastisch gelähmte und andere Körperbehinderte«. Es handelte sich dabei um Elternverbände.

Da es in den 50er Jahren noch keine Kindergärten und Schulen für behinderte Kinder gab, versuchten Eltern über die Gründung von Vereinen eine Entlastung zu erreichen. Der Name *»Lebenshilfe für das geistig behinderte Kind«* beschreibt deutlich die Zielgruppe Kinder, um die es sich zunächst handelte.

Begünstigt wurden diese Elterninitiativen und die Gründung von Einrichtungen für behinderte Kinder durch das Subsidiaritätsprinzip. Die Gelder flossen in dieser Zeit beginnender wirtschaftlicher Prosperität noch reichlich.

Die 60er und auch noch die 70er Jahre waren geprägt durch ein großes Engagement sowie die Gründung vieler Förder-, Rehabilitations- und Sondereinrichtungen. 1964 wurde die erste Sendung von »Aktion Sorgenkind« ausgestrahlt, die heute durch die »Aktion Mensch« ihre Fortsetzung gefunden hat. Das ZDF hatte eine publikumswirksame Mixtur entworfen, die Show, Quiz und Lotterie mit dem karitativen Gedanken verbindet. Nicht unerhebliche Gelder flossen über diese Aktion in die Einrichtungen, sie leistete vor allem Investitionshilfen für Sondereinrichtungen. Auch heute noch ist die Nachfolgeorganisation ein Faktor, ohne deren Unterstützung manche Hilfe nicht stattfinden könnte. »Zementiert wurde dabei allerdings die gesellschaftliche Tendenz, den Umgang mit (und das heißt immer häufiger die Therapie von) behinderten Menschen außerhalb von Regeleinrichtungen zu realisieren und speziellen Fachleuten zu übertragen. Aktion Sorgenkind gab damit dem gesellschaftlichen Umgang mit Behinderten keine eigenen neuen Impulse, sondern griff Entwicklungen und Tendenzen auf und verstärkte bzw. verbreitete sie unterm Publikum« (HEILER 1984, 83).

Das zunehmende öffentliche Interesse mag die Gesamtentwicklung positiv unterstützt haben, es war aber vor allem das Werk der Elternvereinigungen, dass das Recht auf Schulbesuch für geistig behinderte Kinder durchgesetzt werden konnte, wobei ein flächendeckender Ausbau in den westdeutschen Bundesländern teilweise erst in den 70er Jahren gelang (BIEWER 1995).

Pädagogischer Optimismus

Es verbesserten sich nicht nur die äußeren Bedingungen für Menschen mit Behinderungen, auch für die Wissenschaft wurde die »geistige Behinderung« interessant. Die Dominanz der Medizin in diesem Bereich wurde zurückgedrängt, die Pädagogik gewann deutlich an Raum. Ab 1962 erschien die Fachzeitschrift »Lebenshilfe«, die mit der Ausgabe 3/1980 in »Geistige Behinderung« umbenannt wurde. Die Anzahl der Publikationen zur »geistigen Behinderung« in den Fachgebieten Pädagogik und Psychologie stieg sprunghaft. Das »biologistisch-nihilistische Menschenbild« wurde ersetzt durch ein »pädagogisch optimistisches Menschenbild« (NIEHOFF 1996, 7). Der Pessimismus um die Entwicklungsmöglichkeiten von Menschen mit Behinderungen wich einer optimistischen Auffassung. Menschen mit Behinderungen wurden nicht mehr verwahrt und gepflegt, man begann sie zu behandeln. Förderung wurde zum zentralen Begriff in der Behindertenpädagogik. Das etablierte Fördersystem reicht in dem Fall, dass eine Behinderung diagnostiziert wurde, von der Frühförderung über den Sonderkindergarten, die Sonderschule für geistig Behinderte bis zur Werkstatt für Behinderte und zum Wohnheim. Der Mensch mit Behinderung wird von z. T. hochqualifizierten Fachleuten betreut, die die Aufgabe haben, in einem immerwährenden Prozess des Förderns den Menschen mit Behinderung an die Welt der »Normalen« anzupassen.

Mit diesem enormen Aufschwung in Rehabilitation, Sonderpädagogik, Förderung und Therapie entwickelt sich ein stark expertengeprägtes Bild von Behinderung und zeigt Ausprägungen, die auf eine Entfremdung vom Menschen hinweisen. »Die praktische Hilfe wird zur lebenspraktischen Förderung, die Kontaktaufnahme zur basalen Förderung, das Einkaufengehen zur sozialtherapeutischen Maßnahme. Der Begriff der ›Förderkette‹, also das Durchlaufen bestimmter Förderstufen, symbolisiert in besonderer Weise dieses Denkmodell: die Aufnahme und Akzeptanz in die ›normale‹ Gesellschaft erfolgt erst, wenn ein bestimmtes Maß an Hilfebedarf abgebaut und ein gesellschaftlich akzeptierter Grad an Selbständigkeit erreicht ist (Selbständigkeitsförderung)« (Bradl 1996, 369).

Die Problematik des Rehabilitationsdenkens wurde nach Schubert (1995, 47) bereits in den 70er Jahren deutlich. Man sprach von »Isolationskarrieren«, die mit dem Eintritt in die Frühförderung beginnen und über Sonderkindergärten, Sonderschulen in Werkstätten für Behinderte münden. Der Isolationscharakter, der zu einer weitgehenden Trennung von der »normalen« Bevölkerung führt, wurde zunehmend deutlicher.

Frühförderung

Das Recht der Familie auf Unterstützung

»Versäumte Frühdiagnose – und damit versäumte Frühtherapie – kann endgültiges Behindertenschicksal bedeuten« (Krebs zitiert nach Thomae 1979, 79). Diese Aussage verdeutlicht die in den Anfangsjahren der Frühförderstellen gültige Einstellung. Die ersten dieser Stellen waren zwischen 1965 und 1970 entstanden. 1973 empfahl der Deutsche Bildungsrat die Einrichtung von Zentren für pädagogische Frühdiagnostik und von klinischen Einrichtungen für Frühdiagnostik und Frühtherapie. »In dieser Zeit nahmen ... Ideen konkretere Formen an, die der alten Vorstellung von der Schicksalhaftigkeit der Entwicklung behinderter Kinder eine Absage erteilten: Entwicklung schien, auch bei behinderten Kindern, beeinflussbar, Bemühungen um Förderung, um Verbesserung der Lebensmöglichkeiten, um Eingliederung in die Gesellschaft hatten Sinn, und sie hatten auch Wirkung« (Thurmair 1988, 190).

Frühförderung und Frühtherapie waren stark expertengeprägte Felder. Mediziner hatten die Plastizität der Entwicklung, Pädagogen und Psychologen hatten die Bedeutung der frühen Jahre für die Entwicklung des Kindes hervorgehoben. Man folgte einem funktionalistischen Modell kindlicher Entwicklung mit der Folge schematischer Therapiekonzepte und auf körperliche Reifungsprozesse reduzierter pädagogisch-therapeutischer Interventionen (Frühauf 1996, 306).

Aufgrund der so angenommenen Bedeutsamkeit der frühen Kindheit wurden alle Energien in die Förderung des Kindes gesteckt. Fachleute wie auch Eltern standen unter einem erheblichen zeitlichen Druck. »Unabdingbar ist das sinnvolle Aufeinanderabstimmen aller Fördermaßnahmen. Dies gelingt wohl am gründlichsten in einem ›Wochenstundenplan‹« (Lebenshilfe 1976, 213).

Nur folgerichtig ist es, Eltern unter diesem Druck zu Ko-Therapeuten auszubilden, die unter Anleitung der Experten ihr Kind weiter fördern. Und damit sie ihre Aufgaben möglichst optimal erledigen, werden sie entsprechend geschult und trainiert, z. B. nach dem Münchener Trainingsmodell (Innerhofer 1977). Es gilt die Behinderung zu bekämpfen und alles wird diesem Ziel untergeordnet, auch die Eltern-Kind-Beziehung.

Eine kritische Hinterfragung dieser Einstellungen findet Anfang der 80er Jahre statt. In Bezug auf die Eltern schreibt Speck (1980, 202): »Eltern als Partner bedeuten professionell eine klare Abkehr von einer bloßen Orientierung an Beratung, Programmen, Behandlung, Eltern sind weder Schüler noch Patienten. Sie haben sich nicht einfach belehren oder therapieren zu lassen.« Michaelis (1982/1983) sorgt sich um »Die Belastung der Eltern-Kind-Beziehung durch therapeutische Maßnahmen«. »Elternrolle und Therapeutenrolle sind tunlichst auseinander zu halten« schreibt Schlack (1989, 17). Die intuitiven Fähigkeiten von Eltern rücken in den Mittelpunkt wissenschaftlichen Interesses, mit dem Ziel, diese zu unterstützen (Papoušek 1990). Die systemische Sichtweise setzt sich durch. Familie wird zunehmend als ein sensibles Ganzes gesehen, nicht das einzelne Individuum, sondern die Familie insgesamt soll Unterstützung erhalten.

Von der Elternschule, der Elternanleitung hin zur einfühlsamen Begleitung, dieser Weg ist symptomatisch für eine Entwicklung, die weg geht von der Defizitorientierung und der daraus resultierenden technokratischen Einstellung der Machbarkeit hin zur Akzeptanz der Behinderung als eine erweiterte Normalität menschlichen Lebens.

Auch im Bereich der Förderung des behinderten oder von Behinderung bedrohten Kindes ist eine Umorientierung nachweisbar. Man rückt davon ab, dass die normale Entwicklung des Kindes die Richtschnur für die Zielsetzungen für die Behandlungs- und Fördermaßnahmen ist. Die Entwicklungslogik bei einem Kind mit einer Behinderung kann sich unterscheiden. »Ziel kann ... nicht der Versuch sein, die Normalentwicklung mehr oder weniger unvollständig nachzuvollziehen, sondern die Bemühung, die Kompetenz des Kindes zu fördern« (Schlack 1989). Insgesamt findet man eine deutliche Abkehr von der Defektorientierung und der damit verbundenen Notwendigkeit der »Bekämpfung der Behinderung« (vgl. dazu auch Bundesvereinigung Lebenshilfe 1996).

Die Entwicklung in Kindergarten und Schule

Es waren zunächst Tagesbildungsstätten bzw. Schulen für geistig Behinderte, die gegründet wurden. 1962 gab es bereits 50 Schulen in der Bundesrepublik, während erst 10 Sonderkindergärten entstanden waren. Dieser Trend setzte sich fort. 1982 gab es 410 Kindergärten, aber bereits 550 Schulen (geschätzte Zahlen der Bundesvereinigung Lebenshilfe 1982). Der Kindergarten war nach Etablierung der »Förderkette« die konsequente Fortsetzung der Frühförderung. »Schwerpunkte der Bildungsarbeit« (Speck 1980, 223) lagen in der elementaren Selbstversorgung, Hygiene, im Erlernen der Umgangsformen, der Bewegungsschulung, der rhythmisch-musischen Erziehung, der elementaren Sprachbildung und im Erlernen einfachster kognitiver Fähigkeiten. Schwerstbehinderte Kinder waren zunächst einmal ausgegrenzt. Thomae nennt Eingangskriterien, die nach Möglichkeit erfüllt sein sollten. Dazu gehörte, dass sie für die »Bildungsaufgaben ansprechbar und reaktions- und lernfähig« sein sollten (zitiert nach Speck 1980, 224).

Was den Kindergarten maßgeblich verändert hat, ist auch hier die Integrationsdiskussion und die Umorientierung in Bezug auf die Anerkennung der Persönlichkeit des Kindes. An die Individualität des Kindes angepasste Konzepte haben die lernzielorientierten Konzepte der frühen Jahre abgelöst (vgl. dazu Dichans 1990).

Von der Schule für Geistigbehinderte zur inklusiven Schule

»Mit der Praktizierung des Rechtsbegriffes der *»Bildungsunfähigkeit«* wurde den geistigbehinderten Kindern jahrzehntelang das Recht auf schulische Bildung verwehrt. Es bedurfte erst der Ausweitung des Bildungsbegriffs auf die »lebenspraktische Bildung«, bevor die Kultusministerien der Länder die ersten privaten Sonderschulen für geistig Behinderte anerkennen konnten.

»Angesichts der Struktur des zu jener Zeit bestehenden Bildungssystems und des Mangels an vorliegenden Erfahrungen auf dem Gebiet der Förderung behinderter Kinder hätte die Forderung, diese Kinder in Regelkindergärten und -schulen einzugliedern, keine Chance gehabt. Die Forderung nach *besonderen* Kindergärten, Schulen und Werkstätten für geistig Behinderte war politisch jedoch durchsetzbar (Bundesvereinigung Lebenshilfe 1982, 27).

Die Frage der Integration im Bereich der Schule nahm in den 80er Jahren Fahrt auf. Da Schule und Bildung Ländersache ist, war in den 90ern ein deutliches Gefälle zwischen den Ländern zu verzeichnen. Zudem waren die Fachleute gespalten über das Für und Wider. Vor allem gelte es zu vermeiden, dass es eine Klasse integrationfähiger behinderter Kinder gäbe, während die »schwerer behinderten« weiterhin die Sonderschule besuchten. »Die Schule für geistig Behinderte darf keine Schwerstbehindertenschule werden«, fordert Speck (1988, 98).

Nach der Unterzeichnung der Behindertenrechtskonvention 2009 geht die Diskussion weiter. Obwohl eine Besonderung behinderter Kinder nicht mehr erfolgen soll und Inklusion auf dem Programm steht, halten die einen den Erhalt der Sonderschule unabdingbar, während die andere Fraktion Inklusion für machbar und erforderlich hält. Auf beiden Seiten gibt es nachvollziehbare und gute Argumente, fest steht allerdings auch, dass Schule sich ändern muss. Solange die Meinung herrscht, man könne nur in einer weitgehend homogenen Klasse einen guten Unterricht gestalten, wird Inklusion wenig Chancen haben. Inklusion braucht eine Neuorientierung in der Ausbildung der Lehrer, braucht eine andere Organisation des Unterrichts und eine Überarbeitung der Inhalte. Inklusion braucht den Mut, Schule neu zu denken.

Recht auf Arbeit

Die Entwicklung der Werkstatt für behinderte Menschen (WfbM)

»...die später groß gewordenen Komplexeinrichtungen für Behinderte hielten bereits in den Gründerjahren nach der Devise ›frohes Schaffen, erfülltes Leben‹ unter den verschiedensten Bezeichnungen (›Werkstätten‹, ›Beschäftigungsstätten‹, ›Bastelstuben‹) ein reichhaltiges Angebot an Beschäftigungen vor.« (Verband ev. Einrichtungen 1990, 9)

In den psychiatrischen Krankenhäusern gab es die »Arbeitstherapie«. Die Ursprünge dieser »Therapie« reichen zurück in die Anfänge des 20. Jahrhunderts, als man versuchte, die Insassen psychiatrischer Anstalten mittels Arbeit zu brauchbaren und nützlichen Menschen in unserer Gesellschaft heranzubilden (Theunissen 1986, 32). Sie hatte einen disziplinierenden Charakter. Der in den 20er Jahren entwickelte Taylorismus, Zerlegung der Arbeit in kürzeste und monoton-repetitive Ablaufabschnitte und die für die Großindustrie entwickelten Fließbandverfahren wurden übernommen, so »dass unter Berücksichtigung der gestörten bzw. herabgesetzten Einzelfunktionen jeder Behinderte zu einer Serienherstellung von Werkstücken gelangen sollte« (a.a.O.). Dieses Arbeitsprinzip beherrscht auch heute noch weite Teile der Fertigung in den WfbM.

1967 wurde der Begriff »Werkstatt für Behinderte« eingeführt. Der Anspruch auf eine angemessene Arbeit wurde im Sozialgesetzbuch 1975 (§ 10 des allgemeinen Teils) festgelegt: »Wer körperlich, geistig oder seelisch behindert ist, oder wem eine solche Behinderung droht, hat ein Recht auf die Hilfe, die notwendig ist, um

1. die Behinderung abzuwenden, zu beseitigen, zu verbessern, ihre Verschlimmerung zu verhüten oder ihre Folgen zu mindern.
2. ihm einen seinen Neigungen und Fähigkeiten entsprechenden Platz in der Gemeinschaft, insbesondere im Arbeitsleben zu sichern.«

In der Werkstättenverordnung von 1980 wird weiter festgelegt, dass ein »möglichst breites Angebot an Arbeitsplätzen und Plätzen zur Ausübung einer geeigneten Tätigkeit« zur Verfügung sein soll, die »in ihrer Ausstattung so weit wie möglich denjenigen auf dem freien Arbeitsmarkt entsprechen« sollen, und dass »zur Erhaltung und Erhöhung der im Arbeitstrainingsbereich erworbenen Leistungsfähigkeit und zur Weiterentwicklung der Persönlichkeit des Behinderten ... arbeitsbegleitend geeignete Maßnahmen durchzuführen« sind.

Mit der ganzheitlichen Förderung des Behinderten durch »arbeitsbegleitend geeignete Maßnahmen« ist ein Spezifikum der WfbM gegenüber allen anderen beruflichen Einrichtungen oder Produktionsstätten geschaffen. Das wird unterstrichen durch die Anordnung, dass die Werkstatt über einen begleitenden Dienst verfügen muss zur pädagogischen, sozialen und medizinischen Betreuung. »Die Werkstatt ist nicht ausschließlich eine berufliche Einrichtung ..., nicht ausschließlich auf Arbeit und Beruf, auf Leistung und Produktion ausgerichtet, sondern hat zugleich eine soziale Aufgabe«. (Verband ev. Einrichtungen 1990, 12)

Das Neunte Buch des Sozialgesetzbuch (SGB IX)

Das Rehabilitationsgesetz zur Teilhabe am Arbeitsleben und an der Gemeinschaft ist seit dem 1. Juli 2001 in Kraft. Es legt die Konzeption der Werkstätten fest, definiert den Rechtsstatus der behinderten Menschen in den Werkstätten, beschreibt die Grundsätze ihrer Förderung, bestimmt die Art und Höhe der Entgelte und regelt die Mitwirkungsrechte. Die seit 1974 geltenden Bestimmungen im Schwerbehindertengesetz wurden mit dem SGB IX abgelöst. Mit dem SGB IX hat der Gesetzgeber den bisher »Werkstatt für Behinderte« benannten Typus von Eingliederungseinrichtungen in »Werkstatt für behinderte Menschen« umbenannt.

Die berufliche Eingliederung auf den allgemeinen Arbeitsmarkt wird als eines der wichtigen Ziele der Arbeit der WfbM dargestellt. Nach wie vor ist die Werkstatt für behinderte Menschen der Ort beruflicher Tätigkeit für Menschen mit Behinderungen. Um diesem Ziel der Integration mehr Nachdruck zu geben, bildete sich die Bundesarbeitsgemeinschaft Unterstützte Beschäftigung (BAG UB). Ziel ist es, zunehmend mehr behinderte Menschen auf dem allgemeinen Arbeitsmarkt einzugliedern »unabhängig von der Schwere der Behinderung«. Das soll erreicht werden durch »Fachdienste für Arbeitsassistenz«. Mittlerweile gehört der Jobcoach zu jeder WfbM.

Grundrecht Wohnen

Die Entwicklung der Wohnstätten

»Dabei sieht der Direktor eines psychiatrischen Krankenhauses gewöhnlich einen gewissen Prozentsatz, etwa 5–10 %, Oligophrene ganz gern in seinem Hause, weil sie ohne viel Federlesens zu machen, die groben Arbeiten verrichten. Werden es mehr, so gegen 20 %, so werden sie ein Ärgernis, weil sie durch ihr meist auffälliges, ungeschlachtes und dysplastisches Äußeres und Gehabe den Aspekt des Krankengutes stören« (Panse, 1964 zitiert nach Stöckmann 1982, 264). Trotz solcher Ansichten und berufsständischer Interessen war die Ausgliederung aus den Psychiatrien nicht aufzuhalten.

Die Lebenshilfe hatte zunächst ein familienorientiertes Verständnis. Wohnen im Heim wurde als Ausnahme bzw. als Ergänzungsmaßnahme angesehen. Der Verbleib des erwachsenen behinderten Menschen in der Familie oder die traditionelle Form der Anstalten waren zunächst die einzigen Alternativen. Erst langsam setzte sich die Forderung nach gemeindenahen Wohnstätten für Menschen mit Behinderungen durch.

Vor allem in den 70er und 80er Jahren entstanden eine Reihe von Wohnheimen, die diesem Anspruch gerecht wurden. Dass diese immer noch sehr groß waren, teilweise 20 und mehr Bewohner in einem Haus, dass immer noch Doppelzimmer vorhanden waren, oder dass diese Heime unmittelbar neben einer Werkstatt im Industriegebiet errichtet wurden, spiegelt die gesellschaftliche Einstellung gegenüber dieser Bevölkerungsgruppe ebenso wider, wie das in dieser Zeit gültige Menschenbild von Menschen mit geistiger Behinderung. Die Grundeinstellung war vorwiegend von karitativen und rehabilitativen Elementen geprägt und die inhaltliche Orientierung hieß »Pflegen, Bewahren, Beschützen« und Fördern.

Das Normalisierungsprinzip wurde als Leitidee allgemein anerkannt, jedoch noch sehr vorsichtig in die Realität umgesetzt. Von Lüpke (1979, 128) schränkt die Personengruppe derer ein, für die »kleine, regionale, sozial integrierte Wohnstätten« infrage kommen. Menschen mit schweren Anfallsleiden, mit zusätzlichen Sinnesschädigungen und Verhaltensstörungen hält er nicht für solche Wohnform geeignet. Sie benötigen nach seiner Meinung weiterhin Wohnmöglichkeiten in Sondereinrichtungen.[1]

Normalisierung wurde offensichtlich überwiegend verstanden als die Planung und Erstellung von Wohnheimen, die mit Einzelzimmern ausgestattet waren. Die Gruppen wurden verkleinert und boten somit eine eher familiäre Atmosphäre. Lebensqualität wurde zu einem wichtigen Begriff.

In den 80er Jahren wurde zunehmend auf Dezentralisation gesetzt. Es entstanden kleine Wohnheime integriert in Wohngebiete. Die Betreuung wurde den Fähigkeiten der Bewohner, sich selbst zu versorgen, angepasst. Es entstand ein differenziertes System intensiv betreuten Wohnens bis hin zu angemieteten Wohnungen, in denen Menschen mit Behinderungen alleine, in kleinen Wohngemeinschaften oder als Paare leben und ambulant betreut werden. Dass normalisierte Wohnbedingungen nicht nur zu mehr Zufriedenheit bei den Bewohnern führen, weist Kief (1995) nach. Mehr Entscheidungsfreiheiten führen zu einem höheren Maß an Komplexität bei der Bewältigung der Lebenssituation, was auch belastend erlebt werden kann.

Insgesamt rückt die Bedeutung des Wohnens für die Entwicklung der Persönlichkeit stark in den Mittelpunkt der Betrachtung. Es entsteht ein gestaffeltes System des Wohnens. Je selbstständiger der Mensch mit Behinderung ist, desto unabhängiger ist er von Hilfen durch Betreuer, desto mehr Möglichkeiten des Wohnens stehen ihm offen. Um diese Selbstständigkeit zu fördern, wurden *Wohnschulen* bzw. *Wohntrainings* eingerichtet. Es entstanden zunehmend mehr differenzierte Konzeptionen für den Bereich Wohnen, die der Individualität der Menschen gerechter wurden.

Das ambulant betreute Wohnen ist zum Standard geworden. Selbstbestimmung und Teilhabe an der Gesellschaft, wie es § 1 des SGB IX von 2001 vorsieht, ist in dieser Wohnform am besten zu verwirk-

---

1 Wobei anzumerken ist, dass diese Einstellung keinesfalls überwunden ist. Die Großeinrichtungen mit deutlicher medizinischer Orientierung legitimieren sich gerade mit der Argumentation, dass ein großer Teil der Population von Menschen mit geistiger Behinderung psychisch krank sei und daher besondere Betreuung bedürfe. Vgl. dazu Gaedt, Bothe, Michels 1993 und Theunissen 1996.

lichen. Einzelne Apartments, kleine Wohngemeinschaften in städtischen Quartieren oder dörflichen Strukturen, angepasst an die Bedürfnisse der behinderten Menschen oder von ehrenamtlichen oder Studenten betreute Wohngemeinschaften eignen sich dazu besonders. Dabei ist es wichtig, eine Infrastruktur zu entwickeln von Offenen Hilfen und Treffs für Menschen mit und ohne Behinderungen, um Vereinzelung und Vereinsamung entgegenzuwirken.

Normalisierung

Es wird deutlich, dass in allen Lebensbereichen von Menschen mit Lernschwierigkeiten große Anstrengungen unternommen wurden, die Bedingungen den nicht benachteiligten Menschen anzugleichen. Die Bereitschaft in Politik und Gesellschaft, die Aufgabe der Gleichstellung behinderter Menschen voranzutreiben, zeigt sich in vielen kleinen und großen Schritten.

Die Abschaffung des Entmündigungsparagrafen und die Ersetzung durch das Betreuungsrecht ist sicher einer der maßgeblichen Schritte. Dem Grundgedanken der Unterstützung folgend sollen Entscheidungen im Sinne des Betroffenen gefällt werden, diese Maßnahme wird zeitlich und sachlich für entsprechende Aufgabenkreise beschränkt. Die noch vor 1992 vielfach praktizierte Sterilisation ist nur noch möglich, wenn der behinderte Mensch selbst diesen Eingriff für sich verlangt und die Folgen dieser Entscheidung übersehen kann.

2001 folgte das Sozialgesetzbuch IX, das die Selbstbestimmung und Teilhabe an der Gesellschaft als Grundlage gesetzlichen Handelns vorsieht. Das »Persönliche Budget« ermöglicht einer großen Zahl beeinträchtigter Menschen, sich seine Unterstützer selbst auszuwählen und Dienstleistungen einzukaufen.

Die wohl weitreichendste Errungenschaft stellt die Behindertenrechtskonvention dar, die eine Aussonderung gar nicht erst zulässt. Das alles sind gewaltige Schritte in Richtung Normalisierung. Und dennoch bleibt viel zu tun, um eine barrierefreie Teilhabe behinderter Menschen zu schaffen. Viele Schwierigkeiten finden sich in Detail und viele Schwierigkeiten gilt es noch zu überwinden, besonders wenn man an schwer beeinträchtigte Menschen denkt.

Literatur

BIEWER, G. (1995): Die Schule für geistig Behinderte und die Diskussion über Integration. In: Geistige Behinderung H. 4, 275–281.

BRADL, Ch.; SCHÄDLER, B. (1986): Zur Situation geistig Behinderter in psychiatrischen Krankenhäusern. In: Geistige Behinderung H. 4, 243–251.

BRADL, Ch. (1987): Das Bild Geistigbehinderter in der Geschichte. In: Dreher, W. (Hrsg.), Geistigbehinderte zwischen Pädagogik und Psychiatrie, Bonn.

BRADL, Ch. (1996): Selbstbestimmung – Strukturelle Grenzen im Heim. In: Bundesvereinigung Lebenshilfe für geistig Behinderte e.V. (Hrsg.): Selbstbestimmung – Kongressbeiträge, 362–375.

Bundesvereinigung Lebenshilfe (1976): Organisation und Finanzierung früher Hilfen. In: »Lebenshilfe«, Heft 4, 213–220.

Bundesvereinigung Lebenshilfe (1982): Rückblick – Ausblick. 25 Jahre Bundesvereinigung Lebenshilfe für geistig Behinderte e. V. Marburg.

Bundesvereinigung Lebenshilfe (1996): Frühe Hilfen. Frühförderung aus Sicht der Lebenshilfe. Marburg.

DICHANS, W. (1990): Der Kindergarten als Lebensraum für behinderte und nichtbehinderte Kinder. Köln.

FRÜHAUF, Th. (1996): Förderung von Selbständigkeit und Autonomie im Vorschulalter. In: Bundesvereinigung Lebenshilfe für geistig Behinderte e. V. (Hrsg.): Selbstbestimmung – Kongreßbeiträge, Marburg, 299–311.

GAEDT, Ch.; BOTHE, S.; MICHELS, H. (Hrsg.) (1993): Psychisch krank und geistig behindert. Dortmund.

HEILER, H. (1984): Behinderteninitiativen (BI) / Behindertenverbände (BV). In: Reichmann, E. (Hrsg.): Handbuch der kritischen und materialistischen Behindertenpädagogik und ihrer Nebenwissenschaften. Solms.

INNERHOFER, P. (1977): Das Münchner Trainingsmodell. Beobachtungen, Interaktionen, Verhaltensänderungen. Berlin.

JERVIS, G. (1978): Kritisches Handbuch der Psychiatrie. Frankfurt.

KIEF, M. (1995): Normalisierte Wohnformen für Menschen mit geistiger Behinderung. In: Wohnen heißt zu Hause sein, Handbuch für die Praxis gemeindenahen Wohnens von Menschen mit geistiger Behinderung. Marburg, 47–56.

KREBS, H. (1988): Aktuelle sozialmedizinische und sozialpsychiatrische Aspekte zur geistigen Behinderung. In: Geistige Behinderung H. 3, 170–179.

LABRÉGÈRE, Aimé (1986): Die Entwicklung des Normalisierungsgedankens in Europa. In: Normalisierung – eine Chance für Menschen mit geistiger Behinderung. Marburg, 63–76.

LÜPKE, K. v. (1979): Wohnstätten. In: Bach, H. (Hrsg.): Pädagogik der Geistigbehinderten, Berlin, 126–131.

MICHAELIS, R. (1982/83): Die Belastung der Eltern-Kind-Beziehung durch therapeutische Maßnahmen. In: pädiatr. prax. 27, 629–634.

NIEHOFF, U.; PICKEL, H. (1987): Situation geistig Behinderter in psychiatrischen Einrichtungen. In: Geistige Behinderung H. 2, 75–86.

NIEHOFF, U. (1994): Wege zur Selbstbestimmung. In: Geistige Behinderung H. 3, 186–201.

NIEHOFF, U. (1996): Zum Verhältnis von Freizeit, Erwachsenenbildung und Selbstbestimmung. In: Fachdienst der Lebenshilfe H. 2, 1–11.

Nowak, Klara (1994): »Viele nehmen ihren Gram und Kummer mit ins Grab«. In: Daub, Wunder: Lebens Wert – Zur Diskussion über Euthanasie und Menschenwürde. Freiburg.
Nirje, B. (1974): Das Normalisierungsprinzip und seine Auswirkungen in der fürsorgerischen Betreuung. In: Kugel, Wolfensberger: Geistig Behinderte – Eingliederung oder Bewahrung. Stuttgart.
Papoušek, M.; Papoušek, H. (1990): Intuitive elterliche Früherziehung in der vorsprachlichen Kommunikation. In: Sozialpädiatrie 12. Jg., Nr. 7 und Nr. 8.
Schlack, H. G. (1989): Paradigmenwechsel in der Frühförderung. In: Frühförderung interdisziplinär, 8. Jg., 13–18.
Schubert, B. v.(1995): Behinderung und selbstbestimmtes Leben. Das HELIOS-Programm der Europäischen Gemeinschaft – neue Aufgaben diakonisch-sozialer Arbeit in Europa. Heidelberg.
Speck. O. (1980): Geistige Behinderung und Erziehung. Basel.
Speck, O. (1987): System Heilpädagogik – Eine ökologisch reflexive Grundlegung. München.
Speck, O. (1988): Das strukturelle Dilemma schulischer Integration geistig behinderter Kinder. In: Geistige Behinderung H. 2, 93–100.
Stöckmann, F. (1982): Ausgliederung geistig Behinderter aus der Psychiatrie. In: Geistige Behinderung H. 4, 264–273
Thimm, W. (1984): Das Normalisierungsprinzip – Eine Einführung. Marburg.
Theunissen, G. (1982): Schwerstbehinderung und psychiatrisches Modell. Geistige Behinderung H. 3, 150–160.
Theunissen, G. (1986): Abgeschoben, isoliert, vergessen. Schwerstgeistigbehinderte und mehrfachbehinderte Erwachsene in Anstalten. 3. Aufl. Frankfurt.
Theunissen, G. (1995): Ausgliederung geistig behinderter Menschen aus der Psychiatrie. In: Wohnen heißt zu Hause sein, Handbuch für die Praxis gemeindenahen Wohnens von Menschen mit geistiger Behinderung. Marburg, 91–106.
Theunissen, G.; Plaute, W. (1995): Empowerment und Heilpädagogik. Freiburg.
Theunissen, G. (1996): Wider die Psychiatrisierung geistiger Behinderung. In: Geistige Behinderung H. 4, 307–319.
Thomae, I. (1979): Früh- und Elementarbereich. In: Bach, H. (Hrsg.): Pädagogik der Geistigbehinderten. Berlin.
Thurmair, M. (1988): Behinderung in der Frühförderung. Bemerkungen zu einem Problem und seiner Geschichte. In: Geistige Behinderung H. 3, 190–199.
Verband evangelischer Einrichtungen für geistig und seelisch Behinderte (1990): Materialien zur Werkstatt für Behinderte. Arbeitshilfen. Band 1. Stuttgart: Verlagswerk der Diakonie.

Grundbegriffe selbstbestimmten Lebens

Ulrich Niehoff

Das Assistenzkonzept

In zahlreichen neueren Veröffentlichungen wird die Aufgabe und Rolle der bezahlten und nichtbezahlten Helfer in der Behindertenhilfe mit dem Begriff der »Assistenz« umschrieben. Damit verbindet sich der Anspruch einer professionellen Umorientierung, insbesondere einer Abkehr von einem therapie- und förderzentrierten Modell der Betreuung behinderter Menschen.

Ausgangspunkt von Assistenzleistungen ist demnach nicht mehr eine durch Dritte definierte Therapie- bzw. Fördernotwendigkeit, sondern die von der Person selbst gewünschte Form der Alltagsbegleitung, die sich in einem individuellen Lebensstil ausdrückt. Assistenz bedeutet für die Alltagsbegleitung, dass der Assistent den Assistenznehmenden dabei unterstützt, seine selbstgewählten Ziele zu verwirklichen. Im Assistenzverhältnis wird also vom Grundsatz her die Regiekompetenz über die Unterstützung dem Menschen mit Beeinträchtigung übertragen. Damit enthält das Assistenzkonzept eine eindeutig individuelle Ausrichtung der Arbeit auf *einen* behinderten Menschen hin.

Berühmt geworden ist das Zitat von Adolf Ratzka, einem Pionier der Selbstbestimmt-Leben-Bewegung: »Assistenz ersetzt unsere Arme und Beine!« (http://www.independentliving.org/docs4/ratzka88a.htm, Zugriff 11. 1. 2016) Damit kommt ein sehr reduzierter Inhalt von Assistenz zum Ausdruck. Assistenten sollen schlicht das funktional ausführen, wozu Menschen mit Beeinträchtigungen selbst nicht in der Lage sind. Sie sollen sich jeglicher sonstiger Einflussnahme enthalten. Menschen mit Lernschwierigkeiten wünschen sich von ihrer Begleitung jedoch an mancher Stelle auch Rat, Information und parteiliche Unterstützung, die im Assistenzkonzept nach Ratzka gerade nicht zur Anwendung kommen. Zudem haben sie mitunter Schwierigkeiten, Anleitungsfunktionen auszuüben und einzuschätzen, wie viel und welche Hilfe sie benötigen. Aus diesem Grund favorisieren die Autoren dieses Buchs den weiteren Begriff der »Begleitung«.

Das Assistenzkonzept stammt aus den Diskursen der »Selbstbestimmt-leben-Bewegung«, zu der sich vor allem körper- und sinnesbehinderte Menschen zusammengeschlossen haben (vgl. Mürner/Sierck 2015). Dort wird häufig auch von »persönlicher Assistenz« gesprochen. Darunter wird jede Form der persönlichen Hilfe verstanden, die einen »Assistenznehmer« in die Lage versetzt, sein Leben selbstbestimmt zu gestalten. Persönliche Assistenz umfasst sowohl die Bereiche der Körperpflege, der Haushalts- oder der medizinischen Krankenpflege, als auch kommunikative Hilfen durch z. B. Gebärdendolmetscher für Hörgeschädigte oder Vorlesedienste für Blinde. Sie ist in verschiedenen Feldern der Unterstützung auf hohe fachliche Kenntnisse als Voraussetzung angewiesen (z. B. beim Gebärdendolmetscher oder bei der Krankenpflege), in anderen Alltags-Teilbereichen sind keine spezifischen fachlichen Qualifikationen vorausgesetzt. Grundsätzlich wird die »persönliche Assistenz« von den Assistenznehmern angeleitet; Zeit, Ort und Ablauf werden von ihnen bestimmt und die Assistenzleistenden von ihnen ausgesucht. Mit »persönlicher Assistenz« verbindet sich in diesem Verständnis die Rolle des behinderten Menschen als Arbeitgeber seiner Assistenten.

Da die mit persönlicher Assistenz verbundenen Arbeitgeberaufgaben formal und inhaltlich aufwendig sind und hohe Ansprüche an Selbstständigkeit und organisatorische Fähigkeiten stellen, wird aus der Körperbehindertenbewegung heraus auch die Gründung von Assistenzgenossenschaften vorgeschlagen (vgl. http://www.ag-bremen.de/ag-bremen.html, Zugriff 11. 1. 2016). Eine solche Assistenzgenossenschaft hat die Aufgabe, für ihre Mitglieder bedarfsgerechte Assistenzleistungen zu beschaffen und sicherzustellen.

Es hat sich gezeigt, dass der Begriff der Assistenz auch bei helfenden Beziehungen zu Menschen mit geistiger Behinderung grundsätzlich von Bedeutung ist (Bradl 1996, 200 ff.). Allerdings bedarf das Assistenzkonzept in Bezug auf geistig behinderte Menschen der Erweiterung. Sie haben oft Schwierigkeiten, Anleitungsfunktionen auszuüben und einzuschätzen, wie viel und welche Hilfe sie benötigen. Das aufrichtige Bemühen um ihre größtmögliche Autonomie kann auch dazu führen, dass an geistig behinderte Menschen unerfüllbare Forderungen gerichtet werden. Das Assistenzkonzept muss daher bei ihnen um Inhalte der Begleitung ergänzt werden.

Literatur

http://www.independentliving.org/docs4/ratzka88a.htm

MÜRNER, Ch.; SIERCK, U. (2015): Der lange Weg zur Selbstbestimmung. Ein historischer Abriss. In: Degener, Th.; Diehl, E. (Hrsg): Handbuch Behindertenrechtskonvention. Bundeszentrale für politische Bildung, Frankfurt.

Verein zur Förderung der Integration Behinderter (1991): Leben auf eigene Gefahr. In: ders.: Ende der Verwahrung. Marburg.

MAYER, A.; RÜTTER, J. (1988): Abschied vom Heim. Erfahrungsberichte aus Ambulanten Diensten und Zentren für selbstbestimmtes Leben. München.

Das Kundenmodell

Für das Erreichen und Sicherstellen von Qualität der Hilfen für Menschen mit Behinderung ist es wesentlich, zu einer Klärung der Beziehung von Hilfegebendem und Hilfenehmendem zu kommen. Bei den Diensten für körperbehinderte Menschen hat sich in den vergangenen Jahren das sogenannte »Kundenmodell« herausgebildet und bewährt. Es versteht und organisiert professionelle Hilfe für behinderte Menschen als Dienstleistungen, die auf einer vertraglichen Regelung zwischen den Beteiligten beruhen.

Das Kundenmodell befreit die helfende Beziehung von einer einseitigen Abhängigkeit. Die vertragliche Grundlage der Arbeit verändert die »Machtverhältnisse« zugunsten der Nutzer(innen) der jeweiligen Dienstleistung. Die Möglichkeit, eine »Kundenrolle« einzunehmen, bedeutet für behinderte Menschen eine Emanzipation vom Hilfeempfänger hin zum Käufer sozialer Dienstleistungen. (vgl. https://de.wikipedia.org/wiki/Pers%C3%B6nliches_Budget, Zugriff 11. 1. 2016)

Der hilfebedürftige Mensch kommt so in die Lage eines »kritischen Konsumenten« mit Qualitätsansprüchen und entsprechenden Verbraucherschutzrechten, der sich auf dem Markt der Dienstleistungen zurechtfinden muss. Er wird in diesem Modell »Kunde« bzw. »Kundin« eines Dienstes und bestimmt letztendlich über die Inanspruchnahme des Angebots und seine Ausgestaltung, weil er dafür bezahlt.

Es besteht ein enger Zusammenhang zwischen der Kundenrolle und Ansätzen des Verbraucherschutzes. Die Ansprüche der Kunden auf gute Qualität von Dienstleistungen erfordern ein verändertes Bewusstsein bei Anbietern (»Kundenorientierung«). Notwendig werden gleichzeitig Instrumentarien zur Qualitätsbeurteilung, um Verbraucherentscheidungen zu erleichtern und um die Qualität des Dienstleistungsangebots weiterzuentwickeln.

Für Menschen mit geistiger Behinderung liegt die Problematik des Kundenmodells sicher darin, dass souveränes Kundenverhalten zum einen an intellektuelle und psychische Fähigkeiten gebunden ist und zum anderen an »wirtschaftliche Marktfähigkeit«. Auch sozialrechtlich gesehen ist das Kundenmodell im Bereich sozialer Dienstleistungen nicht unproblematisch, weil der Hilfebedürftige jeweils Antragsteller für sozialstaatliche Leistungen ist, über deren Inhalt und Umfang vom jeweiligen Kostenträger entschieden wird. Das formale Verhältnis zwischen dem behinderten Menschen und den Hilfediensten ist jedoch in den allermeisten Fällen kein ausschließlich zweiseitiges. In der Behindertenhilfe wird bezüglich der rechtlichen Situation von einem Dreiecksverhältnis gesprochen, in dem Einrichtungen und Dienste, der behinderte Mensch sowie der Kostenträger zueinander stehen. Sieht man von wenigen Selbstzahlern und Beziehern des Persönlichen Budgets ab, so steht die Einrichtung der Behindertenhilfe dem Kostenträger als Verkäufer einer Dienstleistung gegenüber, für die letzterer bezahlt. Wenn man so will, ist also der Kostenträger Kunde einer Dienstleistungsorganisation. Der Verbrauch der bezahlten Leistung geschieht allerdings nicht durch den Käufer, d. h. den Kostenträger, sondern durch den behinderten Menschen, dem diese Leistung aufgrund von Rechtsansprüchen gewährt wird. Der behinderte Mensch nutzt also eine für ihn hergestellte Dienstleistung, an deren Qualität er existenzielles Interesse hat. Ihn – als Verbraucher und Nutzer einer öffentlich finanzierten Dienstleistung – deswegen aber durch die Bezeichnung Kunde in den Status desjenigen zu versetzen, der bezahlt und bestimmt, ist irreführend, solange das Dreiecksverhältnis in der bestehenden Form existiert. Dem Fachjargon der Behindertenhilfe wird so ein weiterer Euphemismus hinzugefügt, ohne dass die in der Regel weiterbestehende »Anbieterdominanz« durch teilhaberische Elemente verändert wird.

Zu diskutieren ist außerdem im Kundenmodell die Verschiebung persönlicher Beziehungen auf die sachliche Ebene von Warenaustausch. So wird gegen das Kundenmodell eingewendet, dass Menschen mit geistiger Behinderung nicht nur instrumentelle Unterstützung, sondern vor allem auch persönliche Nähe und emotionale Zuwendung wünschen.

Literatur

https://de.wikipedia.org/wiki/Pers%C3%B6nliches_Budget Zugriff 11.1.2016

Empowerment

Der Begriff »Empowerment« (siehe auch S. 154 ff.) hat in der Konzeptdiskussion der psychosozialen Arbeit in den letzten Jahren eine große Bedeutung gewonnen (vgl. Theunissen 2013). Er entstammt der amerikanischen Gemeindepsychologie und wird mit dem Sozialwissenschaftler Julian Rappaport (1985) in Verbindung gebracht.

Empowerment meint alle Möglichkeiten und Hilfen, die es Menschen in einer eher machtlosen Situation erlauben, Kontrolle über ihr Leben zu gewinnen, indem sie eigene Stärken im Austausch mit anderen erkennen und sich gegenseitig ermutigen, ihr eigenes Leben und ihre soziale Umwelt zu gestalten. Der Empowerment-Ansatz geht davon aus, dass Hilfebedürftigkeit von Menschen zumindest anteilig Ergebnis eines ungünstig verlaufenden Lernprozesses sein kann, der prinzipiell auch umkehrbar ist (zur »Theorie der erlernten Hilflosigkeit« vgl. Schober 1993, 45 ff.). Von besonderer Bedeutung ist der Empowerment-Ansatz für die Arbeit von Selbsthilfegruppen. In der Gruppe Gleichbetroffener (Peergroups) liegt eine Chance, sich gegenseitig auszutauschen, sich emotional zu bestärken und sich kundig zu machen für bewussten Umgang mit professioneller Hilfe.

Empowerment ist jedoch nicht nur ein Konzept für Selbsthilfegruppen, sondern gleichzeitig auch ein handlungsleitender Rahmen für Fachleute in der sozialen Arbeit. Im Rahmen von Empowerment wird es zur Aufgabe der Professionellen, Prozesse zu initiieren, zu ermöglichen und zu unterstützen, die relativ machtlose Menschen in die Lage versetzen, ihre Lebensumstände weitestgehend selbst in die Hand zu nehmen. Es geht also um die Förderung von Selbstorganisation und Eigeninitiative, um Unterstützung beim Erkennen brachliegender Ressourcen und Fähigkeiten einzelner Menschen oder Gruppen.

Den bisherigen Ausführungen entsprechend, ist Empowerment für Menschen mit kognitiver beeinträchtigung aber auch für Eltern von behinderten Kindern von Bedeutung.

In einigen Ländern bestehen bereits seit vielen Jahren sogenannte »People First«-Gruppen, die sich am Ziel der »Self advocacy« orientieren. Auch in Deutschland hat sich 2001 der Verein »Netzwerk Menschen zuerst« gegründet (vgl. http://www.menschzuerst.de, Zugriff 11. 1. 2016). Selbsthilfe- und Empowermentansätze von Menschen mit kognitiver Beeinträchtigung erfordern angemessene Unterstützung und Begleitung. Für die Arbeit dieser Unterstützer bietet das Empowerment-Konzept eine gute Handlungslinie.

Literatur

Schober, B. (1993): Erlernte Hilflosigkeit. In: Blätter der Wohlfahrtspflege, H. 2, 45 ff.

Theunissen, G. (2013): Empowerment und Inklusion behinderter Menschen: Eine Einführung in Heilpädagogik und Soziale Arbeit; Lambertus-Verlag

Regiekompetenz

Regiekompetenz ist ein wichtiger Begriff aus der Philosophie der »Selbstbestimmt-leben-Bewegung« in Deutschland. Er beschreibt den Anspruch behinderter Menschen, über die Formen der Unterstützung zur Bewältigung ihres Alltags möglichst weitgehend zu bestimmen, Regie darüber zu führen. Bis vor wenigen Jahren haben nach dieser Sichtweise überwiegend nichtbehinderte Fachleute und Therapeuten das gesamte System der Hilfen für behinderte Menschen geplant, aufgebaut, kontrolliert und verändert. Wenn selbstbewusste behinderte Menschen heute z. B. die Finanzkompetenz einfordern, so verlangen sie die Auszahlung der finanziellen Hilfen nicht an Dienste, Heime o. ä., sondern an sich selbst in Form des Persönlichen Budgets. Der Kunde mit Unterstützungsbedarf kauft sich auf dem Anbietermarkt eine Dienstleistung, die seinem Willen entspricht. Im Selbstverständnis behinderter Menschen wird hier die Umorientierung zum Kundensubjekt deutlich. Neben der Finanzkompetenz spielen dabei eine Rolle:

- die Personalkompetenz (Arbeitgeberfunktionen);
- die Anleitungskompetenz (Artikulieren von Bedürfnissen; Fähigkeit, Helfern gezielt die benötigten Informationen geben zu können);
- die Raumkompetenz (Wie, mit wem leben wollen);
- die Sozialkompetenz (Möglichkeiten, seine Teilnahme am gesellschaftlichen Leben zu bestimmen und zu gestalten).

Die genannten Kompetenzen sind nicht gradlinig und ohne weiteres Menschen mit kognitiven Beeinträchtigungen zu übertragen. Wenn die Forderungen nach Regiekompetenz aber im Prinzip für körper- und sinnesbehinderte Menschen einleuchten, so ist zu fragen, welche Relevanz sie für Menschen mit Lernschwierigkeiten haben. Bisher haben diese in aller Regel den Status eines »Betreuten«, mit dem in bester Absicht pädagogisch oder therapeutisch gearbeitet wird. Der alltägliche Sprachgebrauch unterstreicht dies: Sie werden noch viel zu häufig »gefördert«, »betreut«, »behandelt«, »therapiert«, »versorgt« und »verpflegt«: Ein Vokabular, in dem eigene Entscheidungen und Kontrollmöglichkeiten keinen Platz haben. Menschen mit Lernschwierigkeiten, die in Einrichtungen traditionellen Verständnisses leben, haben oft keinen entscheidenden Einfluss auf die Auswahl des Personals, das ihnen Hilfe leistet, wenig Einfluss auf den Tages- und Wochenablauf, auf die Gruppe von Menschen, die im Alltag mit ihnen zusammen ist, auf den Ort und die Intensität der Hilfen.

Wenn Partizipation im Alltag erhöht werden soll, sind beispielhaft folgende Fragen zu bedenken:

- Welchen Stellenwert haben persönliche Wünsche geistig behinderter Menschen in fachlich abgeleiteten Förderplänen?
- Welche Mitspracherechte haben Menschen mit Lernschwierigkeiten bezüglich ihres Arbeitsplatzes oder ihres Wohnorts?
- Welche Mitspracherechte haben Menschen mit Lernschwierigkeiten in der Personalpolitik der Einrichtungsträger?
- Welchen Einfluss haben Menschen mit kognitiver Beeinträchtigung bzw. deren Mitwirkungsgremien auf das Entlohnungssystem einer WfbM?

Zweifellos haben viele Menschen mit Lernschwierigkeiten einen unterschiedlichen Bedarf an Unterstützung, um ihre Interessen und Wünsche zu artikulieren und damit mehr Regiekompetenz auszuüben. Wenn sie jedoch im Sinne von Selbstvertretung und Selbstbestimmung weitergehenden Einfluss auf ihren Alltag gewinnen können sollen, sind Erfahrungen des Empowerment und der Erwachsenenbildung anzuwenden.

Literatur

Harmel, H. (2011): Subjekt zwischen Abhängigkeit und Autonomie. Klinkhardt-Verlag

Selbstbestimmtes Leben

Die Ende der 60er Jahre in den USA entstandene »Independant-living-Bewegung« (Selbstbestimmt-Leben-Bewegung) behinderter Menschen tritt an für ein gleichberechtigtes Leben als Bürger, ohne Diskriminierungen und Benachteiligungen wegen einer Beeinträchtigung. Die Ideen der Independant-living-Bewegung wurden in Deutschland bisher vor allem von der von körper- und sinnesbehinderten Menschen getragenen »Krüppelbewegung« aufgegriffen und eingefordert.

International und national haben Philosophie und Praxis der Independant-living-Bewegung große Auswirkungen auch für Menschen mit Lernschwierigkeiten. So haben sich in den USA, in Kanada, Großbritannien, Schweden, Holland, Australien, Neuseeland und Deutschland Menschen mit kognitiven Beeinträchtigungen in »People First«-Gruppen (»Zunächst einmal sind wir Menschen«) zusammengefunden, um sich über den Austausch von Erfahrungen und Wünschen gegenseitig zu stärken, eigene Standpunkte zu entwickeln und Forderungen gegenüber Politik und Gesellschaft öffentlich zu äußern (http://www.menschzuerst.de, Zugriff 12. 1. 2016).

Die Forderung nach Selbstbestimmung bezieht sich auf verschiedene Dimensionen menschlichen Zusammenlebens. Sie spricht ebenso scheinbar winzige Alltagsentscheidungen an – etwa die Auswahl von Speisen, Kleidung oder den Zeitpunkt des Schlafengehens – als auch die großen Entscheidungen der Lebensplanung: Ausbildung, Beruf, Familienstand.

Im Rahmen der Stärkung von Selbstbestimmung ist es für professionelle Unterstützer und Bürger wichtig, sich im Umgang mit behinderten Menschen zurückzunehmen, zu fragen, zuzuhören und Foren zu schaffen für Menschen mit Lernschwierigkeiten, um sich selbst zu artikulieren.

Kritiker des Leitbilds »Selbstbestimmung« sehen einen Zusammenhang mit einem allgemeingesellschaftlichen Werteverlust und Tendenzen der Vereinzelung und Vereinsamung von Menschen, der Entsolidarisierung und einer zunehmenden sozialen Kälte in hochentwickelten Gesellschaften. Selbstbestimmung kann nicht absolut gesehen werden, da sie stets an legitime Interessen anderer Menschen stößt. Selbstbestimmung stößt jedoch auch an Grenzen objektiver

Lebenslagen, wenn z. B. kaum Verfügung über alltägliche Lebensumstände zugestanden wird. *Selbstbestimmung* ist nicht gleichzusetzen mit *Selbstständigkeit*. Ein Bürger mit körperlichen Beeinträchtigungen kann in hohem Maße abhängig von Hilfe sein; wenn er diese jedoch bestimmt, erreicht er ein hohes Maß an Selbstbestimmung.

Literatur

THEUNISSEN, G.; WÜLLENWEBER, E. (2009) (Hrsg.): Zwischen Tradition und Innovation Methoden und Handlungskonzepte in der Heilpädagogik und Behindertenhilfe. Marburg: Lebenshilfe-Verlag.

Selbstvertretung

Die Forderung nach besseren Möglichkeiten zur Selbstvertretung für Menschen mit kognitiver Beeinträchtigung gibt es mindestens seit Mitte der 90er Jahre. Aus gutem Grund stand in der Nachkriegszeit zunächst der Gedanke des Schutzes behinderter Menschen nach den Erfahrungen des Faschismus in Deutschland im Vordergrund. Die starke Lobby der Elternvereinigung Lebenshilfe (Gründung 1958) und anderer Verbände hat in vergleichsweise kurzer Zeit ein differenziertes System der Hilfen für behinderte Menschen installiert. Aufbauend darauf, erheben heute selbstbewusste Menschen, die als geistig behindert bezeichnet werden, die Forderung nach mehr Selbstbestimmung und Selbstvertretung.

Wenn die Selbstvertretung (self advocacy) geistig behinderter Menschen als verbrieftes Recht in einer demokratischen Gesellschaft angesehen wird (vgl. die Behindertenrechtskonvention der Vereinten Nationen – VN-BRK), muss nach Wegen gesucht werden, wie ihr Rechnung getragen werden kann. Zwar können nicht alle Menschen mit Lernschwierigkeiten vollumfänglich ihre Interessen in einer sprachlich differenzierten Form vertreten. Es gibt aber neben sprachlichen noch eine große Zahl anderer Möglichkeiten der Willensbekundungen, wie z. B. Mimik, Gestik, Verhalten. Ganz wesentlich kommt es darauf an, dass diese Willensäußerungen wahrgenommen, verstanden und berücksichtigt werden. Um die Selbstvertretung zu verbessern,

- können Menschen mit Lernschwierigkeiten weiter befähigt werden, ihre Interessen deutlicher zu artikulieren;
- müssen Angehörige und Fachleute sensibler in der Wahrnehmung von Willensäußerungen werden;
- müssen neue Mitwirkungsmöglichkeiten für Menschen mit kognitiver Beeinträchtigung geschaffen werden.

Mittlerweile gibt es Mut machende Beispiele für Mitgliedschaft in den Vereinigungen der Behindertenhilfe bzw. deren Vorständen. Heimbei- und Werkstatträte sind weiter zu unterstützen und zu qualifizieren. Konzeptionsentwicklungen der Dienstleistungen müssen im Sinne der Kundenorientierung auf erarbeiteten, authentischen Voten der Menschen mit Lernschwierigkeiten basieren.

Literatur

THEUNISSEN, G. (2009): Empowerment und Inklusion behinderter Menschen. Freiburg: Lambertus-Verlag.

Wahlmöglichkeiten

Im Vergleich zu früheren Gesellschaften sind den Bürger(inne)n der Bundesrepublik Deutschland heute mehr Wahlmöglichkeiten in ihrem Alltag gegeben. Zwar sind diese nicht unbegrenzt. Nichtbehinderte Bürger(innen) können aber z. B. relativ frei wählen, ob sie allein, zu zweit, in einer Familie, mit oder ohne Kinder, in einer Großfamilie oder Wohngemeinschaft leben wollen. Diese Wahlmöglichkeiten haben geistig behinderte Menschen in der Praxis meist nicht. Ihr Lebensweg ist oftmals vorgegeben durch institutionalisierte Hilfen mit wenigen Wahl-Alternativen: Sonderkindergarten oder Integrationskindergarten, Schule, Werkstatt, Wohnen bei den Eltern und schließlich die Wohnstätte oder ambulant betreutes Wohnen (abhängig vom Unterstützungsbedarf).

Zum Recht auf Freiheit des einzelnen gehört das Recht der Wahl von Wohnung, Beruf und Arbeitsplatz genauso wie das Recht, Bindungen zu anderen Menschen einzugehen oder zu lösen (vgl. diverse Artikel der VN-BRK). Allerdings steht der Freiheit der persönlichen Entscheidung im allgemeinen die Pflicht gegenüber, die eigene Entscheidung und das eigene Handeln zu verantworten. An dieser Stelle ist für

Menschen mit Lernschwierigkeiten Assistenz und auch rechtliche Begleitung erforderlich.

Für alle Menschen, auch für solche mit Behinderung, ist freies und verantwortliches Handeln nur dann möglich, wenn Wahlmöglichkeiten und Handlungsräume gegeben sind. Selbstbestimmtes Leben erfordert daher für Menschen mit Beeinträchtigungen die Möglichkeit, entscheiden zu können, wie, wo und mit wem sie z. B. ihre Freizeit verbringen, wie, wo und mit wem sie zusammen wohnen und auch, wo und was sie arbeiten.

Um das Entscheidungsrecht und die Wahlmöglichkeiten wahrnehmen zu können, müssen unterschiedliche Formen der Hilfen für behinderte Menschen entwickelt werden. Da gegenwärtig institutionalisierte Hilfeangebote überwiegen, haben Offene Hilfen wie Assistenz- und Integrationshilfen in den Bereichen Kindergarten, Schule, Arbeitsleben, Wohnen und Freizeit noch großen Nachholbedarf bei ihrer flächendeckenden Entwicklung.

Literatur

Wüllenweber, E.; Theunissen, G.; Mühl, H. (Hrsg.) (2006): Pädagogik bei geistigen Behinderungen. Stuttgart: Kohlhammer.

Zwei Kunden

Ulrich Hähner

Herr A, bisher Bewohner im Zentralwohnheim, wechselt ins Ambulant Betreute Wohnen. Jetzt ist er Kunde, Wohnkunde, und das ist für ihn schon von Bedeutung, auch wenn zunächst noch nicht so ganz klar ist, was das denn verändert. Zunächst einmal muss die Dienstleistung, die er als Kunde erhält, beschrieben werden. Dazu nimmt man erst mal den Defizitkatalog aus dem Wohnheim, in dem stehen Begriffe wie Hygiene, Umgang mit Geld. Die Mutter als gesetzliche Betreuerin fügt dem noch zu, dass Herr A so gutmütig sei und Hinz und Kunz bei sich übernachten lasse und das ginge auf gar keinen Fall und dann noch die Ernährung, Herr A dürfe auf keinen Fall dicker werden. Herr A selbst hat dem wenig hinzuzufügen außer, dass er manchmal, wenn er Geld gespart habe in das örtliche Bordell begleitet werden wolle. Aber das sagt er erst, als die Mutter schon gegangen war. Jetzt hat er einen Katalog an Dienstleistungen, mehr als er selbst eigentlich wollte.

Herr B, ein Mensch ohne Lernschwierigkeiten, versucht sich ebenfalls als Kunde auf dem Dienstleitungssektor. Er will Kunde einer Versicherung werden, er braucht eine Privathaftpflichtversicherung. Der Außendienstler von VENDO-ERGO-S.U.M. besucht ihn am Mittwochabend um sechs und als er um neun und nach einer Flasche Wein geht, hat Herr B neben der Haftpflicht eine Hausratsversicherung, eine Zusatzversicherung für Krankenhausaufenthalte und eine Rechtsschutzversicherung. Damit alles günstiger wurde, hat er sich auf lange Laufzeiten eingelassen. Nachdem er mit Bekannten gesprochen hat und die mit Kopfschütteln reagierten, hat er sich bei SOOFT-DIRECT nochmal beraten lassen und bei der BEHÜTER-ag-ch eine weitere Meinung eingeholt. Jetzt wird er seine Dienstleistungen kündigen, wahrscheinlich wird er mit seiner Rechtsschutzversicherung gegen die langen Laufzeiten klagen.

Herr A möchte auch kündigen. Er hat das mal so nebenbei bei seiner Mutter angesprochen und die hat gemeint, das komme gar nicht in Frage, er spinne wohl. Er kommt mit seiner Dienstleisterin nicht so gut aus, die sei ihm zu streng. Eigentlich habe sie ihm doch gar nichts zu sagen, meint er. Aber kündigen, das traut er sich doch nicht und mit dem Chef vom Ambulant Betreuten Wohnen zu sprechen auch nicht. Er hört ihn schon, ihm pädagogisch zuzwinkernd: er müsse halt lernen, auch mit jemandem zusammenzuarbeiten, mit dem man nicht immer übereinstimme, das erwarte man von den Kunden.

Ja so ist das eben mit den Kunden von Dienstleistungen. Bei dem einen geht so was, beim anderen nicht. Bei dem einen gibt es sogar Verbraucherschutzorganisationen und -rechte, die für den anderen nicht zuständig sind. Oder passt der Begriff Kunde bei einen und beim anderen nicht (oder noch nicht)?

Denn manchmal dienen solche Begriffe zur euphemistischen Verschleierung der Realitäten.

Argumente für ein selbstbestimmtes Leben

Jch muss nichts machen was ich selber nicht will!
Der freche Tiger Asrael bei der Jakobswanderung
Martina Meier

Selbstverantwortung – Selbstbestimmung – Selbstständigkeit

Bausteine für eine veränderte Sichtweise von Menschen mit Lernschwierigkeiten

Helmut Walther

Der Selbstbestimmt-leben-Bewegung ein Menschenbild zur Seite stellen

Die Diskussion um neue Leitbilder in der Behindertenhilfe wie »Selbstbestimmt Leben«, »Assistenzkonzept«, »Kundenmodell« oder auch »Begleiten statt Betreuen« ist ohne den Begriff Selbstbestimmung nicht denkbar. Er ist einerseits *der* zentrale Begriff für den, der diese Konzepte befürwortet und andererseits beliebter Angriffspunkt für die Kritiker. Der Begriff ist schillernd. Je nachdem, welcher Gruppe (Menschen mit Lernschwierigkeiten, Betreuer/Begleiter, Eltern und Angehörige) man angehört, erscheint »Selbstbestimmung« in einem anderen Licht. Insbesondere in der Spannung zwischen den Polen »Ich weiß doch selbst, was ich will!« und »Als Betreuer bin ich für dich verantwortlich!« droht die Idee zu zerreißen. Was für die Behindertenbewegungen (Independent-Living, Krüppelbewegung, People-First usw.) eine Forderung ist (»Wir möchten mehr als bisher unser Leben selbst bestimmen ...« Duisburger Erklärung, Lebenshilfe 1996, 10), ist für die Helfer eine Herausforderung (vgl. Rock 1996).

Gleichzeitig findet man in Fachaufsätzen etliche Ausführungen darüber, was Selbstbestimmung bedeutet, sodass Frühauf (1995, 3) zu Recht den Missbrauch »als nahezu beliebige, werbende Überschrift für jegliches Praxiskonzept« befürchtet. Selbstbestimmung wird einerseits als prinzipielle Potenz des Menschen (vgl. Speck 1991, 209) oder als zum Menschen wesenhaft zugehörig (vgl. Hahn 1994, 81) verstanden. Sie wird andererseits mit Entscheidungsfähigkeit gleichgesetzt, und meint dann alle Entscheidungen, von kleinen Alltagsentscheidungen bis hin zu großen Entscheidungen der Lebensplanung (Lebenshilfe 1994, 7). Drittens schließlich findet man die Gleichsetzung mit Selbstständigkeit und letztlich wird Selbstbestimmung umfassend als neue Sichtweise (Bild von der Behinderung und dem

Umgang mit ihr), als neues Leitbild verstanden, welches die bisherige Sichtweise des »Förderns« ablösen soll. Selbstbestimmung steht also für allerlei Bedeutungen aus nicht minder vielen Blickwinkeln. Das Gros der Bedeutungen aber hat einen gemeinsamen Nenner. Selbstbestimmung ist eine anthropologische Kategorie, enthält also Aussagen und Annahmen über den Menschen, und so scheint es naheliegend, sich etwas näher mit einem Menschenbild auseinanderzusetzen. Dabei soll der Entwurf eines verständlichen Modells versucht werden, welches Begleitern behinderter Menschen helfen kann, Selbstbestimmung besser zu verstehen und auch die damit verbundenen Missverständlichkeiten zu durchschauen.

Ein Blick in die Anthropologie: besorgt oder vertrauensvoll?

Vergegenwärtigen wir uns zunächst einige allgemeine anthropologische Erkenntnisse, die im Hinblick auf unser Thema relevant sein können. Unser Blickwinkel ist auf die Stellung des Menschen in der Natur gerichtet[2].

Als grundlegendes, biophysisches Merkmal alles Lebendigen kann das *Prinzip der Selbstregulation* gelten. Danach ist jedes Lebewesen »ein Körper ..., der nicht durch äußere Kräfte seine Form und Dauer erhält, dessen Aufbau und Erhaltung vielmehr durch innere Prozesse erfolgt«. (Plessner, zit. n. Dux 1982, 28). Der Organismus steht dabei in einem Stoffwechselprozess mit der ihn umgebenden Umwelt. Dieser Austausch mit der Umgebung wiederum folgt auch selbstregulativen Mechanismen und hat die Erhaltung des Organismus zum Ziel (vgl. Dux 1982, 29).

Während den Tieren der Austausch mit der Umwelt aufgrund instinktiver (also festgelegter, stereotyper) Verhaltensweisen zugesprochen wird, ist der Mensch um eben diese Instinkte »reduziert«. Das hat logische Folgen. Der Mensch muss sich seine *Verhaltensformen* selbst erst schaffen, er kann und muss sie selbst bestimmen (vgl. ebd., 47). Mit der Instinktreduktion fehlt ihm aber auch notwendiges *Wissen* über seine Umwelt. Auch das muss er sich selbst erst aneignen.

---

2 Vgl. hierzu die gleichnamige Kapitelüberschrift bei Dux 1982, 26

Nun dürfen wir davon ausgehen, dass die grundlegende »Technik« des Aufbaus von Verhalten und des Erwerbs von Wissen – also das Lernen und Aneignen im weitesten Sinne – selbst nicht erst gelernt werden muss, sondern zumindest in einer Grundform vorhanden ist. So findet man auch die *Fähigkeit zum Lernen* schon in den frühesten Stufen der Evolution (vgl. ebd., 35). Denn kein Instinkt kann alle konkreten Umstände vorwegnehmen. »Der Sprung der Katze auf das Opfer mag noch so genetisch vorprogrammiert sein; er muss ... dem Verhalten des Opfers in der konkreten Situation angepasst sein« (ebd., 34). Aber beim Menschen wird Lernen zur zentralen Bedingung seiner Existenz. Und schließlich schreibt man dem Menschen die Ausbildung von Subjektivität, von Bewusstsein über sich selbst zu (vgl. ebd., 48). Der Mensch kann und muss in eine *Beziehung zu sich selbst* treten. Er nimmt sich selbst wahr, seine Gefühle, sein Tun, er baut sich ein Bild auf über sich selbst. Und er kann sich selbst mögen oder nicht, er kann mit sich selbst ablehnend oder akzeptierend umgehen. Er kann sein Leben »selbst in die Hand nehmen« und gestalten.

Lenken wir unseren Blick weg vom Einzelwesen auf die sozialen Organisationsformen. Auch hier darf dem Menschen, im Gegensatz zum Tier, die Aufhebung der starren Festlegungen (Herde, Hackordnung usw.) zugunsten von *selbst zu bestimmenden Gesellschafts- und Kulturformen* (Stamm, Groß- und Kleinfamilie, Patriarchat, Monarchie, Demokratie, Dienstleistungsgesellschaft usw.) attestiert werden (vgl. ebd., 48).

Der Exkurs in die Anthropologie kann an dieser Stelle enden, denn schon hier wird eines deutlich. Die Frage der Selbstbestimmung ist einerseits zwar wesenhaft mit dem Menschsein verknüpft, und man kann also von einem konstitutiven Merkmal sprechen. Aber andererseits scheiden sich hier auch die Geister in der Frage, wie man dieses Wesen des Menschen *bewerten* soll. Während die einen ihren Fokus *besorgt* auf das Mangelhafte und Unfertige des Menschen richten, sehen die anderen *vertrauensvoll* die Chancen und den Willen zum Lernen und zur Selbstgestaltung. Erstere bescheinigen dem Menschen Unzulänglichkeit und fühlen sich berufen, ihm das Leben gründlich »beibringen« zu müssen. Letztere sehen seinen starken Willen zum Leben und wollen sich dem Menschen dabei nicht in den Weg stellen, sondern ihm lediglich bei einigen, z. B. ihn selbst gefährdenden Gehversuchen nicht die Hilfe verwehren. Aus dem *besorgten* Standpunkt legitimiert sich pointiert gesagt eher Erziehung und Förderung, aus dem *vertrauensvollen* »nur« Begleitung und das Angebot von Hilfen beim Lernen und Tun.

Vom Beigeschmack »erzieherischer« Menschenbilder

Menschen braucht man nicht zu verbessern, sie sind als Person schon vollständig!

In den Grundsatzaussagen des Committee Self Advocacy[3] der Internationalen Liga von Vereinigungen für Menschen mit geistiger Behinderung (Inclusion International) findet sich folgende Forderung an erster Stelle: »Zuerst einmal bin ich ein Mensch. An erster Stelle müssen wir als Mensch und als Person behandelt werden.« (Lebenshilfe o. J.), und an anderer Stelle steht erläuternd: »Andere Menschen nehmen oft zuerst nur wahr, was wir nicht können. Daher beurteilen uns andere auch nach unseren Unfähigkeiten. Wir möchten betonen, dass wir Menschen wie alle anderen sind – mit Fähigkeiten und mit Unfähigkeiten. Und wir wollen als Menschen, Personen respektiert werden.« (Lebenshilfe o. J.). Sicher wird diese Forderung heute bei den meisten professionellen Helfern Zustimmung finden. In ihrer Konsequenz aber reicht diese Forderung oft weiter als gedacht, denn im Grunde wird damit Erziehung in einer grundlegenden Weise problematisiert. Warum? Vergegenwärtigen wir uns zunächst einige – zugegeben schon etwas ältere – Definitionen von Erziehung. In einem pädagogischen Wörterbuch beispielsweise finden wir die Formulierung, Erziehung sei das Hinleiten des Menschen zur Mündigkeit (vgl. Böhm 1982, 157 f.). Bei dem Erziehungswissenschaftler Brezinka liest man: »Unter Erziehung werden soziale Handlungen verstanden, durch die Menschen versuchen, das Gefüge der psychischen Dispositionen anderer Menschen in irgendeiner Hinsicht dauerhaft zu verbessern ...« (Brezinka 1974, 95). Und Giesecke erklärt: »Die Pädagogik ist gleichsam immer unzufrieden mit dem Menschen, so wie er jeweils ist. Sie will ihn verändern, indem sie ihn zum Lernen bzw. Dazulernen bewegen möchte« (Giesecke 1969, 64, zit. n. von Braunmühl 1975, 71). Die Reihe ähnlich lautender Definitionen von Erziehung könnte

---

3 Die Forderungen wurden vom Committee Self Advocacy vom 18. – 20. Juni 1993 in Utrecht erarbeitet.

beliebig fortgeführt werden. Selbstverständlich ist das Phänomen Erziehung mit derartigen Umrissen nicht annähernd beschrieben, und sicher dürften heutige Definitionen moderater ausfallen, aber für die Erläuterung des hier auszubreitenden Zusammenhangs kann die mit diesen Zitaten vorgenommene Akzentuierung hilfreich sein. Erziehung ist also immer unzufrieden mit dem Menschen, so wie er gerade ist; er ist unmündig, ihm fehlt etwas, er braucht noch etwas, bis er mündig ist, er muss erst zur Reife gelangen. Erziehung orientiert sich, so gesehen, schon aus ihrem Selbstverständnis heraus am Defizit und geht auf die Menschen von vornherein mit der Haltung zu, diese auf irgendein Ziel hin verbessern zu wollen.

Besonders verhängnisvoll wirkt sich diese Grundkonstruktion des Erziehungsbegriffs für Menschen mit Lernschwierigkeiten aus. Bei Menschen ohne Behinderungen »erlischt« die Notwendigkeit von Erziehung irgendwann, weil diesem Personenkreis Selbstständigkeit und Mündigkeit quasi automatisch mit der Volljährigkeit und dem Erwachsensein zugesprochen werden. Menschen mit Lernschwierigkeiten dagegen bleiben – so eine immer noch gängige Beschreibung von kognitiver Beeinträchtigung – ewig Kinder. Eben deswegen darf ihnen dauerhaft Erziehung und Förderung zugemutet werden, denn das hohe Ausmaß an »Defiziten« legitimiert umfassende Förder- und Verbesserungsmaßnahmen von außen.

Mit dieser erzieherischen oder »pädagogischen« Haltung aber wird man nicht dazu kommen können, Menschen mit Lernschwierigkeiten wirklich als Personen zu respektieren, wie es das Committee Self Advocacy fordert. Wenn die Forderungen nach mehr Selbstbestimmung ernstgenommen werden sollen, ist es unumgänglich, eine derartige »erzieherische« Sichtweise abzulegen. An deren Stelle kann nur eine Haltung treten, die auch den behinderten Menschen als schon vollständig, als nicht verbesserungsbedürftig ansieht. Jeder Mensch ist so, wie er ist, gut, und so soll er auch bleiben können. Er muss sich nicht einer ständigen Förderung unterziehen müssen, bevor er als vollwertiger Bürger angesehen werden kann. In ihrer Unvollkommenheit kann man Menschen doch als *vollständig* ansehen. Opaschowski (1996, 186) wendet denselben Sinnzusammenhang sprachlich noch einmal anders und spricht in seinem Entwurf einer »Pädagogik der freien Lebenszeit« und dort bei den anthropologischen Grundlagen von der »Anerkennung der Unvollkommenheit des Menschen«. Über die Konsequenzen dieser Sichtweise führt er weiter aus: »Dies schließt die Chance des Gelingens ebenso ein wie das Risiko des Scheiterns. Auch in der Freizeit darf man den Menschen nicht einfach »meuchlings« bilden und erziehen. Jeder einzelne muss es schon selbst wollen. Freizeitbildung und Freizeiterziehung sind lediglich ein Angebot: Was jeder aus diesem Angebot macht, hat er ›selbst zu verantworten‹...« (ebd.).

Welches Etikett dem Leser auch liegen mag, Vollständigkeit in der Unvollkommenheit oder Anerkennung der Unvollkommenheit, in keinem Falle ist damit gemeint, dass Menschen schon alles selbst wissen und können und dass Lernen und Unterstützung überflüssig seien. Der Wert der Formel liegt in der *Wendung des Blicks* weg vom scheinbar Defizitären hin zu den Kompetenzen des Menschen, von der Betrachtung der Person als Objekt (mit dem irgendetwas »gemacht« werden muss) hin zur Respektierung als Subjekt (das von sich aus mitteilen wird, wenn es Hilfe braucht).

Niemand braucht Erziehung, aber jeder braucht Beziehung!

Für das Verständnis und die Umsetzung einer »erziehungsfreien« Haltung – insbesondere gegenüber Menschen mit Lernschwierigkeiten – habe ich einen Vorschlag von Braunmühls immer als sehr hilfreich und praktikabel empfunden. In seiner »Antipädagogik« (1975) schlägt er vor, den Umgang zwischen Menschen nicht mehr von erzieherischen Motiven leiten zu lassen, sondern ihn am Vergleich mit dem Beziehungsmodell »Freundschaft« auszurichten. »Freunde können sich kritisieren, ..., helfen, streiten, erklären, ..., aber sobald einer auf pädagogische Ideen käme (sich z. B. über seinen Verhaltens- bzw. Erziehungsstil dem anderen gegenüber Gedanken machte), hätte er der Freundschaft den Boden entzogen. Wenn Freunde sagen, sie können sich aufeinander verlassen, so bedeutet dies im Kern, dass sie wissen, der andere akzeptiert sie, wie sie sind, der andere mischt sich zwar nicht unaufgefordert ein, aber er steht für jede mögliche Hilfeleistung auf Abruf zur Verfügung.« (von Braunmühl 1975, 235).

Nun ist »Freundschaft« sicher nicht der treffende Begriff für die Beschreibung der Beziehungen zwischen Menschen mit Lernschwierigkeiten und ihren professionellen Helfern. Aber darum geht es auch nicht, der Begriff hat hier *praktischen Wert*. Er kann trotz seiner Unzulänglichkeit neue Werte für die Gestaltung der Beziehungen setzen. Nimmt man den gegenseitigen Umgang, wie er in Freundschaften üblich ist, als Maßstab für die Gestaltung der Beziehungen, so erkennt man schnell die eigenen »erzieherischen« Anteile und inwieweit man behinderte Menschen als verbesserungsbedürftig betrachtet. Eine Selbstüberprüfung durch Fragen wie »Würde ich so mit meinen Freunden umgehen?« oder »Würde ich so mit meinen erwachsenen Gesprächspartnern umgehen?« ist eine sehr einfache und hilfreiche Technik der eigenen Haltungskorrektur.

Nun wäre die Orientierung an Freundschaft gründlich falsch verstanden, meinte man, dass Menschen mit Lernschwierigkeiten und ihre Helfer Freunde werden müssten. Die Unmöglichkeit einer derartigen Verpflichtung liegt auf der Hand. Vielleicht kann hier der Begriff »Respekt« etwas weiterhelfen. Wer aber die Arbeit der Begleitung von Menschen mit Lernschwierigkeiten kennt, kennt sicher auch deren Wünsche nach Nähe, Verbundenheit und Emotionalität. Wenn sich also »Respekt« im Kleide von Distanz und Gefühlsfreiheit zeigt, wird man sicher nicht mit der breiten Zustimmung der Menschen mit Lernschwierigkeiten rechnen dürfen. Aber gerade in dieser Emotionalität liegt ja auch ein positiver Nutzen für Begleiter als professionelle Helfer.

Vielleicht hierzu noch eine Randnotiz: In Interviews mit Menschen mit Lernschwierigkeiten zur Frage, wie Begleiter sein sollten, erhielten wir oft eine Antwort, mit der wir nicht so recht umzugehen wussten, weil sie so selbstverständlich erschien: Begleiter sollten »nett sein«, sie sollten »ein Kumpel sein« usw. Möglicherweise steckt darin doch der weitergehende Wunsch nach Freundschaftsbeziehungen zu Begleitern.[4]

Behinderung: kein Personmerkmal, sondern ein Dienstleistungsbedarf

Wer in der Haltung des Verbessernwollens verhaftet ist, der muss sich in besonderer Weise für die sogenannten Defizite interessieren. Bei behinderten Menschen reagieren wir professionellen Helfer meist immer noch mit dem Impuls, Defizite durch Förder- und Trainingsprogramme ausgleichen zu sollen. Behinderung erscheint uns dabei als ein Personmerkmal, ein verbesserungsbedürftiges versteht sich. Die Aufhebung der Defizite und die Erweiterung der Kom-

4 Weiterführende Gedanken zur Beziehungsthematik findet der Leser im Beitrag »Normalisierung der Beziehungen«, S. 103 ff.

petenzen liegt uns besonders am Herzen. Und wenn wir dann noch das Ziel der Selbstständigkeit ins Feld führen, erscheint uns unser Vorgehen legitimiert.

Wer »nur« begleiten will, muss diese Defizit-Brille des Fördern- und Verbesserwollens ablegen. Die »Defizite«, unser aller Unzulänglichkeiten, sind zur Person zugehörig wie Kompetenzen auch, und wer sie nicht akzeptiert, lehnt zugleich Teile der Person ab. Das kann für die Identität nicht förderlich sein. Wenn wir uns stattdessen um die Bereitstellung von Dienstleistungen bemühen, welche den Hilfebedarf ausgleichen, können Menschen mit ihren Defiziten gut leben und sie in ihr Selbstbild unter weniger zerstörend wirkenden Aspekten integrieren. So gesehen macht es Sinn, Behinderung nicht als Merkmal der Person, sondern als *Anfrage nach Dienstleistung* an die Gesellschaft, an potenzielle Anbieter, an uns professionelle Helfer zu verstehen.

An dieser Stelle mag auch der Hinweis helfen, dass der Verzicht auf die Orientierung an Förderung nicht automatisch die Aufrechterhaltung von Unselbstständigkeit, Inkompetenz und des Status quo zum Ziele haben muss. Lernangebote sowie didaktisch ausgetüftelte Programme und Trainings können Lernen wesentlich erleichtern oder manchmal sogar erst ermöglichen. Aber all das macht nur Sinn, wenn der Lernende dies selbst will, selbst initiativ ist und seine Ziele selbst festlegen kann.

Beeinträchtigung reiht sich ein in ein Kontinuum des Hilfebedarfs, in welches auch Menschen ohne Beeinträchtigungen eingebunden sind. Das Leben in unseren modernen Gesellschaften hat mittlerweile ein Ausmaß an Komplexität erreicht, das nicht mehr mit einem auch nur annähernd endgültigen Katalog von Wissen und Handlungskompetenzen bewältigt werden kann. Die Bewältigung des Lebens erfolgt zunehmend in einem System von Dienstleistungseinkauf und Konsum, von dem heute alle Menschen hochgradig abhängig sind: wenn z. B. die Spülmaschine ihre Tätigkeit verweigert, wird der Handwerker bestellt oder wir bereiten das Mittagessen weitgehend aus vorgerichteten Zutaten. Wären wir Menschen ohne (vermeintliche?) Beeinträchtigung ständig von Pädagog(inn)en umgeben – verzeihen Sie mir die abschätzige Bemerkung – würden sie mit uns wohl zuerst einen Kurs zur Spülmaschinenreparatur absolvieren oder uns das Schlachten von Schweinen und die Aufzucht von Zwiebeln lehren. Wer also etwas selbst nicht kann, kauft sich die Dienstleistung ein.

In dieses Dienstleistungsgefüge müssen zukünftig auch Menschen mit Beeinträchtigungen miteinbezogen werden. Die *Dienstleistungen* müssen erweitert werden, *nicht die behinderten Menschen* mittels Erziehung und Förderung an das bestehende Dienstleistungssystem (welches für Kunden ohne Beeinträchtigung gemacht ist) angepasst werden. Die Frage ist nicht mehr: »Wie müssen wir Menschen mit Beeinträchtigung fördern, damit sie in unserer Gesellschaft für nichtbeeinträchtigte Menschen so ähnlich wie wir Nichtbeeinträchtigten leben können?« sondern: »Wie können wir unsere Dienstleistungen ausbauen, damit auch Menschen mit Beeinträchtigung – so, wie sie sind – damit ihr Leben leben können?«.

Im Grunde geht es um die Verantwortung für den eigenen Lebensentwurf

Die Verantwortung nicht wegnehmen

In den Grundsatzaussagen des Committee Self Advocacy findet sich eine weitere Forderung: »Wir entscheiden! Wir müssen unsere Entscheidungen selbst treffen. ... Zu oft entscheiden andere für uns in Dingen, die unser eigenes Leben betreffen. ... Wir wissen selbst, was das Beste für uns ist, und wir können selbst auswählen. Es darf anderen nicht erlaubt werden, unsere Entscheidungen zu treffen. Und uns ist bewusst, dass eine Wahl zu treffen bedeutet, dass wir für unsere eigenen Entscheidungen verantwortlich sind« (Bundesvereinigung Lebenshilfe o. J.).

Wie reagieren wir Behindertenpädagogen auf derartige Forderungen? Sicher werden wir einerseits zustimmen können, denn uns geht es um das Wohl der Menschen mit Beeinträchtigung. Deren Wunsch und Wille ist uns wichtig. Aber wie geht es uns mit der Passage »Wir wissen selbst, was das Beste für uns ist ...?« Unser geistiges Auge wird uns Szenen vorführen von ungebändigter Esslust, lebensgefährlichen Situationen im Straßenverkehr ..., und wir spüren auf einmal so richtig unser Verantwortungsgefühl für den Menschen mit Beeinträchtigung. Wir sind uns sicher, schützend eingreifen zu müssen, Unheil abwenden zu sollen und fühlen uns dabei auch wichtig, denn unsere Arbeit ist eben doch eine *»verantwortungsvolle«* Aufgabe. Das sagen uns ja oft genug auch Außenstehende, wenn sie unser Engagement lobend hervorheben wollen. »Die Für-Sorge bestimmt den Umgang mit behinderten Menschen« (Hähner 1995, 7).

Sicher ist uns dabei trotz allem auch nicht immer ganz wohl zu Mute, denn der Esslust kommen wir oft nur mit Formen von Gewalt bei: Kühlschrank oder Speisekammer abschließen, Verbote aussprechen und Konsequenzen androhen ... und das alles ja nur zum Besten der Betroffenen!? Die Begründung unseres Verhaltens wird hierbei in der Regel lauten, dass insbesondere Menschen mit Lernschwierigkeiten nicht wirklich Verantwortung für sich selbst übernehmen können. Wir werden argumentieren, dass sie die Folgen ihres Handelns nicht absehen können oder ihnen die Einsicht in die Dinge fehle. So nehmen wir uns das Recht heraus, ihnen zu sagen, was für sie gut ist. Manchmal tun wir fast so engagiert, als lebten wir ihr Leben und müssten aus diesem Verständnis heraus stellvertretend für sie Entscheidungen treffen. Wir übernehmen ihre Verantwortung für *ihren* Lebensentwurf.

Diese stellvertretende Übernahme von Verantwortung lässt sich sehr gut beobachten, wenn Kindern von fremden Leuten Fragen gestellt werden, etwa wie sie heißen, wie alt sie sind usw. Wenn die Angesprochenen (die Kinder) nur schon mit ihrer Antwort zögern, springen schon Eltern stellvertretend ein und antworten ungefragt an deren Stelle. Man möge sich diesen Vorgang einmal für sich selbst vorstellen! Wenn Helfer Verantwortung *für* Menschen mit Lernschwierigkeiten übernehmen, machen sie ihnen immer auch deren eigene Zuständigkeit streitig. »Es darf anderen nicht erlaubt werden, unsere Entscheidungen zu treffen« war die Forderung des Committee Self Advocacy. Rotthaus schreibt: »Der geistig behinderte Mensch ist also autonom Handelnder, der für sein Handeln dementsprechend selbst verantwortlich ist. Dies macht seine menschliche Würde aus und schließt die ›Würde des Risikos‹ mit ein. Diese menschliche Würde bringen wir in Gefahr, wenn wir einem geistig behinderten Menschen die Verantwortlichkeit für sein Tun absprechen ...« (Rotthaus 1993, zit. n. Hähner 1995, 7).

Selbst verantwortlich sein dürfen

Als Gegenentwurf zur verbreiteten Vorstellung, dass *professionelle Helfer* für die Lebensentwürfe von Menschen mit Lernschwierigkeiten verantwortlich seien (und nicht sie selbst), soll hier der Begriff Selbstverantwortung eingeführt werden. Selbstverantwortung meint dann, *für sich*, für die eigenen Angelegenheiten Verantwortung übernehmen zu dürfen. Selbstverantwortung meint dann auch, dies *selbst* tun zu dürfen. Höffe (1986) umschreibt Verantwortung mit Zuständigkeit: »... die Zuständigkeit *von* Personen *für* Aufgaben ... vor einer Instanz, die Rechenschaft fordert ...« (263, Hervorhebungen von Höffe). Selbstverantwortung würde nach dieser Definition also erstens darauf verweisen, dass es um die Aufgabe des eigenen Lebensentwurfs geht, zweitens, dass für diese Aufgabe die Person selbst Zuständigkeit hat und drittens, dass die Instanz der Rechtfertigung wiederum nur das Selbst sein kann und nicht eine andere äußere Instanz. Selbstverantwortung – wie sie hier verstanden werden soll – heißt, die Zuständigkeit in der *Frage der Lebensentwürfe* an das eigene Selbst zu binden.

Mit der Forderung nach Selbstverantwortung sollen nicht die sozialen Bedeutungen von Verantwortung ersetzt werden. Wenn das eigene Handeln Auswirkungen auf andere Menschen hat, dann wird man sein Handeln auch vor *ihnen* und nicht nur vor sich selbst verantworten müssen. Und es wäre töricht, würden sich Menschen nur noch für die eigene Person und nicht etwa für die Erhaltung der Umwelt verantwortlich fühlen. Selbstverantwortung meint nicht Egoismus, Selbstherrlichkeit und Eigennutz. Selbstverantwortung ist eine »Sonderform« von Verantwortung, die sich in besonderer Weise die Frage des eigenen Lebensentwurfs herausgreift und die Zuständigkeit hierfür dem Selbst zuspricht.

Von der Verantwortung für die Person zur Verantwortung für die Begleitung

Wenn wir die Verantwortung für die Lebensentwürfe von Menschen mit Lernschwierigkeiten ablegen, sollen wir uns dann verantwortungslos zeigen, unsere Augen schließen und alles »laufen« lassen? Das wäre falschverstandene Selbstverantwortung, das wäre verantwortungslos. Worauf aber sollte sich unser Verantwortungsgefühl richten, wenn nicht auf die Sorge für das Gute und Beste von Menschen mit Lernschwierigkeiten? Ich möchte vorschlagen, dass wir Begleiter unser Verantwortungsgefühl besonders auf unsere Aufgabe der Begleitung richten. Nicht der Person selbst und deren Lebensentwürfen soll unser Verantwortungsgefühl gelten, sondern der Tatsache, dass wir unsere Begleitungsaufgabe erfüllen, dass wir ausreichend Beratung, Unterstützung und Angebote bereitstellen, wie sie Menschen mit Beeinträchtigungen fordern. Wir sind verantwortlich für das Erfüllen unserer Aufgabe.

Die Körperbehindertenbewegung hat diese Neudefinition des Verantwortungszusammenhangs in radikaler Weise gefordert, und Begleitung reduziert sich hier wirklich nur noch auf reine »Handlangerdienste«. Für diese Form der Hilfe führte RATZKA (MEIER, RATZKA 1988) den Begriff der »persönlichen Assistenz« ein. Ohne an dieser Stelle Assistenz näher zu erläutern (siehe hierzu »Grundbegriffe des selbstbestimmten Lebens«, S. 45 f.), kann doch die allgemeinsprachliche Bedeutung einigen Aufschluss darüber geben, wie Verantwortung hier neu definiert wird. HÄHNER (1995, 9) schreibt: »Assistent ist der ›Gehilfe einer Fachkraft‹. Damit wird nochmals verdeutlicht, dass dem Menschen mit Beeinträchtigung die Kompetenz zur Lebensgestaltung zugeschrieben wird.«, und an anderer Stelle führt er den Begriff der Dienstleistung ein: »Das Selbstbestimmt-leben-Konzept mit seiner Methode der Begleitung (Assistenz) geht davon aus, dass der Mensch mit Beeinträchtigung Auftraggeber für die Dienstleistung ist und dass für viele Menschen mit Beeinträchtigung entsprechend ein Dienstleistungsapparat zur Verfügung stehen muss.«

Sicher ist Assistenz in dieser radikalen Form nicht unbedingt auf die Hilfe übertragbar, die von Menschen mit Lernschwierigkeiten benötigt werden dürfte und gewünscht wird, so dass es sinnvoll wäre, für unsere Zwecke vielleicht zukünftig den Begriff *Begleitung* zu verwenden. Trotzdem kann aber der Wandel im Verständnis von Verantwortung, wie er im Konzept der Assistenz enthalten ist, auch für das Konzept der Begleitung grundsätzlich Gültigkeit haben.

Exkurs: Selbstverantwortung versus Verantwortung der Begleiter

Welche Zuständigkeiten fallen nun unter die (Selbst-)Verantwortung des Menschen mit Lernschwierigkeiten und welche in die Verantwortung des Begleiters? Es dürfte selbstredend sein, dass die *Anforderung* von Hilfe in die Zuständigkeit des Menschen mit Lernschwierigkeiten gehört. Wer selbst Verantwortung für sein Leben trägt, muss auch selbst sagen, wann er Hilfe braucht. Ebenso verhält es sich mit der Art der Hilfe. Vor dem Hintergrund von Selbstverantwortung kann nur der Mensch mit Lernschwierigkeiten selbst autorisiert sein zu sagen, wie ihm geholfen werden soll. Aufgabe des Begleiters wäre es dann, die Hilfe in der gewünschten Form bereitzustellen, zu besorgen. So jedenfalls müssten sich die Zuständigkeiten bei der Begleitung im Idealfall verteilen. Es müssen an dieser Stelle aber einige Zusammenhänge diskutiert werden, die beim Thema Selbstbestimmung bzw. Selbstverantwortung regelmäßig zu Problemen führen und vorschnell das abschließende Urteil nahelegen, dass Selbstbestimmung und Selbstverantwortung letztendlich eben doch keine realen Möglichkeiten darstellen. Im Grunde entstehen die Schwierigkeiten, wenn der Blick ausschließlich auf das Individuum und dessen Willen – und (leider) verleiten Begriffe wie Selbstbestimmung oder Selbstverantwortung den Betrachter zu diesem Blick – in Konfrontation gerät mit dem Sozialen (vgl. Theunissen 1995, 53), also mit dem Willen anderer. Ein weiteres Feld der Konfrontation ist darüber hinaus die Verantwortung, die beispielsweise Eltern gegenüber ihren Kindern oder Begleiter gegenüber Menschen mit Lernschwierigkeiten insbesondere rechtlich nun mal haben. Dann kann Selbstbestimmung plötzlich als unrealistisch erscheinen, sie wird zum schönen, aber leider abwegigen Wunschtraum. Wie stellt sich Verantwortung dar, wenn Begleiter bei der Ausübung von Selbstverantwortung durch Menschen mit Lernschwierigkeiten Gefahren für sie sehen? Müssen Begleiter nicht eingreifen und Menschen mit Lernschwierigkeiten in der Ausübung ihrer Verantwortung dann doch wieder beschneiden? Wieweit kann Risiko zugelassen oder ausgehalten werden? Kann ein Mensch überhaupt selbst Verantwortung übernehmen, wenn er die Folgen seines Handelns aus der Sicht seiner Begleiter nur schlecht oder gar nicht einschätzen kann? Versuchen wir hier einige Annäherungen an diese Fragen.

Erstens: Mit der Ausübung von Selbstverantwortung zunächst untrennbar verbunden ist die Bereitschaft, Risiken einzugehen. Wer selbst Verantwortung übernimmt, trägt auch selbst die Folgen seines Handelns. Und diese wiederum können durch ihre Unabsehbarkeit Risiken in sich tragen. Selbstverantwortung kann also einer Person nicht schon allein wegen des anhaftenden Risikos abgesprochen werden.

Zweitens: Selbstverantwortung muss sich nicht an das Vorhandensein eines bestimmten Wissens knüpfen. Insofern Menschen Selbstverantwortung ausüben können, wird man ihnen immer auch einräumen müssen, dass sie – wie wir alle – auf der Grundlage ihres je eigenen Wissens- und Erfahrungshorizonts handeln (und Fehler machen dürfen).

Drittens: Folgende Unterscheidung könnte sich als zweckmäßig erweisen: Die Folgen ausgeübter Selbstverantwortung können den

Menschen mit Lernschwierigkeiten selbst treffen, sie können aber auch andere Personen betreffen. *Im Falle der Selbstbetroffenheit* gibt es zunächst keine Notwendigkeit für Begleiter, Selbstverantwortung abzusprechen. Denn, wer seine Fehler selbst »ausbadet«, hat die besten Lernchancen, weil er die Folgen selbst erlebt. Aufklärung und Belehrung können dem Selbst-Erleben als Lernform nicht das Wasser reichen. Darüber hinaus ist die Verknüpfung Selbstverantwortung – Selbstbetroffenheit Chance zum Erleben eigener Kompetenz, Mächtigkeit und Würde. Wem alle Risiken abgenommen werden, der erlebt sich selbst als ohnmächtig, als inkompetent und wertlos.

Viertens: Schwieriges Terrain betreten wir, wenn die Ausübung von Selbstverantwortung wirkliche Gefahren für Leib und Leben nach sich zieht. Die Schwierigkeiten stecken hier im Detail, denn die Variable »Gefahren für Leib und Leben« ist eine sehr relative Angelegenheit. Außerdem muss berücksichtig werden, ob die Person Kenntnis über die Gefahren hat oder ob sie die Gefahren in Abwägung zum Nutzen bewusst eingeht. Soll man zulassen, dass sich ein Mensch vorwiegend von Schokolade ernährt? Wie verhält es sich, wenn die betreffende Person dies bewusst tut, Begleiter aber von schwerwiegenden gesundheitlichen Gefahren ausgehen müssen? usw. … . Klar ist zunächst, dass bewusst eingegangene Gefahren (Rauchen, ungesundes Essen) der Person grundsätzlich zugestanden werden müssen. Andererseits sind aber extreme Fälle denkbar, in denen die Person ein Risiko eingeht, das sie entweder nicht überblickt (in die Steckdose greifen, in der Rushhour bei Rot über die Ampel gehen) oder das sie in der aktuellen Situation zwar offensichtlich anstrebt, aber womöglich »eigentlich« nicht beabsichtigt und das irreversible Folgen zeitigt (Suizid). Nun dürften aber alle Menschen – also nicht nur Begleiter von Menschen mit Lernschwierigkeiten – in derartigen Situation aufgerufen sein, ihre Mitmenschen von derartigen Zielen abzubringen, *wenn* es offensichtlich ist, dass die Folgen nicht in der Absicht der Person liegen. Hier wird die Hantierung mit dem Begriff Selbstverantwortung ihrer Legitimation enthoben, denn es geht um Nothilfe und um das Abwenden ungewollter und wirklich schwerwiegender Gefahren. Es dürfte unwahrscheinlich sein, dass sich Personen über die Wegnahme von Selbstverantwortung beschweren, wenn ihnen gerade das Leben gerettet wurde. Vollkommenes Glatteis betreten wir, wenn sich Personen aus bewusster Absicht selbst schädigen wollen. Kann dann überhaupt noch von Selbstverantwortung gesprochen werden? Impliziert Selbstverantwortung nicht gerade ein Streben nach Leben und Lebenserhaltung? Verweisen derartige Grenzfälle nicht auf einen vorausgehenden (vielleicht therapeutischen) Hilfebedarf, also auf Situationen, die die Person nicht bewältigen konnte und deshalb resigniert? Selbstverantwortung erreicht in solchen Situationen ihre »natürlichen« Grenzen.

Fünftens: Wieder leichter tun wir uns mit der Einschätzung von Situationen, in denen eine Person in Ausübung ihrer Selbstverantwortung Folgen erzeugt, von denen nicht nur sie selbst, sondern auch *andere Personen mitbetroffen* sind. Zweifellos muss sich die Person dann den Mitbetroffenen stellen und mit Grenzziehungen und Einschnitten bei dem rechnen, was sie tun will. Der Begriff der Selbstverantwortung – wie er oben definiert wurde – reicht hier nun nicht mehr aus, denn zur Rechenschaftsinstanz »Selbst« kommt die Rechenschaftsinstanz »Mitbetroffene« hinzu. Selbstverantwortung gerät vom einseitig subjektivistischen in ein dialogisches Verhältnis: in der Auseinandersetzung mit dem anderen und der Abwägung des eigenen mit dem fremden Willen muss sich Selbstverantwortung einer sozialen Verantwortung, einer Mitverantwortung stellen. Dann werden Verträge gemacht.

Unser Exkurs soll hier enden. Zweifellos sind mit dieser Diskussion möglicher Grenzen von Selbstverantwortung nicht die »Niederungen« vieler Alltagssituation von Begleitern abgedeckt. Selbstbestimmung, Selbstverantwortung wird viele Dilemmata sachlich nicht eindeutig auflösen können, weil sie unter Verantwortungsgesichtspunkten nicht auflösbar sind. Wären sie auflösbar, gäbe es längst eine verbindliche Ethik. Die Chancen dieser Begriffe liegen aber auch woanders: Mit ihnen fordern Minderheiten Grundrechte gegenüber machtausübenden Mehrheiten, Grundrechte, die ihnen bisher mit Argumenten wie Erziehungsbedürftigkeit, Erziehung, Förderung usw. verwehrt wurden. Denn wenn die neuen Argumente an die Stelle der alten treten, fällt gleichzeitig die Legitimation der alten Machtausübung, und neue Praxis kann sich etablieren. Selbstbestimmung und Selbstverantwortung zielen – wie bei anderen Bürgerrechtsbewegungen auch – auf eine weitest mögliche Ausdehnung und Neuverteilung von Rechten.

Ich möchte zum Schluss des Gedankengangs kommen. Selbstverantwortung – so die These – taugt trotz ihrer »Widrigkeiten« als Kernbegriff für ein Menschenbild in der Begleitung von Menschen mit Lernschwierigkeiten. Sie fokussiert den Blick der Begleiter auf einen Teil der Person, welcher Menschen mit Lernschwierigkeiten oft leichtfertig abgesprochen wird, und bringt damit Selbstbestimmung auf den Punkt. Dieser Grundbegriff ordnet auch die Verantwortlichkeiten in der Beziehungsform »Begleitung« (nach den Kriterien von Würde und Gleichberechtigung) einander neu zu. Und er erweckt nicht den Eindruck, dass Selbstbestimmung ein einfach anwendbares Leitbild sei, sondern öffnet den Blick auch für das Konflikthafte, das mit dem gleichberechtigten Zusammenleben von Menschen unweigerlich verbunden ist.

Selbstbestimmung als anthropologischer Dreischritt

Zum Ansatz

Das Leitbild Selbstbestimmung lässt sich anthropologisch – so die These – auffächern in drei aufeinander aufbauende Schritte. Diese sollen bezeichnet werden mit *Selbstverantwortung, Selbstleitung* und *Selbstständigkeit*. Mit Vorsicht betrachtet, könnte man vielleicht eine Parallele sehen zu Pestalozzis Kräften »Herz, Kopf und Hand«. Der Dreischritt versucht jedoch keine umfassende Beschreibung des Menschen. Er ist in seinen Teilen im Grunde auch nichts Neues, sondern konzentriert sich ausschließlich auf die Beschreibung der im Zusammenhang mit Selbstbestimmung in Frage kommenden Variablen, hier als »Tätigkeiten« beschrieben. Es sind Teil-Tätigkeiten, die, genaugenommen, nicht für sich alleine stehen können, weil sie sich gegenseitig überlagern und beeinflussen. Aber aus Analysezwecken sollen sie hier differenziert dargestellt werden. Unbeachtet bleiben wird hier die – oftmals mit Selbstbestimmung in Verbindung gebrachte – biophysische Selbstregulation (siehe Seite 62 f.).

Der praktische Nutzen dieser »Auffächerung« ist erstens: Selbstbestimmung muss nicht daran geknüpft werden, dass die Person ein bestimmtes *Wissen* haben muss, bevor ihr Selbstbestimmung zugetraut werden kann. Genauso verhält es sich zweitens mit dem *Tun-Können*: Selbstbestimmung erfordert nicht schon Selbstständigkeit (Die Bedeutung des Begriffs Selbstbestimmung ist dabei im Grunde die von Selbstverantwortung. Aus Gründen der begrifflichen Klarheit verwende ich daher *Selbstbestimmung* im Folgenden als Bezeichnung für das Gesamtphänomen, *Selbstverantwortung* dagegen als den jetzt zu beschreibenden »Kern« von Selbstbestimmung). Außerdem stellt der Dreischritt drittens die *Kompetenzen* heraus, die Menschen mitbringen. Er kann Begleitern deshalb eine Basis geben, worauf sie ihr

Vertrauen in die Fähigkeiten der zu begleitenden Menschen stützen können. Insofern stellt er ein Gegenbild dar zur sorgemotivierten Förder- und Erziehungssichtweise. Und schließlich lassen sich die *Tätigkeiten des Begleitens* logisch anbinden und beschreiben.

Wie sich die Person lenkt

Der Ursprung jeder Selbstbestimmung wird im Willen des Menschen verortet werden. Was den Willen ausmacht, ist die Unabhängigkeit und Freiheit von Äußerem. Der Wille ist der »Inbegriff des menschlichen Vermögens der Selbstbestimmung, d. h., jener Aktivität, aufgrund derer der Mensch als Ich frei entscheidet und handelt«. (Böhm 1982, 562). Zur Selbstbestimmung gehört also zuerst das Wollen. Wollen heißt initiativ sein, Motive haben, Engagement zeigen.

Wollen ist auf ein Objekt gerichtet, auf das Ge-wollte. Insofern die Person ihr Gewolltes verwirklicht, schafft sie eine neue Wirklichkeit, mit der sie nun konfrontiert ist. Zu dieser neuen Wirklichkeit muss die Person in eine Beziehung treten. Da sie selbst Urheber dieser Wirklichkeit ist, kann sich die Person nicht einfach von ihr distanzieren. Sie muss zu dieser Wirklichkeit stehen, die eigene Urheberschaft bekennen, sie muss sie verantworten (ob vor sich selbst oder vor anderen, sei dahingestellt). Wollen verweist also auf Verantworten.

Insofern die neue Wirklichkeit doch nicht den Vorstellungen entspricht, auf die der Wille ursprünglich abzielte, kann sich die Person nur dadurch (von der neuen Wirklichkeit) distanzieren, dass sie ihren Willen nachträglich korrigiert und sich erklärt: So habe ich das dann doch nicht gewollt. Die Verbindung zwischen Wollen und geschaffener Wirklichkeit aber, die Urheberschaft, kann nicht ausgelöscht werden.

Wollen und Verantworten sind also die grundlegenden Teil-Tätigkeiten des Selbstbestimmens. Nach einer Idee von Sprenger (1996, 37) – aber in Abwandlung derselben – möchte ich diese Tätigkeiten um das »Sich-Wählen« ergänzen. Denn Selbstbestimmung macht nur Sinn, wenn die Person auch in ein besonderes Verhältnis zu sich selbst tritt. Die Person soll sich selbst nicht vernachlässigen, sondern sich selbst annehmen, Identität ausbilden, sich lieben. »Sich-Wählen« zielt auf Selbstliebe (aber nicht Selbstverliebtheit), Zu-sich-Stehen (aber nicht Nur-sich-Sehen), Eigene-Fehler-Annehmen (aber nicht

Sich-für-unfehlbar-Halten). Wollen, Verantworten und Sich-Wählen zusammen stellen den »ersten« der drei Schritte dar. Diesen Komplex möchte ich mit *Selbstverantwortung* bezeichnen.

Aus der Definition des Willens (Zitat von BÖHM) entnehmen wir weitere Tätigkeiten, die der Selbstbestimmung zugeordnet werden: *Entscheiden und Handeln*. Wenn der Wille sich nicht in Entscheidungen und Handlungen äußert, realisiert er sich nicht. Entscheiden heißt, auswählen zwischen verschiedenen Möglichkeiten. Und da Entscheiden eine kognitive Tätigkeit ist, braucht sie Wissen über die Dinge. Wissen ist die Ressource und Entscheiden die Aktivität. Wissen heißt, Informationen zu haben über die Dinge, über sich selbst, über andere und darüber, wie alles zusammenhängt: Ich weiß, dass Apfelsaft süß ist und Mineralwasser sauer. Und weil ich auch weiß, dass mir Süßes besser schmeckt, entscheide ich mich für Apfelsaft. Wissen und entscheiden sind die Tätigkeiten des »zweiten« Schritts. Weil diese Tätigkeiten nicht ohne diejenigen des ersten Schritts denkbar sind (im Entscheiden steckt ein Wollen), ist der zweite Schritt eine umfassendere Kategorie. Hierfür verwende ich die Bezeichnung *Selbstleitung* (Wäre die unterschiedliche Verwendung des Begriffs *Selbstbestimmung* dann nicht verwirrend, könnte *Selbstleitung* vielleicht auch mit *›Selbstbestimmung‹ im engeren Sinne* bezeichnet werden).

Bleibt noch das Handeln. Selbstbestimmung verwirklicht sich in der höchsten Stufe durch das Tun, das Handeln. So wie Entscheiden Wissen braucht, braucht Handeln Können. Können ist die Ressource für das Handeln, für das Tun. Können heißt Erfahrungen haben, Wissen, wie etwas bewirkt werden kann, Handlungsmuster haben. Weil ich Erfahrungen gemacht habe, wie eine Flasche geöffnet und der Inhalt in Gläser umgegossen werden kann, kann ich mir selbst ein Glas einschenken. Können und Tun sind die Tätigkeiten des »dritten Schritts«. Und weil diese Tätigkeiten nicht ohne diejenigen der beiden vorausgehenden sinnvoll sind (im Tun steckt Entscheiden und Wollen), ist dieser letzte Schritt der umfassendste. Die Bezeichnung hierfür sei *Selbstständigkeit* (s. Abb. 1, S. 85).

Bewertung der Tätigkeiten der Person

Wollen, Verantworten und Sich Wählen sind ich-nahe Tätigkeiten, sie sind Teil des Kerns der Person, sie sind ihr Regiezentrum. Man könnte sogar sagen, dass die Person sich mit diesen Tätigkeiten so stark identifiziert, dass sie diese als Teil ihrer selbst wahrnimmt. Wenn die Person also in diesen Tätigkeiten behindert wird, wird sie in ihrem Zentrum verletzt, und wenn sich diese Verletzungen langfristig häufen, werden die Tätigkeiten daran Schaden nehmen. Die zentrale Forderung des Leitbilds Selbstbestimmung dürfte es sein, den Komplex Selbstverantwortung nicht zu stören, sondern ihn respektvoll zu behandeln und ihn in seiner Tätigkeit und in seinem Wachstum zu unterstützen.

Wissen und Können dagegen sind Instrumente zur Erfüllung des Wollens, sie sind ich-ferner. Wenn die Person selbst leistungsfähige Instrumente hat, kann sie ihr Wollen und ihr Verantworten selbst realisieren und dabei erfolgreich sein. Wenn sie selbst weniger leistungsfähige Instrumente hat, braucht sie bessere. Diese kann sie sich besorgen (sprich: sich Wissen und Können aneignen und es erweitern) oder auch woanders »ausleihen« (sprich: fremdes Wissen und Können nutzen), damit sie zum Ziel kommt. Sie wird sich vielleicht als unvollständig erleben in ihrem Wissen und Können, aber sie wird ihr Wollen und Verantworten deswegen nicht schon in Frage stellen. Würde sie letzteres tun, würde sie sich in Misstrauen zu sich selbst und Selbstzweifel stürzen. Wollen, Verantworten und Sich-Wählen sind Triebfedern des Menschen und daher viel bedeutungsvoller für die Person als Wissen und Können.

Besonders bei der Begleitung von Menschen mit Lernschwierigkeiten scheint es für die Anerkennung von Selbstbestimmungsrechten hilfreich, die Tätigkeiten Wissen und Können vom Wollen und Verantworten *gedanklich* zu trennen. Wer Fehler begeht, begeht sie mangels besseren Wissens oder Könnens, aber nicht, weil er das Falsche tun will (niemand macht absichtlich Fehler). Dann braucht er dabei Hilfe und Unterstützung. Er braucht aber nicht die Einschätzung, dass sein Wunsch unakzeptabel oder abzulehnen sei oder dass er nicht gewillt sei, seinen Wunsch zu verantworten. Genaugenommen braucht er sogar Ermutigung, denn um seinen Wunsch zu verwirklichen und zukünftige Fehler zu vermeiden, wird er sich mutig in unbekanntes Gelände vorwagen müssen.

Wie sich die Person hilft und wie sie wächst

Es liegt auf der Hand, dass die bisher beschriebenen Tätigkeiten als *Möglichkeiten des Menschseins* zu sehen sind, die (insbesondere beim Wissen und Können) nicht schon allen Situationen gewachsen sind. Um das Bild der Kompetenzen zu vervollständigen, welche zur Selbstbestimmung zu rechnen sind, füge ich nachfolgend dem bisher beschriebenen Dreischritt weitere Tätigkeiten hinzu, die zeigen, welche Möglichkeiten der Mensch darüber hinaus nutzt, sich selbst zu helfen.

Dabei unterschieden werden die Tätigkeiten bei Hilfebedarf und die Tätigkeiten der Aneignung. Erstere zeigen, wie sich eine Person Hilfe verschafft, wenn sie mit der aktuellen Situation nicht mehr selbst zurechtkommt und letztere, wie sich die Person die Tätigkeiten des Dreischritts langfristig aneignet und erweitert. Die einzelnen Tätigkeiten dürften selbsterklärend sein, so dass die tabellarische Darstellung in Abb. 2 (s. S. 86) für das Verständnis ausreichen sollte.

Die Tätigkeiten des Begleitens

Das bisher entworfene Schaubild der Tätigkeiten bliebe unvollständig, würde man auf seiner Grundlage keine Aussagen darüber treffen können, wie Begleitung beschrieben werden kann. In Anknüpfung an den Dreischritt können die in der Tabelle aufgeführten – sicher nicht abschließend beschriebenen – Grundkomplexe entworfen werden (Abb. 3, S. 87). Die Begleitungstätigkeiten des zweiten und dritten Schritts dürften wiederum selbsterklärend sein. Zu den Tätigkeiten des ersten Schritts hier noch einige Erläuterungen.

Die zur Selbstverantwortung komplementäre Begleitungstätigkeit bedarf einer differenzierten Herangehensweise, weil nämlich Selbstverantwortung immer an die Grenzen des Sozialen und den Schutz des Lebens stoßen wird (siehe Exkurs): Es müssen *Selbstverantwortung stützende* und *Selbstverantwortung einschränkende* Tätigkeiten unterschieden werden. Zwar sollen die stützenden Tätigkeiten das Hauptanliegen der Begleitung sein, doch könne diese nicht ohne die anderen gesehen werden. Eine Ausbalancierung der einschränkenden zugunsten der stützenden wird die schwierigste und umstrittenste Aufgabe der Begleitung unter dem Leitbild der Selbstbestimmung sein.

Die Selbstverantwortungsfähigkeit wächst mit praktizierter Selbstverantwortung. Nur wer Verantwortung für sich übernehmen »darf« und muss, lernt an den Folgen seines Handelns und erweitert dadurch seine Fähigkeit zur Selbstverantwortung. Hahn (1994, 85) schreibt: »Die … notwendige Verantwortlichkeit kommt nur über ständig praktizierte Selbstbestimmung in kleinen und großen Angelegenheiten des menschlichen Lebens zustande«. Das Wichtigste, was wir also als Begleiter behinderter Menschen für deren Selbstverantwortung tun können, ist, ihnen ihre Selbstverantwortung zu *lassen*. Selbstverantwortung kann man jemandem nicht geben oder beibringen. Der Management-Berater Reinhard SPRENGER (1996, 169 f.) hat diesen Zusammenhang mit einer Sei-spontan-Paradoxie verglichen: »Der Empfänger kann die Aufforderung befolgen oder auch nicht, auf keinen Fall kann er dabei spontan sein … Zur Eigeninitiative kann nicht ermächtigt werden. Eigeninitiative ermächtigt sich selbst. Sie fragt nicht nach Erlaubnis. Falls sie Erlaubnis braucht, ist sie keine mehr«.

Gleichwohl heißt Lassen für ihn nicht Treibenlassen (ebd., 176). Wichtige Bedingungen dafür, dass Selbstverantwortung wachsen kann, sind für Sprenger das *Vertrauen* in den Mitarbeiter (ebd., 167), bereitstehen als *Ansprechpartner* (ebd., 168), zu Mut und Selbstvertrauen zu ermutigen (ebd., 177, 181) und einen konstruktiven und beschuldigungsfreien Umgang mit Fehlern *(Fehlerfreundlichkeit)* finden (ebd., 189 ff.). Darüber hinaus hält es Sprenger für wichtig, keine *Retterrolle* zu übernehmen: »Nach dem Motto ›Wenn Sie mich nicht hätten …‹ mischen sie sich als ewig gutmeinende Helfer selbstgerecht in alles und jedes ein … Sie gefallen sich in dem Ruf, sympathisch und gütig, fürsorglich und immer hilfreich … zu sein. Sie passen ständig auf, dass anderen nichts passiert … und sie übernehmen gerne Verantwortung für andere …« (ebd., 183). Zwar hat Sprenger seine Veröffentlichung Führungskräften in Betrieben angedacht, doch als Selbstverantwortung stützende »Umgangsregeln« können sie uneingeschränkt auch für die Arbeit des Begleitens gelten.

Bei der Begleitung von Menschen mit Lernschwierigkeiten muss einer weiteren Sache Rechnung getragen werden: Wer lange in Verhältnissen gelebt hat, in denen sich immer andere für das eigene Wohlergehen verantwortlich gefühlt haben, der wird nicht von heute auf morgen Selbstverantwortung übernehmen können. Vielleicht wird er Verantwortung für sich selbst gar nicht mehr übernehmen wollen angesichts der »Rundum-Versorgung«, die er bisher genossen hatte. Selbstverantwortung und Selbstbestimmung können dann zur Last werden, und man darf nicht unbedingt davon ausgehen, dass die Idee der Selbstbestimmung auf volle Gegenliebe stößt.

Eine im Zusammenhang mit dem Leitbild der Selbstbestimmung vielzitierte Vokabel ist, dass das Entscheidende eine Haltungsänderung der Begleiter sei. Dem ist zuzustimmen, und dieses Wort könnte hier als »Überschrift« für die Selbstverantwortung stützenden Tätigkeiten dienen. Zur Grundhaltung gehört sicher, dass Menschen mit Lernschwierigkeiten ein grundlegendes Vertrauen in ihre Selbstverantwortung geschenkt werden muss, dass sie ihren Hilfebedarf ausdrücken und ihren Begleitern Hinweise über die Art des Hilfebedarfs geben. Sich nicht immer gleich einmischen, verstehen, akzeptieren und zur Übernahme von Verantwortung ermutigen, sind weitere Leitideen für Selbstverantwortung stützende Begleitenstätigkeiten. Alle diese Formeln knüpfen im Grunde an die im ersten Schritt (siehe »Wie sich die Person lenkt«) zum Ausdruck gebrachten Tätigkeiten (Wollen, Verantworten und Sich-Wählen) sowie deren Einstufung als zentraler Teil der Person (siehe »Bewertung der Tätigkeiten der Person«) an und zielen auf deren Unterstützung.

Selbstverantwortung einschränkende Tätigkeiten von Begleitern sind z. B. Situationen der *Nothilfe* (Gefahr abwenden), der *Notwehr* (eigene Grenzziehungen des Begleiters) und der Vertretung der *Interessen anderer* (z. B. der Einrichtung, anderer Mitbewohner in einem Heim usw.). Wie schnell diese zum Tragen kommen (müssen), wird nicht pauschal zu beantworten sein. Daran braucht jedoch das Gesamtkonzept Selbstbestimmung als Maßgabe für Begleitung nicht zu scheitern. Derartigen Konfliktfällen sind ja auch Menschen, die mit anderen nicht in einer Beziehung der Begleitung stehen, tagtäglich ausgesetzt. Dort gibt es ebenfalls Situationen der Nothilfe, der Notwehr und der sozialen Grenzen.

Als Grundvorgabe für den Umgang mit Grenzen kann das Eingehen von Verträgen (siehe hierzu auch »Überlegungen zur Entwicklung einer Kultur der Begleitung«, Seite 153 ff.) angestrebt werden, wie dies ja auch für das zwischenmenschliche Zusammenleben allgemein gilt. Verträge legen die verschiedenen Interessen offen und halten Regeln fest.

Situationen der Nothilfe müssen am Grad der Gefahr gemessen werden. So wird beispielsweise für einen erwachsenen Menschen mit Lernschwierigkeiten das Verbot des täglichen Genusses einer Flasche Bier kaum als Nothilfe legitimierbar sein, wohl aber das einer Flasche Spiritus (es sei denn, die Person beabsichtigt, sich vollen Bewusstseins umzubringen). Aber wer würde nicht einen Mitmenschen

– auch, wenn er zu ihm nicht in einer Beziehung der Begleitung steht – von diesem Vorhaben abzubringen versuchen?

Schluss

Auch nach mehr als 20 Jahren Diskussion über das Leitbild der Selbstbestimmung muss leider konstatiert werden, dass die Haltung der Fürsorge, des Überfrachtens des Alltagslebens mit pädagogischen Zielvorstellungen und des direktiven Umgangs immer noch – wenn auch abnehmend und manchmal auch gar nicht so bewusst beabsichtigt – in die berufliche Identität von Betreuer(inne)n von Menschen mit Lernschwierigkeiten hineinwirkt. Manchmal habe ich den Eindruck, dass es für den einen oder die andere Betreuer8in) einfach zu »verführerisch« ist, die eigene Berufsidentität nicht mit dem »Bild« desjenigen zu befüllen, der mehr weiß, mehr kann und der dann gleich auch noch sagt, was das Beste ist (siehe »Der Begleiter – eine Typologie« S. 297 ff.).

So hoffe ich nach wie vor, dass diese Skizze eines Menschenbilds für das Leitbild der Selbstbestimmung hauptsächlich dem praktisch tätigen Begleiter eine hoffentlich verständliche Anregung ist, die eigene Haltung gegenüber Menschen mit Lernschwierigkeiten zu überprüfen, zu entwickeln und auf eine Grundlage zu stellen, mittels der er zu einem Umgang kommen kann, welcher Menschen mit Lernschwierigkeiten ein selbstbestimmtes Leben ermöglicht, deren Würde achtet, ihre Persönlichkeit stärkt und sie ermutigt, ihr Leben mit ihren Möglichkeiten befriedigend zu gestalten.

Literatur

Bauer, Rudolph (1996): Hier geht es um Menschen, dort um Gegenstände. Über Dienstleistungen, Qualität und Qualitätssicherung. In: Widersprüche 16, Heft 61.

Böhm, Winfried (1982): Wörterbuch der Pädagogik. Stuttgart.

Braunmühl, Ekkehard von (1975): Antipädagogik. Studien zur Abschaffung der Erziehung. Weinheim und Basel.

Brezinka, Wolfgang (1974): Grundbegriffe der Erziehungswissenschaft. München.

Bundesvereinigung Lebenshilfe (1996): Selbstbestimmung Kongressbeiträge. Marburg.

Bundesvereinigung Lebenshilfe (1994): Wörterbuch aktueller Fachbegriffe. In: Fachdienst der Lebenshilfe H. 3, S. 1 ff.
Bundesvereinigung Lebenshilfe: Grundsatzaussagen des Committee Self Advocacy. Marburg (o. J.)
Dux, Günter (1982): Die Logik der Weltbilder. Frankfurt.
Frühauf, Theo (1990): Mehr Selbstbestimmung – eine Aufgabe für uns alle! In: Geistige Behinderung H. 1, S. 1–4.
Giesecke, Herrmann (1969): Einführung in die Pädagogik. München.
Hähner, Ulrich (1995): Vom Betreuen zum Begleiten. In: Landesverband Baden-Württemberg der Lebenshilfe: Vom Betreuen zum Begleiten – ein neues Bild vom Menschen mit Behinderung. Tagungsdokumentation. Stuttgart.
Hahn, Martin Th. (1994): Selbstbestimmung im Leben, auch für Menschen mit geistiger Behinderung. In: Geistige Behinderung H. 2, S. 81–94.
Höffe, Otfried (1986): Lexikon der Ethik. München.
Meier, H. P.; Ratzka, Adolf (1988): Aufstand der Betreuten. Fernsehfilm. H. P. Meier-Filmproduktion.
Opaschowski, Horst W. (1996): Pädagogik der freien Lebenszeit. Opladen.
Rock, Kerstin (1996): Selbstbestimmung als Herausforderung an die Professionellen. In: Geistige Behinderung H. 3, 223–232.
Rotthaus, W. (1993): Menschenbild und psychische Krankheit aus systemischer Sicht In: Hennicke, K. u. a. (Hrsg.): Psychotherapie und geistige Behinderung. Dortmund.
Speck, Otto (1991): System Heilpädagogik. München.
Sprenger, Reinhard K. (1996): Das Prinzip Selbstverantwortung. Frankfurt/ Main.
Theunissen, Georg; Plaute, Wolfgang (1995): Empowerment und Heilpädagogik. Freiburg.

Selbstbestimmung 3	 2	 1	**Tätigkeit der Person** Wie lenkt sich die Person?	Assoziationen
Selbstständigkeit	Selbstleitung	Selbstverantwortung	**Wollen, Verantworten und Sich-Wählen** Initiativ sein, Motive haben (Wollen) zu den Folgen seines Handelns stehen, die Konsequenzen seines Handelns tragen (Verantworten) Zu sich stehen, Verantwortung für sich übernehmen (Sich-Wählen)	Verantwortung für die eigenen Gefühle, Wünsche und Bedürfnisse übernehmen; sich für sich engagieren; sein Leben in die Hand nehmen; in Kontakt mit sich selbst sein; sich annehmen, wie man ist; sich so lieben, wie man ist; zu seinen Fehlern stehen und daraus lernen wollen. »Ich weiß, was ich will.« »Ich liebe mich, so wie ich bin.« »Ich mag mich, auch wenn Du mich nicht magst.« »Ich kann für mich einstehen.« »Auch meine Fehler gehören zu mir.«
			Wissen und Entscheiden/Auswählen Informationen und Kenntnis haben über sich selbst, die anderen, die Dinge … (Wissen) Möglichkeiten abwägen und auswählen (Entscheiden/Auswählen)	Eine Meinung haben; wissen wie etwas funktioniert und wie man eingreifen kann; wissen, wie man sich in der Welt zurechtfindet. »Ich weiß, wie ich zu dem komme, was ich brauche.« »Ich weiß, wie die Dinge funktionieren.« »Ich weiß, wie ich mit mir selbst umgehen muss, damit es mir gut geht.« »Ich weiß auch, dass ich nicht alles haben kann.«
			Können und Tun/Handeln Handeln können Handlungsmuster haben, Erfahrungen haben (Können) Verwirklichen (Tun)	Innen und außen in Einklang bringen; Entscheidungen umsetzen; Unterstützung besorgen können, wenn Selbsttun nicht möglich ist. »Ich kann mir meine Wünsche selbst erfüllen.« »Wenn ich etwas nicht selbst tun kann, kann ich Unterstützung anfordern.«

Abb. 1: Der anthropologische Dreischritt der Selbstbestimmung: Die Tätigkeiten der Person

Selbstbestimmung 3 2 1	**Tätigkeit der Person** Wie lenkt sich die Person?	**Tätigkeit bei Hilfebedarf** Wie hilft sich die Person?	**Tätigkeit der Aneignung** Wie wächst die Person?
Selbstverantwortung	**Wollen** **Verantworten** **Sich-Wählen**	**Verantwortung delegieren** Regie abgeben, wenn einer anderen Person mehr Verantwortungsfähigkeit zugetraut wird. (Delegation von Verantwortung ist im Grunde selbst eine Tätigkeit des Übernehmens von Verantwortung.)	**Wagen** Seinen Wunsch verwirklichen in die Unsicherheit der Zukunft hinein; ein Risiko eingehen, den Verlust von etwas in Kauf nehmen.
Selbstleitung	**Wissen** **Entscheiden/Auswählen**	**Fragen** Fragestellungen entwickeln, Information anfordern (im weitesten Sinne, also nicht nur sprachlich).	**Lernen** Aufnehmen, sammeln, und ordnen von Informationen, Aufbau von Wissen.
Selbstständigkeit	**Können** **Tun/Handeln**	**Unterstützung anfordern** Hilfebedarf mitteilen, Unterstützung anfordern, Hilfeerbringung anleiten.	**Üben** Handlungen wiederholen und Erfahrungen machen.

Abb. 2: Der anthropologische Dreischritt der Selbstbestimmung: Übersicht über die Tätigkeiten

<table>
<tr><th colspan="3">Selbstbestimmung</th><th>Tätigkeit der Person</th><th>Tätigkeit bei Hilfebedarf</th><th>Tätigkeit der Aneignung</th><th>Tätigkeiten der Begleitung</th></tr>
<tr><td>3</td><td>2</td><td>1</td><td>Wie lenkt sich die Person?</td><td>Wie hilft sich die Person?</td><td>Wie wächst die Person?</td><td>Wie wird die Person begleitet?</td></tr>
<tr><td rowspan="3">Selbstständigkeit</td><td rowspan="2">Selbstleitung</td><td>Selbstverantwortung</td><td>Wollen
Verantworten
Sich-Wählen</td><td>Verantwortung delegieren</td><td>Wagen</td><td>Selbstverantwortung unterstützend
- sich nicht ungefragt einmischen (Verantwortung der Person nicht wegnehmen)
- verstehen und akzeptieren (Willen der Person wahrnehmen und die Person in ihrer Unvollkommenheit annehmen)
- ermutigen (Empowerment)

Selbstverantwortung einschränkend
- Nothilfe (Gefahr abwenden)
- Notwehr (Begleiter setzt seine Grenze)
- Vertretung anderer Interessen (Begleiter setzt Grenzen stellvertretend für andere) und Vertragsformen finden (Regeln suchen und festlegen)</td></tr>
<tr><td></td><td>Wissen
Entscheiden/
Auswählen</td><td>Fragen</td><td>Lernen</td><td>- Informationen geben (situativ Lösungen zeigen und Erklärungen geben)
- beim Lernen helfen (Lernfelder vermitteln und schaffen; Methodik und Didaktik)</td></tr>
<tr><td></td><td></td><td>Können
Tun/Handeln</td><td>Unterstützung anfordern</td><td>Üben</td><td>- unterstützen (beim Ausführen helfen)
- stellvertretend ausführen
- beim Üben helfen (Übungsfelder vermitteln und schaffen)</td></tr>
</table>

Abb. 3: Der anthropologische Dreischritt der Selbstbestimmung: Die Tätigkeiten der Begleitung

Das zerstörte Selbstbild von Menschen mit »geistiger Behinderung«

Mit Bezug auf Gedanken von Dietmut Niedecken

Ulrich Niehoff

Die Autorin Dietmut Niedecken bietet in ihrem Buch »Namenlos« ein anregendes und provozierendes Erklärungsmodell für das oft zu beobachtende wenig ausgeprägte Selbstbewusstsein geistig behinderter Menschen bzw. ihr negativ geprägte Selbstbild. Die Wiedergabe der wesentlichen Gedanken und Theoreme sind für Professionelle, im Besonderen aber auch für Eltern eine Zu-Mutung. Es erfordert von Fachleuten Mut, Souveränität, Distanz zur eigenen Rolle, sich mit den ihnen von Niedecken unterstellten »Tötungsphantasien« gegenüber behinderten Menschen auseinanderzusetzen, sie nicht gleich als Unsinn abzutun. Professionelle haben, im Gegensatz zu Eltern, ihren Beruf selbst und freiwillig gewählt. Man könnte also annehmen, dass sie eine positive Entscheidung *für* Menschen mit geistiger Behinderung gefällt haben. Kann man ihnen dann trotzdem – wie Niedecken es tut – subtile Nichtakzeptanz bis hin zu Tötungsphantasien unterstellen?

Und noch ein anderer Gedanke Niedeckens aus ihrem Buch mag sofort Widerspruch hervorrufen: Wenn sie von dem wenig ausgeprägten Selbstbewusstsein behinderter Menschen spricht und von ihrem extremen Anpassungsbedürfnis »Angepasstheit (als, U. N.) eine Art Mimikry … in der unsäglichen Angst des Kindes, fallengelassen zu werden« (Niedecken 1989, 58), um ja nicht aufzufallen, Flagge zu zeigen, sich zu profilieren und damit wahrgenommen zu werden, so kann dies im Gegensatz stehen zu der alltäglichen Erfahrung im Umgang mit geistig behinderten Menschen. Haben nicht gerade sie viel häufiger eine einmalige Persönlichkeit mit einem unverwechselbaren Profil herausgebildet? Ist nicht gerade das Zusammenleben mit behinderten Menschen aus diesem Grund so interessant, wenn auch manchmal anstrengend und herausfordernd? Diese Erfahrung war für mich einer der Hauptgründe, nach dem Zivildienst eine behindertenpädagogische Berufsausbildung zu absolvieren, um weiterhin mit behinderten Menschen arbeiten zu können. Gerade Menschen mit Behinderung verhalten sich häufig unkonventionell, da ihnen die Erfassung von Konventionen und daraus abgeleiteter Verhaltensweisen oft nur unvollständig gelingt, dies nicht nur zu ihrem Nachteil. Eine Bereicherung des Alltags sind behinderte Menschen auch deshalb, weil sie das Spektrum menschlicher Verhaltensweisen erweitern und damit das Leben bunter machen. Eine Gesellschaft ohne behinderte Menschen wäre eine stark vereinfachte und damit ärmere Gemeinschaft. Schon aus diesem Grunde ist die Vision der Gentechnologie keine attraktive Utopie eines leidens- bzw. behindertenfreien Lebens.

Ist der Alltag behinderter Menschen – wie Niedecken meint – bestimmt durch Angst und Unsicherheit? Als attraktiv nehme ich die Atmosphäre in einer WfbM wahr. Ich finde dort eine Lockerheit und Natürlichkeit wie in wenigen Betrieben des allgemeinen Arbeitsmarkts. Diese Ausgeglichenheit und Gelöstheit kann als Ausdruck der Persönlichkeit von Menschen gesehen werden, die mit sich im reinen leben.

Und doch kennt der Leser sicherlich Begegnungen mit sehr angepasst, überfreundlich, ritualisiert fröhlich wirkenden behinderten Menschen. Wenn man sich die objektiven Lebensbedingungen behinderter Menschen vergegenwärtigt, mit der oftmals aufgezwungenen kollektiven Lebensweise, ihrem extrem niedrigen gesellschaftlichen Prestige und ihrer sozialen Armut, so drängt sich die Frage auf, warum sie trotz dieser Bedingungen immer noch so ausgeglichen und zugewandt wirken. Auf Fragen, wie es denn im Urlaub war, kommt allzu oft die schnelle Antwort: »Gut!« Und auf die Frage: »Wie geht's?« die kurze Antwort: »Gut!« Und die Gegenfrage: »Und Dir?«, um ja nicht über sich selbst sprechen zu müssen.

Spätestens die unglaublichen Patientenmorde, von denen immer wieder berichtet wird, machen deutlich, dass die von Niedecken beschriebenen Tötungsphantasien real werden können, mag diese Aussage hier der Leserschaft auch noch so unwahrscheinlich sein. Im Vorwort zur deutschen Übersetzung des Buches von Wolf Wolfensberger »Der neue Genozid an den Benachteiligten, Alten und Behinderten« (1991) schreibt Klaus Dörner: »Während wir an der Übersetzung des Buches saßen, wurde am 14. Dezember 1990 bekannt, dass ein Pfleger auf einer internistischen Station unseres eigenen psychiatrischen Krankenhauses in Gütersloh mehrere Benachteiligte, Alte oder behinderte Patienten getötet hat. Erst seither finden wir nichts mehr übertrieben an Wolfensbergers Buch; vielmehr verdanken wir ihm unser Erschrecken darüber, in welchem Ausmaß auch ich und andere Mitarbeiter am Tabuisieren und Nichtwahrhabenwollen solch ständiger Möglichkeiten mitgewirkt haben« (Dörner, 1991, 7).

In diesem Buch vertritt Wolf Wolfensberger eine ähnlich brisante Theorie, wie Niedecken sie darstellt: Er klagt darin die US-amerikanische Gesellschaft an, wie sie benachteiligte Menschen entwertet, wie dann, erniedrigt und gedemütigt, das Leben solcher Menschen gefährdet sein kann und wie entwertete Menschen Gefahr laufen, getötet zu werden. Weiterhin will er verdeutlichen, wie »Totmachen« gerechtfertigt, wegrationalisiert oder verborgen wird, wer gefährdet ist, wie Töten stattfindet und wie es legitimiert wird (ebd., 10 f.). Es ist wahrlich bedrückend, in diesem Buch zu lesen, wenn Wolfensberger davon ausgeht, dass in den USA jährlich etwa 200.000 Menschen »totgemacht« werden. Unter »Totmachen« versteht er: »... alle Handlungen und Handlungsmuster, die direkt oder indirekt den Tod eines Menschen oder einer Gruppe bedingen oder vorantreiben. Das Totmachen umfasst Handlungen, die vom offenen und direkten bis zum verborgenen und indirekten Töten reichen. So kann der Prozess des Totmachens lange Zeit in Anspruch nehmen, nur unter großen Schwierigkeiten überhaupt feststellbar sein; die Teilnahme an ihm kann aktiv sein, aber auch nur in einem stillen Einverständnis bestehen.« (ebd., 11). Wolfensberger vertritt in diesem Buch drei Hauptthesen:

- Die Werte in westlichen Gesellschaften haben sich so entwickelt, dass sie »Totmachen« billigen.
- Das »Totmachen« hat sich so systematisiert, dass von einem Genozid, d. h., dem Töten ganzer Menschengruppen oder vom »Holocaust II« gesprochen werden kann.
- In den entwickelten westlichen Gesellschaften ist »Totmachen« so gut maskiert, dass die meisten Menschen es überhaupt nicht merken, oder es ist so »entgiftet« (verharmlost, verniedlicht, normalisiert) worden, dass die Menschen ihre Abscheu davor verloren haben.

Die apokalyptischen, kulturpessimistischen und die US-Gesellschaft als tendenziell dekadent beschreibenden Formulierungen des Autors könnten leicht dazu führen, sein Buch als Phantasterei und effektheischende Horrorvision abzutun. Faktische Patientenmorde, motiviert durch ein abstruses Mitleid, lassen aber die Bedeutung der Mahnungen Wolfenbergers erahnen.

Niedeckens zentrale These lautet: Menschen mit geistiger Behinderung haben eine archaische Todesangst, die nicht immer bewusst, aber vorbewusst und berechtigt ist. Sie belegt dies auch mit dem Verweis auf den Nationalsozialismus der 30er und 40er Jahre unseres Jahrhunderts. »Mord wird nicht mehr manifest verübt, aber das, was zu den Verbrechen der Nationalsozialisten geführt hat, ist nicht dadurch, dass es entsprachlicht wird, auch schon unwirksam. Es west fort unterschwellig, kaum greifbar, mit Fürsorge überdeckt« (Niedecken 1989, 14).

Charakteristisch in Bezug auf elterliche Tötungsphantasien sei, dass diese mit aller Macht abgewehrt werden müssen. Während es Eltern von Neugeborenen möglich ist, zu erzählen, dass sie ihr schreiendes Kind nach durchwachter Nacht »an die Wand klatschen könnten« in dem Wissen, dass niemand glaubt, sie würden es real tun, so ist diese Aussage den Eltern behinderter Kinder kaum möglich, weil andere ja glauben könnten, sie meinten es wirklich so. »Die Mutter glaubt, ihr geschädigtes Kind nicht hassen zu dürfen - umso weniger hassen zu dürfen, als sie weiß, wie sehr das Kind dem Hass der Umwelt ausgesetzt ist. Ist es schon allgemein schwierig für Mütter, einen Ausdruck auch für negative Gefühle gegenüber ihrem Kind zu finden, die sie ja haben müssen in einer Situation, die ihnen dieses Kind wegen so vieler Opfer abverlangt, so wird es besonders schwierig, wenn die Mutter sich mit einer Situation konfrontiert sieht, in der sie ihr Kind vor der Feindschaft einer behindertenfeindlichen Umwelt schützen muss« (ebd., 101).

Nach Niedecken können Eltern und Fachleute so fragile und intellektuell beeinträchtigte Menschen nicht wirklich ertragen. Seien sie doch gleichsam das Negativextrem des uns von der Werbung und den Medien vorgegebenen Idealbildes »jung, dynamisch, erfolgreich«. Impulsiv denken wir an Aktivierung, Förderung, Tagesstrukturierung, Therapie usw., um diese Menschen uns, den »Nichtbehinderten«, anzugleichen. Sehr plastisch beschrieben ist bei Thomas Hettche in seinem Roman »Die Pfaueninsel« auf den Seiten 29–30. Die Pfaueninsel in der Havel bei Potsdam wurde im 19. Jahrhundert von den Landschaftsgärtnern von Lenne und Schinkel unter Mithilfe des Hofgärtners Fintelmann zu einem künstlichen Paradies gestaltet. Es gab dort Kängurus, Löwen, Palmen, einen Südseeinsulaner, einen Mohren und Zwerge. Im Mittelpunkt des Romans steht Marie, das historisch belegte, kleinwüchsige Schlossfräulein und ihre Liebe zu Gustav. Fintelmann war diese Beziehung nicht recht. »*Dabei moch-*

te er das Mädchen. Aber er war Gärtner, und als solcher wünschte er sich, ihr Riemen unter die Achseln zu schieben und sie wie Spalierobst aufzubinden, damit sie gerade wachse. Er wollte sie düngen, in ein Treibhaus setzen, ihre Füße mit guter Gartenerde behäufeln, damit sie wachse. Endlich wachse. ... Nicht, dass sie ihn angewidert hätte, ganz im Gegenteil. Auch auf der Insel kümmerte er sich um jene Pflanzen, die nicht gerieten, mehr als um die makellosen, und er tat das gern, und es tat ihm jedesmal leid, wenn ihm schließlich nichts anderes übrig blieb, als sie auszureißen und auf den Kompost zu werfen. Auch Marie betrachtete er so, mit aller Aufmerksamkeit, ja Liebe, doch er wußte auch um die Gelenkschmerzen, die sie später haben würde, um die Ohrenentzündungen, die bei ihresgleichen oftmals zur Taubheit führten, sah ihre gespreizten Stummelfinger beim Essen und dass sie die Ellbogen nicht gerade bekam. All das verlangte geradezu nach einer Korrektur, und es machte ihn unruhig und wütend, dass es diese Korrektur nicht gab. Es verspottete dieser Leib die Ebenmäßigkeit des Gesunden, wie ein krummer Baum um die Schönheit jammert. Doch Fintelmans Kunst konnte in diesem Fall nichts erreichen. Er war nicht Gott. Und Marie war keine Pflanze. Aber was war sie dann?«

Wenn rehabilitative Institutionen trotz jahrelangen Bemühens keinen »Erfolg« bringen, dann bleiben isolierende Anstalten und psychiatrische Krankenhäuser als letzte Auffangbecken. Angehörige und Fachleute sind »zwischen den Extremen Hoffnung und Hoffnungslosigkeit, zwischen von Euphorie getriebenem Agieren und resigniertem in Gleichgültigkeit Aufgeben zerrissen« (ebd., 9), »... in den Instituten für geistig Behinderte kehrt die Spaltung zwischen Euphorie und Hoffnungslosigkeit nicht nur als individuelle Phantasie wieder, sondern als gesamtgesellschaftliche Inszenierung: Auf der Seite der Tötungsphantasien und der Ohnmacht stehen als Extrem die rückständigen Anstalten; Gettos, die möglichst totgeschwiegen werden, in denen das Elend der Besucherin, ist sie erst einmal durch die Pforte hineingeraten, so bedrohlich als strukturlose Masse entgegenquillt, dass sie, um ihre Haut zu retten, nur innerlich erstarrt, mit halbausgeschalteten Sinnen durchhasten kann, und versuchen muss, möglichst bald aufatmend wieder nach draußen zu gelangen. Schnell vergessend, was wahrzunehmen sie doch nicht ganz hat vermeiden können, nach draußen, vor diese Pforte zur Vorhölle, zurück in die von der Visite schon viel zu sehr behelligte Normalität. Das andere Extrem (wobei es zwischen diesen beiden natürlich Zwischenstufen gibt), sind die als fortschrittlich und vorbildlich geltenden Einrichtungen, allen voran diejenigen zur Früherkennung und Frühförderung. In ihnen herrscht, im Gegensatz zur lähmenden Depression, zu Gleichgültigkeit und Aussichtslosigkeit in den Großanstalten, reger Betrieb. Großer Aufwand an Material, viele Fachkräfte, Teamwork. Die neuesten Errungenschaften werden auf die Kinder (und natürlich nicht etwa auf Erwachsene) angesetzt. Im Streben, durch möglichst frühe und umfassende Förderung sie vielleicht doch noch in den Bereich des annähernd Normalen zu befördern. Strikter Erfolgszwang herrscht. Misserfolge darf es nicht geben. Es sind Monumente der Hoffnung und der phantasierten Allmacht …« (ebd., 10).

Hoffnung kommt zum Ausdruck, wenn z. B. in der Kinder- und Jugendpsychiatrie für »Kinder und Jugendliche mit geistiger Behinderung« doppelt bis dreifach so hohe Pflegesätze gezahlt werden, als für Pflegeeinrichtungen, in die erwachsen gewordene Menschen mit Behinderung »verlegt« werden. Ist bis zum Alter von vielleicht 18 Jahren, maximal jedoch bis zum 27. Lebensjahr, kein therapeutischer Erfolg abzusehen, der ein gewisses Maß an Selbstständigkeit erkennen lässt, Voraussetzung fiir eine Entlassung in eine Gemeinwesen integrierte Wohngruppe, so bleibt nur noch Verwahrung. Die Tendenz, einen hohen finanziellen Einsatz zu ermöglichen, um ein möglichst hohes therapeutisches Ergebnis in Form von mehr Selbstständigkeit und Unabhängigkeit von Hilfen zu erwirken, gibt es nicht nur im Jugendalter. Auch in die »Gesundung« erwachsener Menschen wird zunächst viel investiert. Bleiben therapeutische Erfolge aus, so werden Mitglieder einer Krankenkasse »ausgesteuert«. Aus einem »Behandlungsfall« kann so leicht ein »Pflegefall« werden.

Menschen mit kognitiver Beeinträchtigung sind sich ihrer ungesicherten Position in unserer Gesellschaft zumindest vorbewusst: Niedecken hat »oft erfahren, dass sie entgegen dem, was wir von ihnen glauben, sehr wohl wahrnehmen, was mit ihnen in der Welt geschieht, dass sie nur meist keine Worte haben, um ihrer Umwelt diese Wahrnehmung verständlich zu machen« (ebd., 133). Aus der Ahnung heraus, dass ihr Leben nicht ganz sicher ist, resultiert nach Niedecken ihr unsicheres, unterwürfiges Verhalten. »Gebrochener originärer Lebenswille hat sich zurückgezogen in die Todesangst, die hinter der freundlichen Angepasstheit oft allzu deutlich hervorschimmert; und diese Todesangst ist der Motor, der das Kind antreibt, sich so gut es kann zu verhalten, wie es von ihm erwartet wird. Anstatt eigene Wünsche zu entwickeln, macht es sich die Wünsche seiner Umwelt zu eigen, und auf diesem Umweg findet es dann vielleicht doch noch eine Möglichkeit, die mehr ist als nacktes Überleben« (ebd., 137).

Ein weiteres anschauliches und nachvollziehbares Beispiel aus Niedeckens Buch soll noch einmal verdeutlichen, wie schnell Anpassungsdruck und vollzogene Anpassungsleistung sich in »eruptivem Gewaltverhalten« und in »Verhaltensauffälligkeiten« äußern kann. »Mein erster Tag in der Anstalt Um mich noch zu schonen, werde ich erst einmal auf eine ›ruhige‹ Station geschickt, auf der gut angepasste Männer wohnen. Zur Beschäftigung soll ich mit einem Insassen spazieren gehen, der, so wird mir versprochen, gewiss keinerlei Schwierigkeiten bereiten wird. ›Heinzi‹ wird er geheißen, ich soll ihn bei der Hand nehmen und spazieren führen. Warum so herum? Ich kenne das Gelände doch gar nicht, auf dem ›Heinzi‹ seit langen Jahren zu Hause ist ... Und einen erwachsenen Mann wie ein Kleinkind bei der Hand nehmen? Das ist mir peinlich. Auf dem Spaziergang sagt ›Heinzi‹ wenig, antwortet höchstens einmal brav auf eine unbeholfene Frage von mir in der überhöhten und überdehnten Stimme eines Kindes, das sich bei den Erwachsenen lieb Kind machen will; von Zeit zu Zeit äußert er in der gleichen Manier unaufgefordert und ohne Anlass, ›mir geht's guuut!‹. Dann aber, aus diesem heiteren Himmel heraus, ohne Anlass wieder und gänzlich unartikuliert, brüllt bedrohlich eine tiefe, kräftige, männliche Stimme *›Heinz‹*. ›Heinzi‹ blickt Momente lang verunsichert um sich, fängt seinen Atem ein, wiederholt säuselnd ›mir geht's guuut!‹: Es war doch nichts, oder? ›Das hat er manchmal, das hat nichts zu bedeuten‹, erfahre ich später auf meine erschreckte Frage« (ebd, 11).

Niedecken geht auch darauf ein, wie schwierig es ist, Alternativen zu Verwahrung und Förderung zu entwickeln: »Rausspringen aus den Geleisen der institutionellen Gegenübertragung, aus den vorgefertigten Rastern des Umgangs mit geistig Behinderten; ihre eigenen Wünsche und Lebenspraktiken achten, Ihnen eigene Initiativen und Entscheidungsfreiheit zutrauen und zugestehen, sie in ihrem eigenen Tun unterstützen, anstatt für sie zu entscheiden: Die das versuchen, haben mit oft unüberwindlichen Schwierigkeiten zu kämpfen.« (ebd., 25). »Wer geistig Behinderte achten und mit ihnen solidarisch handeln will, muss sich, Schritt für Schritt, den beängstigenden und beschämenden Gefühlen stellen, die die Auseinandersetzung mit ihnen auslösen. Ganz allein kann das nicht gelingen ... Kollektiv verschuldetes Elend kann auch nur kollektiv, also solidarisch aufgehoben werden« (ebd., 29). Dazu biete sich Supervision an.

Welche Hinweise aus der Praxis und der Literatur gibt es nun, die die Theorie von Niedecken belegen?

Aussagen von Eltern, Professionellen und behinderten Menschen

Wahrscheinlich ohne das Buch von Niedecken zu kennen, hat sich Kenzaburo Oe auf literarischer Ebene am deutlichsten mit Tötungsphantasien und konkreten Tötungsabsichten in seinem Roman »Eine persönliche Erfahrung« auseinandergesetzt (Oe 1991): Ein 27jähriger Mann wird Anfang der 60er Jahre in Japan erstmals Vater, und sieht sich mit der Behinderung seines Sohnes konfrontiert. »In diesem Augenblick sah Bird zum ersten Mal seinen Sohn. Ein hässliches Baby, mit einem faltenübersäten, fettglänzenden, winzigen, roten Gesicht; die Augen wie Muschelspalten fest geschlossen, Gummiröhrchen in den Nasenlöchern, die Mundhöhle mit ihrem rosafarbenen Perlschimmer weit geöffnet, schrie es einen tonlosen Schrei« (41). »Auf einmal begannen Bird die Tränen zu rinnen. Den Kopf mit Binden umwickelt wie Apollinaire: Dieses Bild vereinfachte Birds Gefühle und gab ihnen eine Richtung. Er spürte, sein haltlos sentimentales Ich wurde entschuldigt. Wurde gerechtfertigt, ja er schmeckte etwas Süßes in seinen Tränen. Mein Sohn ist angekommen mit einem Verband um den Kopf wie Apollinaire, verwundet auf einem düsteren und einsamen Schlachtfeld, das ich nicht kenne. Ich werde meinen Sohn begraben müssen wie einen Gefallenen. Noch immer liefen Bird die Tränen« (42). Die Erwartungen der Mediziner in der Klinik sind zunächst eindeutig (»Wollen Sie nun das Ding sehen?«, 33). »Wissen Sie, ich bin zwar Gynäkologe, aber dass ich auf ein Neugeborenes stoßen durfte, das mit einer Gehirnhernie behaftet ist, bedeutet für mich einen unerwarteten Glücksfall, und ich hoffe sehr, dass man mich zur Autopsie zulassen wird. Sie werden ja doch wohl einer Autopsie zustimmen, oder? Mag sein, Sie sind unangenehm berührt davon, dass ich in der gegenwärtigen Phase so rückhaltlos auch darüber rede; ist es denn aber nicht so, dass erst das sogenannte Akkumulieren den medizinischen Fortschritt unterstützt? Wer weiß, ob nicht die Autopsie ihres Kindes uns die Möglichkeit eröffnet, das nächste Kind mit einer Gehirnhernie zu retten! Und davon abgesehen, ich will Ihnen ganz offen sagen: Es wäre für das Kind selbst und auch für Sie und Ihre Frau, das Beste, es stürbe rasch. Es gibt zwar Leute, die bei solchen Kindern einen seltsamen Optimismus entwickeln; ich hingegen meine, in einem solchen Falle ist das Glück umso größer, je früher der Tod eintritt … . Wie sagte unser Chef? Ein Wesen wie eine Pflanze! Nun, sind Sie etwa der Ansicht, eine Pflanze empfindet Qualen?« (40).

Der Mutter wird zunächst nichts über die Behinderung des Kindes gesagt. Ihr wird mitgeteilt, dass das Kind in eine Herzspezialklinik gebracht worden sei. Der Roman beschreibt ausschließlich die ersten Tage nach der Geburt aus der Sicht des Vaters. Von der Mutter erfährt der Leser so gut wie nichts. Bird, so heißt der junge Vater, setzt sich in den nächsten Tagen sehr intensiv mit existenziellen Fragen während einer Odyssee zwischen Krankenhaus und Wohnung, Tag und Nacht, (Alb-)Traum und Erkennen, Alkoholrausch und Ernüchterung, Familie und Geliebte auseinander, um schließlich durch einen Akt der Selbstfindung zu seinem Sohn und zu seinem Leben mit diesem Kind zu stehen, es anzunehmen.

Silvia Görres schreibt, trotz der glaubwürdigen Annahme ihrer Kinder mit Down-Syndrom: »Die Geburt eines geistig behinderten Kindes, oder besser, die Erkenntnis von der geistigen Behinderung, ist ein ungeheurer Schock. Das Auftreten einer geistigen Behinderung oder Geisteskrankheit in einer Familie ist zunächst eine dem Gesunden kaum vorstellbare Katastrophe, schlimmer wahrhaft in vielen Fällen als der Tod eines lieben Angehörigen. Viele Eltern geben zu, dass sie von bewussten oder unbewussten Todesphantasien und Todeswünschen gegen ihr behindertes Kind gequält werden ... Wer ehrlich mit sich selbst ist, macht die Erfahrung, dass ein ursprüngliches und unausweichliches Element unser aller Beziehung zu behinderten Menschen das der Ablehnung, der Angst, ja des Hasses ist. Ein naturhaftes Moment« (Görres 1974, 136 f.).

Andere Autorinnen erzählen autobiografisch aus einem Leben mit ihrem behinderten Kind, ohne sich explizit und ausführlich mit Tötungsphantasien auseinanderzusetzen. Sie schildern den oft aufreibenden Alltag, von Schwankungen zwischen Hoffnung und Verzweiflung, von diskriminierenden und unterstützenden Erlebnissen (z. B. Häusler 1979, 183). Bezüglich einer grundsätzlichen Nichtakzeptanz von Menschen mit kognitiver Beeinträchtigung möchte ich eine eigene Beobachtung berichten: Als Gast war ich auf dem Sommerfest einer Großeinrichtung, in der ich mehrere Jahre lang gearbeitet hatte. Meine Tätigkeit dort lag etwa sieben Jahre zurück. Ich freute mich, Bewohner und Mitarbeiter wiederzusehen. Als ich Elke sah, war ich sehr betroffen. Elke konnte immer noch nicht alleine essen, ich sah, wie sie gefüttert wurde. War die Selbstständigkeitsförderung erfolglos geblieben, oder hatte man es erst gar nicht mit ihr versucht? Erst einen Tag später ging mir auf, wie anmaßend meine Erwartung Elke gegenüber war. Natürlich sollte Elke nun endlich alleine essen können! Schließlich ging es in der Einrichtung nicht mehr um Verwahrung, sondern um Förderung! Die Einrichtung bzw. die Mitarbeiter hatten ihre Aufgabe gar nicht oder erfolglos wahrgenommen. Da Elke keiner Arbeit nachgeht, sollte eine förderungsorientierte Tagesstruktur die Existenz der Großeinrichtung dahingehend rechtfertigen, dass die Bewohner verselbstständigt werden. Trifft diese meine spontane und selbstverständliche Erwartung mit Elkes Erwartungen ihren »Betreuern« gegenüber überein? Dies kann bezweifelt werden. Für Elke ist die Frage, ob sie selbst essen kann oder nicht, möglicherweise weniger wichtig. Entscheidend ist, ob das Essen gut ist oder nicht, ob sie den Helfer als angenehm empfindet und ob er verfügbar ist, wenn sich Hunger oder Appetit bei ihr einstellen.

Noch eine andere Erkenntnis hat mich beeindruckt. Eilert ist auch heute noch mein bester Freund, obwohl er immer noch raucht! Ich mag Jutta immer noch sehr, obwohl sie nach langem Bemühen immer noch nicht gelernt hat, Spanisch zu sprechen. Ich bin über ihrer beider Nichtveränderung nicht enttäuscht, ich habe heute nicht weniger Achtung vor ihnen als früher. Bei Elke war das anders. Heißt das: Behinderte Menschen müssen sich in unseren Augen dauernd verändern? Sie sollen uns ähnlicher werden, und wenn sie dies nicht tun, dann müssen die Therapien effizienter, erfolgreicher, aggressiver sein? Die Möglichkeit, sich für oder gegen eine persönliche Veränderung zu entscheiden, haben Menschen mit Behinderung weit weniger als nichtbehinderte Menschen. Hinter dem Förderungsselbstverständnis von Professionellen steht allzu oft die grundsätzliche Nichtakzeptanz behinderter Erwachsener in ihrem So-Sein, wie die nachfolgenden alltäglichen *Beispiele* zeigen sollen:

- Kennen Sie Gefühle des Schams, wenn Sie mit behinderten Menschen ein Café betreten und die Gäste verstummen? Wünschen Sie sich Ihre Begleiter dann normal, mit unauffälligem äußeren und angepasstem Verhalten? Kennen Sie Stressreaktionen wie Herzklopfen, Schwitzen und Schweißausbrüche, wenn sich Ihre Begleiter auffällig verhalten?
- Im Vorstand eines Lebenshilfe Vereins wurde über Pränataldiagnostik diskutiert. Ein Mitarbeiter sagte in Bezug auf die Entscheidung von Frauen nach Feststellung einer wahrscheinlichen Behinderung des Fötus, dass man ja nicht wissen könne, wie schwer der Fötus behindert sein werde. Der Grad der Behinderung sei möglicherweise ausschlaggebend für die Entscheidung, ob Abbruch oder Fortsetzung der Schwangerschaft erfolge.

Selbstaussagen von Menschen, die wir als geistig behindert bezeichnen

Niedecken spricht in ihrem Buch von der Institution »Geistig-behindert-Sein«. Durch die Diagnosestellung werden alle weiteren Interaktionen zwischen der Person und ihrer Umgebung durch dieses etikettierende Stigma bestimmt. Geistig-behindert-Sein stellt im Vergleich zum Stigma Körperbehindertsein, Schwarz- oder Schwulsein ein noch gravierenderes Etikett dar, ist doch die Beschreibung als geistig behindert oder psychisch krank die Diskreditierung schlechthin. Wenn die Diagnose stimmt, können keine adäquaten Aussagen der Betroffenen erwartet werden! Vielleicht ist dieses Etikett deshalb am bedrohlichsten.

Georg Paulmichl, ein Mann mit Behinderung, beschreibt in einem Gedicht in unverwechselbarer Pointiertheit die Schwierigkeit geistig behinderter Menschen, ihr wahres Ich zu leben. Die Erwartungshaltung der sozialen Gemeinschaft will den freundlichen, ausgeglichenen, dankbaren Menschen mit Behinderung. Traurig zu sein befindet Schneider Pöck deshalb als gefährlich, nur in stockfinsterer Nacht darf er seine Traurigkeit leben. »Ein Schneider namens Pöck lebte in einer bekömmlichen Stadt. Die Bürger der Stadt waren alle fröhlich und fleißig, wie es sich geziemt. In der Stadt war so viel Arbeit wie Blumen auf den Friedhöfen. Auch dem Schneider drückt die Arbeit auf den Buckel, dass er schon ganz krumm war. Der Schneider arbeitete nicht gerne und die Arbeit war für ihn nicht ein Vergnügen. Morgens als der Wecker ihn aufrasselte, setzte er sofort eine Maske vor's Gesicht, hinter der der Schneider sein Leben aufbewahrte. Niemand sah sein richtiges Gesicht. Die Maske machte ein unaufhörlich lächerliches Gesicht. Alle in der Stadt glaubten, dass der Schneider vor Glück nur so schwankelte. Doch hinter Schneiders Maske lebte seine universale Traurigkeit. Nur bei stockfinsterer Nacht enthub er sich der Maske. Und siehe, man sah seine blanken Backen, Ohren und seine kleinen Nasenlöcher. In der Dunkelheit fühlte er sich heimlich wohl. Eines Tages, als er steinalt war und sein Körper nur so wackelte, wurde er von der Erde enthoben. Viele Leute aus der Stadt trugen ihn zum letzten Geleit. Die Glocken ertönten und die Traurigkeit saß den Leuten in den Augen! Der Pfarrer sprach: ›Wahrlich, dieser Mann war eine wahre Fundgrube!‹ Mit einem Trauermarsch wurde der Schneider Pöck unter die Erde versetzt. So kam Pöck's Traurigkeit nie an's Licht der Erde« (Paulmichl 1990).

Ohne seine Mutter oder Therapeuten anzuklagen, bringt Andreas Purzer zum Ausdruck, was »Therapiemanie« für betroffene Kinder bedeuten kann. In klassischer Weise legt er dar, dass durch übertriebene Förderung gerade diejenigen Ziele verfehlt werden können, die grundlegend für Hilfe und Therapien sind.

»... Lange Zeit war meine Mutter davon überzeugt, wenn sie nur mit mir genügend arbeite, ich endlich auf mein vorgeschriebenes Gewicht kommen würde, käme ich schon wieder in die Reihe. So beturnte sie mich nicht nur nach Bobath, sondern auch noch gleichzeitig fünf Mal am Tag nach Vojta. Damals hatten wir noch keine Therapeutin in der Nähe, so fuhren wir einmal wöchentlich nach Köln zu Frau K, die meine Mutter anwies und kontrollierte. Darüber hinaus hatte ich zweimal wöchentlich Heileurythmie, Beschäftigungstherapie, therapeutisches Schwimmen, Sprachtherapie. Wo immer sie etwas hörte, das in ihr die Hoffnung weckte, es könnte mir helfen – sie nahm es in ihr tägliches Programm mit auf. Sie ist mit mir gereist – wohin auch immer es nötig war. Aber immer, wenn vom Kalender her ein neuer Entwicklungsschritt hätte fällig werden müssen, tat sich nichts. Meine Fortschritte waren gleich Null.

Damit es für mich bequemer war, hatte sie die hinteren Sitze des Autos zu einem Bett umbauen lassen, denn wir waren täglich für Stunden mit Picknick-Korb unterwegs, um unsere Termine überhaupt einhalten zu können. Wir sind viel gereist, aber es hatte nichts gebracht. Das ganze dauerte fünf Jahre, bis sie endlich begriff, dass sie sich noch so viel Mühe geben könnte, es gab Dinge, die sie zu akzeptieren hatte. Danach brauchte ich nicht mehr so schwer zu arbeiten ... Und jetzt, nachdem die ganze Reiserei endlich ein Ende gefunden hatte, blieb uns plötzlich sehr viel Zeit zum Spielen und Liebhaben. Ich nahm nun auch endlich an Gewicht zu und hörte auf zu kotzen ...« (Purzer 1995, 116 ff.).

Literatur

Dörner, K. (1991): Warum brauchen wir dieses Buch? In: Wolfensberger, Wolf: Der neue Genozid an den Benachteiligten, Alten und Behinderten, Verlag Jakob van Hoddis. Gütersloh.

Görres, S. (1974): Leben mit einem behinderten Kind. Zürich.

Häusler, I. (1979): Kein Kind zum Vorzeigen? Rowohlt Taschenbuch Verlag, Reinbek bei Hamburg.

Hettche, T. (2015): Pfaueninsel. Roman. Kiepenheuer & Witsch.

NIEHOFF, U.; DE BRUYN, Anja (1997): Interview mit Dietmut Niedecken. In: Geistige Behinderung H. 4, 381–385. Dazu auch: Niedecken , D. »Namenlos«. Eine Zusammenfassung meines Buches, a. a. o, S. 375–380.
OE, Kenzaburo (1991): Eine persönliche Erfahrung. Suhrkamp Taschenbuch 1842, Frankfurt am Main.
PAULMICHL, G. (1990): Verkürzte Landschaft. Texte und Bilder. Haymon. Innsbruck.
PURZER, A. (1991): Ich brauche das Leben pur – ein Leben mit einer schweren Behinderung. In »Gemeinsam Leben« H. 3, 116 ff.
WOLFENSBERGER, W. (1991): Der neue Genozid an den Benachteiligten, Alten und Behinderten. Gütersloh.

Normalisierung der Beziehungen

Menschen mit Lernschwierigkeiten und ihre Begleiter

Rudi Sack

»Nur die Beziehung zwischen Menschen, die ähnliche Vorerfahrungen, ethische Grundsätze, körperlich-geistige Möglichkeiten und äußere ... Merkmale haben, kann im Grunde ohne vorhersehbare Kränkungen ablaufen« (Schmidbauer 1993).

Vom Normalisierungsprinzip zum Paradigma der Selbstbestimmung

»Normalisierung« war für die Behindertenhilfe in westlichen Industrienationen über Jahrzehnte (in Deutschland seit ca. 1980) das herausragende Gestaltungsprinzip. Die von Thimm (1986, S. 3) gelieferte knappste Definition von Normalisierung – »dass geistig behinderte Mitmenschen ein Leben so normal wie möglich mit uns führen sollen« – hat unter anderem auch als zentraler Leitgedanke bereits Eingang in das erste Grundsatzprogramm der Lebenshilfe 1990 gefunden.

Können oder müssen wir heute davon sprechen, dass das Paradigma der Normalisierung durch das neue Paradigma der Selbstbestimmung abgelöst wurde? Wohl kaum! Denn einerseits verlieren die Forderungen des Normalisierungsprinzips nach einer am gesellschaftlichen Umfeld orientierten Gestaltung des Lebensraums (der »Umstände«) durch das notwendigerweise neu hinzugekommene Leitziel der Selbstbestimmung keineswegs an Bedeutung. Im Gegenteil: deren Relevanz wird eher noch unterstrichen. Zum anderen gilt es auch festzuhalten, dass das Prinzip der Selbstbestimmung mit seiner zentralen Forderung, Menschen mit Lernschwierigkeiten ernst zu nehmen und die Beziehungen zu ihnen aus traditionellen Machthierarchien herauszulösen, lediglich eine Präzisierung des Normalisierungsgedankens in einem speziellen Aspekt darstellt: Es geht um die Normalisierung der Beziehungen zwischen Menschen mit Lernschwierigkeiten und ihren Begleitern.

Selbstbestimmung als dialogischer Prozess

Würden wir den Programmsatz »Ich weiß doch selbst, was ich will!« gleichsetzen mit »Ich weiß allein und tue stets nur das, was mir gefällt!«, so wäre er nicht viel mehr als ein Ausdruck des Triumphs der »Single-Gesellschaft« über die Vorstellung vom Menschen als sozialem Wesen und den Gedanken der Solidarität. Eine derart orientierte Gesellschaft würde nach dem Darwin'schen Prinzip des »Nur-der-Stärkste-überlebt« funktionieren und würde Menschen mit Lernschwierigkeiten wohl kaum zum Vorteil gereichen.

Zur Vermeidung dieses Missverständnisses spricht von Lüpke (1995, 32 ff.) zu Recht von der Selbstbestimmung als dialogischem Prozess, als der »Bewegung des Zuwendens und Antwortens zwischen Ich und Du. Selbstbestimmung heißt dann, – erstens – von anderen so akzeptiert zu werden, wie ich bin, keinem fremdbestimmten Änderungsinteresse ausgesetzt zu sein. Und Selbstbestimmung heißt dann – zweitens – in ein wechselseitiges Interesse einbezogen zu werden und sich selbst einem wechselseitigen Interesse zu öffnen, das daran interessiert ist, das eigene Wollen und das Wollen des anderen zu verstehen und zu klären, was dem Wohl- und Gutsein dienen könnte.« Beziehen wir die Aussage von Lüpkes auf das Verhältnis zwischen dem behinderten Menschen und seinem professionellen Begleiter, so muss einschränkend gesagt werden, dass es sich in dieser Beziehung durch die Tatsache, dass der Begleiter Dienstleister ist, nicht wirklich um ein gleichberechtigtes Abwägen von Interessen handelt: die Wünsche und Vorstellungen des behinderten Menschen als Kunde müssen im Vordergrund stehen.

Aus dem Gesagten wird eines ersichtlich: Die Qualität der Beziehungen eines Menschen zu anderen ist von großer Bedeutung im Hinblick auf seine Möglichkeiten, ein selbstbestimmtes Leben zu verwirklichen. Für Menschen mit Lernschwierigkeiten spielen dabei sehr vielfältige Beziehungen zu ganz unterschiedlichen Personengruppen eine Rolle. Da wir uns hier aber vorwiegend mit der Person des Begleiters von Menschen mit Lernschwierigkeiten auseinandersetzen wollen, werden ausschließlich Beziehungen zwischen diesen beiden Personengruppen Gegenstand der folgenden Überlegungen sein.

»Funkstörung« – über die Kommunikation mit Menschen mit Lernschwierigkeiten

Unsere Kommunikation mit Menschen mit Lernschwierigkeiten verläuft nicht ohne Störungen. Wenn wir das heute so sehen, dann drückt sich darin immerhin schon eine gewisse Entwicklung aus. Früher haben wir einfach gesagt, und ich zweifle nicht daran, dass manche das auch heute noch tun, »Menschen mit Behinderung sind in ihrer Kommunikation gestört.« Mit anderen Worten: »Die Übertragung zwischen uns und ihnen funktioniert nicht so gut. Aber an uns kann's ja nicht liegen ...«

Ich persönlich hatte in dieser Frage in der Anfangsphase meiner beruflichen Tätigkeit ein Aha-Erlebnis: Auf dem Weg von der S-Bahn-Station zu den Räumen eines Freizeitklubs für behinderte und nicht behinderte Menschen, den ich damals leitete, gingen vor mir zwei behinderte Teilnehmer dieser Gruppe, die als sehr stark sprachlich beeinträchtigt galten. Auch ich hatte regelmäßig große Schwierigkeiten, mit ihnen ins Gespräch zu kommen, weil ich das meiste von dem, was sie sagten, nicht verstehen konnte. Als ich nun die beiden gerade auf mich aufmerksam machen wollte, bemerkte ich etwas, das mich gleichzeitig überraschte und erschreckte: Untereinander hatten diese jungen Männer offenbar nicht die geringsten Kommunikationsprobleme, denn sie unterhielten sich absolut flüssig und angeregt.

Spätestens seit den verblüffenden Erfahrungen mit der »Gestützten Kommunikation« (Facilitated Communication, FC) ist unser Weltbild im Hinblick auf die »Kommunikationsstörungen« von behinderten Menschen ins Wanken geraten. Menschen, die von ihrer Umwelt für hochgradig zurückgeblieben in praktisch allen Bereichen der menschlichen Entwicklung gehalten wurden, entpuppten sich plötzlich nicht nur als des Schreibens mächtig (obwohl es ihnen niemand jemals beigebracht hatte, weil es ja doch so sinnlos erschien), sondern häufig sogar als besonders feinsinnig und gebildet. Haargenau jene Funkstörung, von der hier die Rede sein soll, war und ist dafür verantwortlich, dass Menschen vollkommen falsch eingeschätzt wurden, und dass deshalb mit ihnen umgegangen wurde und wird wie mit kleinen Kindern. So schreibt der 20jährige Birger Sellin wenige Monate nach seiner Befreiung von der Sprachlosigkeit durch FC: »ich will unseren desorientierten erziehern so gern sagen dass sie reden sollen wie vernünftige wesen und nicht wie unsinnigkeit«

(1993, 94). Muss man sich wundern, wenn einer nun plötzlich so Unverschämtes redet, dass Teile der sonderpädagogischen Fachwelt die gestützte Kommunikation bis heute zur Scharlatanerie erklären? Nun werden Sie vielleicht einwenden, dass Sellin gar nicht kognitiv beeinträchtigt und somit ein schlechtes Beispiel sei. Stimmt! Allerdings wissen wir dies ja eben erst, seit seine Begleiter durch FC die Möglichkeit besitzen, mit ihm zu kommunizieren. Damit soll natürlich nicht gesagt werden, dass in jedem Menschen, den wir für kognitiv beeinträchtigt halten, in Wirklichkeit ein solch verkanntes Genie steckt. Ich möchte nur fragen, ob wir uns nach der Erfahrung, dass Menschen sich durch einen plötzlich entdeckten Schlüssel zu ihrem Inneren auf einmal ganz anders darstellen, als wir sie uns je hätten vorstellen können, der Objektivität unseres Bildes von Menschen mit Lernschwierigkeiten (bisher: »mit geistiger Behinderung«) noch so ohne weiteres sicher sein können.

»Geistigbehinderte gibt es nicht!«, behauptet in diesem Sinne Feuser (1996), der das Phänomen der geistigen Behinderung letztlich als künstliches Produkt unserer Unfähigkeit betrachtet, Menschen, an denen wir bestimmte Merkmale festmachen können, zu verstehen. »Was ich z. B. an einem anderen Menschen nicht verstehen kann, nehme ich wahr als seine Unverstehbarkeit. Meine Verstehensgrenze wird per Projektion auf den anderen zu dessen Begrenztheit« (19).

»Geistige Behinderung« wird in dieser Sichtweise zu einem Problem mangelhafter Kommunikation, denn beim Verstehen handelt es sich um einen kommunikativen Vorgang. Wir beschränken uns – so Feuser weiter – jedoch nicht darauf, unser Unvermögen im Verstehen des Anderen auf ihn zu projizieren, sondern wir tun alles, damit dieser Andere dann auch genauso begrenzt bleibt, wie wir ihn uns vorstellen. Somit bezeichnet »Behinderung« mehr eine Interaktion denn einen Zustand: der Mensch ist nicht behindert, er wird behindert.

»Die stellen dich als Idiot hin, weil du einfach der Idiot bist!«[5]

Nichtbeziehung durch fachliche Distanz

Ein wichtiger Schritt zur Normalisierung der Beziehungen zwischen Menschen mit Lernschwierigkeiten und ihren Begleitern wäre zweifelsohne der Abschied vom rein diagnostischen Denken durch die Letzteren. Denn mit unserer diagnostischen Betrachtungsweise, unserem Festhalten an scheinbar objektivem Wissen über behinderte Menschen halten wir sie auf Distanz. Von Lüpke (1995, 33) führt für diese Haltung den Begriff der »Nichtbeziehung« ein und grenzt diesen folgendermaßen von »positiver« bzw. »negativer Beziehung« ab:

positive Beziehung	**negative Beziehung**	**Nichtbeziehung**
vertrauen	misstrauen	wissen
Ehrfurcht (vor dem Geheimnis der Person des anderen Menschen)	kritisieren	analysieren
achten	verachten	beurteilen
barmherzig sein	verletzen	ignorieren
lieben	hassen	sich verschließen
helfen	schädigen	Hilflosigkeit
zärtlich sein	zurückstoßen	feststellen
würdigen	diskriminieren	Abstand halten
sich auf Kommunikation einlassen	beschimpfen	Kommunikationsunfähigkeit beobachten
Interesse entwickeln, den Willen des anderen zu entdecken, zu verstehen, klären zu helfen, was ihm gut tun könnte, was sein Selbstbestimmungswille sein könnte	über jemanden besser wissen, was für ihn gut sei, ihm etwas aufzwingen ihm eine von außen geforderte Handlung abfordern, ihn bestimmen	jemandem seinem selbstbestimmten Willen überlassen, auch einen selbstbestimmten Todeswunsch als endgültig zu akzeptieren, jemanden zur Selbstbestimmung verdammen oder jemandem die Selbstbestimmungsfähigkeit absprechen

Abb. 1: Beziehungsbegriffe (zitiert nach von Lüpke, a. a. O.)

5 Ausspruch eines behinderten Menschen, zitiert nach Hofmann, Kunisch, Stadler 1996, 33.

Warum fällt uns der Abschied von derart diagnostischem Denken so schwer? Neben dem Machtaspekt, welcher dem Erstellen von »Gutachten« innewohnt, sicherlich auch deswegen, weil wir dadurch einen beträchtlichen Teil dessen, was wir für unsere Fachlichkeit halten, preisgeben würden.

Von Bracken (1981) hatte mit seiner frühen Untersuchung über die gesellschaftlichen Vorurteile gegenüber »geistig behinderten« Kindern als Kontrollgruppe Sonderschullehrer befragt. Im weiteren Verlauf der Untersuchung musste er erkennen, dass diese als Kontrollgruppe insofern nicht uneingeschränkt geeignet waren, als sie, entgegen den Erwartungen, selbst negativen Urteilen Ausdruck verliehen. Die Sonderschullehrer zeigten zwar signifikant weniger negative Gefühle, äußerten sich jedoch in ähnlicher Weise pessimistisch in ihrer Beurteilung der Verhaltensweisen »geistig behinderter« Kinder. Beispielsweise wurden diese von fast allen befragten Sonderpädagogen als »jähzornig« bezeichnet, stärker noch als von den Befragten aus der Bevölkerung (ebd., 114). Von Bracken führt jedoch zur Entlastung von Fachkräften weiter aus: »Wahrscheinlich kann man diese ungünstigeren Urteile aber nicht als Vorurteile betrachten, da die Sonderpädagogen diese Kinder ja aus dem täglichen Umgang kennen; es handelt sich bei ihnen nicht um bloße Meinungen oder Vermutungen« (ebd.). Wir nehmen diese Entschuldigung dankbar zur Kenntnis, ohne dass sie uns wirklich beruhigt. Steckt nicht möglicherweise doch etwas anderes dahinter, wenn wir Menschen mit Lernschwierigkeiten vor allem negativ beschreiben?

Die Vertreter kaum eines anderen Berufsstands bekommen wohl so oft wie wir zu hören: »Oh, das ist sicher eine sehr schwere Arbeit, die Sie da machen. Also ich könnte das nie!« Darauf antworten wir häufig und zwar mit innerer Überzeugung: »Aber nein, diese Menschen sind doch sehr liebenswürdig!« Und dennoch hebt es unser berufliches Selbstwertgefühl, wenn Außenstehende diese Arbeit als besonders schwer einschätzen. Das tun sie aber deswegen, weil sie den Umgang mit Menschen mit Lernschwierigkeiten für besonders kompliziert halten. So dient es also letztendlich dem Erhalt unseres gehobenen beruflichen Selbstwertgefühls, wenn wir durch unsere Beurteilung und Darstellung von Menschen mit Lernschwierigkeiten dafür sorgen, dass sie weiterhin für so außerordentlich schwierig gehalten werden.

Freilich: neben der verheerenden Auswirkung, die diese Haltung auf die gesellschaftliche Einstellung zu Menschen mit Lernschwierigkeiten hat, wirkt sie sich vor allem auch belastend auf unsere Beziehung zu ihnen aus. Fröhlich (1993, 116) macht deutlich, dass sich dies unter anderem in unserer Fachsprache ausdrückt. Bei kleinen Kindern sprechen wir davon, dass sie »von Behinderung bedroht« seien, und unser ganzer beruflicher Eifer gelte dem Bemühen, diese Bedrohung aus dem Felde zu schlagen. Behinderung ist also etwas Unerwünschtes, und da sie ja nicht als abstraktes Phänomen auftritt, sondern immer an ein Individuum, einen ganz bestimmten Menschen gebunden ist, machen wir diesem somit klar, dass wir ihn, so wie er ist, nicht für eine wünschenswerte Existenz halten. (Nebenbei bemerkt: Wenn wir der aktuellen fachlichen Tendenz – unter anderem in der Klassifikation der ICF (DIMDI 2005) zum Ausdruck kommend – folgen, dass Behinderung erst in der Interaktion des beeinträchtigten Menschen mit seiner Umwelt entsteht, so fällt die Formulierung, jemand sei von einer Behinderung »bedroht«, direkt auf uns zurück, denn die »Bedrohung« geht ja dann nicht zuletzt von uns selbst als den Begleitern »behinderter« Menschen und somit wesentlichem Bestandteil ihrer Umwelt aus.)

Auch in der Selbstbestimmungsdebatte lässt sich an unserem fachlichen Sprachgebrauch erkennen, wie wenig wir von einer Beziehung auf gleicher Ebene zu Menschen mit Lernschwierigkeiten ausgehen können. Da ist davon die Rede, dass wir Bedürfnisse berücksichtigen, Freiräume zugestehen, Partizipation ermöglichen. Die Aktivität liegt also wie gehabt ganz auf unserer Seite: wir verteilen etwas Teilhabe, bestimmen über ein bisschen mehr Selbstbestimmung, bemächtigen wohldosiert die Unmächtigen. Wer wollte angesichts unserer Tradition des pädagogischen Aktivismus' behaupten, dass es möglicherweise viel mehr darauf ankäme, etwas *nicht* zu tun, Dinge sein zu lassen, um den bei allen Menschen grundsätzlich vorhandenen Drang der Selbstbestimmung nicht in seiner Entfaltung zu behindern? Der Freiheitsdichter Friedrich Schiller sagt: »Freiheit kann man einem zwar lassen, aber nicht geben.« (Sack 2015, 34)

Gemeint ist im Sinne der Überlegungen Helmut Walthers das grundsätzliche Vorhandensein von »Selbstverantwortung« bei jedem Menschen, unabhängig von seinen »Fähigkeiten« bzw. »Einschränkungen« – Selbstverantwortung als konstitutive Bedingung des Menschseins.

»Mit geistig Behinderten muss man umgehen wie mit Kindern«

Dieser alte Lehrsatz ist natürlich längst überholt und doch in der Praxis leider immer noch an viel zu vielen Orten präsent. Ich möchte im Folgenden versuchen, dem Phänomen der Infantilisierung von Menschen mit Lernschwierigkeiten im Hinblick auf ihre Beziehung zu ihren Begleitern ansatzweise auf den Grund zu gehen.

In diesem Zusammenhang soll hier Bernes Ansatz der Transaktionsanalyse erwähnt werden. In Anlehnung an Freuds Instanzenmodell nimmt Berne eine Strukturierung der menschlichen Psyche in die folgenden Ich-Zustände vor (1970, 25 ff.):

1. Eltern-Ich (Wiedergabe der Ich-Zustände der Eltern, wie wir sie wahrnehmen; entspricht Freuds »Über-Ich«);
2. Erwachsenen-Ich (autonomes, objektives Erfassen der Situation; Fähigkeit zur Ermittlung von Informationen; »Ich«);
3. Kinder-Ich (regressive Verhaltensweisen; »Es«).

Alle diese Ich-Zustände seien bei jedem Menschen voll ausgebildet, auch das Erwachsenen-Ich bei »geistig Zurückgebliebenen«, wie Berne (27) ausdrücklich betont, es ginge nur darum, sie freizulegen. Die Struktur bezieht er nun (32 ff.) auf soziale Interaktionen (»Transaktionen«, wie Berne sagt) und kommt zu dem Schluss, dass alle Äußerungen eines Individuums von einem dieser Ich-Zustände ausgingen, und dass eine reibungslose Kommunikation davon abhinge, ob der Kommunikationspartner angemessen darauf reagiere (im Sinne einer »komplementären Transaktion«):

- auf eine Äußerung des Erwachsenen-Ichs mit einer Reaktion des Erwachsenen-Ichs (1.),
- auf eine Äußerung des Eltern-Ichs mit einer Reaktion des Kinder-Ichs (2.) und
- auf eine Äußerung des Kinder-Ichs mit einer Reaktion des Eltern-Ichs (3.).

Reagiert der Interaktionspartner nicht richtig in diesem Sinn, spricht man von einer »Überkreuz-Transaktion« (crossed transaction). Zwei Beispiele:

zu 1.: Wenn ich jemanden nach der Uhrzeit frage (Erwachsenen-Ich), erwarte ich darauf eine sachliche Antwort. Unangemessen wäre z. B. eine Reaktion wie diese: »Stör' mich jetzt gefälligst nicht!« (Eltern-Ich).

zu 3.: Wenn ich über Prüfungsstress jammere und sage: »Oh je, ich schaff das nie!«, dann appelliere ich an das Eltern-Ich meines Gegenübers und erwarte ein paar tröstende Worte. Meine Erwartungen werden enttäuscht, wenn mein Gesprächspartner daraufhin z. B. sagt: »Bis zur Prüfung sind's noch zwei Monate, das muss doch zu schaffen sein!« (Erwachsenen-Ich) oder »Ja, ja, ich bin auch total im Stress!« (Kinder-Ich).

Eine Untersuchung der Kommunikation zwischen Menschen mit Lernschwierigkeiten und ihren »Betreuern« nach diesem Schema könnte ergeben, dass Störungen im Sinne einer »crossed transaction« hier mit überdurchschnittlicher Häufigkeit auftreten. Zwischen der Infantilisierung von Menschen mit Lernschwierigkeiten – wissenschaftlich begründet durch die Unterstellung einer lebenslangen Erziehungsbedürftigkeit – auf der einen und der Tatsache, dass diese wirklich oft das »Eltern-Ich« ihrer Bezugspersonen herausfordern, auf der anderen Seite, besteht nach meiner Einschätzung ein schwer zu durchbrechender Wechselwirkungsprozess. Ich vermute, dass wir »Betreuer« mit unseren Verhaltensweisen letztlich die Auslöser dieses Prozesses sind. Denn: ist es nicht ein gutes Gefühl, als »Eltern« angesprochen zu sein?

Darüber hinaus sind Menschen mit Lernschwierigkeiten in ihrer Entfaltung durch das häufige Bestreben ihrer Erziehungspersonen beeinträchtigt, sie schonen und vor Misserfolgen bewahren zu müssen. Die von früher Kindheit an gemachte Erfahrung der »Unkontrollierbarkeit« ihrer Umwelt – denn diese wird ja im Sinne eines »Wir machen den Weg frei!« von den Erziehern kontrolliert – führt dabei oft zu einer »erlernten Hilflosigkeit« (Seligman 1979), d. h. zu einer Persönlichkeit, die geprägt ist von einer verminderten Motivation zu aktivem Verhalten und einer Beeinträchtigung der Lernfähigkeit durch die Einstellung, Erfolg oder Misserfolg seien unabhängig vom eigenen Verhalten. Diese Beeinträchtigung wirkt sich auch negativ auf die Fähigkeit aus, Beziehungen aufzubauen, man könnte in diesem Zusammenhang vielleicht überspitzt von einer erlernten Beziehungslosigkeit sprechen. Als weiterer belastender Faktor kommt das häufig geringe Zutrauen in die Fähigkeiten von Menschen mit Lernschwierigkeiten hinzu, welches gerade auch den Bereich der Kommunikation betrifft. Sie sind »in der Regel dialogungewohnt«, weil, unter der Annahme »das verstehen sie doch sowieso nicht«, über viele Themen mit ihnen erst gar nicht geredet wird (Pro Infirmis 1991, 63).

Die beziehungslosen Helfer

»Hilfe neigt sich hinab, um aufzurichten, und markiert durch eben diese Bewegung die tiefere Position des Beholfenen. Hilfe wirkt pejorativ; sie kann mitleidverbunden, schamlos beschämend sein. ... So bleibt Helfen edel, einander helfen kumpelhaft, Hilfe in Anspruch nehmen herabsetzend (es sei denn, sie werde honoriert, wodurch sie allerdings zum Geschäft mutiert).« (Kobi 1993, 98)

Die Beziehung zwischen Menschen mit Lernschwierigkeiten und ihren Begleitern ist immer auch von der Tatsache des Helfens tangiert. Das ändert sich nach meiner Überzeugung auch nicht dadurch grundlegend, wenn wir nun statt von »Hilfe« von »Dienstleistung« sprechen. Dieser semantische Wechsel mag zwar in der Tat zum Ausdruck bringen, dass der »Hilfeempfänger« einer Verpflichtung zur Dankbarkeitshaltung enthoben und somit weniger herabgesetzt, beschämt wird. Aber die Betrachtung der Interaktion zwischen behinderten Menschen und ihren Begleitern als Dienstleistung allein hat noch nicht eine Normalisierung der Beziehungen zur Folge, es sei denn, wir orientierten uns dabei lediglich an einer »normalen« Geschäfts-Beziehung. Die Äußerungen von Menschen mit Lernschwierigkeiten auf unsere Frage, wie sie sich einen guten Begleiter vorstellen, lassen jedoch vermuten, dass diese Beschränkung gar nicht im Sinne der »Kunden« wäre. Hier mag tatsächlich ein Unterschied zu den Forderungen der »Independant-Living«-Bewegung von körperbehinderten Menschen bestehen.

Speck (1982, 19) vertritt die Ansicht, dass Hilfe im Grunde »etwas menschlich-mitmenschlich Selbstverständliches« sei. Insofern dürfte sich die Hilfebedürftigkeit eines Menschen eigentlich nicht per se negativ auf seine Möglichkeiten zum Aufbau von »normalen« Beziehungen auswirken. Ich habe große Sympathien für diese Sichtweise, aber lehrt uns die gesellschaftliche Realität leider nicht immer wieder das Gegenteil? Woran mag es liegen, wenn Helfen in der modernen Gesellschaft zur »verberuflichten Sozialbeziehung« (Thimm 1983,

204) geworden ist? Bei »Nächstenliebe als bezahlter Dienstleistung« (SCHMIDBAUER 1992, 10) besteht immer die Gefahr einer Störung des Gleichgewichts zwischen Geben und Nehmen. Der Autor geht sogar noch weiter und konstatiert einen grundsätzlichen Widerspruch zwischen Dienstleistung und Gefühlsbeziehung (12), vor allem deshalb, weil bei der »beruflichen Form einer emotionalen Beziehung« die Abhängigkeit eine einseitige sei (32). An diesem Punkt kann man schon anderer Meinung sein, denn es besteht durchaus auch eine gewisse Abhängigkeit des beruflichen Helfers insofern, als er ja mit dem behinderten Menschen als letzendlichem Arbeitgeber seine Brötchen verdient. Allerdings werden wir hier wiederum auf das Problem zurückgeworfen, dass es sich dann nicht wirklich um eine Gefühls-, sondern lediglich um eine Geschäftsbeziehung handelt.

Kann es gelingen, dass der Begleiter aus der Beziehung zum Menschen mit Behinderung einen für sich persönlich bedeutsamen emotionalen Gewinn zieht? Ist es überhaupt zulässig, in der »professionellen Beziehungsarbeit« davon auszugehen, dass die bezahlte Begleiterin aus der beruflichen Beziehung einen persönlichen emotionalen Gewinn ziehen kann, bzw. dass dies – wie ich behaupte – sogar eine wichtige Voraussetzung für eine machtfreie Beziehung und somit für den Prozess der Begleitung sei? Es ist mir klar, dass hier Zweifel angebracht sind, zumal es schwerfällt, sich den »positiven emotionalen Gewinn«, z. B. in der Arbeit mit »dissozialen« Menschen vorzustellen. Und dennoch will ich mich nicht von dieser sehr persönlichen Einschätzung abbringen lassen: Solange wir es uns und anderen nicht eingestehen wollen, dass das Zusammensein mit Menschen mit Lernschwierigkeiten uns sehr häufig auch ganz persönlich gut tut, weil wir dadurch ja die Last unserer beruflichen Tätigkeit relativieren, solange werden wir mit dieser permanenten impliziten Kränkung von behinderten Menschen den Prozess der Begleitung erschweren. Die Beantwortung dieser Kernfrage ist so wichtig wie kompliziert, zumal eine traditionelle Motivation ja unter dem Paradigma der Selbstbestimmung nicht mehr zur Debatte stehen kann: Das gute Gefühl bei der Machtausübung über – oder sagen wir neutraler: Einflussnahme auf – Menschen, die sich in einer schwächeren Position befinden.

Um einer Beantwortung näher zu kommen, kann es hilfreich sein, uns mit den Motiven derjenigen auseinanderzusetzen, die Zeit mit Menschen mit Lernschwierigkeiten verbringen, ohne damit ein »Geschäftsinteresse« zu verbinden. Das wären neben Angehörigen also beispielsweise ehrenamtlich Mitarbeitende in Angeboten für behinderte und nicht behinderte Menschen. Hier erfahren wir zu unserem Erstaunen, dass diese am wenigsten karitative Motive für ihr Engagement anführen, sondern im Wesentlichen darauf abheben, dass sie mit behinderten Menschen »einfach gern zusammen« seien, dass sie von deren Unkompliziertheit fasziniert seien und dass sie im Zusammensein mit ihnen etwas ausleben könnten, was in unserer Gesellschaft so nicht gefragt sei. Sowohl im Hinblick auf gemeinsame Aktivitäten (z. B. Sport betreiben) als auch auf die Beziehungen selbst erleben sie im Zusammensein mit Menschen mit Lernschwierigkeiten die Abwesenheit des gesellschaftsüblichen Leistungsdenkens als wohltuend. Als Beispiele möchte ich hier zwei Äußerungen von jungen Menschen zitieren, die ihre Erfahrungen in integrativen Wohngemeinschaften für Menschen mit Lernschwierigkeiten und ohne Behinderungen beschreiben:

»Ich lebe in der WG, weil ich schon bei meinem ersten Besuch spürte, dass ein unglaublich starkes Gemeinschaftsgefühl die Oberhand hat. Hier kann ich einfach ich selbst sein und meinen Horizont erweitern. Von mir wird nicht nur verlangt, sondern ich bekomme auch einiges zurück. Seien es Freundschaften, leckeres Essen, Verpflegung bei Krankheit oder ein Interesse an meinem Tag: ›Wie war's heute, Simon‹'» (Simon Fritz, in: Bundesvereinigung Lebenshilfe 2015, 16).

»Die Villa MMhh bedeutet für mich: tolle Menschen, prägende Begegnungen, eine wundervolle Idylle mitten in München, viel Spaß, Tischtennisduelle, gutes Essen, stundenlange Wochenendfrühstückszeremonien, Zusammenhalt und alles, was zu einem kunterbunten Leben dazugehört. Vielen Dank an Alle für die unvergesslichen 5 Jahre!« (Tanja Bäurer, in: Gemeinsam Leben Lernen 2015, 75)

Warum sollten all diese Aspekte, die sich selbstverständlich positiv auf die Entwicklung einer Beziehung auswirken können, in denen der Begleiter von Menschen mit Lernschwierigkeiten sich keineswegs nur als Gebender empfindet, nicht auch für hauptberufliche Mitarbeiter(innen) gelten? Wenn sie es nicht in gleicher Weise tun, dann mag das mit dem weiter oben beschriebenen Phänomen zusammenhängen, dass unser berufliches Selbstwertgefühl mit einem zunehmend negativen Bild von Menschen mit Lernschwierigkeiten steigt. Mit anderen Worten: es besteht die Gefahr, dass wir zur Aufwertung unserer beruflichen Leistung nicht nur in der Darstellung gegenüber anderen, sondern auch in unserem ureigenen Denken ein wirklich positives Persönlichkeitsbild vom Menschen mit Lernschwierigkeiten gar nicht erst zulassen. Aber genau dadurch verbauen wir uns vielleicht die Chancen auf die Entwicklung einer Beziehung, welche für beide Seiten emotionalen Gewinn bringt, ohne dass ein Partner vom anderen dominiert wird.

Barbara Nieder (2015) beschreibt die Möglichkeit des Erlebens eines emotionalen Gewinns der professionellen Begleiterin sehr schön in einem Beitrag, in dem sie die Arbeitssituation und -qualität als Fachkraft in einer integrativen Wohngemeinschaft reflektiert. Sie spricht von der »kleinen Revolution« einer »Begegnung auf Augenhöhe« in den integrativen Wohngemeinschaften (24) und den bedeutungsvollen Momenten, in denen diese sich entwickeln kann:

»If I can't dance, it's not my revolution – das Zitat von Emma Goldman steht seit Jahren auf der Esszimmerwand in der WG Neuhausen geschrieben – und es steht dort zu Recht. Denn dass es Zeiten gibt, in denen wir alle gemeinsam wundervolle Momente teilen, in denen wir vielleicht auch wirklich miteinander tanzen (...) ermöglicht uns unter anderem die kleine Revolution (...). Die schönsten Momente sind dabei weit mehr als nur eine ›gute Zeit‹ (...). Diese Momente stiften (...) auch Gemeinschaftssinn.« (25)

»Es lohnt sich, ein schwerer Fall zu sein!«

Hier soll auf den Aspekt eingegangen werden, wie das Selbstbild von Menschen mit Lernschwierigkeiten, und somit auch ihre Möglichkeiten zum Aufbau »normalisierter« Beziehungen, durch institutionelle bzw. sozialpolitische Gegebenheiten tangiert werden können. Es existiert eine Reihe von Regelungen, die darauf hinauslaufen, dass in unserem Hilfesystem das »Schlechtsein« im Sinne gesellschaftlicher Normen belohnt wird. Hierzu einige Beispiele:

- Je höher der im Schwerbehindertenausweis attestierte Grad der Behinderung, desto interessanter sind die Leistungen, welche sich daraus ableiten lassen. Zum Beispiel werden ab einem bestimmten Prozentsatz des Behinderungsgrads Freifahrten mit öffentlichen Verkehrsmitteln gewährt. Menschen mit Lernschwierigkeiten sind sich dieser Tatsache durchaus bewusst, wie die folgenden Aussagen deutlich machen (zitiert nach Hofmann, Kunisch, Stadler 1996, 37):

»Mein Behinderungsgrad hat sich gebessert. Ich bin nur noch 70 Prozent behindert. Jetzt darf ich nicht mehr frei fahren. Ich wäre lieber 100 Prozent behindert Da muss ich mit dem Kopf gegen die Laterne laufen, dann kriege ich wieder 100 Prozent, jetzt kann ich mir bald keine Monatskarte mehr leisten.«

»Bei manchen Sachen ist es ein Vorteil, 100 Prozent zu sein, hier in der Werkstatt, wenn jemand sagt, ich soll das machen, dann sag ich, ich kann nicht.«

- Für die Begutachtung durch den Medizinischen Dienst zur Einstufung der Pflegebedürftigkeit nach dem Pflegeversicherungsgesetz werden Angehörige oder betreuende Mitarbeiter darauf getrimmt, den zu begutachtenden Menschen möglichst negativ darzustellen bzw. seine Defizite ausführlich hervorzuheben, um »zur Belohnung« möglichst hohe Leistungen der Pflegekassen erhalten zu können. Eine ähnliche Dynamik kann entstehen, wenn Mitarbeitende in Wohneinrichtungen Hilfeplangespräche mit Bewohnern führen, deren Ergebnisse im Rahmen der Gesamtplanung gegenüber dem Kostenträger zu dokumentieren sind und somit für das Ob und die Höhe weiterer Vergütungen durch die öffentliche Hand eine entscheidende Bedeutung haben. Ein Bewohner aus einer unserer integrativen Wohngemeinschaften in München kommentiert das dann so: »Ah, jetzt kommt wieder der Kindergarten-Bogen!«

- Wenn Menschen mit Lernschwierigkeiten, die im Wohnheim leben, Fortschritte in der selbstständigen Bewältigung des Alltags machen, ist das oft Anlass, sie in eine Betreuungsform (z. B. Außenwohngruppe) überzuführen, in welcher der »Service« durch die Mitarbeiter sich deutlich verringert. Viele freuen sich darüber, aber manche verabschieden sich ungern vom »Hotel Wohnheim« und machen die Erfahrung, dass es ihnen eigentlich besser gegangen ist, solange sie nicht so selbstständig lebten.

Ich bin mir schon darüber im Klaren, dass wir dem geschilderten Dilemma vermutlich kaum entrinnen können, denn es macht ja durchaus Sinn bzw. ist unumgänglich, dass Menschen mit geringeren Möglichkeiten zu selbstständigem Handeln und somit höherem Unterstützungsbedarf mehr Leistungen unseres Hilfesystems beanspruchen. Dennoch halte ich den Mechanismus, wenn Menschen mit Lernschwierigkeiten z. B. bei Untersuchungen die Erwartung ihrer Bezugspersonen spüren, dass sie einen möglichst schlechten

Eindruck machen sollen, für ausgesprochen schädlich im Hinblick auf ihr Selbstbild und mithin auf das Potenzial, welches sie in Beziehungen einzubringen hätten.

*Kurz gefasst:
Voraussetzungen für die Normalisierung der Beziehungen*

Als Zusammenfassung möchte ich hier kurz die Voraussetzungen für eine Normalisierung der Beziehung zwischen Menschen mit Lernschwierigkeiten und ihren Begleiter(inne)n nennen, die sich aus den bisher getroffenen Aussagen ergeben:

Kommunikation weiterentwickeln

Die Möglichkeiten der Kommunikation müssen weiterentwickelt werden. Es geht dabei nicht um eine einseitige »Kommunikationsförderung« behinderter Menschen, sondern um die gemeinsame Aufgabe, »die Frequenzen von Sender und Empfänger aufeinander abzustimmen«. Selbstverständlich beinhaltet das Formen der nonverbalen Kommunikation ebenso wie Gespräche. Dazu gehört auch der Austausch über alle Themen, die Menschen mit Lernschwierigkeiten betreffen. Begleiter(innen) müssen dabei auf eine »Schonung« durch das Vorenthalten von Themen verzichten, welche sie angeblich »nicht verstehen können«.

Fachliche Distanz abbauen

Eine wesentliche Voraussetzung besteht im Abbau der fachlichen Distanz mit dem Ziel der Vermeidung einer »Nichtbeziehung«. Dazu müssen die Begleiter(innen) von Menschen mit Lernschwierigkeiten sich vor allem vom Diagnostik-geleiteten Denken verabschieden.

Zurückhaltung ist gefragt

Bei dem Bemühen um mehr Teilhabe von Menschen mit Lernschwierigkeiten ist die Zurückhaltung der Begleiter(innen) gefragt, nicht ihre Aktivität. Selbstbestimmung muss nicht eigens begründet und »ermöglicht« werden, sie stellt ein Grundrecht und eine Grundfähigkeit dar.

Gebräuche der Fachsprache überprüfen

Fachliche Sprachgebräuche, welche eine Abwertung von behinderten Menschen beinhalten, müssen kritisch hinterfragt werden, z. B. die Ausdrucksweise, Kinder seien »von Behinderung bedroht«.

Auf Infantilisierung verzichten

Begleiter(innen) verzichten auf die Infantilisierung von Menschen mit Lernschwierigkeiten und unterstellen ihnen nicht länger eine lebenslange Erziehungsbedürftigkeit.

Erlernte Hilflosigkeit abbauen

Menschen mit Lernschwierigkeiten können ihre »erlernte Hilflosigkeit« im Bereich der Beziehungen abbauen, indem sie erleben, wie sehr die Qualität von Beziehungen auch von ihrem eigenen Zutun abhängt. Begleiter(innen) verzichten darauf, ihnen im persönlichen Bereich »den Weg frei zu räumen«, sie vor vermeintlich schlechten Erfahrungen zu bewahren.

Profis sind Helfer und Dienstleister

Professionelle Begleiter sind Helfer(innen) und Dienstleister für Menschen mit Lernschwierigkeiten. Das sich daraus ergebende Spannungsverhältnis zu dem Anspruch, eine persönliche Beziehung aufzubauen, kann nicht aufgelöst werden. Es ist aber hilfreich, sich des Dilemmas bewusst zu sein.

Nur eine für beide Seiten gewinnbringende Beziehung trägt

Eine für beide Seiten gewinnbringende Beziehung zwischen »Helfer(in)« und »Beholfenem«, zwischen »Dienstleister« und »Kunden«, kann dann entstehen, wenn hauptberufliche Begleiter es lernen, die persönlichen Stärken von Menschen mit Lernschwierigkeiten zu sehen und sich eingestehen können, dass ihnen diese guttun.

Begleiten von behinderten Menschen ist kein schweres Los

Die Begleiter(innen) verzichten darauf, ihr berufliches Selbstwertgefühl dadurch zu erhöhen, dass sie das Zusammensein mit Menschen mit Lernschwierigkeiten als besonders schwere Aufgabe und somit diese Menschen per se als besonders schwierig darstellen. Professionelle Bestätigung wird vielmehr daraus gewonnen, dass – den Bedürfnissen von Menschen mit Lernschwierigkeiten entsprechend – im Prozess ihrer Begleitung auch der Aufbau einer persönlichen Beziehung gelingt.

Literatur

Berne, Eric (1970): Spiele der Erwachsenen. Hamburg.

Bracken, Helmut von (1981): Vorurteile gegen behinderte Kinder, ihre Familien und Schulen. Berlin.

Bundesvereinigung Lebenshilfe (2015): Senioren mit Behinderung heute. Marburg.

DIMDI – Deutsches Institut für medizinische Dokumentation und Information (2005): ICF – Internationale Klassifikation der Funktionsfähigkeit, Behinderung und Gesundheit. http://www.dimdi.de/dynamic/de/klassi/downloadcenter/icf/endfassung/icf_endfassung-2005-10-01.pdf (abgerufen am 10.01.2016).

Feuser, Georg (1996): »Geistigbehinderte gibt es nicht!« Projektionen und Artefakte in der Geistigbehindertenpädagogik. In: Geistige Behinderung 35, H. 1, 18–25.

Fröhlich, Andreas (1993): Die Krise der Sonderpädagogik. In: Mürner, Christian; Schriber, Susanne (Hrsg.): Selbstkritik der Sonderpädagogik? Stellvertretung und Selbstbestimmung. Luzern, 113–122.

Gemeinsam Leben Lernen e. V. (Hrsg.) (2015): Eine verrückte Idee wird 25. Notizbuch einer kleinen Revolution. München.

Hofmann, Christiane; Kunisch, Monika; Stadler, Bernadette (1996): »Ich spiel jetzt in Zukunft den Deppen«. Geistige Behinderung und Selbstbild. In: Geistige Behinderung 35, H. 1, 26–41.

Kobi, Emil E. (1993): Vom unbeholfenen Helfen. In: Mürner, Christian, Schriber, Susanne (Hrsg.): Selbstkritik der Sonderpädagogik? Stellvertretung und Selbstbestimmung. Luzern, 97–112.

Lüpke, Klaus von (1995): Selbstbestimmung als dialogischer Prozess. In: Zur Orientierung. H. 3, 32–35.

Nieder, Barbara (2015): »Wenn ich nicht tanzen kann, ist es nicht meine Revolution«. In: Gemeinsam Leben Lernen e. V. (Hrsg.): Eine verrückte Idee wird 25. Notizbuch einer kleinen Revolution. München, 23–25.

Pro Infirmis (Hrsg.) (1991): Auf eigenen Füßen – Erwachsene mit einer geistigen Behinderung lernen, selbständiger zu leben. Zürich.

Sack, Rudi (2015): Wäsche waschen. Über den Preis und die Grenzen der Freiheit. In: Gemeinsam Leben lernen e. V. (Hrsg.): Eine verrückte Idee wird 25. Notizbuch einer kleinen Revolution. München, 31–35.

Schmidbauer, Wolfgang (1992): Helfen als Beruf. Die Ware Nächstenliebe. Überarbeitete Taschenbuchauflage, Reinbek bei Hamburg.

Schmidbauer, Wolfgang (1993): Das Rothschildphänomen. In: Süddeutsche Zeitung Nr. 24 vom 30./31.1.1993.

Seligman, Martin E. P. (1979): Erlernte Hilflosigkeit. München, Wien, Baltimore.
Sellin, Birger (1993): ich will kein inmich mehr sein – botschaften aus einem autistischen kerker. Köln.
Speck, Otto (1982): Leben, Lernen, Arbeiten in der Gemeinschaft. Behinderung als Hilfsbedürftigkeit und Integration als praktisches Problem. In: Vereinigung Integrationsförderung (Hrsg.): Behindernde Hilfe oder Selbstbestimmung der Behinderten. Neue Wege gemeindenaher Hilfen zum selbständigen Leben. Kongressbericht. München.
Thimm, Walter (1983): Tendenzen der Professionalisierung in der Arbeit mit geistig Behinderten aus soziologischer Sicht. Helfen als Beruf. In: Geistige Behinderung 22, H. 3, 204–210.
Thimm, Walter (1986): Normalisierung – eine Chance für Menschen mit einer geistigen Behinderung. In: Geistige Behinderung 25, H. 1, 3–7.

Selbstbestimmung und Recht

Welche rechtlichen Aspekte von dem Thema Selbstbestimmung berührt werden

Ulrich Hähner, Vincent Stampehl

Thomes Jefferson und Benjamin Franklin verfassten 1776 die Präambel der Unabhängigkeitserklärung: »Folgende Wahrheiten erachten wir als selbstverständlich: dass alle Menschen gleich geschaffen sind; dass sie von ihrem Schöpfer mit gewissen unveräußerlichen Rechten ausgestattet sind; dass dazu Leben, Freiheit und das Streben nach Glück gehören; dass zur Sicherung dieser Rechte Regierungen unter den Menschen eingerichtet werden, die ihre rechtmäßige Macht aus der Zustimmung der Regierten herleiten; ...[6].« Eine wunderschöne literarische Erläuterung der Grundlagen unseres Lebens und einer verantwortlichen und freiheitlichen Gesellschaft. Mit den Begriffen Freiheit und Streben nach Glück ist der Anspruch eines jeden Menschen nach Selbstbestimmung zum ersten Mal so deutlich verfassungsmäßig verankert worden.

Was im Jahre 1776 als Ausgangspunkt für eine gesellschaftliche Utopie formuliert wurde, findet sich heute in unserem am 23. Mai 1949 verkündeten Grundgesetz wieder. Es legt im Abschnitt »Grundrechte« (Art. 1 bis 19) fest, welche Rechte jeder Mensch (Menschenrechte) gegenüber der staatlichen Gewalt hat. Von herausragender Bedeutung ist dabei in der Arbeit mit behinderten Menschen »die Unantastbarkeit der Würde des Menschen« (Art. 1), »die freie Entfaltung der Persönlichkeit, das Recht auf Leben und körperlicher Unversehrtheit, die Unverletzlichkeit der Person« (Art. 2) und »das Diskriminierungsverbot behinderter Menschen« (Art. 3).

Eine Konkretisierung dieser Menschenrechte findet sich in dem im Jahre 2006 von der UN-Generalversammlung verabschiedeten und im Jahre 2008 in Kraft getretenen »Übereinkommen über die Rechte von Menschen mit Behinderungen« (BRK). Leitbild der Konvention ist die Inklusion behinderter Menschen auf allen Ebenen, sie nimmt damit Abstand von einer Behindertenpolitik der Fürsorge und des Ausgleichs von Defiziten.

6 http://usa.usembassy.de/etexts/gov/unabhaengigkeit.pdf

In der Arbeit mit behinderten Menschen scheint es wichtig, sich diese Menschenrechte immer wieder in das Gedächtnis zurückzurufen und sie auf ihre Implikationen für den Bereich der Behindertenhilfe zu überprüfen. Wie sind die Wertvorstellungen unserer Gesellschaft und wie sieht die Realität aus.

Das Gesetz zur »Rehabilitation und Teilhabe behinderter Menschen« (SGB IX) hält uns den Spiegel vor Augen und unterstreicht das bereits oben Beschriebene, wonach »behinderte oder von Behinderung bedrohte Menschen Leistungen erhalten, *um ihre Selbstbestimmung und gleichberechtigte Teilhabe am Leben in der Gesellschaft zu fördern*, Benachteiligungen zu vermeiden oder ihnen entgegenzuwirken« (§ 1 SGB IX).

Natürlich kann man unterschiedlicher Auffassung darüber sein, was man unter »Selbstbestimmung .... zu fördern« versteht. Da kann man schon die Meinung vertreten, dass das Menschen mit Behinderungen nicht können und dass sie der Nachhilfe und Förderung bedürfen, so wie mir eine ältere Dame nach einem kurzen Vortrag über das Thema »Selbstbestimmung und geistige Behinderung« einmal sagte. Sie fände, dass das mit der Selbstbestimmung wirklich gut sei, aber: »mein Paul kann das nicht«. Hat Paul selbst keinen Zugang zu seinen Wünschen und Bedürfnissen, oder wurde er einfach entwöhnt, diese zu äußern, da er oft genug die Erfahrung gemacht hat, dass das, was er empfindet, nicht so ernst genommen wurde? Oder aber strebt er nicht nach einem Glück, weil sein Leben sich in einer Balance befindet? Auskunft darüber könnte uns nur Paul selbst geben.

Einfluss nehmen auf das eigene Leben ist eines der größten und elementarsten Rechte, die Menschen in einer demokratischen Gesellschaft haben, nach dem eigenen Glück streben, einen eigenen Lebensstil entwerfen entsprechend der eigenen Möglichkeiten und der jeweiligen Situation. Einfluss nehmen können fördert die Resilienz, also eine Widerstandskraft gegen psychische Erkrankungen. Selbstbestimmung ist also kein Luxus, der von denen, die als nichtbehindert in unserer Gesellschaft angesehen werden, gewährt wird. Sie ist ein Menschenrecht.

Begrenzung des Rechts auf Selbstbestimmung im Alltag behinderter Menschen

Bestritten wird das von niemandem mehr, der sich ernsthaft mit Menschen mit Behinderungen auseinandersetzt, und das Recht auf Selbstbestimmung wird auch vehement von den Betroffenen eingefordert. Bei der genauen Betrachtung der Realität trifft man immer wieder auf Traditionen und Routinen, die hinterfragt werden müssen, und wo ein höheres Maß an Sensibilität verlangt werden muss. Es sind oft die Routinen und scheinbar unabänderlichen Abläufe, die vor allem in Einrichtungen das Gefühl der Fremdbestimmung oft überdeutlich werden lassen. Routineuntersuchungen beim Gynäkologen, der Scham und Ekel bei der betroffenen Frau erzeugt, die das aber nur sehr verhalten zeigt. Oder die Dreimonatsspritze, obwohl die 42jährige Frau zu verstehen gibt, sie wolle keinen Sex und habe keinen Freund und Partner. Bei den gesundheitspräventiven Maßnahmen, die in Einrichtungen oft sehr genau eingehalten werden, stellt sich die Frage, wem sie dienen: Entsprechen sie den internen Qualitätsmaßstäben oder denen der Heimaufsicht? In ihrem Grundgedanken gehen sie jedoch davon aus, dass der behinderte Mensch keine Verantwortung für sich übernehmen kann oder übernimmt und er gesundheitlich befürsorgt werden muss. Hier übernehmen die Einrichtungen oder die die Aufsicht führenden Behörden die Fortsetzung der elterlichen Sorge über das »behinderte Kind«. Dialogisches Begleiten beinhaltet aber das Aushandeln solcher Routinen. Sie müssen in der Entscheidung des behinderten Menschen verbleiben.

Im Rahmen des Selbstbestimmungsgedankens gehören auch andere Punkte wie z. B. die Haus- oder Heimordnung auf den Prüfstand. Anscheinend existieren noch immer Heimordnungen, die ein Alkoholverbot vorsehen. Behinderten Menschen wird die Anzahl der Zigaretten eingeteilt, oft mit dem Argument, sie haben keinen Überblick über die für den Nikotingenuss zur Verfügung stehenden Finanzen. Solche Maßnahmen unterstreichen die Abhängigkeit, der Schutzgedanke steht über dem Gedanken der Selbstbestimmung. »Wir haben ein Recht auf Rausch«, so wurde ein Internetartikel betitelt. Er beschreibt damit das gesellschaftliche Selbstverständnis bezogen auf Alkohol und zunehmend auch auf Drogen wie Cannabis. Alles was sich im Bereich des Legalen bewegt, muss auch im Bereich der Behindertenhilfe gedacht und danach gehandelt werden können.

Alle Suchtformen sind eine Herausforderung für Begleiter: Etwa Esssucht, der Anteil adipöser Menschen in Einrichtungen dürfte ähnlich hoch sein, vielleicht sogar etwas höher als in der übrigen Bevölkerung. Die Folgen für die Gesundheit sind bekannt und beeinträchtigen die betroffenen Personen. Jeder Betroffene weiß, welche Anstrengungen es kostet, vom Übergewicht runter zu kommen. Es geht allerdings nicht durch eine Zwangsdiät, indem Mitarbeiter(innen) die Kalorien zählen und der behinderte Mensch satt zu sein hat, wenn diese Kalorien vertilgt wurden.

Das Sammeln und Horten von Gegenständen, deren scheinbar sinnlose Anhäufung für viele Eltern oder Begleiter ein Alarmzeichen sein mag, entspricht m. E. jedoch dem Grundbedürfnis der Menschen in der westlichen Hemisphäre nach Besitz und Wachstum. Die oft sich anschließende Folge der Vermüllung ist nicht nur bei behinderten Menschen ein Problem, bei denen ein Ordnen, Sortieren und Aufräumen angezeigt ist. Jedoch gilt auch hier zunächst die Unverletzlichkeit der Wohnung, d. h. des Lebensraums. Der kann nur dann infrage gestellt werden, wenn dadurch andere Menschen betroffen sind. Außerhalb von Einrichtungen muss das durch eine dazu berechtigte Behörde festgestellt werden, wie das Gesundheitsamt.

Es gilt hier nicht, der Grenzenlosigkeit das Wort zu reden. Es soll lediglich verdeutlicht werden, welche Maßstäbe in unserer Gesellschaft zugrunde gelegt werden, und welche Rechtsgüter durch das Paradigma der Selbstbestimmung betroffen sind. Konsequent gedacht verdeutlicht das, in welchem Spannungsfeld sich Begleiter von Menschen mit Behinderungen befinden. Wenn das Verhältnis des Begleiters zu dem Menschen mit Behinderung eine Begegnung auf Augenhöhe, eine Begegnung in gegenseitiger Achtung sowie ohne Belehrung und Bevormundung sein soll, dann muss es immer wieder Auseinandersetzungen mit diesen Fragen geben.

Der Begriff der Selbstgefährdung wird zu schnell ins Feld geführt als ein Indikator für die Notwendigkeit einer eingreifenden Hilfe. Dieser unterliegt dann den unterschiedlichsten Definitionen und ist getragen von Ideologien und sozial und kulturell bedingten Einstellungen. Rechtlich eindeutig als Selbstgefährdung zu bezeichnen ist jedoch nur ein Verhalten, welches in der Absicht geschieht, sich selbst zu schädigen oder das Risiko einer Schädigung auf sich zu nehmen. Gelegentlicher Alkoholmissbrauch, exzessives Rauchen oder übermäßiges Essen stellen noch keine Selbstgefährdung im juristischen

Sinne dar. Eingreifendes, reglementierendes (Erziehung-)Verhalten entspricht nicht dem Grundgedanken der Selbstbestimmung. Hier geht es für den Begleiter darum, einen Auftrag für die Unterstützung einer meist langwierigen Verhaltensänderung zu erhalten.

»Jeder hat das Recht auf die freie Entfaltung seiner Persönlichkeit, soweit er nicht die Rechte anderer verletzt und nicht gegen die verfassungsmäßige Ordnung oder das Sittengesetz verstößt.« Die freie Entfaltung bedarf bei Menschen mit Behinderungen sehr häufig der Unterstützung. Das betrifft insbesondere auch den Bereich der Sexualität. Die Sitten sind recht locker geworden, trotzdem gibt es immer noch eine Reihe von Barrieren. Wie können zwei Menschen mit einer Spastik miteinander ohne Sexualassistenz schlafen? Und wer kann sie leisten, wenn nicht der Begleiter, der im Wohnheim Dienst hat? Als aktive Sexualassistenz definiert WALTER (2008) »alle Formen der Assistenz, bei denen Mitarbeiter und Pflegekräfte in eine sexuelle Interaktion aktiv einbezogen sind«[7]. Beispielhaft wird die sog. Handentspannung, d. h. Hilfe bei Masturbation und Onanie oder die Unterstützung eines mobilitätsbehinderten Paares beim Geschlechtsverkehr genannt. Die Grenzen zwischen Handlungen aktiver und passiver Assistenz können fließend sein. Sexualassistenz ist nicht jedermanns Sache und kann nicht angeordnet werden, es muss jedoch innerhalb der Einrichtung klar sein, dass das zu den Unterstützungsaufgaben gehört, die zu leisten sind. Es hat sich viel in der Behindertenhilfe im Bereich Sexualität bewegt. Paare können zusammen leben, Männer werden in Bordelle begleitet, über professionelle Sexualbegleitung regt sich niemand mehr auf (nur leider gibt es zu wenige Frauen und Männer, die diese Dienste anbieten). Auch die passive Sexualassistenz, das Besorgen von Sexartikeln wie Pornovideos, Vibratoren oder ähnliches wird heute nicht mehr zu einer Abmahnung führen. Vieles geschieht jedoch noch in aller Heimlichkeit, im Verborgenen. Begleiter wissen nämlich: Gelebte Sexualität ist ein zentraler Bestandteil menschlicher Zufriedenheit und ein wesentlicher Bereich professioneller Unterstützung. Bei den Bemühungen um Qualitätsstandards und deren Sicherung gehören solche begleitenden Dienstleistungen mit in die Handbücher in Einrichtungen. Das erfordert den Mut, auch in der internen und externen Öffentlichkeit diese Rechte behinderter Menschen offensiv zu vertreten.

---

7 Walter, in ders. (Hrsg.): Sexualbegleitung und Sexualassistenz

Hier sind plakativ nur einige Bereiche angesprochen worden, es gibt derer noch viele, angefangen von Schlafzeiten bis zur Bekleidung. Die Arbeit mit behinderten Menschen ist ein konfliktreiches Gebiet, weniger wegen der Menschen selbst als vielmehr wegen der gesellschaftlichen Normen,

Pflichten und Selbstbestimmung, ein Widerspruch?

Wenn über die Rechte behinderter Menschen gesprochen wird, kommt sehr schnell der Einwurf: »Es gibt aber auch Pflichten!« Das bleibt unbestritten. Um ein Zusammenleben in einer Gemeinschaft möglich zu machen, bedarf es Regelungen. »Verhalte Dich so, dass alle Menschen dein Verhalten als eine Richtschnur für das eigene Verhalten sehen können«; diese Verkürzung eines Kant'schen Prinzips beschreibt, welche ethischen Ansprüche wir miteinander haben sollten. Der Staat fordert von allen seinen Bürger(inne)n per Gesetz oder Verordnung Pflichten ein. Alle, die eigenes Geld verdienen, müssen Steuern zahlen, müssen Verkehrsregeln akzeptieren, werden verpflichtet, die bestehenden Gesetze einzuhalten. Hausgemeinschaften brauchen Regeln, damit ein solches soziales Miteinander funktionieren kann. Produktionsbetriebe und Handel sind geordnet, angefangen von Tarifverträgen, bis hin zu staatlichen Überwachungen, z. B. über Gefährdungen durch Stoffe, die freigesetzt werden können. Je komplexer die Gesellschaft, desto mehr Regeln gibt es. Sie bestehen zum Schutz der Gemeinschaft. Wir sind also in unseren Freiheiten begrenzt, soweit sie mit unserem Ordnungssystem nicht in Einklang zu bringen sind.

Verpflichtungen entstehen aus einem Austauschprozess, jeder trägt zu einer guten Beziehung bei. Und die besteht aus Kommunikation und Handeln, welches auf die Beziehung ausgerichtet ist. Das wird bereits in der Kindheit gelernt, meist als ein selbstverständlicher Akt. Als Pflicht wird auch das Verhalten bezeichnet, das von als Autorität empfundenen Menschen erwartet wird, seien es Vorgesetzte, Lehrer oder andere Personen in amtlicher Funktion. Zwang entsteht dann, wenn eine Einsicht in die Notwendigkeit einer erforderten Handlung fehlt, ein deutlicher Widerstand nach außen erkennbar wird, oder als innerpsychische Abwehr. Zwang und Begleitung passen nicht zueinander, sind jedoch immer wieder zu finden. »Du musst ...«, »bevor

Du alleine wohnen kannst, musst Du noch …«. Ein Sich-Aneignen-Wollen findet unter solchen Bedingungen wenig statt. Intrinsische Motivation ist die Grundlage für gelingende Veränderungen, und die braucht eine sensible Begleitung, keinen Zwang.

»Mit einem Bein im Gefängnis?« – Grenzen der Selbstbestimmung aus haftungsrechtlicher Sicht

Die Furcht vor Verletzung der Aufsichtspflicht und die sich daraus ergebenden Konsequenzen bestimmen häufig den Alltag in der Arbeit mit behinderten Menschen. Dieses führt allzu häufig zu Überreaktionen, was wiederum Haftungsfragen aufwirft. Das Problem der Aufsichtspflicht und Haftung lässt sich nicht mit eindeutigen und rezepthaften Anweisungen in den Griff bekommen, da die einschlägigen gesetzlichen Regelungen keine Auskunft hierüber geben. Danach haftet der Aufsichtspflichtige für Schäden bei »nicht gehöriger Aufsichtsführung« (§ 832 BGB). Was man unter »gehöriger Aufsichtsführung« versteht, beantwortet das Gesetz nicht. Die Frage, ob sich ein Verhalten als Verletzung der Aufsichts- bzw. Betreuungspflicht darstellt, kann daher nur nach den Gegebenheiten des konkreten Einzelfalls entschieden werden. Die Schwierigkeit liegt dabei darin, dass der Mitarbeiter als Aufsichtspflichtiger in der jeweiligen Einzelsituation einen Abwägungsprozess durchführen muss. Dabei geht es immer um die Auflösung eines Interessenwiderstreits zwischen dem Recht des behinderten Menschen auf freie Entfaltung seiner Persönlichkeit und dem Schutz seiner Person sowie den Interessen Dritter, z. B. im Sinne von körperlicher Unversehrtheit.

Die entscheidenden Gerichte orientieren sich in dieser Frage an der langjährigen Rechtsprechung, wonach ein Aufsichtspflichtiger seiner Aufsichts- bzw. Betreuungspflicht genügt, wenn er zur Verhinderung einer Schädigung alles getan hat, was von ihm in seiner Lage vernünftigerweise verlangt werden konnte (BGH VersR, 1965, 606). Das Maß der anzuwendenden Sorgfalt bestimmt sich dabei nach den Umständen des Einzelfalls. Bei zu beaufsichtigenden behinderten Personen sind einerseits deren körperliche und geistige Eigenheiten ausschlaggebend (BGH NJW 1995, 677), andererseits »muss bei der Beaufsichtigung und Betreuung auch die Würde behinderter Menschen gewahrt und ihrer Persönlichkeitsentwicklung Rechnung getragen werden« (OLG Koblenz, NJW-RR 1997, 345). Behinderten Menschen soll ein menschenwürdiges Leben ermöglicht werden, das sich weitgehend dem nichtbehinderter Menschen annähert. Aus diesem Grunde und um therapeutischen Zielsetzungen gerecht zu werden, müssen individuelle Freiräume geschaffen werden, selbst wenn dies mit gewissen Risiken verbunden ist (OLG Hamm, NJW-RR 1994, 864). Darüber hinaus begrenzt die Rechtsprechung die Aufsichts- und Betreuungspflicht im Rahmen der »Zumutbarkeit«. Dabei kommt es darauf an, was generell einem Aufsichtspflichtigen zuzumuten ist. Der dabei anzulegende Maßstab ist objektiv zu bestimmen. In diesem Zusammenhang ist anerkannt, dass auch pädagogische Erwägungen Berücksichtigung finden. Was spricht dagegen, wenn nach intensivem Verkehrstraining und langjähriger Praxis der behinderte Mensch eigenständig und ohne Begleitung mit dem Fahrrad von der Wohnstätte in die Werkstatt fährt? Natürlich gar nichts. Die Maßnahme war geeignet, seine Eigenverantwortlichkeit zu fördern und sein Selbstwertgefühl zu steigern. Eine Begleitung – oder gar ein Verbot – wären im Hinblick auf sein Persönlichkeitsrecht und seine Persönlichkeitsentwicklung unangemessen gewesen. Selbst wenn der behinderte Mensch in Folge von Unachtsamkeit auf dem Weg zur Werkstatt durch Unfall zu Schaden kommen sollte, scheidet eine Haftung der Betreuungsperson bzw. der Einrichtung aus. Insoweit handelt es sich um ein unvorhersehbares Verhalten des behinderten Menschen, womit auf Grund seines bisherigen Verhaltens – Einhalten der Verkehrsregeln – nicht gerechnet werden konnte. Die Rechtsprechung spricht in diesem Falle davon, dass sich »ein allgemeines Lebensrisiko« verwirklicht habe, was jeden treffen könnte.

In der Arbeit mit behinderten Menschen müssen sich die Mitarbeiter immer wieder darüber bewusst werden, dass mit der Aufsichtsführung eine Einschränkung der Freiheitsrechte dieser Menschen verbunden ist. Insoweit gilt es in der Arbeit mit behinderten Menschen, den in unserer Verfassung niedergelegten »Grundsatz der Verhältnismäßigkeit« zu beachten. Danach gilt: Je weniger der zu Beaufsichtigende zu sachgerechtem Handeln willens und in der Lage ist, umso so stärker muss die Beaufsichtigung sein – und umgekehrt – je einsichtiger der zu Beaufsichtigende ist, umso geringer sind die Anforderungen an die Aufsichtspflicht.

»Mit einem Bein im Gefängnis«? Die Frage ist zu verneinen. Im Rahmen der Aufsicht und Betreuung gilt es, in der Einzelsituation den oben beschriebenen Abwägungsprozess durchzuführen und nicht die Augen davor zu verschließen. Das muss man von den Mitarbeitenden in der Behindertenhilfe auch verlangen können. Selbst wenn es zur Fehleinschätzung kommen sollte, muss das nicht unbedingt zu einer Haftung führen. Sollte dem Mitarbeiter trotzdem eine Verletzung der Aufsichts- bzw. der Betreuungspflicht unterlaufen, was nie ausgeschlossen werden kann, ist er über den Einrichtungsträger durch eine von diesem abgeschlossene Haftpflichtversicherung abgesichert.

Und zu guter Letzt: Die Furcht vor einer Verletzung der Aufsichtspflicht darf nicht dazu führen, dass behinderte Menschen vor allen Gefahren bewahrt und auf Schritt und Tritt beaufsichtigt werden. Vielmehr müssen sie die Chance bekommen, sich selbst zu bewähren, selbst wenn dieses mit gewissen Risiken verbunden sein sollte.

Selbstbestimmung und gesetzliche Betreuung, »ein Fluch oder Segen?«

Am 1. Januar 1992 trat das neue Betreuungsgesetz in Kraft. Es löste das alte aus dem 19. Jahrhundert stammende Vormundschafts- und Pflegschaftrecht ab. Mit dem neuen Betreuungsrecht (BtG) sollte behinderten Menschen bei einem größtmögliches Maß an Selbstbestimmung Schutz und Fürsorge eingeräumt werden. In der praktischen Anwendung wird jedoch nur zu häufig gegen diese Grundsätze verstoßen. Dieses betrifft insbesondere Verstöße gegen den verfassungsrechtlich garantierten Erforderlichkeitsgrundsatz, wonach eine gesetzliche Betreuung nur dann angeordnet werden darf, wenn hierfür eine Notwendigkeit besteht, weil die betroffene Person ihre Angelegenheiten ganz oder teilweise nicht selbst besorgen kann. Dabei bedarf es zunächst der Prüfung durch das Betreuungsgericht, ob es nicht andere Unterstützungsformen gibt, sei es durch Familienangehörige, Freunde oder soziale Dienste. Derartige Hilfen haben Vorrang. Diese betreffen insbesondere praktische Hilfen, sei es z. B., dass der behinderte Mensch im Rahmen seiner Haushaltsführung, wie etwa Reinigung der Wohnung, Versorgung mit Essen, Hilfe benötigt oder er auf Grund seiner Beeinträchtigung seine Wohnung nicht ohne Unterstützung verlassen kann. Eine Anordnung einer rechtlichen Betreuung wäre in diesen Fällen nicht gerechtfertigt.

Wird eine Betreuerbestellung als notwendig erachtet, bedarf es unter Beachtung des Grundsatzes der Erforderlichkeit weiterhin der richterlichen Prüfung, in welchem Umfang dem gesetzlichen Betreuer Aufgabenkreise zugewiesen werden. Dabei darf eine Betreuerbestellung nur in dem Umfang erfolgen, in dem eine Betreuung tatsächlich erforderlich ist (§ 1896 Abs. 2 BGB). Auch hier gilt es zu prüfen, ob nicht andere vorrangige Hilfen in Betracht kommen (s. o.). Unter dieser Prämisse besteht das Erfordernis, dass das Betreuungsgericht sich mit der individuellen Lebenssituation des behinderten Menschen auseinandersetzen und danach die Aufgabenkreise dem Betreuer so konkret wie möglich zuweisen muss. Zwar ist es heute noch zulässig, dem Betreuer »alle Angelegenheiten« und damit alle Lebensbereiche des Betroffenen zu überantworten, wovon leider noch allzu häufig Gebrauch gemacht wird; unter dem Lichte des Grundgesetzes (Art. 1 GG Menschenwürde) dürfte eine derartige Anordnung aus rechtlicher Sicht höchst fraglich sein. Insoweit ist die Zuweisung einer Betreuung »in allen Angelegenheiten« mit einem schwerwiegenden Grundrechtseingriff verbunden, der verfassungsrechtlichen Bedenken begegnet, zumal damit zugleich der Verlust des Wahlrechts einhergeht.

In der richterlichen Praxis besteht häufig die Vorstellung, dass – je schwerer der Mensch beeinträchtigt ist, – desto eher er nicht in der Lage sei, seine Angelegenheiten in aller Gänze zu erledigen. Dieses mag im Einzelfall richtig sein, bedeutet jedoch nicht zwangsläufig, dass dem gesetzlichen Betreuer »alle Angelegenheiten« als Aufgabenkreis zuzuweisen sind. Gerade dieser Personenkreis schwerstbehinderter Menschen erfährt vielfältige praktische Hilfen unterschiedlichster Art, die aus Gründen der Erforderlichkeit nicht dem Aufgabenkreis des gesetzlichen Betreuers unterworfen werden müssen (s. o.). Ausdrücklich hat sich die UN-Behindertenrechtskonvention (UN-BRK) bei der Beratung zu Art. 12 UN-BRK (Gleiche Anerkennung vor dem Recht) gegen eine Klassifizierung nach Schwere der Behinderung entschieden. Dieser Grundsatz muss auch in der praktischen Anwendung des Betreuungsrechts Eingang finden.

Im Zusammenhang mit Art. 12 UN-BRK wird man auch fragen müssen, inwieweit das Betreuungsrecht reformbedürftig ist, nachdem die Vertragsstaaten aufgerufen sind, geeignete Maßnahmen zu treffen, um Menschen mit Behinderung Zugang zu der Unterstützung zu verschaffen, die sie bei der Ausübung ihrer Rechts- und Handlungsfähigkeit gegebenenfalls benötigen. Damit wären das Selbstbestimmungsrecht beeinträchtigter Menschen einschränkende Maßnahmen weitgehend ausgeschlossen.

Das derzeitige Betreuungsrecht regelt, dass der gesetzliche Betreuer die ihm übertragenen Aufgaben so zu erledigen hat, wie es dem Wohl des Betreuten entspricht. Dabei gehört zum Wohl des Betreuten auch die Möglichkeit, im Rahmen seiner Fähigkeiten sein Leben nach seinen eigenen Wünschen und Vorstellungen zu gestalten (§ 1901 Abs. 2 BGB). Dabei hat der gesetzliche Betreuer Wünschen des Betreuten zu entsprechen, soweit dies dessen Wohl nicht zuwiderläuft und dem Betreuer zuzumuten ist (§ 1901 Abs. 3 BGB).

Bei der Umsetzung dieser gesetzlichen Vorgaben treten immer wieder Konflikte auf, die das Selbstbestimmungsrecht beeinträchtigter Menschen berühren, insbesondere dann, wenn die Angehörigen die Aufgabenstellung des gesetzlichen Betreuers einnehmen. Die Frage, was dem Wohl des Betreuten entspricht, beantwortet das Gesetz nicht, ist aber von gerichtlicher Seite aus überprüfbar. Keinesfalls darf es sein, dass »über den Kopf des Betreuten hinweg« entschieden wird. Keinesfalls darf es auch sein, dass der Betreuer seine Interessen ohne zwingenden Grund gegenüber denen seines Betreuten obenan stellt.

Wie verhält es sich, wenn der 50jährige Johann B., der noch bei seiner 78jährigen Mutter zu Hause lebt, gerne ins Heim zu seiner Freundin ziehen möchte, und seine Mutter als gesetzliche Betreuerin mit dem Aufgabenkreis »Aufenthaltsbestimmung« ihm das verweigert? Rein rechtlich wird man Johann B. diesen Wunsch nicht verweigern können. Trennungsschmerz oder wirtschaftliche Abhängigkeit vom Sohn (Pflegegeld, Grundsicherung) stellen keine zwingenden Gründe dar, dem Wunsch von Johann B. nicht zu entsprechen. Aber wer überprüft das, wenn nicht ein entsprechender Vorstoß gegenüber dem Betreuungsgericht vorgenommen wir? In der Regel wird Johann B. bei seiner Mutter weiterhin zu Hause bleiben, bis diese verstirbt. Und dann wird es schwierig, einen adäquaten Wohnheimplatz zu finden. Hier gilt in der Tat der platte Spruch »Recht haben und Recht bekommen ist zweierlei«. In diesen Fällen »liegt der Ball im Feld« der sozialen Dienste der Behindertenhilfe, das Gespräch mit der Mutter von Johann B. zu suchen, auch wenn man sich davor scheut.

Ein weiterer Problemkreis des Betreuungsrechts, der das Selbstbestimmungsrecht behinderter Menschen berührt, betrifft das Spannungsfeld zwischen dem gesetzlichen Betreuer und den Mitarbeitern in den Einrichtungen der Behindertenhilfe (persönlicher Betreuer). Um an den geschilderten Fall anzuknüpfen, wonach sich die Mutter nach intensiven Gesprächen mit der Heimleitung doch dazu entschieden hat, ihren Sohn in das Heim zu geben: Wie verhält es sich rein rechtlich, wenn die Mutter von Johann B. daraufhin jeden Tag ihren Sohn im Heim aufsucht, sein Zimmer reinigt und seine Wäsche versorgt, was er eigentlich gar nicht mag? Die Heimleitung duldet dieses, um jedem Streit mit der Mutter aus dem Weg zu gehen. Aber kann das im Interesse von Johann B. liegen?

Hier wird man der Mutter in der gebotenen Form zu verstehen geben, dass ihr in ihrer Funktion als gesetzliche Vertreterin ihres Sohnes ausschließlich die Aufgabe zukommt, ihren Betreuten in dem ihr vom Betreuungsgericht übertragenen Aufgabenkreise – hier: Gesundheit und Aufenthalt – zu vertreten, und nichts anderes. Hierzu ist anzumerken, dass viele Angehörige verständlicherweise das Rechtsinstitut der gesetzlichen Betreuung als reine rechtliche Vertretung in den ihnen zugewiesenen Aufgabenkreisen missverstehen. Sie glauben – wie bisher auch – für alles und jedes zuständig zu sein. Die Zuweisung der Aufgabenkreise Gesundheit und Aufenthalt an die Mutter umfassen aber nicht die Reinigung des Zimmers und die Versorgung der Wäsche ihres Sohnes.

Aus der Sicht des Heimträgers kommt hinzu, dass er mit Johann B. einen Wohn- und Betreuungsvertrag nach dem Wohn- und Betreuungsvertragsgesetz (WBVG) geschlossen hat. In diesem Vertrag hat er sich u. a. dazu verpflichtet, Johann die Teilnahme am Leben in der Gemeinschaft zu ermöglichen oder zu erleichtern (§ 53 Abs. 3 Satz 2 SGB XII). Hierzu gehört selbstverständlich auch, Johann zu einem möglichst selbstständigen bzw. selbstbestimmten Leben zu verhelfen. Wenn die Heimleitung es dulden würde, dass die Mutter von Johann die »häusliche Versorgung« ihres Sohnes übernimmt, würde sie gegen ihren gesetzlichen Auftrag verstoßen, Johann die Teilhabe am Leben in der Gemeinschaft zu ermöglichen oder zu erleichtern. Das könnte zu rechtliche Konsequenzen gegenüber der Heimleitung bzw. dem Heimträger führen wegen Verletzung der Betreuungspflicht gegenüber ihrem Heimbewohner Johann B.

Selbstbestimmung und gesetzliche Betreuung, »ein Fluch oder Segen?« Die Antwort auf diese Frage fällt schwer. Richtig ist, dass das Betreuungsrecht das Selbstbestimmungsrecht berührt. Zwar brachte das Betreuungsgesetz erhebliche Verbesserungen gegenüber dem alten Vormundschafts- und Pflegschaftrecht. Die der Vormundschaft vorangegangene Entmündigung und damit Entrechtung behinderter und psychisch kranker Menschen entfiel. Auch wird grundsätzlich mit der Bestellung eines gesetzlichen Betreuers nicht die Geschäftsfähigkeit des Betreuten berührt, wobei sich die Wirksamkeit seiner/ihrer im Rechtsverkehr abgegebenen Erklärung weiterhin danach ausrichtet, ob er/sie sich über deren Wesen, Bedeutung und Tragweite im Klaren war. Soweit dieses zu verneinen ist, bleibt er »im natürlichen Sinne« geschäftsunfähig. Da dieses bei nicht wenigen Menschen anzunehmen ist, bleiben sie rechts- und handlungsunfähig. Sie können weder heiraten noch ein Testament errichten, soweit sie nicht in der Lage sind, die Bedeutung ihrer Erklärung einzusehen und nach dieser Einsicht zu handeln. Auch die Möglichkeit einer Beschränkung der Teilnahme am Rechtsverkehr sieht das Betreuungsgesetz vor, soweit das Betreuungsgericht für einzelne Aufgabenkreise einen Einwilligungsvorbehalt anordnet. Dieses ist dann der Fall, soweit die erhebliche Gefahr besteht, dass der Betroffene sich selbst oder sein Vermögen schädigt. Selbst wenn die Betreuungsgerichte bei einer derartigen Anordnung sehr zurückhaltend sind, bleibt der hiervon Betroffene in seiner rechtlichen Handlungsfähigkeit eingeschränkt.

Nun mag man dem entgegenhalten, dass im Rahmen einer Güterabwägung der Schutz des Betroffenen Vorrang hat gegenüber dessen Recht auf freie Entfaltung bzw. Selbstbestimmung. Auf der anderen Seite bleibt die Erkenntnis, dass das Betreuungsrecht Regelungen enthält, die die Rechts- und Handlungsfähigkeit der davon Betroffenen berühren und damit deren Recht auf freie Entfaltung ihrer Persönlichkeit (Art. 2 GG). Dieses gilt umso mehr, als dass noch heute umfassende Betreuerbestellungen für alle Angelegenheiten mit der Folge des Wahlausschlusses der hiervon Betroffenen erfolgen. Hier wird man zu Recht fragen müssen, ob dieses mit dem verfassungsrechtlichen Prinzip der Erforderlichkeit bzw. Verhältnismäßigkeit und damit der Menschenwürde (Art. 1 GG) vereinbar ist (s.o.).

Um auf die Ausgangsfrage zurückzukommen, »Selbstbestimmung und gesetzliche Betreuung, ein Fluch oder Segen?« Die Beantwortung dieser Frage können letztlich nur die von der gesetzlichen Betreuung betroffenen behinderten Menschen geben. Sie alleine sind die Experten, die aus ihrer Betroffenensicht ein Urteil hierüber fällen können. Dieses »über ihre Köpfe hinweg« zu tun, wäre verfehlt und würde damit ihr Selbstbestimmungsrecht verletzen.

Selbstbestimmung für Menschen mit hohem Unterstützungsbedarf: Ja, aber … !?

Rudi Sack

Folgt man den anthropologischen Überlegungen Helmut Walthers (S. 61 ff. in diesem Buch), wonach das Faktum der Selbstbestimmung zu den »konstitutiven Merkmalen« des Menschseins gehört, so ergibt sich zwangsläufig, dass dies unabhängig davon gelten muss, wie hoch der Grad des Unterstützungsbedarfs bei dem Einzelnen, und mithin natürlich seine Abhängigkeit von Anderen, sich darstellen möge. Dörner (2000) spricht analog von einem »Freiheitsgen«, das »zum Genom eines jeden Menschen« gehöre. Diese Sichtweise wird aus der Sicht der Praktiker häufig unter Ideologieverdacht gestellt:

»Theoretisch wird man sich über die Selbstbestimmungsrechte behinderter Menschen schnell einig werden. (…) Praktisch ist schon bei leichtbehinderten Menschen diese theoretische Einsicht schwer umzusetzen. Bei schwer- und schwerstbehinderten Menschen, also Menschen, die in den Lebensformen der sensomotorischen Phase nichtbehinderter Kinder leben, beziehungsweise in deren Anfängen – erscheint der kategorische Imperativ der Achtung der Selbstbestimmungsrechte schnell als Ideologie, die angesichts der ›nur Pflege‹ in den Wohngruppen keine wirkliche Relevanz mehr hat.« (Kolbe 1995, 13)

Mag die hier zitierte Einschätzung auch nicht empirisch als repräsentativ nachgewiesen werden können, sie kommt einem schon vertraut vor aus vielen Diskursen mit Fachkolleg(inn)en. Zweierlei fällt an der Argumentation auf:

1. Sie rekurriert auf die tatsächlichen Umstände, unter denen Menschen mit hohem Unterstützungsbedarf de facto häufig leben müssen (»nur Pflege« in der Wohngruppe), und in denen Selbstbestimmung »keine Relevanz« haben könne. »Weil nicht sein darf, was nicht sein kann«, so könnte man diesen Rückschluss umschreiben.

2. Zugleich liefert sie in ihrer pädagogisch-psychologischen Orientierung auf das Entwicklungsalter (nach Piaget 1972) eine in der

Person verankerte Begründung, warum Selbstbestimmung nicht infrage käme: »Schwer- und schwerstbehinderte« Menschen werden generalisiert und unabhängig von ihrem tatsächlichen Lebensalter mit Kindern in einer sehr frühen Entwicklungsstufe (nämlich dem ersten Lebensjahr) gleichgesetzt. Weingartner (2013) führt aus, dass die historischen Wurzeln der Diskussion über die Freiheit des Menschen im Grunde von einer elitären und mithin exklusiven (im Sinne von ausgrenzenden) Denkungsart geprägt seien. So sei Kants Verständnis vom Menschen stark von einer Betonung rationaler, intellektueller Fähigkeiten bestimmt. Und die Väter der amerikanischen »Declaration of Independence« hätten keinen Widerspruch darin erkennen können, Freiheit und gleiche Rechte für alle Menschen zu fordern und zugleich zuhause Sklaven, aber auch ihre Frauen und Kinder zu unterdrücken bzw. in ihren Rechten erheblich einzuschränken.

Die folgenden Überlegungen suchen, ausgehend von einer bürgerrechtlichen Betrachtung, die für alle Menschen in gleicher Weise gelten muss, nach Orientierung in dem angesprochenen Zwielicht zwischen Anspruch und Lebenswirklichkeit, wobei strukturelle Fragen, also der Blick auf tatsächliche Lebensformen und die Möglichkeit (oder Unmöglichkeit), über diese selbst bestimmen zu können, im Vordergrund stehen.

Die rechtliche Situation

Die Konvention der Vereinten Nationen über die Rechte von Menschen mit Behinderungen (VN-BRK; Bundesministerium für Arbeit und Soziales 2011) verdeutlicht und konkretisiert die uneingeschränkte Anwendung der Menschenrechte für Bürger(innen) mit Beeinträchtigung. Im Hinblick auf ein selbstbestimmtes Leben kommt dabei insbesondere den Artikeln 19 und 22 hohe Bedeutung zu. In Artikel 19 VN-BRK (»Unabhängige Lebensführung und Einbeziehung in die Gemeinschaft«) wird das Recht benannt, dass »Menschen mit Behinderungen gleichberechtigt die Möglichkeit haben, ihren Aufenthaltsort zu wählen und zu *entscheiden, wo und mit wem sie leben*, und *nicht verpflichtet* sind, *in besonderen Wohnformen zu leben*« (Hervorhebungen R. S.). Die selbst gewählte Lebensform wird zudem in Artikel 22 VN-BRK (»Achtung der Privatsphäre«) explizit unter Schutz gestellt:

»Menschen mit Behinderungen dürfen unabhängig von ihrem Aufenthaltsort oder der Wohnform, in der sie leben, keinen willkürlichen oder rechtswidrigen Eingriffen in ihr Privatleben, ihre Familie, ihre Wohnung oder ihren Schriftverkehr oder andere Arten der Kommunikation oder rechtswidrigen Beeinträchtigungen ihrer Ehre oder ihres Rufes ausgesetzt werden.«

In der relativ breit geführten gesellschaftlichen und fachlichen Diskussion der Relevanz von in der VN-BRK aufgestellten Rechtsnormen taucht immer wieder das Missverständnis auf, es handle sich hier um Postulate, eine Art Appell. Die Konvention ist aber ein völkerrechtlicher Vertrag, der alle Staaten, die sie ratifiziert haben (z. B. Deutschland seit März 2009) dazu verpflichtet, diese Rechtsnormen in nationale Gesetzgebung umzusetzen bzw. bestehende nationale Gesetze auf ihre Übereinstimmung mit den Normen der VN-BRK zu überprüfen. Andere betonen, die VN-BRK habe nichts Neues gebracht, denn die Universalität der Menschenrechte gelte ohnehin und alle beschriebenen Rechte hätten selbstverständlich auch behinderte Menschen, seit 1949 festgeschrieben im Grundgesetz der Bundesrepublik Deutschland, 1994 noch einmal explizit betont durch das damals aufgenommene Diskriminierungsverbot: »Niemand darf wegen seiner Behinderung benachteiligt werden.« (Artikel 3 Absatz 3 Grundgesetz).

De facto stehen dieser grundgesetzlich garantierten Gleichstellung nicht wenige weiterhin gültige Rechtsnormen in deutschen Gesetzen entgegen, die Menschen mit Lernschwierigkeiten und sehr hohem Unterstützungsbedarf in besonderer Weise einschränken. Vier seien hier benannt:

1. Ein Großteil der Menschen mit Lernschwierigkeiten (und auch viele psychisch erkrankte Menschen) geben ihr Recht auf Wahl der Lebensform an gesetzliche Betreuer(innen) ab, soweit für diese das »Aufenthaltsbestimmungsrecht« als Wirkungskreis festgelegt wird. Gerade Menschen mit Lernschwierigkeiten und sehr hohem Unterstützungsbedarf sind davon in besonderer Weise betroffen, denn in der Regel wird für sie eine rechtliche Betreuung »in allen Angelegenheiten« eingerichtet. Da die »Betreuung in allen Angelegenheiten« in ihren Auswirkungen der früheren und eigentlich abgeschafften Entmündigung gleich kommt, war diese Möglichkeit mit dem 1992 reformierten Betreuungsrecht im Sinne des »Erforderlichkeitsgrundsatzes« (§ 1901 Abs. 1 BGB) eigentlich nur als

absolute Ausnahme im Einzelfall vorgesehen (z. B. für Menschen im Wachkoma). De facto wird von ihr bei Menschen mit »geistiger Behinderung« inflationär Gebrauch gemacht , mit weitreichenden Folgen, z. B. dem Verlust des Wahlrechts für die Betreuten.

2. Menschen mit Lernschwierigkeiten und hohem Unterstützungsbedarf sind grundsätzlich betroffen von der Feststellung der »Geschäftsunfähigkeit«, indem unterstellt wird, dass sie sich »in einem die freie Willensbestimmung ausschließenden Zustand krankhafter Störung der Geistestätigkeit« befinden (§ 104 BGB).

3. Menschen mit hohem Unterstützungsbedarf sind in ihrem Recht, selbst wählen zu können, wo und mit wem sie leben und nicht auf besondere Wohnformen angewiesen zu sein, eingeschränkt durch eine zentrale leistungsrechtliche Vorschrift: Nach § 9 Abs. 2 Satz 3 Sozialgesetzbuch XII soll der Träger der Sozialhilfe in der Regel Wünschen von Leistungsberechtigten dann *nicht* entsprechen, wenn deren Erfüllung mit unverhältnismäßigen Mehrkosten verbunden wäre (Mehrkostenvorbehalt). Dies wird noch einmal konkretisiert in § 13 Abs. 1 Satz 3: »Der Vorrang der ambulanten Leistung gilt nicht, wenn eine Leistung für eine geeignete stationäre Einrichtung zumutbar und eine ambulante Leistung mit unverhältnismäßigen Mehrkosten verbunden ist.« Das führt häufig zu der Entscheidung, dass Menschen ein Leben in der eigenen Wohnung mit individueller ambulanter Unterstützung vom Kostenträger verwehrt wird, weil eine Unterstützung im Heim kostengünstiger zu haben ist. De facto werden also Menschen dazu gezwungen, in besonderen Wohnformen zu leben. Körperlich beeinträchtigte Menschen und umfassendem Unterstützungsbedarf lassen sich das häufig nicht mehr gefallen (vgl. z. B. Tolmein 2013) und die Rechtsprechung gibt ihnen meist Recht, weil das Leben in der stationären Einrichtung im Einzelfall nicht als »zumutbar« angesehen wird. Eine entsprechende Rechtsprechungspraxis existiert aber nicht bei Menschen mit »schwerer geistiger« Behinderung, teils, weil sie nicht eingeklagt wird, teils, weil bei vorliegender kognitiver Beeinträchtigung offenbar auch die Gerichte eher von einer Zumutbarkeit des Lebens im Heim ausgehen.

4. Eine weitere leistungsrechtliche Einschränkung besteht darin, dass der individuelle Anspruch auf eine bedarfsdeckende Leistung im Rahmen der Eingliederungshilfe bei der Betreuung in einer Einrichtung, die mit dem Kostenträger eine Leistungs- und Vergü-

tungsvereinbarung abgeschlossen hat, nur noch bedingt gilt. Die Rechtsprechung geht nämlich davon aus, dass mit den zwischen Leistungsanbieter und Kostenträger vereinbarten pauschalen Entgelten sämtliche Leistungsansprüche der in der Einrichtung aufgenommenen Personen abgegolten sind. Man kann überspitzt sagen: Der Leistungsberechtigte gibt mit dem Abschluss eines Betreuungsvertrags seinen individuellen Leistungsanspruch gegenüber dem Sozialhilfeträger an die ihn betreuende Einrichtung ab.

Ist mit einer baldigen Anpassung deutscher Rechtsnormen zu rechnen, die in deutlichem Widerspruch zu den Normen der VN-BRK stehen? Die bisherigen Berichte der Bundesregierung zur Umsetzung der VN-BRK und die Gesetzentwürfe zum Bundesteilhabegesetz lassen das nicht vermuten. Und an eine Analogie im Hinblick auf jahrzehntelange Diskrepanz zwischen grundgesetzlich garantierter Gleichstellung und gleichzeitiger Ungleichbehandlung in den untergeordneten Gesetzbüchern sei erinnert: Die Gleichstellung von Mann und Frau wurde im deutschen Grundgesetz 1949 festgestellt. Aber – aus heutiger Sicht fast unvorstellbar – erst im Rahmen der Ehe- und Familienrechtsreform der sozialliberalen Koalition im Jahr 1977 wurde verheirateten Frauen das uneingeschränkte Recht zur Ausübung eines Berufs unabhängig von der Zustimmung ihres Ehemanns gegeben.

Selbstbestimmung im Heim?

Das zitierte Recht, selbst darüber bestimmen zu können, wo und mit wem man lebt, und nicht gezwungen zu sein, in bestimmten Wohnformen zu leben, können Menschen mit Lernschwierigkeiten und hohem Unterstützungsbedarf in Deutschland von sehr wenigen Ausnahmen abgesehen nicht einlösen. Entweder sie leben in ihrer Familie, was möglicherweise ihrem Wunsch entspricht, vielleicht aber auch einfach wegen mangelnder alternativer Perspektiven so ist, und im Übrigen auch nicht selten die Rechte ihrer Angehörigen einschränkt, die sich gedrängt sehen, die alleinige Verantwortung und Last der vollständigen Versorgung bis zum Rande ihrer Kräfte weiter zu tragen. Wenn sie dort nicht mehr leben können oder wollen, besteht die einzige Alternative des Lebens in einem Heim, und zwar meist in einem »besonderen Heim« mit der speziellen Ausrichtung für Menschen mit hohem bzw. kompliziertem Unterstützungsbedarf. Sehr häufig befindet sich dieses Heim dann nicht in der Nähe ihres bisherigen Wohnorts, es handelt sich um eine überregional aufnehmende Institution in meist eher abseitiger Lage. Die frühere Bezeichnung »Anstalt« wird heute als unschön empfunden, in Analogie zur Komplexität der Bedarfslagen ihrer Klientel sprechen wir inzwischen von »Komplexeinrichtungen«.

Wir müssen also feststellen, dass das Recht von Menschen mit hohem Unterstützungsbedarf auf ein selbstbestimmtes Leben zumindest insofern eingeschränkt ist, dass sie de facto nicht die Wahl haben bzgl. der Lebensform. Weitergehender ist die Frage, ob ein selbstbestimmtes Leben in einem Heim, insbesondere in einer größeren und auf diesen Personenkreis spezialisierten Institution, überhaupt möglich ist. »So unterschiedlich sich Heime in den letzten Jahren auch entwickelt haben mögen« konstatiert Bradl (1996, 184), »es gibt darin durchgehend Bedingungen, die ein selbstbestimmtes Leben derer, für die solche Institutionen eigentlich eingerichtet sind, strukturell erschweren oder sogar unmöglich machen«. Auch die Weltorganisation der Angehörigenverbände von Menschen mit Lernschwierigkeiten spricht in ihrem weltweiten Bericht über die Umsetzung von Artikel 19 UN-BRK davon, dass Institutionen nach wie vor eine wesentliche Quelle für die Verletzung von Menschenrechten seien (»institutions continue to be a major source of human rights violation«; Inclusion International 2012, 134). Andere sehen in zu einseitiger heimkritischer Positionierung die Gefahr einer Ideologisierung. So spricht Bremer (2014) von einem Angewiesensein auf »beschützte Räume« und sieht die Gefahr eines ideologischen Missbrauchs richtiger und notwendiger emanzipativer Ziele im Sinne eines »ambulant gleich inklusiv« (ebd., 20).

Metzler und Rauscher (2003) entwickeln ein positives Leitbild des »gelingenden Alltags«. Ein gelingendes Leben sei demnach ein Leben, »in dem die eigenen Wünsche und Ansprüche nicht rigide eingeengt sind. Es ist ein Leben, für das der Einzelne selbst verantwortlich ist und als solcher von der Umgebung wahrgenommen und respektiert wird«. Die Chancen auf ein in diesem Sinne gelingendes Leben von Menschen mit hohem Unterstützungsbedarf, die wie ausgeführt de facto unter stark institutionalisierten Bedingungen leben müssen, sind vor allem unter vier Aspekten erheblich eingeschränkt:

Der Machtaspekt

Es gibt nur wenige soziale Situationen, »in denen die Macht der unterschiedlichen Personen so ungleich verteilt ist« wie in Institutionen (WEINGÄRTNER 2013). Die dort vorzufindenden Strukturen würden immer die Gefahr des Missbrauchs in sich bergen. Einem solchen Missbrauch sind Menschen mit sehr starker kognitiver bzw. mehrfacher Einschränkung in besonderer Weise ausgesetzt. Die folgende Situationsschilderung aus der Studie zur Lebensqualität von Menschen mit schweren Behinderungen im Heim (SEIFERT u.a. 2001) macht das in erschütternder Weise deutlich:

»Gegen 8:30 Uhr erscheint die diensthabende Mitarbeiterin mit einem Küchenwagen im Zimmer. Von diesem nahm sie einen Teller, auf dem ein mit Schmierwurst bestrichenes Weißbrot lag, und überschüttete es mit warmem Kaffee. Im Anschluss verrührte sie dies, bis es einen Brei ergab. (...) Danach ging sie zu Herrn U., band ihm einen Latz um den Hals und schob seine linke Hand zur Seite. Er öffnete sofort seinen Mund, verzog jedoch nach dem ersten Bissen, den er zu sich nahm, sein Gesicht und kniff die Augen zusammen. (...) Er weigerte sich, die Nahrung herunterzuschlucken. (...) Als er den Löffel mit Brot erneut an seinen Lippen verspürte, verschloss er den Mund und weigerte sich, diesen zu öffnen. Die Mitarbeiterin schob daraufhin mit den Fingern seine Unterlippe herunter, bis er den Mund unfreiwillig öffnete. Während er die Lippen und seine Augen zusammenkniff, gab er jammernde Laute von sich.« (187 f.)

Persönlich erinnere ich mich an einen Besuch in der Wohngruppe einer Komplexeinrichtung, bei dem uns die ungewöhnliche Beleuchtung in den Wohnräumen auffiel. Unsere Gastgeber schilderten uns den Hintergrund: Ein aus einer anderen Gruppe verlegter Bewohner habe seinen Protest über diese Verlegung dadurch zum Ausdruck gebracht, dass er mehrfach alle Deckenlampen heruntergeschlagen habe. Man habe daher nun Lichter montiert, die sich nicht mehr herunterschlagen ließen. Hier wird der Aspekt der Machtlosigkeit des Bewohners, der sogar noch einen Ausdruck für seinen Protest gefunden hatte, besonders deutlich. Er wurde in seinem Protest durchaus verstanden. Aber in der Konsequenz wurde nicht etwa die Entscheidung über die Verlegung gegen seinen Willen infrage gestellt, sondern es wurde ihm mit dem Austausch der Beleuchtung schlicht die Möglichkeit der Mitteilung seiner Unzufriedenheit entzogen (wobei sich die Frage stellt, ob er einen neuen Ausdruck gefunden hat, was ich dann nicht mehr weiter verfolgen konnte).

Der Aspekt der Konzentration

Menschen mit hohem Unterstützungsbedarf sehen sich gezwungen, zusammen mit anderen Menschen zu leben, die ähnliche Probleme oder zumindest ähnlich gravierende Probleme haben wie sie. Dies geschieht häufig aus materiellen Erwägungen (»die Nachtwache muss sich lohnen«), mindestens ebenso häufig aber auch in der fachlichen Überzeugung, dass Bedürfnisse in homogenen Gruppen besser befriedigt werden könnten. Auf diese Weise werden Personen, die ohnehin schon viele Einschränkungen in der Folge ihrer eigenen Beeinträchtigung hinnehmen müssen, zusätzlich belastet und eingeschränkt durch ihre Mitbewohner(innen), mit denen sie in einer Zwangsgemeinschaft leben. Sie werden z. B. in ihrem Schlaf gestört durch die Schreie von Zimmernachbarn, sie müssen manchmal endlos warten auf die Befriedigung ihrer Bedürfnisse, etwa weil bei Mahlzeiten nur einem nach dem anderen das Essen gegeben werden kann. DÖRNER (2002) spricht – sehr hart und sehr zutreffend – von einer »Konzentration der Unerträglichkeit«. Die »Unerträglichkeit« bezieht sich dabei auf die Situation der Mitarbeiter(innen), die in dieser Konzentration bestehen müssen, aber nicht minder auf die Belastung der Menschen, die darin leben müssen, und zwar rund um die Uhr, die also nicht mal »nach beendeter Dienstzeit« entrinnen können.

Der Aspekt der Therapeutisierung

Vor vielen Jahren, als man im Kolleg(inn)enkreis begann, sich über Qualitätssicherung in der Arbeit mit behinderten Menschen Gedanken zu machen, stand in einer Konferenz der leitende Mitarbeiter einer Komplexeinrichtung auf, um an der Flipchart zu erläutern, auf welche Lebensbereiche sich die zu sichernde Qualität beziehen müsse. Er malte einen großen Kreis und teilte diesen in drei Sektoren auf. »Wohnen« schrieb er in den ersten Sektor, »Arbeit« in den zweiten, und ich glaubte nun zu wissen, was er im dritten eintragen würde. Doch zu meiner Überraschung entstand dort nicht das Wort »Freizeit«, sondern »Therapie«. WEINGÄRTNER (2013) spricht davon, dass die Ausrichtung vieler Pädagog(inn)en an den Leitbildern Therapie und Förderung gerade auch die Selbstbestimmung von Menschen mit hohem Unterstützungsbedarf einschränke (ebd., 60). Er kritisiert in besonderer Weise, dass die betroffenen Personen dabei zu häufig in einer passiven Rolle verharrten und z. B. im Konzept der »Basalen Stimulation« einer starken fremdbestimmten Reizversorgung ausgeliefert seien, in anderen Therapieformen noch fragwürdiger einer fremdbestimmten motorischen Körperbewegung (ebd., 81). Dem stellt er das Konzept »Basale Selbstbestimmung« entgegen, das von dem »Erfahren der eigenen Wirkung« und von »Selbsttätigkeit« geprägt sei (ebd., 73 ff.).

Die Auswirkungen einer zu therapeutischen Ausrichtung auf das Selbstbild der davon betroffenen behinderten Menschen hat NIEHOFF ausführlich diskutiert (im Beitrag »Das zerstörte Selbstbild« in diesem Buch S. 89 ff.).

»Konzentration« und »Therapeutisierung« gehen oft Hand in Hand, denn gerade im Sinne eines »optimalen therapeutischen Angebots« wird Konzentration vorangetrieben. So wird etwa der Vorzug von Förderzentren für schwer mehrfachbehinderte Schüler(innen) darin gesehen, dass dort regelmäßige Angebote der Krankengymnastik und Logopädie im Haus zur Verfügung stünden. Dies geschieht nicht selten zu dem Preis, dass Kinder in einer Klassengemeinschaft leben, in der kein Kind spricht und kein Kind läuft, mit entsprechend geringen natürlichen Gelegenheiten und Anreizen zu Bewegung oder Kommunikation, doch das wird dabei oft verschwiegen.

Der Aspekt des Schutzes

Menschen mit hohem Unterstützungsbedarf werden als besonders schutzbedürftig angesehen, aber der Schutz, der ihnen zuteil wird, gereicht nicht unbedingt immer zu ihrem Vorteil. Ein paar Beispiele:

- Wenn sie im Rollstuhl sitzen, ist ihre Beförderung nur noch mit »Kraftknotensystem« zulässig. Steht kein Fahrzeug zur Verfügung, das darüber verfügt, werden sie eben gar nicht mehr befördert.

- Wenn sie auf pflegerische Hilfen angewiesen sind, die nach einschlägigen Verordnungen nur von examinierten Pflegefachkräften durchgeführt werden dürfen, die an ihrem bisherigen (und nehmen wir mal an: gern bewohnten) Lebensort nicht vorhanden sind, dann müssen sie eben in eine Pflegeeinrichtung mit fachlich bestens geeignetem Personal umziehen. Unabhängig davon, ob sie selbst vielleicht 25 Jahre alt sind und es sich um eine Einrichtung der Altenhilfe mit einem ansonsten durchschnittlichen Aufnahmealter von 85 Jahren handelt.

- Wenn sie Schwierigkeiten mit dem Kauen und Schlucken haben, wird das Risiko, dass sie sich verschlucken, dadurch minimiert, dass ihr Essen püriert wird. Eine Magensonde erhöht noch den Grad der Sicherheit.

- Institutionen werden im Sinne des »Verbraucherschutzes« dazu verpflichtet, die Hilfe an einen sich ändernden Bedarf anzupassen, es sei denn, diese Anpassung ist im »Wohn- und Betreuungsvertrag« ausdrücklich ausgeschlossen. Das führt allerdings nicht zu mehr Anpassung von Hilfen, sondern zu juristisch ausgefeilten »Anpassungsausschlüssen« in der Anlage zu Verträgen und damit tendenziell eher zu einem geschärften Bewusstsein von Anbietern, wie man sich wirkungsvoll gegenüber zu hohen »Ansprüchen« abgrenzen kann.

- Alle ihre Lebensäußerungen und alle Hilfen, die sie erhalten, werden ausführlich dokumentiert. Das erhöht zwar nicht unbedingt die Zeit, die Begleiter für ihre Unterstützung zur Verfügung haben, macht aber alle Vorgänge und Prozesse »im Fall des Falles« nachvollziehbar.

Die Liste ließe sich endlos fortsetzen. Gerade die letzten beiden Beispiele lassen den Verdacht aufkommen, dass dabei nicht immer nur der Schutz der behinderten Menschen im Blick ist, sondern dass vielmehr ihre Umgebung vor dem Haftungsrisiko geschützt werden soll – ihre Betreuer(innen), deren Vorgesetzte, Träger sowie die Vertreter der Aufsicht führenden Behörden.

»Förderung und Betreuung« – Ausgrenzung von Arbeit

Jeder Mensch will gebraucht werden, eine Bedeutung für andere haben. Im Sinne dieser zentralen Feststellung Dörners (2012) soll hier neben dem in diesem Beitrag überwiegenden Blick auf das Wohnumfeld von Menschen mit Lernschwierigkeiten und hohem Unterstützungsbedarf wenigstens mit ein paar Gedanken auf den Lebensbereich eingegangen werden, der im »normalen« gesellschaftlichen Leben als »Arbeit« bezeichnet wird. Bei dem hier im Fokus stehenden Personenkreis ist allerdings von »Tagesstrukturierung« die Rede, von »Förderung« und »Betreuung«. Sie werden in aller Regel ausgegrenzt von der Möglichkeit zur Teilnahme an berufsbildenden Angeboten (z. B. im Berufsbildungsbereich der Werkstätten für behinderte Menschen). Mit Ausnahme des Bundeslandes Nordrhein-Westfalen werden sie in Deutschland, unabhängig davon, ob ihr Tagesbetreuungsangebot unter dem »verlängerten Dach der Werkstatt« oder in räumlich und organisatorisch getrennten »Förderstätten« angesiedelt ist, mit einem anderen und deutlich prekäreren Status ausgestattet: Im Gegensatz zu Personen im Arbeitsbereich der Werkstätten verfügen sie über keinen »arbeitnehmerähnlichen« Status und in der Folge über keine eigenen Ansprüche gegenüber Krankenkasse, Pflegekasse oder Rentenversicherung. Aber mindestens ebenso schwerwiegend wirkt sich die Erfahrung aus, eben nicht im Sinne der zitierten These Dörners gebraucht zu werden. Neben dem im Zusammenhang von Wohnangeboten weiter oben bereits diskutierten Problem der Konzentration spielt dabei nicht selten eine gut gemeinte Orientierung von Mitarbeitenden in Förderbereichen am »Wohlsein« der betreuten Personen eine Rolle, die nicht von dem Gedanken ausgeht, dass diese durchaus auch den Wunsch nach einer wie immer gearteten »Produktivität« haben könnten. Traditionell spielen dabei neben der erforderlichen Pflege und Versorgung die Duftkerze und der Morgenkreis eine große Rolle, und vielleicht noch das »jahreszeitliche Basteln«. Aktuelle fachliche Entwicklungen wie die verbändeübergreifende Film-Kampagne »Arbeit möglich machen! –Teilhabe am Arbeitsleben von Menschen mit schwerer und mehrfacher Behinderung« oder die ausgezeichneten Beispiele des DHG-Preises »Arbeit ist Vielfalt!« der Deutschen Heilpädagogischen Gesellschaft machen allerdings Mut, dass hier ein Umdenken einsetzt und der Aspekt »Arbeit« und »produktiv sein wollen« auch für Menschen mit Lernschwierigkeiten und hohem Unterstützungsbedarf reflektiert und in Praxisansätzen einbezogen wird, selbst wenn diese sich bislang noch auf ganz wenige Leuchtturmprojekte beschränken.

Gibt es einen Ausweg?

Die bisherigen Ausführungen zu den (de facto so gut wie nicht bestehenden) Chancen von Menschen mit Lernschwierigkeiten und hohem Unterstützungsbedarf auf ein Leben in Selbstbestimmung mögen fatalistisch anmuten. Gibt es überhaupt einen Ausweg aus der wahrgenommenen Chancenlosigkeit? Ich sehe ihn durchaus, aber meine folgenden Überlegungen hierzu sind holzschnittartig. Sie beruhen auf persönlichen Einschätzungen, vor allem aus den Erfahrungen in persönlichen Begegnungen, und lassen sich nicht wissenschaftlich »belegen«. Sie kommen hier in einer generalisierten Form daher, dürfen aber in Wirklichkeit gerade nicht verallgemeinert werden. Denn jeder Mensch ist ein Individuum mit seinen ureigenen Wünschen und Vorstellungen vom eigenen Leben. Er lässt sich nicht gerne in Schubladen einteilen. Und dennoch erlaube ich mir, hier nun zwei Schubladen im Hinblick auf mögliche Lebensformen aufzuziehen, wobei nicht oft genug betont werden kann, dass immer das Wahlrecht des Einzelnen maßgebend sein muss. Er muss wählen können aus tatsächlich zur Verfügung stehenden attraktiven Alternativen.

Das Leben in der eigenen Wohnung

Norwegen ist mit seiner »Verantwortungsreform«, in der die Auflösung aller Heime per Gesetz erzwungen wurde, bereits ab den frühen 90er Jahren des letzten Jahrhunderts einen radikalen Weg gegangen. Jeder behinderte Mensch hat seitdem das Recht auf ein Leben in der eigenen Wohnung und die notwendige Assistenz, um dieses führen zu können. Ivar Maehle, einstiger Oberarzt in der Zentralinstitution Vesterlandsheime bei Bergen, Westnorwegen, hat beim Besuch einer deutschen Studiengruppe im Jahr 2005 erstaunlicherweise zum Ausdruck gebracht, dass von dieser Reform vor allem Menschen mit hohem Unterstützungsbedarf profitiert hätten, weil deren Lebenssituation nun viel individueller und ihre Unterstützung viel angepasster sei. Dies gelte insbesondere für Autisten und insgesamt für *Menschen mit herausforderndem Verhalten.* Ihr früheres Leben in der Institution sei von »negativen Synergien« geprägt gewesen, nicht selten hätten sich auch emotionale Probleme durch die Auflösung der früheren Zwangsgemeinschaft erheblich reduziert, ebenso wie die Behandlung mit Psychopharmaka (Landesverband Baden-Württemberg der Lebenshilfe 2005). Für die Besucher aus Deutschland war besonders eindrücklich, wie konsequent der Grundsatz der eigenen Wohnung bei in Einzelfällen unvorstellbar hohem Ressourceneinsatz umgesetzt wurde.

Die kleine heterogene Lebensgemeinschaft

So überzeugend das individuelle Leben in der eigenen Wohnung für Menschen mit herausforderndem Verhalten uns erschien, so sehr haben wir uns gefragt, ob alle *Menschen mit Lernschwierigkeiten und hohem Unterstützungsbedarf* sich wünschen, alleine zu leben. Unsere Erfahrungen gingen häufig in eine andere Richtung. Viele von ihnen leben gerne in einer kleinen Gemeinschaft, die einer Familie ähnelt. Das gilt vor allem dann, wenn es sich nicht um eine Spezialgemeinschaft handelt, in der alle Mitbewohner(innen) auf sehr viel Pflege und Unterstützung angewiesen sind. In dieser Gemeinschaft werden sie nicht »am Fließband gepflegt«. Sie nehmen darin in gewisser Weise eine Sonderrolle ein, die aber nicht negativ besetzt ist. Sie erfahren im Gegenteil viel Wertschätzung und – auch von ihren Mitbewohner(inne)n mit geringerem Unterstützungsbedarf – eine fürsorgliche Aufmerksamkeit. Dieser Lebensort ist vielleicht personell und materiell nicht so »optimal« ausgestattet wie die »Spezialgruppe für Schwerstbehinderte«, aber sie ist ausreichend ausgestattet, dass ihre Bedürfnisse befriedigt werden können und niemand in ihrem Umfeld sich damit überfordert. Dieser Lebensort ist ein Zuhause, das nicht primär nach pflegefachlichen Gesichtspunkten strukturiert ist. Im Einzelfall notwendige hochwertige Fachlichkeit kann aber zielgenau von externen Pflegediensten eingekauft werden.

Das Modell der heterogen zusammengesetzten kleinen Wohngemeinschaft entspricht dem schwedischen Weg. Wohngemeinschaften dürfen dort nicht mit mehr als fünf behinderten Menschen besetzt sein, wobei ebenfalls festgelegt ist, dass nur eine Person darunter einen besonders hohen Unterstützungsbedarf haben darf. Die Solidargemeinschaft einer heterogen zusammengesetzten Gruppe habe ich auch in integrativen Wohngemeinschaften erlebt, in denen Menschen mit Lernschwierigkeiten gemeinsam mit Menschen ohne Behinderung (oft Studierende) leben. Ohne bereits gemachte Erfahrungen besteht oft die Scheu, Menschen mit hohem Unterstützungsbedarf in eine solche Gemeinschaft mit aufzunehmen. Wird der Schritt einmal gewagt, wird praktisch immer die Erfahrung der Bereicherung aller Beteiligten gemacht.

»Können wir uns das leisten?« – die unselige Ressourcendiskussion

In Deutschland besteht bislang der Verdacht, dass Menschen mit hohem Unterstützungsbedarf als »Restgruppe« (Fornefeld, in Aktion Mensch 2013) von den Reformen mit der Zielsetzung von mehr Selbstbestimmung und mehr Inklusion am wenigsten profitiert haben. Es wird festgestellt (Deutsche Heilpädagogische Gesellschaft 2003), dass

- »Menschen mit schwerer geistiger Behinderung« in Pflegeeinrichtungen ausgegrenzt werden,
- Standards verschlechtert werden und eine Tendenz zu Schwerstbehinderten-Heimen besteht,
- Menschen mit hohem Hilfebedarf von neuen personenbezogenen Hilfeansätzen wie z. B. dem Persönlichen Budget oder ambulanten Hilfeformen ausgeschlossen werden«.

Diese Sorgen, die leider berechtigt sind, dürfen indes nicht dazu führen, dass wegen ihres möglichen Missbrauchs die Forderungen nach selbstbestimmtem Leben und Inklusion selbst als gefährlich bzw. für Menschen mit hohem Unterstützungsbedarf irrelevant eingestuft werden. Es ist vielmehr festzustellen, dass ein Leben in Selbstbestimmung nicht mit einem Leben ohne jegliche Abhängigkeit von anderen Menschen und deren Unterstützung gleichzusetzen ist (vgl. Inclusion International 2012, 33), getreu eines neoliberalen »Jeder ist seines eigenen Glückes Schmied« oder – in der bayerischen Variante: »Wer ko, der ko!« Bremer (2014) weist zu Recht darauf hin, dass, wer von der »Inkludierbarkeit« von Menschen spreche, einem grundsätzlichen Missverständnis unterliege.

Die Kollegen in Norwegen haben, nach den Kosten ihrer Reform befragt, darauf hingewiesen, dass sie nicht unter materiellen Gesichtspunkten erfolgt sei, sondern unter der Menschenrechtsperspektive. Nach einer Denkpause fügten sie hinzu, sie seien überzeugt, dass unter dem Strich sich die Kosten in den alten Institutionen nicht weniger nach oben entwickelt hätten als mit der Reform (Sack 2009). Der gleichen Überzeugung sind die Akteure in Schweden (Grunewald 2002). Man muss es nur aushalten können, dass in wenigen Einzelfällen sehr hohe Kosten entstehen.

Das müssen wir aushalten. Und wir können es uns auch leisten.

Literatur:

Aktion Mensch (2013): Wissen Inklusion. 2. aktualisierte Ausgabe. Bonn.

Bradl, Christian (1996): Vom Heim zur Assistenz. Strukturelle Grenzen von »Selbstbestimmt Leben« im Heim. In: Bradl, Christian; Steinhart, Ingmar (Hrsg.): Mehr Selbstbestimmung durch Enthospitalisierung. Bonn.

Bremer, Fritz (2014): Inklusion ohne Fürsorge geht nicht! In: Kerbe 4/2014, 20–23.
Bundesministerium für Arbeit und Soziales (2011): Übereinkommen der Vereinten Nationen über die Rechte von Menschen mit Behinderung. Bonn.
Deinert, Horst (2015): Betreuungszahlen 2013–2014. Amtliche Erhebungen des Bundesamtes für Justiz, der Sozialministerien der Bundesländer, der überörtlichen Betreuungsbehörden, der Bundesnotarkammer sowie des Statistischen Bundesamtes. http://www.bundesanzeiger-verlag.de/fileadmin/BT-Prax/downloads/Statistik_Betreungszahlen/Grafische_Darstellungen_der_Betreuungszahlen_2014.pdf (abgerufen am 26.02.2016).
Deutsche Heilpädagogische Gesellschaft (2003): Selbstbestimmung und Teilhabe am Leben in der Gesellschaft. Auch für Menschen mit geistiger Behinderung und hohem Hilfebedarf. http://dhg-kontakt.de/wp-content/uploads/2015/12/DHG-Stellungnahme-Teilhabe-2003.pdf (abgerufen am 06.02.2016).
Dörner, Klaus (2000): Gedanken zur Selbstbestimmung, Fremdbestimmung und Verantwortung. In: Verein für Behindertenhilfe e. V. (Hrsg.): Von der Betreuung zur Assistenz? Professionelles Handeln unter der Leitlinie der Selbstbestimmung. Tagungsbericht. Hamburg. 129–135.
Dörner, Klaus (2002): Ende der Veranstaltung. Leben und Wohnen von Menschen mit Behinderung in zehn Jahren. In: Landesverband Baden-Württemberg der Lebenshilfe (Hrsg.): Welche Zukunft haben Wohneinrichtungen? Dokumentation des Fachtages am 20.11.2002 in Stuttgart-Hohenheim.
Dörner, Klaus (2012): Helfensbedürftig. Heimfrei ins Dienstleistungsjahrhundert. Neumünster.
Grunewald, Karl (2002): Der Abbau der Anstalten für Behinderte in Schweden. In: Geistige Behinderung 41, H. 3, 243–254.
Inclusion International (2012): Inclusive Communities = Stronger Communities. Global report on article 19: The right to live and be included in the community. London.
Kolbe, Herrmann (1995): Selbstbestimmung bei schwer-und schwerstbehinderten Menschen. In: Zur Orientierung H. 3. 13–15.
Landesverband Baden-Württemberg der Lebenshilfe (2005): Leben in den eigenen vier Wänden. Warum funktioniert die Deinstitutionalisierung in Skandinavien? Dokumentation der Exkursion nach Norwegen von 21. – 24. September 2005. http://www.forsea.de/projekte/2004_marsch/norwegen.pdf (abgerufen am 05.02.2016).
Metzler, Heidrun; Rauscher, Christine (2003): Teilhabe als Alltagserfahrung. Eine ergebnisorientierte Perspektive in der Qualitätsdiskussion. In: Geistige Behinderung, Heft 3/2003, 235–243.
Piaget, Jean; Inhelder, Bärbel (1972): Die Psychologie des Kindes. Olten.
Sack, Rudi (2009): Wird alles teurer, billiger, besser, schlechter? In: Teilhabe, H. 4, 162–163.
Seifert, Monika; Fornefeld, Barbara; Koenig, Pamela (2001): Zielperspektive Lebensqualität. Eine Studie zur Lebenssituation von Menschen mit schwerer Behinderung im Heim. Bielefeld.
Tolmein, Oliver (2013): Klagst du noch oder lebst du schon? In: Aktion Mensch (Hrsg.): Wissen Inklusion. Bonn. 2. aktualisierte Ausgabe, 40-43.
Weingärtner, Christian (2013): Schwer geistig behindert und selbstbestimmt. Freiburg im Breisgau.

Zum Handeln der Begleiter

IGHT RIDER

Überlegungen zur Entwicklung einer Kultur der Begleitung

Ulrich Hähner

»Dann saß er, den Kopf zur Seite geneigt, mit den Händen die Armlehnen festhaltend, und dachte nach. Er sah mich nicht an. Ich betrachtete ihn, sein graues Haar, seine wie immer schlecht rasierten Backen, die scharfen Falten zwischen den Augen und von den Nasenflügeln zu den Mundwinkeln. Ich wartete.

Als er redete, holte er weit aus. Er belehrte mich über Person, Freiheit und Würde, über den Menschen als Subjekt und darüber, daß man ihn nicht zum Objekt machen dürfe. ›Erinnerst du dich nicht mehr, wie es dich als kleinen Jungen empören konnte, wenn Mama besser wußte als du, was für dich gut war? Schon wieweit man das bei Kindern tun darf, ist ein wirkliches Problem. Es ist ein philosophisches Problem, aber die Philosophie kümmert sich nicht um die Kinder. Sie hat sie der Pädagogik überlassen, wo sie schlecht aufgehoben sind. Die Philosophie hat die Kinder vergessen‹, er lächelte mich an, ›für immer vergessen, nicht nur für manchmal, wie ich Euch.‹

›Aber …‹

›Aber bei Erwachsenen sehe ich schlechterdings keine Rechtfertigung dafür, das, was ein anderer für sie für gut hält, über das zu setzen, was sie selbst für sich für gut halten.‹

›Auch nicht, wenn sie später selbst damit glücklich sind?‹

Er schüttelte den Kopf. ›Wir reden nicht über Glück, sondern über Würde und Freiheit. Schon als kleiner Junge hast du den Unterschied gekannt. Es hat dich nicht getröstet, das Mama immer recht hatte.‹« (Schlink, Bernhard: Der Vorleser, 1997, 136)

Es gilt im Folgenden über Person, Freiheit und Würde zu reden im Umgang mit Menschen mit einer Beeinträchtigung und was professionelle Unterstützer dabei zu beachten haben.

Einstellungen und Handlungsorientierung die der Leitidee der Selbstbestimmung entsprechen

Empowerment bezeichnet eine Form fachlicher Arbeit und ist am ehesten zu übersetzen mit »Selbst-Bemächtigung«. Es handelt sich dabei nicht um eine jener immer subtiler werdenden Methoden, mit denen Menschen mit Behinderungen doch noch geholfen werden soll, ein wenig so zu werden wie der gesellschaftliche Durchschnitt. Im Empowerment-Konzept geht es darum, »die Situation der Machtlosigkeit und den subjektiv empfundenen Verlust von Kontrolle über wesentliche Aspekte des individuellen und sozialen Lebens« (STARK 1991, 220) zu überwinden. Eine Reihe von Untersuchungen hat ergeben, dass die (Wieder)-Gewinnung von Kontrollbewusstsein und Kontrolle über die eigenen Lebensumstände eine wesentliche Voraussetzung für die Entwicklung psychosozialer Gesundheit darstellt. Der Fokus liegt dabei nicht länger auf den Defiziten von Personen und Umständen, sondern es geht darum, die Stärken der Menschen zu entdecken und zu fördern, um (wieder) handlungsfähig zu werden und seine Situation zu gestalten.

»Empowerment hat nicht bestimmte Ergebnisse oder die Erreichung von (expliziten oder impliziten) Normen zum Ziel« (STARK 1991, 220). Es geht also nicht darum, sich an irgendeinem definierten Durchschnitt zu orientieren oder Ziele zu verfolgen, die sich an bürgerlichen Idealen orientieren.

Empowerment bezeichnet also eine Haltung, eine Einstellung des professionellen Helfers gegenüber seinem Klienten. Gekennzeichnet ist diese Haltung durch die generelle Auffassung, dass auch der (erwachsene) Mensch mit einer kognitiven Einschränkung Experte seiner selbst ist. Er kennt seine Bedürfnisse und Wünsche, er weiß um seine Grenzen und spürt seine Abhängigkeiten, er ist in der Lage, Art und Umfang von notwendigen Hilfen zur eigenen Lebensgestaltung selbst zu bestimmen. Empowerment heißt dementsprechend, den Klienten zu ermutigen und ihn dabei zu unterstützen, diese Bedürfnisse zu artikulieren und zu befriedigen (soweit sie nicht die Grenzen anderer Menschen verletzen). HERRIGER (1996) spricht von einem Kompetenzdialog als Methode, Empowerment in der Praxis umzusetzen. Empowerment bei Menschen mit Lernschwierigkeiten ist ein langwieriger und mit Geduld voranzutragender Prozess. Menschen, die es nicht gewohnt sind, sich zu artikulieren, die den Kontakt zu sich selbst, zu ihrem Körper, zu den Bedürfnissen und Wünschen oft nicht hergestellt oder ihn innerhalb der eigenen Entwicklung aufgrund übermächtiger äußerer Bedingungen verloren haben, werden sich nicht schnell zu emanzipierten, selbstbewussten Persönlichkeiten entwickeln können. Empowerment ist als ein überdauernder Prozess anzusehen. Empowerment fordert eine solidarische Haltung des Begleiters dem Menschen mit Behinderung gegenüber. Und diese drückt sich wiederum in einem Verhalten aus, das den Menschen mit Behinderung in den Mittelpunkt des Bemühens rückt und durch persönliche und fachliche Faktoren geprägt ist.

Wenn der Mensch mit Behinderung als Experte angesehen wird, muss der professionelle Helfer aus dieser Rolle heraus. Ihm bleibt die Rolle des Begleiters, des Unterstützers. Bei Veränderungen wird die Entwicklungsrichtung, die Dynamik, Schnelligkeit, der Rhythmus bestimmt vom Menschen mit Lernschwierigkeiten. Der Begleiter stützt behutsam, ohne zu dominieren oder seine Vorstellungen und Werte in den Prozess mit einzubringen, er berät nur dort, wo er wirklich um Rat gefragt wird (es sei denn, der Kontrakt über die Art der zu erbringenden Dienstleistung sieht etwas Anderes vor).

Eine solche Haltung setzt ein Bild vom Menschen mit Lernschwierigkeiten voraus, welche zentral die Annahme beinhaltet, dass auch ein Mensch mit einer solchen Beeinträchtigung in der Lage ist, aus sich selbst heraus zu wachsen, dass der Organismus nach Unabhän gigkeit von äußerer Kontrolle strebt und trotz aller bestimmender Einflüsse von außen er in zunehmenden Maße steuernd in die Entwicklung eingreifen kann (vgl. Stahl 1994). Das Streben nach Selbstverwirklichung durch die Entfaltung nach Fähigkeiten ist Grundlage menschlicher Existenz. »Der Mensch strebt nicht nur nach Selbsterhaltung und Bedürfnisbefriedigung, sondern gleichermaßen nach einem sinnvollen und erfüllten Dasein. Dies setzt allerdings voraus, dass elementare Bedürfnisse nach Sicherheit, Geborgenheit und Zuwendung auch befriedigt sind.« (Stahl 1994, 66).

Behandlung, Förderung, Therapie ist unter dieser Betrachtung im Alltag nicht nötig, es sei denn, Förderung wird unter dem Aspekt von Erwachsenenbildung vom behinderten Menschen eingefordert bzw. ein (psycho)therapeutisches Setting wird bewusst aufgesucht.

Empowermentprozesse beziehen sich nicht nur auf die Unterstützung von Individuen, Empowerment bedeutet auch, die Bildung von Selbsthilfegruppen zu unterstützen und zu begleiten, wie z. B. »people-first-Gruppen« oder die Begleitung des Werkstattrats.

Wer sich zu Empowerment bekennt und die unterstützende Grundhaltung einnimmt, verlässt damit auch als professioneller Helfer seine gesicherte Position. Er wird damit zur Partei und angreifbar bzw. er muss sich Angriffen aussetzen. »Empowerment macht die Betroffenen mit ihren Bedürfnissen in ihrer Lebenswelt zum Gegenstand der Betrachtungen« und ist damit, wie Theunissen (1995, 12) schreibt, »keine ausschließlich private Angelegenheit sozial benachteiligter Personen, sondern immer auch ein kollektives gesellschaftlich konfliktträchtiges Unternehmen, was auf Veränderung ›des Ganzen‹ zielt«. Politisch betrachtet ist Empowerment »die aktive Aneignung von Macht, Kraft und Gestaltungsvermögen durch die von Machtlosigkeit betroffenen selbst« (Herriger 1996, 290). Derjenige, der z. B. einen Werkstattrat begleitet, wird in schwierigen Situationen als der angesehen, der den Ärger unterstützt, der doch dafür hätte sorgen können, dass dieses Thema nicht weiterverfolgt wird. Es wird besonders in emotional geladenen Situationen wenig verstanden, dass es nicht Aufgabe des Begleiters ist, Themen vorzugeben oder den Ablauf von Entscheidungen zu beeinflussen, sondern es darum geht sicherzustellen, dass Menschen mit Behinderung darin bestärkt werden und sie die nötige Unterstützung bekommen, eigene Positionen zu vertreten.

Darüber hinaus birgt diese Grundhaltung eine Vielzahl von Konflikten in sich, wenn es um die Begleitung innerhalb von Institutionen geht. Begleitung wird als Frontwechsel verstanden. Wir Personal hier und *die* Behinderten *da*, das sind die traditionellen Machtstrukturen, die durch ein Empowermentkonzept umgeworfen werden. ›Be-mächtigen‹ passt nicht dazu, weckt Ängste, die bisherige Macht abgeben zu müssen. Die Hierarchie verändert sich und das wird in den wenigsten Institutionen unwidersprochen hingenommen. Der Dienstleistungsbegriff erfährt gerade in Institutionen der Behindertenhilfe eine sonderbare Verkehrung, als dass die Form der Dienstleistung gleichzeitig von den Auffassungen über deren Art und Umfang vom Dienstleistenden mitbestimmt wird. Empowerment stellt das infrage.

Handlungsorientierungen

Selbstbestimmung und Autonomie als Leitziele innerhalb der Behindertenhilfe erfordern nicht nur ein Überdenken unserer Menschenbilder und der sich daraus ableitenden Einstellungen und Haltungen dem Menschen mit Lernschwierigkeiten gegenüber. Es erfordert auch eine Neuorientierung in der Methodik.

Hier bietet sich zur grundlegenden Standortbestimmung der Ko-respondenzbegriff von Petzold (1993, 21) an. »Ko-respondenz ist eine Form intersubjektiver Begegnung und Auseinandersetzung über eine relevante Fragestellung einer gegebenen Lebens- und Sozialwelt, durch die im gesellschaftlichen Zusammenhang Integrität gesichert, im agogischen Kontext Integrität gefördert und im therapeutischen Setting Integrität restituiert wird.«

Dass was Begleitung zu leisten hat, ist in der Begegnung mit Menschen mit Behinderung, in der Wahrnehmung und in Auseinandersetzung über ihre wichtigen Probleme und Fragestellungen, ihr Leben als Person zu sichern, Angebote zum kognitiven, kreativen und emotionalen Wachstum zu machen und ›verletzte‹ Persönlichkeiten wiederaufzubauen.

Dialogische Begleitung

In einen Dialog treten heißt nicht, jemanden belehren, ihm die eigene Meinung zu oktroyieren. Dialog bedeutet, offen zu sein, Positionen und Einstellungen zu verdeutlichen, sich gegeneinander abzugrenzen oder einen Konsens zu suchen. Dialoge sind nicht nur sprachlich gebunden, der Austausch geschieht über alle Ausdrucksmöglichkeiten wie Mimik, Gestik, er kann schriftlich erfolgen, über ein gemaltes Bild, über konventionelle Gesten, wie ein Geschenk. Und das, was der Kommunikationspartner an Reizen sendet, wird über alle Sinne aufgenommen. Das Wort oder der Laut wird gehört, seine Nuancen werden registriert und interpretiert; die Geste gesehen und bewertet, die Berührung gespürt, und auch sie findet eine gefühlsmäßige Entsprechung ...

Dialogische Formen der Begleitung entsprechen diesem neuen Menschenbild, und diese vertragen kein: »Du sollst ...«. Sie sind herrschaftsfrei. Methoden sind ein Vehikel, mit dem das eine oder andere Ziel schneller, angenehmer oder interessanter erreicht werden kann, jedoch kein Ersatz für wirkliche Begegnungen. Methoden, wie die Verhaltensmodifikation oder traditionelle Formen der Pädagogik, die den Menschen zum Objekt machen, gehören nicht in das Repertoire eines professionellen Begleiters, wenn man sich an dem veränderten Menschenbild orientiert.

H. G. Petzold (1993, 457) schreibt: »Es gibt nicht die Wirklichkeit und es gibt nicht die richtige Methode, sondern es gibt das Bemühen, die komplexe Realität aus verschiedenen Perspektiven zu erfassen. Es gilt danach zu streben, Wirklichkeit miteinander kreativ zu gestalten und sich mit Phantasie und in der ernsthaften Ko-respondenz dialogischer Prozesse sich darüber zu verständigen, auf welchen Wegen und mit welchen Mitteln und Methoden man gemeinsam zu humanen Lebensformen finden kann – und diese sind vielfältig.«

In diesem Sinne heißt Begleitung nicht *Dienen*. Dienen ist die unreflektierte Unterordnung, eine im preußischen Gehorsam ausgeführte Leistung oder das geduldige Bereithalten einer solchen Leistung entsprechend einer Anordnung. Dabei sind die Machtverhältnisse eindeutig. Der Diener ist Untergebener, der, soweit das nicht anders verabredet wird, keinerlei Entscheidungsspielraum hat. Begleitung meint nicht die Umkehrung von Machtstrukturen. Diese Begriffe beschreiben den Zustand, der erreicht wird, wenn man die Polaritäten Macht – Ohnmacht, oben – unten, Wert – Unwert verlässt und sich auf den Menschen konzentriert. Alles Tun ist geleitet davon, aufmerksam zu sein und erfahren zu wollen, was der Mensch mit Behinderung will, was er fühlt, denkt, wie er die Welt sieht.

Entscheidungs-(Spiel)-Räume

Begleiten hat viele Facetten. Das heißt *forschen*, danach suchen, was mein Gegenüber, der Mensch mit Behinderung von mir erwartet, was er wünscht und welche Dienstleistung in Art und Umfang dazu notwendig ist. Und je nach der Art der Behinderung erweist sich das als fortlaufender, überdauernder Prozess. Dieses Forschen kann auch bedeuten, dass Wahlmöglichkeiten geschaffen werden. Gerade was den Umgang mit Freizeit angeht, bedeutet: »Wer nicht weiß, was Kegeln, Tanzen, Schwimmen ist, wird nicht dazu kommen, daran

Freude zu entwickeln. Dass Kino eindrucksvoller ist als Fernsehen, und Theater, vielleicht auch selbst gespielt, wieder andere Eindrücke vermittelt, diese Erfahrung gehört dazu, bevor gewählt werden kann. Durch das Bekanntmachen und Gut-Informiert-Werden mit unterschiedlichen Eindrücken entstehen Entscheidungsmöglichkeiten. Begleiten heißt, Optionen zu erweitern für Verhalten, und das geht bei Menschen mit Lernschwierigkeiten oft ausschließlich über das (gemeinsame) Tun, das (gemeinsame) Handeln. Das wird häufig beinhalten, eigene Grenzen zu überschreiten und dabei gehalten zu werden. Wem gelehrt wurde, dass Wasser gefährlich ist, der wird sich nur unter großer Angst in ein Boot trauen und einen kleinen Fluss hinunterpaddeln, er muss vielleicht vorweg unter für ihn kontrollierbaren Bedingungen erfahren haben, dass die Schwimmweste ihn trägt und er nicht ertrinken kann. Wenn er diese Erfahrung nicht gemacht hat, wird er nicht entscheiden können, ob das ein sinnvolles Hobby sein könnte.[8]

Begleiten bedeutet zu Beginn eines langen Prozesses, Angebote zu machen, Möglichkeiten aufzuzeigen, Neugier zu wecken, zu animieren Neues auszuprobieren, immer mit der Möglichkeit, sich auch gegen solche Angebote zu entscheiden oder festzustellen, dass sie zu aufregend oder zu anstrengend oder zu ... sind. Dazu braucht es keine Ausbildung als Animateur, aber vielleicht einmal eine Fortbildung in Freizeitpädagogik, dazu bedarf es der gegenseitigen Ermunterung innerhalb des Teams und der Ergänzung. Der eine Kollege hat seine Interessen mehr im kulturellen Bereich, der andere mehr im sportlichen, der dritte weiß raffinierte Gerichte zu kochen. Gemeinsam auf Entdeckung zu gehen und die Welt in ihrer Vielfältigkeit und Schönheit zu begreifen, das ist das Ziel des Handelns.

Aus diesen Erfahrungen ergeben sich Vorlieben, die der Mensch mit Behinderung selbst einfordern kann.

Das Umfeld zu strukturieren, gehört zum Katalog möglicher Methoden, die der Begleiter anzuwenden hat, um mit seinen Forschungen weiterzukommen. Dieses Strukturieren des Umfelds, das sollte immer im Bewusstsein des Begleiters sein, ist immer abhängig von seiner Phantasie, von seinen Interpretationen über dass, was der Mensch mit Behinderung wünschen könnte, er bleibt damit immer

---

8 Vgl. zum Thema »Erlebnispädagogik mit geistig behinderten Menschen« Theunissen (1994, 32 ff. und 1995, 197 ff.)

innerhalb der durch die eigenen Erfahrungen gesetzten Grenzen. Es ist eines der großen Missverständnisse, dass Begleitung vorrangig diese Art der Tätigkeit beinhaltet. Wahlmöglichkeiten zu schaffen ist ein Teil der Handlungsmöglichkeiten, die Begleiten umfasst, und besonders am Anfang eines solchen Prozesses und bei stark eingeschränkten Kommunikationsmöglichkeiten ein wichtiges Element.

Biografisches Verstehen

Das Forschen, das mit großer Beharrlichkeit betrieben werden muss, will der Begleiter nicht Gefahr laufen, ganz andere Dienstleistungen zu erbringen als sie von dem Menschen mit Behinderung erwartet werden, beinhaltet für ihn gleichzeitig einen Prozess des Bewusstwerdens.

Biografisches Verstehen heißt, sich mit den Vorerfahrungen, mit seiner Herkunft auseinanderzusetzen. Die Begegnung zwischen Klienten und Begleiter ist nicht nur geprägt durch das Hier und Jetzt, in ihr manifestieren sich seine individuelle Geschichte, alle Ängste und erfahrenen Kränkungen, sowie Wünsche und Hoffnungen. Diese sind nur zu verstehen aus den vergangenen Lebenssituationen. Sie zu eruieren, nach ihnen zu forschen, die Frage zu stellen »wie war das früher«, hilft beim Verstehen.

NIEDECKEN (1989) gibt einen sehr differenzierten Einblick in die Besonderheiten der Biografie von Menschen mit Lernschwierigkeiten. Sie beschreibt sehr eindrücklich die archaische Angst vor der Bedrohung durch die Gesellschaft, die Menschen mit einer Behinderung sehr früh entwickeln. Diese Angst treibt sie dazu, möglichst nicht aufzufallen, sich angepasst zu verhalten. Die Wahrnehmung ist nach außen gerichtet, gilt es doch frühzeitig zu erspüren, was von dem behinderten Menschen erwartet werden könnte. Menschen, die von einer derartigen unbewussten Angst besetzt sind, werden große Schwierigkeiten haben, sich selbst und ihre Bedürfnisse wahrzunehmen. Diese nach außen orientierte Wahrnehmung dominiert auch dann noch, wenn innere Zustände heftig nach Veränderungen rufen (vgl. dazu NIEHOFF, Das zerstörte Selbstbild, S. 89 ff.)

Eine junge Frau fällt in regelmäßigen Abständen innerhalb der Werkstatt dadurch auf, dass sie unruhig und unkonzentriert wirkt und dann nach einem kleinen Ereignis schreit und um sich schlägt. Einige Klinikaufent-

halte und medikamentöse Therapien haben an diesem Zustand wenig verändert. Ihr selbst machen die unkontrollierten und, wie sie sagt, unbeherrschbaren Ausbrüche sehr zu schaffen. Sie selbst meint, es sei zu laut in der Gruppe. Ob sie denn die Gruppe wechseln wolle, wird sie gefragt:

»Herr K. (Gruppenleiter) hat gesagt, dann muss ich in die Gärtnerei. Frau L. (Gruppenleiterin) hat gesagt, in der Gärtnergruppe sind so viele Männer, die so rau sind. Herr S. sagt, dass ich in seine Gruppe nicht kann, die ist schon voll, die können keinen nehmen.«

»Und was wollen Sie selbst?«

»Mein Vater meint, dass es mir bei Herrn K. immer gut gegangen ist, der kennt mich schon so lange.«

Diese Abhängigkeit von Meinungen anderer Menschen, der nach außen gewandte Blick, ohne Kontakt zu haben zu den eigenen Gefühlen, führt in die empfundene Ohnmacht und Verzweiflung. Den Blick nach innen zu richten, auf sich selbst zu hören, würde, bleibt man im Denksystem von Niedecken, die archaischen Ängste wieder freisetzen, würde bedeuten, die Bedrohung von außen zu vernachlässigen. Ein Mensch in einer derartigen psychischen Konstellation ist nicht mehr frei; gefangen wie ein Zwangsneurotiker, der, von der Idee besessen, er könne von Krankheitskeimen befallen werden, die Wohnung nicht mehr verlassen kann. Diese Unfreiheit zu überwinden, das bedeutet Wachstum. Das ist die »therapeutische« Funktion des Begleitens. Therapie meint hier den Prozess einer begleiteten Veränderung.

Psychotherapeutische Hilfen würden einen solchen emanzipatorischen Prozess sicher unterstützen. Jedoch zeigt die Praxis, dass nur wenige Psychotherapeuten sich in der Lage fühlen, ein solches Angebot für Menschen mit Behinderungen vorzuhalten, und Einrichtungen der Behindertenhilfe verfügen nur selten über entsprechen ausgebildetes Personal. In Zeiten der Inklusion muss auch von Fachleuten erwartet werden, sich mit Menschen mit Lernschwierigkeiten zu konfrontieren und ihre Angebote auch für diese Klientel vorzuhalten.

Verstehen von auffälligem Verhalten

Unterschiedliche Untersuchungen weisen nach, dass sogenannte Verhaltensstörungen und psychische Erkrankungen bei Menschen mit Lernschwierigkeiten eine weitaus höhere Verbreitung haben, als bei der übrigen Bevölkerung. Nach Došen (1993, S. 91) variieren die Zahlen zwischen 20 und 64 %. Lotz (1994), der eine Sichtung der empirischen Literatur vornahm, kommt in seiner Auswertung auf einen Anteil von 40 % »psychisch gestörter geistig behinderter Menschen«. »Studien an institutionalisierten Personen bzw. Personen, die in unterschiedlicher Umgebung leben, nennen einen Anteil von einem Drittel« (ebd., 25). Die große Varianz in den Untersuchungen zeigt, wie schwierig eine Zuordnung zu psychiatrischen Diagnosen ist. Hennicke (1994) verdeutlicht, dass solche Diagnosen in der Regel wenig hilfreich sind, sondern ein mehrdimensionaler, systemisch orientierter Zugang sich als sinnvoll erweist. Statt Typologisierung und Klassifikation geht es um das Erfassen der individuellen Lebensbedingungen, um eine verstehensmäßige Annäherung an das Verhalten, welches in der Wechselwirkung zu seinem Gesamtkontext gesehen wird.

Viele dieser beobachteten Auffälligkeiten sind nicht behandlungsbedürftig, um sie jedoch zu verstehen, bedarf es einiger Grundannahmen. Eines dieser Axiome ist: Jedes Verhalten hat einen Sinn und Zweck. Ausgehend davon heißt es, nach dem Sinn oder Zweck eines auffälligen Verhaltens zu forschen und zu eruieren, welche Bedeutung dieses Verhalten hat, das zunächst nicht verstanden wird.

Die Mutter eines achtjährigen Mädchens berichtet, dass sie sich nicht mehr mit ihrer Tochter in die Gesellschaft von Müttern mit kleineren oder gleichaltrigen Kindern wage. Ihre Tochter sei aggressiv, immer, wenn sie mit anderen Kindern in Berührung komme, greife sie diese bei den Haaren und halte sie fest. Alle bisherigen Versuche, dieses Verhalten zu unterbinden, seien gescheitert. Die Leute hätten kein Verständnis dafür und sie sei von anderen Eltern bereits heftig angegangen worden, wenn ihre Tochter wieder einmal zugegriffen habe.

Die Tochter selbst ist ein fröhliches Kind. Sie hat ein schwer zu kontrollierendes Anfallsleiden, läuft etwas unbeholfen und ist sehr stark sehbehindert. Mag sein, dass das Verhalten, welches der Mutter heftige Probleme bereitet, einen aggressiven Hintergrund hat und das Aggressionspotenzial unter der Anfallsbereitschaft erhöht ist. Wahrscheinlicher ist jedoch, dass die kleine Jana die Kinder, an denen sie Interesse hat, mit diesem Griff fixiert und sie sich so in ihr Gesichtsfeld holt, um sie sich anzuschauen.

Diese Interpretation gibt zunächst keinen Ansatz für eine Veränderung des Verhalten, nimmt der Mutter jedoch den Druck, ihr Kind sei böse. Verhaltensbeschreibungen wie: »sie ist aggressiv«, »sie ist unbeherrscht«, »hat keine Kontrolle über sich« haben in Verbindung mit Behinderung etwas Dämonisierendes und beschreiben etwas scheinbar nicht Veränderbares. Die »Störung« ist Teil des Subjekts. Das sind statische Attribuierungen, die letztendlich dazu führen, dass man andere Kinder vor so einem Mädchen schützen muss, wie es die Mutter in diesem Beispiel bereits macht.

»Jeder Mensch trachtet danach, zu (über)leben, zu wachsen und nahe bei anderen zu sein. Alles Verhalten drückt dieses Ziel aus, unabhängig, wie gestört es erscheinen mag.« (Satir zitiert nach Schlippe 1993, 18). Der Mensch ist ein originär gesellschaftliches Wesen. Verhaltensauffälligkeiten sind nicht »einfach auf den Charakter oder auf seine Natur zurückzuführen, sondern sie müssen als soziale Phänomene, als Resultat zirkulärer Interaktionsmuster betrachtet werden« (Lingg 1994, 21). Das Bemühen, ein solch gestörtes Verhalten zu verstehen, setzt voraus, mit den Augen des behinderten Menschen zu versuchen, sich die Welt anzuschauen. Dabei muss man die spezielle Situation berücksichtigen und auch die Besonderheit des Kindes oder des Erwachsenen, die sich durch die Beeinträchtigung ergibt. Dann wird aus der *Aggression*, die vordergründig gesehen wird, oft etwas viel Einfacheres und Menschliches.

Deutungsversuche von Verhaltensweisen bleiben häufig in sehr eingängigen und sich wiederholenden Schemata stecken, die für eine weitere Annäherung an die Problematik nicht hilfreich sind, weil sie zu sehr vereinfachen und in sich Unterstellungen bergen. »Die/der holt sich damit Zuwendung« ist z. B. eine der geläufigen Deutungen problematischen Verhaltens. Und im Hintergrund schwingt der Vorwurf mit, sie/er erschleiche sich etwas, was ihm nicht zustehe: der Mensch, das hinterhältige, berechnende Wesen.

Wenn sie/er sich damit Aufmerksamkeit und Zuwendung holt, dann wird sie/er es dringend nötig haben, obwohl der professionelle Helfer oder die Eltern meinen, dass sie/er doch so viel davon bekomme. Die Quantität und Intensität von Aufmerksamkeit und Beachtung, die gesucht wird, ist abhängig von der individuellen Bedürfnislage und nicht normativ zu erfassen.

Solche Deutungen können kaum als Annäherung an das Problem verstanden werden, weil sie am Symptom und den beobachteten unmittelbaren Folgen hängen bleiben und diesen Kreislauf dann als

Kausalität betrachten. Mit der Folge, man brauche nur die Aufmerksamkeit zu entziehen, dann werde auch das problematische Verhalten verschwinden. Das Symptom, das problematische, auffällige Verhalten wird nicht als »Signalverhalten« (NIEHOFF 1994) gesehen, das auf einen Mangelzustand hindeutet, sondern es wird selbst als veränderungsbedürftig betrachtet. Das hat zur Folge, dass man die Fettsucht mit Essensentzug bekämpft, die Aggression mit der strukturellen Aggression wie z. B. mit time-out (einem euphemistischen Begriff für zeitweisen Freiheitsentzug), die Unruhe wird chemotherapeutisch angegangen. Man bleibt dabei beim Symptom und denkt nicht an Ängste, wenn von Zuwendungssuche gesprochen wird, nicht daran, wofür das Essen beim Fettsüchtigen steht, was es ersetzt, nicht an die Überforderung oder an Reizüberflutung oder an erfahrene Kränkungen, wenn man von Aggression redet.

Manchmal sind die Ursachen für »auffälliges« Verhalten sehr einfach:

Ein Mann mittleren Alters mit einer Epilepsie hat mehrere Einrichtungen hinter sich gebracht. In allen war er aggressiv, unkontrolliert, nicht lenkbar, beschrieben worden. Er wechselte in eine kleine Diakonische Einrichtung, die es sich zur Aufgabe gemacht hat, Heimat für solche »fast hoffnungslosen« Fälle zu werden. Hier wurde der Mann nicht mehr gezwungen, den Helm aufzusetzen, der ihn vor Verletzungen schützen sollte. Jetzt wird es hin und wieder nötig, dass eine Platzwunde versorgt wird, nur aggressiv, so wie er in allen anderen Einrichtungen beschrieben wurde, ist er nicht mehr. (DESSECKER, mündl. Bericht)

Es gibt Verhaltensweisen, die zwar als auffällig bezeichnet werden könnten, die jedoch so akzeptiert werden müssen. Das Schaukeln, welches vielleicht beruhigt und angenehm ist, oder die immer gleiche Frage: »Wie heißen Sie?« die jede Begegnung begleitet, womit der Kommunikation eine Struktur gegeben wird. Solche Verhaltensweisen sind Teil der Persönlichkeit, sie bedürfen keiner Interpretation. Diese wird vor allem dann nötig, wenn Verhalten sich ändert, wenn Verhaltensweisen immer wieder auftreten, die vorher nicht zu beobachten waren.

Verstehen ist die Grundlage für Veränderungen, Verstehen bedeutet, Signale zu entschlüsseln, um dann einen gemeinsamen Weg der Veränderung vorzubereiten. Es ist nicht Grundlage einer einseitigen Manipulation, sondern Grundlage dialogischer Begleitung. *»Das, was die Gesellschaft krankes, verrücktes, dummes oder schlechtes Verhal-*

ten nennt, ist in Wirklichkeit der Versuch seitens des ge-kränkten Menschen, die bestehende Verwirrung zu signalisieren und um Hilfe zu rufen« (Schlippe 1993, 18).

Einfühlendes Verstehen, so wie Badelt (1984) es beschrieben hat, ist die Methode, die in solchen Prozessen überaus wichtig und unverzichtbar ist. Sie leitet sich her aus der Gesprächspsychotherapie, wie sie Rogers begründet hat. Grundelemente des einfühlenden Verstehens sind eine grundlegende positive Zugewandheit, Empathie, »die nicht an Bedingungen gebundene positive Wertschätzung und emotionale Wärme« (Tausch 1974). Das, was der behinderte Mensch verbal äußert oder über Mimik und Gestik zum Ausdruck bringt, wird akzeptiert, ohne dass die Akzeptanz und Wärme von Bedingungen abhängig gemacht werden.

Offenheit und Ehrlichkeit

Dieser Dialog setzt auch beim Begleiter voraus, dass er auf sich selbst und seine Gefühle achtet und damit offen umgeht. Begleiten erfordert Ehrlichkeit und Offenheit. Der Dialog lebt aus der Gegenseitigkeit. So hat auch der behinderte Mensch ein Recht darauf zu erfahren, was sein Begleiter denkt, wie er eine Situation bewertet. Das zu verschweigen wäre unecht, und dieses würde auch von dem Menschen mit Behinderung so empfunden werden.

Toleranz und Distanz

»Es gibt nicht die Wirklichkeit und es gibt nicht die richtige Methode, sondern es gibt das Bemühen, die komplexe Realität aus verschiedenen Perspektiven zu erfassen.« (Petzold 1993). Das wird besonders dann deutlich, wenn unterschiedliche Einschätzungen entstehen, unterschiedlich gehandelt wird. Das Wesentliche beim Begleiten ist, nicht zu dominieren, und das erfordert Toleranz und Distanz.

Toleranz als die Fähigkeit, andere Ansichten akzeptieren zu können, andere Lebensformen und Lebensentwürfe nicht zu bewerten, zulassen zu können, dass andere Menschen mit einer anderen Biografie und anderen leiblichen Voraussetzungen anders denken und anders handeln. Distanz zu haben zu seinem Klienten wie zu sich selbst bedeutet, sich nicht mit dem Denken und Handeln zu identifizieren, nicht der Ansicht zu unterliegen, für diesen Menschen und das, was er tut, verantwortlich zu sein, sich vielleicht dessen zu schämen. Eine solche Distanz verhindert Manipulationen und Eingriffe. Sie schützt davor, tätig zu werden, ohne dass dies verlangt oder erwartet wird. Distanz, auch im wörtlichen Sinne als räumlicher Abstand, braucht Begleiten[9]. Das Unterschreiten persönlicher Grenzen gehört in das Menschenbild »defizitär/defekt«, nicht in das, welches Grundlage eines Selbstbestimmt-Leben-Ansatzes ist. Begleiten heißt Raum geben. Wo sich die Distanz vergrößert, entsteht Raum, der erkundet, gestaltet, beherrscht werden kann. Und indem Raum verlässlich überdauernd beherrscht wird, entstehen Grenzen, kann sich der Mensch mit Behinderung abgegrenzt als Individuum erleben.

Die Distanz zu sich selbst ermöglicht, sich in seinem beruflichen Verhalten kritisch zu betrachten. Die Hilfe eines erfahrenen Supervisors bei der Arbeit, den Gefühlen und Verhaltensweisen nachzuspüren, die diese Distanz gefährden, die die Toleranz bedrohen, ist dabei fast unerlässlich.

Zeit

Begleiten braucht Zeit, braucht individuelle Zeit sowie die Möglichkeit und Fähigkeit, Zeit »zu vergeuden«. Zeit spielt in der Leistungsgesellschaft *die* Rolle. Leistung ist die in einer bestimmten Zeit erbrachte Arbeit. Die gleiche Arbeit in weniger Zeit bedeutet höhere Leistung, und da Leistung ein wesentliches Element unserer Gesellschaft ist, ist Zeit haben entweder etwas für Reiche und Alte oder es heißt, aus dieser Gesellschaft herausgefallen zu sein. Diese »Zeitlosigkeit«, die Markenzeichen für Erfolg zu sein scheint, lässt sich nicht auf die Tätigkeit von Begleitern übertragen.

9 In Seminaren zum Thema Selbstbestimmung habe ich mit Skulpturen gearbeitet, einer Methode, die in der Familientherapie häufig angewendet wird. Damit soll dargestellt werden, wie Menschen zueinanderstehen, welche Haltungen sie einnehmen. Wurde ›Fördern‹ dargestellt, standen die professionellen Helfer sehr eng, ›grenzunterschreitend‹ bei dem Menschen mit Behinderung, teilweise den Weg weisend oder stützend. Nach der Anweisung an die Darsteller, sie sollten sich vorstellen, sie hätten es mit einem Menschen zu tun, der in der Lage sei, für sich selbst zu sorgen, traten zunächst alle erst einmal einen Schritt zurück und gruppierten sich etwa hufeisenförmig um den behinderten Menschen und gaben den Blick nach vorne frei.

Ein Mensch mit Behinderung bemerkte auf einer Tagung zum Thema Selbstbestimmung: er habe Schwierigkeiten »mit dem öffentlichen Zeitgefühl«, und hat mit dieser Wortschöpfung deutlich gemacht, wie unterschiedlich das Zeitempfinden sein kann. Der Dialog braucht Zeit, er ist zunächst ziellos und erfüllt oft den Zweck in sich selbst. Damit entzieht sich Begleiten den sonst üblichen Leistungsmerkmalen (auch denen in Pädagogik und Therapie). Organisationsformen, die diese Zeit künstlich verknappen, indem der Begleiter mit fachfremden Aufgaben beschäftigt wird, wie z. B. die Zubereitung des Essens, die Verwaltung des Taschengelds und anderen Aufgaben, werden dieser paradigmatischen Ausrichtung nicht gerecht. Zur Begleitung gehört eine Organisationsstruktur, die Zeit lässt für diese Tätigkeit.

SMART gehört nicht in die individuelle Zukunftsplanung mit Menschen mit Lernschwierigkeiten. Dieses Time-bound, Time-oriented, Time framed, Time-based – sprich: Terminiert mag in der Projektplanung bei Autozulieferern, in Industriebetrieben usw. eine gewichtige Rolle spielen. In der Begleitung von Menschen mit Lernschwierigkeiten hat zumindest das T nichts zu suchen.

Kontrakt

Passt solch ein Konzept der Begleitung nur für solche Menschen mit Behinderungen, die relativ »unauffällig« sind? Und was passiert mit denen, die psychisch krank bzw. aggressiv sind oder selbstverletzende Verhaltensweisen zeigen? Solche und ähnliche Fragen werden zu Recht immer wieder gestellt. Zur Aufgabe eines professionellen Helfers gehört es, einzugreifen, um Gefahren abzuwehren. Man kann nicht zusehen, wie Menschen sich selbst und andere gefährden. Dazu bedarf es keines Konzepts, das regelt die allgemeine Ethik und das Recht. Es darf jedoch nicht sein, dass solche freiheitsbeschränkenden Maßnahmen, wie sie oft bei Aggressionen und selbstverletzenden Verhaltensweisen angewendet werden, zur Selbstverständlichkeit werden. Die Beratung der Begleiter[10], die Thematisierung der Hilflosigkeit, die in solchen Interventionsformen zum Ausdruck kommt, ist ein wesentlicher Bestandteil der Arbeit in Institutionen. Es kann nicht sein, dass sich Begleiter mit einem derart problema-

---

10 Ein gutes Beispiel für die Wirkung von Beratung zeigen Gijs H. van Gemert und andere in ihrem Aufsatz »Jolanda Venemas Geschichte«. In: Geistige Behinderung 1/96, 77–91.

tischen Verhalten abfinden, wenn die Grundlage des Denkens sich daran orientiert, dass nicht der Mensch an sich so ist, sondern er damit seine dahinterliegenden Bedürfnisse zum Ausdruck bringt.

Auch in weniger schwerwiegenden Fällen kann es dazu kommen, dass man sich als Begleiter Situationen gegenübersieht, die mit den üblichen Formen des Begleitens nicht zu bewältigen zu sein scheinen.

Frau G. fühlt sich sehr schnell bedroht. Ein Streit in der Werkstatt kann dazu führen, dass sie am nächsten Tag im Bett liegen bleibt und sich das Deckbett über den Kopf ziehen möchte, um sich vor der Begegnung mit dem Kollegen/der Kollegin zu schützen. Frau G. ist sehr streng christlich erzogen, sie gehört einer kleinen, kirchlichen Gemeinschaft an, die ihren Glauben nach den Buchstaben der Bibel lebt. Einen Tag im Bett liegen zu bleiben, ist nur möglich, wenn man krank ist. Ist sie nicht wirklich krank und geht nicht zur Arbeit, hat sie gelogen und zudem dem lieben Gott einen Tag gestohlen. Das ist in der Vorstellung von Frau G. eine Sünde.

Eskaliert wieder einmal ein Konflikt mit einer Kollegin/einem Kollegen, ist es Frau G. nicht möglich, zur Arbeit zu gehen. Bleibt sie aber der Arbeit fern, stellt sich die nicht zu bekämpfende Phantasie ein, alle hielten sie für schlecht, der Betreuer, der Gruppenleiter, die Kollegen und Mitbewohner, die Mitglieder der Gemeinde, – alle würden nur sie betrachten und ein Urteil über sie fällen.

Hält dieser Zustand mehrere Tage an, verstärken sich diese Gedanken so sehr, dass sie sich gar nicht mehr in die Werkstatt zurücktraut. Aus diesem Dilemma »erlöste« sie sich, indem sie für zwei Tage verschwand, bevor sie sich bei der Polizei meldete und zurückgeholt wurde.

Vor einen solchen Kreislauf scheint man Frau G. zunächst nur schützen zu können, indem man sie an dem Morgen, an dem sie liegenbleiben will, mit Beharrlichkeit und Nachdruck zur Arbeit schickt und sie da den Konflikt austragen muss. [11]

Also muss es für ein solches Vorgehen im Voraus eine Auftragsklärung geben, denn die Erwartung einer Hilfe wird von Frau G. immer wieder deutlich artikuliert. Zur Begleitung passt jedoch weder die

---

11 Dieser Fall soll verdeutlichen, wie ein solcher Kontrakt entsteht und welche Inhalte er haben sollte. Natürlich sollte nach therapeutischen Möglichkeiten gesucht werden, die es Frau G. ermöglichen, mit ihren Ängsten und den ekklesiogen neurotischen Anteilen umzugehen.

eindeutige Aufforderung noch die Androhung irgendeines Zwangs. Eine Auftragsklärung in der Situation selbst ist nicht möglich, die Lage würde sich dadurch noch mehr zuspitzen. Dieses Verhalten muss in einer unbelasteten Situation thematisiert werden.

Mit dem Klienten können dabei die verschiedenen Lösungsmöglichkeiten und deren Konsequenzen durchgesprochen werden. Eine dieser Möglichkeiten kann das Angebot umfassen, den Klienten, wie hier in dem Beispiel vorgegeben, aus dem Bett zu holen. Im Sinne der Aufforderung von Petzold (1993), die Wirklichkeit miteinander kreativ zu gestalten, sollten auch andere Lösungsmöglichkeiten miteinander besprochen, phantasiert, durchgespielt werden. Ein »Entweder-Oder« verstellt den Blick auf die Vielfältigkeit des Umgangs miteinander und führt allzu oft in Sackgassen.

Gemeinsam nach Möglichkeiten zu suchen, die einen Weg aus dem Dilemma weisen, ist ein wesentlicher Teil einer solchen Auftragsklärung. Ob durch ein gemeinsames Brainstorming oder durch den Versuch, die erarbeiteten Alternativen im Rollenspiel erfahrbar zu machen, das wird von dem Klienten abhängen und von der Kompetenz des Begleiters. In jedem Fall ist das eine kreative Arbeit, die sehr viel Spaß machen kann, und damit ist gleichzeitig die Möglichkeit geboten, die Situation zu entdramatisieren und Distanz zu ihr zu bekommen.

Für endgültige Auftragsklärungen bedarf es klarer Definitionen. Was ist meine Aufgabe als Begleiter? Unter welchen Bedingungen oder zu welcher Zeit habe ich diese zu erbringen? Welchen Umfang hat diese Aufgabe? Woran kann man erkennen, dass der Auftrag erfolgreich oder befriedigend ausgeführt wurde? Zu welchem Zeitpunkt erfolgt die Überprüfung des Auftrags? Wie kann man den Auftrag in einer kurzen Formel positiv beschreiben? Solche Fragen gilt es zu beantworten, um eine Auftragsklärung nachvollziehbar werden zu lassen.

Diese Auftragsklärungen haben nicht nur dort einen Sinn, wo es sich um solch auffällige Ereignisse handelt, die ohne Auftragsklärung einen groben Verstoß gegen die Ethik der Begleitung darstellen. Sie sind auch bei Routineaufgaben ein wichtiger Bestandteil von Begleiten.

Der junge Mann mit starkem Bartwuchs ist nicht an jedem Morgen vor der Rasur zu fragen, ob er das jetzt wünscht oder ob das nötig ist, Es gehört zum Kontrakt, sich in regelmäßigen, möglichst definierten

Abständen den Auftrag »Rasieren« bestätigen zu lassen. Es ist durchaus denkbar, dass er zur Auffassung kommt, er könne sich einen Bart wachsen lassen.

Auftragsklärungen und Auftragserteilungen sind persongebunden. Die Durchführung eines Auftrags kann begleiterabhängig sehr wohl unterschiedlich erlebt werden. Während der Kaffee nach der Arbeit von Begleiterin A. bereitet, zum Routineauftrag für sie werden kann, gilt das gleiche nicht für den Begleiter B, der nie das rechte Maß an Kaffeepulver im Verhältnis zur Wassermenge findet und auch nicht in der Lage ist, die Atmosphäre so zu gestalten, dass diese Zeit genüsslich verbracht werden könnte.

Persönliches Begleiten ist nur bedingt zu leisten, da die Arbeitszeit begrenzt ist und mehrere Menschen mit Behinderung sich einen Begleiter teilen müssen. Der Vorteil kann darin gesehen werden, dass jeder seine besonderen Fähigkeiten hat, die er in diese Arbeit mit einbringt, und die dann als Dienstleitung auch eingefordert werden kann. Das Team muss aushalten, dass es unterschiedliche Anforderungen und Aufträge an den Einzelnen gibt.

Begleiten in Gruppen

Behinderung zieht fast zwangsläufig nach sich, sich in Gruppen bewegen zu müssen. Menschen ohne Behinderung können sich spätestens als Erwachsene eine gewisse Wahlfreiheit erlauben. Sie können wählen, wo und mit wem sie zusammenleben möchten, ob sie sich einem Verein anschließen wollen, und manche können gar wählen, mit wem sie zusammenarbeiten. Behinderung schränkt diese Freiheiten massiv ein. Die Arbeitsgruppe in der Werkstatt und die Gruppe im Wohnheim stellen die zentralen Lebensbereiche dar. Es sind Zwangsgemeinschaften, die Zusammensetzung eher zufällig, das Gemeinsame ist die Beeinträchtigung.

In der traditionellen Behindertenpädagogik wurde die Gruppe als Element der Erziehung und Lenkung verstanden, sowie zur Pflege der Geselligkeit und als sinnvolle Freizeitanregung. Individualität schien oder scheint auch heute noch dem Gruppengedanken untergeordnet. »Wir vor Ich« und aus der Sicht des professionellen Helfers »Ihr vor Du«. Gemeinsame Mahlzeiten, gemeinsame Ausflüge, gemeinsames Fernsehen, evtl. gemeinsamer Urlaub, gemeinsam zur Arbeit. Dort wiederum Arbeit in Gruppen, in der gleichen Reihe sitzen, und es mit dem gleichen Kollegen zu tun haben, der einem beim Abendbrot gegenübersitzt. Das alles muss zu Spannungen führen, die analog zur Persönlichkeitsstruktur von Menschen mit Behinderungen oft auch unterschwellig ausgetragen werden.

Ist unter solchen Bedingungen Begleiten überhaupt möglich, wenn der Betreuer die Leitfigur darstellt? Er sagt wo es langgeht, er plant, er organisiert. Die Kommunikation verläuft konzentrisch, der Betreuer ist für alle Probleme zuständig. Er ist Experte zusammen mit seinen Kolleg(inn)en, Experte für »seine« Gruppe. Über ihn läuft der Austausch von Informationen über die einzelnen Bewohner. Er wird von den Eltern und Angehörigen gefragt, wie es dem Bewohner geht und gibt diese Information weiter, ohne mit dem behinderten Menschen darüber gesprochen zu haben. Er wird aufgefordert, Partei zu ergreifen, den vermeintlich Schwächeren gegen den Stärkeren zu schützen, er ist Richter und Vollstrecker zugleich, wenn er diese Rolle übernimmt und ein Verhalten sanktioniert. Aus dieser überaus mächtigen Position heraus ist es schwer vorstellbar, dass Begleiten möglich ist.

Begleiten in Gruppen setzt ein Bild von dem Menschen mit Behinderung voraus, das davon ausgeht, dass Kräfte und Fähigkeiten zur Selbstregulation in ihm vorhanden sind, dass Leben in der Gemeinschaft, dass Rücksichtnahme möglich ist, dass Grenzen akzeptiert werden können. »Der Mensch (mit Behinderung, U. H.) ist ein im Kern gutes Wesen, das aktiv auf die Umwelt ausgerichtet ist und eigenverantwortlich mit ihr interagiert« (Schlippe 1993). Erst dieser Denkansatz lässt eine nicht-direktive Form des Umgangs mit Gruppen zu. Eine moderierende Haltung einnehmen, statt Entscheider zu sein, versuchen, sich nicht in Bündnisse oder Koalitionen hineinziehen zu lassen, das sind Tugenden, die Begleiten beinhaltet. Ähnlich wie beim »einfühlenden Verstehen« werden Gruppenprozesse kommentiert, nicht bewertet. Die Aufgabe besteht nicht darin, zuzusehen und eine Laissez-faire-Haltung einzunehmen, sondern wach zu beobachten und das, was wahrgenommen wird, an die Mitglieder der Gruppe zurückzugeben.

Veränderungen im beruflichen Selbstverständnis

Die traditionelle Berufsrolle ist geprägt durch Macht, Einfluss, Dominanz. Es gibt ein deutliches hierarchisches Gefälle. Hauptperson in der Arbeit mit Menschen mit Lernschwierigkeiten ist der Gruppenleiter/Betreuer. Mehr als in jedem anderen sozialen Berufsfeld orientiert sich die Lebensqualität der behinderten Menschen an der persönlichen Einstellung des professionellen Helfers. Seine Vorlieben, seine Werte, sein ästhetisches Empfinden (allenfalls korrigiert durch das Team), finden sich wieder in der Form der Ausgestaltung der Gruppenräume, im gemeinsamen Freizeitverhalten usw. Eine derart mächtige Position führt zur Einschränkung der Selbstkritik (Vielleicht ist das der Grund dafür, dass von professionellen Helfern in der Behindertenhilfe vergleichsweise selten Supervision angefragt wird). Diese Allmacht korrespondiert in manchen Fällen in dramatischer Weise mit der Ohnmacht des behinderten Menschen, zumal wenn verschiedene Berufsgruppen (innerhalb von Komplexeinrichtungen) mit dem gleichen Verständnis des »Pflegen, Schützen, Bewahren« zusammenarbeiten.

Herr H., 37 Jahre alt, seit etlichen Jahren im Wohnheim, hat Schwierigkeiten mit einer Betreuerin. »Die motzt immer«. Die Beziehung war immer belastet, jetzt jedoch eskaliert die Situation. Herr H. studiert immer schon die Dienstpläne und äußert Unwohlsein und Ratlosigkeit, was er denn machen soll, wenn Frau X. zum Dienst komme. Besonders zu schaffen macht ihm, dass Frau X., wie er meint, etwas dagegen habe, dass er eine Mitbewohnerin zur Freundin habe. Herr H. ist zutiefst verunsichert und kämpft um die Beziehung zu seiner Freundin, je mehr er sich kritisiert fühlt.

Nach einer heftigen Auseinandersetzung droht Herr H., er bringe sich um und nehme seine Freundin mit in den Tod. Das ist der Grund dafür, sich mit einem Neurologen über diesen Fall auszutauschen. Die »sexuelle Obzession« verbunden mit der Beobachtung, dass Herr H. häufig onaniert, mag ihn bewogen haben, »Androcur« zu verschreiben, ohne den Patienten selbst gesehen zu haben (eine Besonderheit, die es wohl auch nur bei Menschen mit geistiger Behinderung gibt). Herr H. schluckte die Medikamente. Die Ablehnung gegenüber Frau X. jedoch blieb.

Er überlegte sich, sich mehr in sein Zimmer zurückzuziehen, wenn Frau X. Dienst habe. Er wollte sich dazu ein Fernsehgerät anschaffen. An diesem

Punkt intervenierte ein junger Betreuer. Er meinte, dann käme Herr H. gar nicht mehr aus seinem Zimmer, nicht mal mehr zu den Mahlzeiten und das könne man nicht dulden. Er sei schon untergewichtig und nehme noch weiter ab und man habe die Verantwortung.

Herr H. wurde in die Psychiatrie für Menschen mit Behinderungen aufgenommen, in der er schon länger angemeldet war (ohne sein Wissen und ohne seine explizite Zustimmung). Nach einem sechswöchigen Aufenthalt dort wechselte er die Gruppe.

Dieser Fall ist ein krasses Beispiel für die einseitige Verteilung der Macht. Die Ohnmacht, die Ängste sind eindeutig auf der Seite des behinderten Mannes. Seine wachsende Abwehr und auftauchenden Ängste, verbunden mit einer zunehmenden Aggressionsbereitschaft werden in Zusammenarbeit mit dem Vertreter der Medizin bekämpft. Unsicherheit auf Seiten der Betreuer gibt es weniger. Alles geschieht aus Sorge um Herrn H. und als Schutz der anderen Gruppenmitglieder vor den möglichen Aggressionen und vor sexuellen Übergriffen.

Die Aufrechterhaltung des Systems hat Vorrang vor dem Eingehen auf individuelle Wünsche und Bedürfnisse. Das Eingehen auf subjektive Befindlichkeiten wird nicht möglich, wenn zum Beispiel durch die Angst des Herrn H. das Selbstbild der Frau X. tangiert wird. Unter den bisherigen Bedingungen scheint es unbestritten, dass Herr H. sich in seinen Gefühlen irrt (was es nicht gibt) und er seine Haltung gegenüber Frau X. ändern muss. Wenn das nicht passiert, kommt es zu Übergriffen wie der Verabreichung von Medikamenten und zur Einweisung in die Psychiatrie. Eine Versorgung von Menschen mit Lernschwierigkeiten, die als Grundlage das Defizit/Defektverständnis hat und die dadurch den Betreuern die Verantwortung zum Pflegen, Schützen, Bewahren, Fördern überträgt, ist immer gefährdet, in Situationen, die nicht mehr unproblematisch zu leiten und zu lenken sind, zu einem repressiven System zu werden. Das Ziel ist dann, dieses System, so wie es besteht, zu erhalten und Störungen zu eliminieren.

Außerhalb solcher problematischer Situationen dominiert das Handeln »für«, die Für-sorge, den Umgang mit Menschen mit Behinderung und macht sie zum Opfer professioneller Betreuungsroutinen. Der Betreuer, der diese »Für-sorge« übernimmt, erfüllt damit einen gesellschaftlichen und einen institutionellen Auftrag.

Mehr als alle anderen Entwicklungen bisher wird Selbstbestimmung das Berufsbild und das professionelle Selbstverständnis der Betreuer verändern. Begleitung verkehrt die traditionelle Hierarchie. Nicht mehr der professionelle Helfer ist die Leitfigur, der behinderte Mensch selbst wird zum Auftraggeber. Der Mensch mit Behinderung ist nicht mehr be-handelter, ge-förderter, sondern Selbst-Bestimmender, der seine Wünsche und Bedürfnisse mit Hilfe des Begleiters befriedigt. Art und Umfang der Dienstleistung werden entweder von Mal zu Mal definiert oder durch den Kontrakt festgelegt. Es ist nicht Aufgabe des Dienstleisters, die Entscheidungen zu bewerten, sondern sie kritisch solidarisch zu begleiten.

Der professionelle Helfer wird zum Begleiter eines Prozesses, eines Wachstums, das aus dem Menschen selbst kommt. Er ermöglicht Entwicklungen, indem er Optionen für Entscheidungen erweitert und Optionen für Handlungen aufzeigt, und er unterstützt unmittelbar, wo erlebte Ohnmacht zur Handlungsunfähigkeit führt (Empowerment). Er ist möglicherweise Freund und Vertrauter, hat Einblick in die Lebensgeschichte und hat Teil an der Entwicklung von Lebensperspektiven und ist gleichzeitig Teil einer solchen Entwicklung.

Das zu leisten, ohne zu dominieren, macht die veränderte Professionalität aus. Ein hohes Maß an Distanz zur eigenen Persönlichkeit, sich seiner selbst bewusst sein im Prozess der Begleitung, ist Grundlage einer solchen Tätigkeit, die ohne Bereitschaft zur Supervision und Intervision nicht erreichbar ist. Nur die regelmäßige Reflexion des beruflichen Standorts und der persönlichen Beteiligung dabei schützt vor Verstrickungen und davor, eigene Einstellungen und Haltungen zu bestimmten Themen zur Richtschnur des beruflichen Handelns zu machen.

Begleitung kann sich nur dort entwickeln, wo in der Hierarchie, in der Heimleitung und in den begleitenden Diensten oder unterstützenden Einheiten eine solche Einstellung vor- und mitgelebt wird. »Begleiten« ist ein Konzept, das sich in einer gesamten Einrichtung entwickeln muss und nicht nur von wenigen Subsystemen zu tragen ist. Und hier sind Eindeutigkeiten verlangt, denn das Konzept eignet sich sehr leicht dazu, es scheitern zu lassen. Unstimmigkeiten innerhalb einer Einrichtung über die zugrundliegende Philosophie gehen sehr schnell zu Lasten der behinderten Menschen, wenn über ihren Kopf hinweg über das »richtige« Menschenbild und über die Form des Umgangs mit ihnen gestritten wird.

Mit solchen Kämpfen ist zu rechnen, denn für einige Betreuer(innen) scheint es viel zu verlieren zu geben, wenn ein solches Konzept Raum greift: die Allmacht dem Menschen mit Lernschwierigkeiten gegenüber, oder die Möglichkeit, die Arbeit an den eigenen Vorstellungen auszurichten. Auch das, was die Arbeit für Außenstehende oft so bedeutend werden lässt, entfällt. Die Für-Sprecher-Rolle muss aufgegeben werden, die Rolle des Edlen, der für die armen Geschöpfe eintritt. Haltungen, die von Gefühlen des Mitleids getragen sind, bergen in sich immer Überheblichkeit. Sie gehören in den Bereich »Pflegen, Schützen, Bewahren«, nicht aber in das Konzept »Begleiten«.

Dem, was es zu verlieren gibt, muss eine Idee entgegengestellt werden, welche einen Gewinn verheißt, den man über das Konzept »Begleitung« erlangen kann.

Selbstbestimmte Prozesse der Entwicklung verlaufen intensiver, nachhaltiger. Es macht Freude, solche Prozesse mitzuerleben, ohne unendliche Energie in Lernschritte zu stecken, die offensichtlich nicht das Thema des Menschen mit Behinderung trafen. »Begleitung« lässt Begegnungen zu zwischen Menschen mit Behinderung und »Normalen«.

Auftrag für das Begleiten

Es wird nicht möglich sein, dass ein professioneller Helfer oder ein Team beschließt, ich bin bzw. wir sind ab sofort Begleiter und werden unsere Arbeit entsprechend dem Leitgedanken der Selbstbestimmung durchfuhren.

Nach welchem Leitbild Arbeit gestaltet wird, dafür ist der Arbeitgeber zuständig. Ohne einen klaren Auftrag, die Arbeit mit Menschen mit Behinderungen auf dieser Grundlage zu führen, wird das Konflikte mit sich bringen, die nicht nur viel Energie bei den professionellen Helfern binden, sondern auch Auswirkungen bei den behinderten Menschen zeigen werden.

Eine Änderung dieser Ausrichtung muss sich durch die gesamte Einrichtung ziehen, muss auch in ihren Konsequenzen diskutiert und von allen getragen werden. Verweigert man Selbstbestimmung, setzt man sich ins Unrecht, denn man würde damit gegen das grundgesetzlich garantierte Recht auf ›freie Entfaltung der Persönlichkeit‹ verstoßen. Das ist wohl der Hintergrund, warum wenig offen geäußerter Widerspruch erfolgt, wird die Selbstbestimmungsidee thematisiert. Was sich jedoch inhaltlich dahinter verbirgt, ist oft nicht vorstellbar und auch nicht, wie diese Idee die Arbeit und die Einrichtung verändern wird. Ohne diese Diskussionen jedoch und die formale Entscheidung, sich nach dieser Leitidee auszurichten, wird sich über das verbale Bekenntnis hinaus nichts wandeln.

Oft wird bei Diskussionen über Selbstbestimmung und Assistenz darüber diskutiert: Wieviel Selbstbestimmung ist möglich? Dabei wird nicht bemerkt, dass es sich dabei um eine Paradoxie handelt. Wird das Thema so angegangen, dann heißt das lediglich: ›Kann ich meine Fürsorge einschränken? Wo und in welchem Umfang?‹ Damit aber bewegt man sich im traditionellen Rahmen. Das ist die Ebene, auf der Eltern diskutieren, wenn ihre Kinder älter werden und die Frage nach mehr Entscheidungsfreiheiten gestellt wird. An der eigentlichen Position, an der Ursprungsordnung Eltern – Kind und dem darin liegenden Gefälle ändert sich dadurch nichts. Selbstbestimmung jedoch ist ein Zustand, der seine Einschränkungen nur in allgemeingültigen Regeln findet und dadurch, dass Freiheiten anderer Menschen eingeschränkt werden. Selbstbestimmung bedeutet (Entscheidungs-) Freiheit.

Diskutiert man die Konsequenzen, wird man darauf stoßen, dass Selbstbestimmung eine Reihe von Risiken mit einschließt. Es muss kalkuliert werden, dass gesellschaftlich übliche Probleme sich auch in der eigenen Einrichtung breitmachen können. Alkohol, nicht regelmäßig zur Arbeit gehen, Beziehungen zu Menschen aus problematischem Milieu, eigene Vorstellungen über Kleidung und Hygiene, die nicht dem gesellschaftlichen Standard entsprechen, das sind nur einige dieser Wagnisse, die eingegangen werden und mit denen die Einrichtung in der Öffentlichkeit angreifbar wird.

Erhält der einzelne Mitarbeiter einen Auftrag zur Assistenz, dann ist er persönlich abgesichert, da bekannt ist, dass solche Risiken mit zur Assistenz gehören. Assistenz verlangt, dass auch solche Entwicklungen ausgehalten werden müssen. Es muss klar sein, dass sich unter der Leitidee der Selbstbestimmung der Einfluss auf den einzelnen behinderten Menschen verringert. Seine Entscheidungen, seine Lebensplanung und seine persönliche Entwicklung müssen respektiert werden, solange nicht Rechte und Freiheiten anderer Menschen tangiert werden.

Die Verantwortung für alle Aspekte des Lebens geht an den behinderten Menschen, der Begleiter hilft und unterstützt, wenn er dazu einen Auftrag erhält. Das verlangt eine klare Rollendefinition. Er kann nicht gleichzeitig im Auftrag seines Arbeitgebers als Vermieter auftreten und die Zustände in der Wohnung des behinderten Menschen monieren und auf Behebung der festgestellten Mängel drängen. Er kann nicht die Verantwortung übernehmen, wenn das Konto überzogen wird. Es ist Sache der Bank, entsprechende Konsequenzen zu ziehen. Der Begleiter ist lediglich verpflichtet, wenn er darum weiß, im Vorfeld bereits auf mögliche Folgen aufmerksam zu machen und anzubieten, nach Möglichkeiten zur Sanierung der finanziellen Situation zu suchen.

Vorhandene Stellenbeschreibungen sind auf mögliche Rollendiffusionen hin zu überprüfen und neue zu entwerfen, die Begleitung zum Auftrag machen. Begleitung braucht diese Absicherungen, weil sonst Ängste entstehen und der professionelle Begleiter nicht mehr frei ist in seinen Entscheidungen.

Eine Kultur des Begleitens

Unter Kultur wird die Pflege und Vervollkommnung von Lebensführung und Lebensgestaltung gesehen. Es ist das Ganze der Bestrebungen, die natürlichen Fähigkeiten des Menschen zu entwickeln. Die Impulse zur Entwicklung einer solchen Kultur müssen von professionellen Helfern aufgegriffen werden, es ist das Besondere an dieser Emanzipationsbewegung, dass sie der Begleitung bedarf.

Eine der Veränderungen auf der Seite der professionellen Helfer beginnt bei der Arbeit an den (kollektiven) Bildern, wie sie über Menschen mit einer Behinderung bestehen. Wenn sie nicht mehr durch Etikettierungen und Rollenzuweisungen in ihrer Entwicklung behindert werden, können sie ihre eigenen natürlichen Fähigkeiten vervollkommnen, werden die Hilfen in Anspruch nehmen, die sie dazu brauchen. Die Entwicklung einer Kultur wird also in der Form eines zirkulären Prozesses verlaufen können, so wie er in der »normalen« Entwicklung anzutreffen ist, dass mit zunehmender Beherrschung von Fähigkeiten und Lebensräumen, bei sich erweiternder Regiefähigkeit über das eigene Leben auch andere Bedingungen entstehen und andere Hilfen angefragt werden. Entwicklung einer Kultur der Begleitung bedeutet Offenheit für alle Formen der Entwicklung, bedeutet dementsprechend Abschied zu nehmen von der Fixierung auf pädagogisch orientierte Methoden. Eine Kultur des Begleitens verlangt nach pluralen Methoden. Systemisch-ökologische Sichtweisen, Anleihen an psychotherapeutische Verfahren, pädagogische Methoden werden gleichermaßen zum Handwerkszeug und Selbstverständnis des Begleiters gehören. Alles Handeln ist darauf gerichtet, über den Dialog mit dem Menschen mit Behinderung seine Lebensentwürfe gemeinsam zu entwerfen und umzusetzen und ihn bei der Auseinandersetzung mit seiner Umwelt zu unterstützen. Das erfordert einen pragmatischen Eklektizismus und eine auf Lösungen gerichtete Einstellung des Begleiters.

Offenheit statt ideologischem Beharren, plurale Orientierung statt Methodenmonismus sind Voraussetzungen für eine solche Kultur des Begleitens; Flexibilität, Einfühlungsvermögen, Geduld und Gleichmut sind die wichtigen persönlichen Fähigkeiten, die für die weitere Entwicklung nötig sind.

Literatur

Bach, H. (1993): Geistigbehindertenpädagogik, Berlin.

Badelt, I. (1984): Selbsterfahrungsgruppen geistig behinderter Erwachsener. In: Geistige Behinderung, H. 4, 243–253.

Bradl, Ch. (1987): Das Bild Geistigbehinderter in der Geschichte. In: Dreher, W. (Hrsg.), Geistigbehinderte zwischen Pädagogik und Psychiatrie, Bonn.

Dieterich, M. (1982): Die Funktion der Werkstatt für Behinderte im Sozialisationsprozeß geistig behinderter Menschen. In: Geistige Behinderung, H. 3, 174–177.

Dieterich, M. (1983): Humane Werkstatt für Behinderte. In: Geistige Behinderung, H. 4, 259–270.

Dieterich, M. (1991): Vom Gruppenleiter zum Arbeitspädagogen. In: Geistige Behinderung, H. 4, 302–310.

Došen, A. (1993): Diagnostische und therapeutische Probleme. In: Gaedt, Ch.; Bothe, S.; Michels, H. (Hrsg.): Psychisch krank und geistig behindert, Dortmund.

Eggert, D. (1993): Veränderungen im Bild von der geistigen Behinderung in der Psychologie. In: Hennicke, W. Rotthaus (Hrsg.): Psychotherapie und geistige Behinderung, Dortmund.

Frühauf, T. (1995): Mehr Selbstbestimmung – eine Aufgabe für uns alle! In: Geistige Behinderung, H. 1, 1–4.

Hartmann-Kreis, S. (1994): Betreuungspersonal als Träger des Normalisierungskonzepts. Eine Studie über die Handlungsorientierung des Personals in Wohneinrichtungen für Erwachsene mit geistiger Behinderung. In: Sozialpädagogik, H. 1, 24–33.

HENNICKE, K. (1994): Therapeutische Zugänge zu geistig behinderten Menschen mit psychischen Störungen. In: Geistige Behinderung, H. 2, 95–110.
HERRIGER, N. (1996): Kompetenzdialog. Beiträge zu einer Methodik des Empowerment in der Sozialen Arbeit. In: Soziale Arbeit, H. 6.
HERRIGER, N. (1996): Empowerment und Engagement. In: Soziale Arbeit, H. 9–10.
LÖW, R. (1990): Philosophische Aspekte der Behindertenproblematik. In: Geistige Behinderung, H. 4, 311–321.
LOTZ, W.; KOCH, U. (1994): Zum Vorkommen psychischer Störungen bei Personen mit geistiger Behinderung. In: Lotz, W., Koch, U. Stahl, B. (Hrsg.): Psychotherapeutische Behandlung geistig behinderter Menschen. Bern.
NIEDECKEN, D. (1989): Namenlos. München.
NIEHOFF, U. (1994): Wege zur Selbstbestimmung. In: Geistige Behinderung, H. 3, 186–201.
PETZOLD, H. G. (1993): Integrative Therapie. Paderborn.
ROTTHAUS, W. (1993): Menschenbild und psychische Krankheit aus systemischer Sicht. In: Hennicke, K., Rotthaus, W. (Hrsg.): Psychotherapie und geistige Behinderung, Dortmund.
SCHLIPPE, A. v. (1993): Familientherapie im Überblick, Paderborn.
STAHL, B. (1994): Behindertenpsychologische Aspekte auffälligen Verhaltens bei Menschen mit geistiger Behinderung. In: LOTZ, W.: Psychotherapeutische Behandlung geistig behinderter Menschen. Bern.
STARK, W. (1991): Prävention und Empowerment. In: Hörmann, G.; Körner W. (Hrsg.): Klinische Psychologie, Reinbek.
TAUSCH, R. (1974): Gesprächspsychotherapie, Göttingen.
THIMM, W. (1984): Das Normalisierungsprinzip – Eine Einführung. Marburg.
THEUNISSEN, G. (1993): Heilpädagogik im Umbruch. Freiburg.
THEUNISSEN, G. (1994): Erlebnispädagogik für Menschen mit geistiger Behinderung. In: Geistige Behinderung, H. 1, 32–42.
THEUNISSEN, G.; PLAUTE, W. (1995): Empowerment und Heilpädagogik.Freiburg.
WERNET, M. C. (1995): Institutionelle Rahmenbedingungen für Psychotherapie, Persönlichkeitsentwicklung und Lebensentfaltung. Vortrag bei der 2. Fachtagung »Psychotherapie mit geistig behinderten Menschen«, Hamburg.

Persönliche Zukunftsplanung heißt Stärken stärken

Ulrich Niehoff

Der Ansatz der Persönlichen Zukunftsplanung (PZP) ist ein in den 1980er Jahren in den USA und in Kanada entwickeltes und im deutschsprachigen Raum erst in den letzten Jahren breiter bekannt gewordenes Konzept zur individuellen Lebens(stil)planung. Wesentlich zur Profilierung der PZP hat die Vereinsgründung des deutschsprachigen, internationalen »Netzwerk Persönliche Zukunftsplanung« im Jahr 2013 beigetragen.

Im Sinne der Persönlichen Zukunftsplanung sollen Menschen – unabhängig von Beeinträchtigung – die Möglichkeit haben, über ihre eigenen Träume, Wünsche, Vorstellungen und Ziele für ihr Leben nachzudenken und diese in gangbare Schritte umzusetzen. Es geht dabei darum, die individuelle Lebensqualität einer Person zu erhöhen.

Niemand muss dabei seine Zukunft allein planen, sondern kann an der Planung und Umsetzung der eigenen Zukunftsideen andere, ihm wichtige Personen beteiligen.

Persönliche Zukunftsplanung geht davon aus, dass Menschen (auch in Krisenzeiten) Stärken, Fähigkeiten und Interessen mitbringen, an die bei der Planung und Realisierung von Zukunftsplänen angeknüpft werden kann. Der Ansatz der Persönlichen Zukunftsplanung ist so etwas wie eine »Schatzkiste« mit zahlreichen Ideen und methodischen Anregungen für Planungs- und Veränderungsprozesse. Im Mittelpunkt steht die Frage, wie eine Person leben möchte und welche Unterstützung sie benötigt, um ihren Lebensentwurf auch umsetzen zu können. Der Anlass für eine Planung kann variieren: sei es, dass ein Wechsel von Lebensabschnitten ansteht (z. B. Ende der Schulzeit – Übergang in den Beruf; Auszug aus dem Elternhaus ...), die planende Person mit ihrer momentanen Situation unzufrieden ist oder sich einen langgehegten Wunsch erfüllen möchte. Je nach Bedarf und Ausgangssituation der planenden Person können dabei also auch sehr unterschiedliche Fragestellungen Dreh- und Angelpunkt sein. So kann es um eine Planung in einem bestimmten Lebensbereich gehen (z. B. Wohnsituation, angestrebter Arbeitsplatzwechsel), oder aber die Planung ist umfassender und es wird für mehrere Lebensbereiche nach Veränderungsmöglichkeiten gesucht.

Um mit einer interessierten Person einen Plan für eine lohnende Zukunft zu entwerfen, ist ein voll akzeptierendes, egalitäres Menschenbild von hoher Bedeutung. Menschen mit Behinderung werden im Kontext Persönlicher Zukunftsplanung nicht – um es überspitzt auszudrücken – als zu therapierende oder zu erziehende Personen angesehen, denen man sich helfend und selbstlos zuwendet. Vielmehr basiert das dem Konzept zugrundeliegende Menschenbild auf der Grundannahme, dass die jeweils planende Person prinzipiell selbst über ihr Leben bestimmen kann und dass alle Menschen ein Recht auf volle Teilhabe am gesellschaftlichen Leben haben (vgl. VN-Behindertenrechtskonvention 2006).

Persönliche Zukunftsplanung ist kein »Sonderinstrument« für Menschen mit Behinderungen. Vielmehr versteht sich PZP als ein Ansatz, der prinzipiell für alle Menschen hilfreich sein kann, die über Veränderungen in ihrem Leben nachdenken und konkrete Schritte umsetzen wollen. So arbeiten Instrumente, die in der professionellen Karriereplanung eingesetzt werden, nicht zufällig nach ähnlichen Prinzipien wie die PZP. Im Wissen darum, dass Selbstbestimmung und echte Wahlmöglichkeiten für behinderte Menschen noch immer nicht selbstverständlich sind, kann der Ansatz jedoch gerade für Menschen mit Beeinträchtigungen im Sinne des Empowerment in besonderer Weise relevant sein.

Letztlich hat PZP auch Auswirkungen auf Unterstützungsangebote. Nämlich dann, wenn es um die Frage geht, wie Unterstützung gestaltet sein muss, damit eine Person so leben kann, wie sie es gerne möchte (Personzentrierung). Menschen mit Beeinträchtigungen sind mehr und mehr Kund(inn)en bzw. Nutzer(innen) von Assistenz- und Dienstleistungen für ein »normales« Leben trotz Beeinträchtigung. Dabei sind selbstredend antiquiert erscheinende Begriffe wie Sorge, Hilfe und Zuwendung nicht per se negativ. Eine Gesellschaft kann ohne Achtsamkeit, Zugehörigkeitsgefühl und Solidarität gar nicht lebendig sein (vgl. Niehoff 2008). Als inakzeptabel aber hat es sich erwiesen, wenn Menschen mit Behinderung als Bittsteller auftreten müssen. In der Begegnung von Professionellen und Nutzer(inne)n von Dienstleistungen realisiert sich ein partnerschaftliches Verhältnis auf Augenhöhe. Ausgangspunkt professioneller Unterstützungsdienste ist immer der individuelle Assistenzwunsch und -bedarf einer Person.

Das Prozessverständnis

Es gibt keine starren Vorgaben, wie ein persönlicher Zukunftsplanungsprozess umgesetzt werden muss. Aber die »Schatzkiste« der PZP hält eine Vielzahl methodischer Anregungen bereit (siehe Literaturliste) und beschreibt Kernaspekte eines Prozessverlaufs. Diese sollen nachfolgend überblickartig dargestellt werden.

- *Erstellen eines persönlichen Profils*
  Um mit einer Person planen zu können, ist es notwendig, sie ganzheitlich kennen zu lernen. Am Anfang einer PZP steht daher das gemeinsame Erstellen eines persönlichen Profils. Es geht dabei v. a. darum, ein möglichst facettenreiches Bild von der planenden Person und ihrer momentanen Lebenssituation zu erfassen. Wer ist die Person? Welche Stärken und Fähigkeiten, welche Interessen, welche sozialen Beziehungen, welche Motivation für anstehende Veränderungen bringt sie mit?

- *Entwurf eines Bildes einer individuell angestrebten Zukunft*
  In einem weiteren Schritt entwickelt die planende Person mit Hilfe ihres Unterstützungskreises ein Bild von der angestrebten Zukunft. Wie möchte die Person leben? Was soll sich im Vergleich zu ihrer momentanen Situation verändern? Es geht dabei um eine positive und konstruktive Zukunftsgestaltung, deren Basis der Wille, die Wünsche, Träume und Visionen der planenden Person sind. Sie gilt es ernst zu nehmen, aufzugreifen, ihren Kern zu erkunden, um im weiteren Verlauf schließlich gemeinsam realistische Ziele zu identifizieren.

- *Planung und Realisierung*
  Um die entwickelten Ziele schließlich in eine Phase der Planung und Realisierung überzuleiten, wird ein Aktionsplan entworfen, der die Brücke bildet zwischen der momentanen Ausgangssituation der planenden Person und ihrer Zukunftsvision. Im Aktionsplan werden Schritte zur Zielerreichung festgelegt, Zeitpunkte benannt, bis wann bestimmte Schritte realisiert sein sollen und Personen festgehalten, die die Umsetzung der einzelnen Schritte unterstützen wollen.

Damit PZP keine leere Worthülse und es nicht bei einem Plan auf geduldigem Papier bleibt, ist die Umsetzung des Plans unbedingt notwendig. Folgen der Planung keine Schritte und Veränderungen, treten Enttäuschung und Frustration auf. Wichtig ist also, dass die planende Person gemeinsam mit ihren Unterstützer(inne)n mit Schritten zur Umsetzung beginnt.

- *Unterstützungskreise – ein wichtiges Grundelement Persönlicher Zukunftsplanung*
  Wie oben bereits beschrieben, muss die planende Person nicht alleine über ihre Zukunft nachdenken, Pläne schmieden und Schritte gehen. Vielmehr ist im Konzept der PZP der Grundgedanke von sogenannten Unterstützungskreisen fest verankert. Um die planende Person gruppiert sich ein Kreis von Menschen, die ein Interesse an dieser Person und ihren Ideen, Träumen und Zukunftswünschen haben. Sie alle fühlen sich parteilich für die Person und helfen bei der Entwicklung und Umsetzung ihres Zukunftsplans. In der Gruppe werden so verschiedene Perspektiven zusammengetragen sowie eine Vielzahl von Erfahrungen, Ideen und Kontakten bereichernd in den Prozess eingebracht. Die planende Person entscheidet, wen sie als Unterstützungspersonen in den Prozess einbeziehen möchte. Für die Gründung des Unterstützungskreises können bereits vorhandene soziale Netzwerke der planenden Person gefestigt und ausgebaut werden. Da, wo Menschen isolierter leben und auf kein gewachsenes Netzwerk zurückgreifen können, gilt es, im Kontext der fachlich geforderten Sozialraumorientierung und Persönlichen Zukunftsplanung ein Netzwerk von Unterstützern und Freunden im Gemeinwesen zu initiieren. Sogenannte »Zukunftsfeste« können ausgesprochen motivierend sein, einen Unterstützerkreis zu installieren, oder ihn zu konsolidieren (vgl. Hinz, Kruschel 2013).

Die Umsetzung Persönlicher Zukunftsplanung: Wieso? Wo? Für wen?

Die wesentlichste Grundvoraussetzung, einen persönlichen Zukunftsplanungsprozess Wirklichkeit werden zu lassen, ist, dass die Person, um die es geht, selbst das Bedürfnis nach Veränderung hat und eine Planung für sich entwickeln möchte. Persönliche Zukunftsplanung ist nichts, was andere Menschen über den Kopf einer Person hinweg initiieren können. Ebensowenig ist PZP ein Allheilmittel, das prinzipiell für alle Menschen und alle Anlässe geeignet wäre. Persönliche Zukunftsplanung kann nicht verordnet werden – sie versteht sich vielmehr als individuell zu gestaltendes, kreatives Angebot, dessen Legitimation ausschließlich in der Verbesserung der individuellen Lebensqualität einer planenden Person liegt.

Persönliche Zukunftsplanung ist daher auch nicht gleichzusetzen mit institutioneller Hilfeplanung, wie sie gesetzlich verbindlich vorgeschrieben ist. In Abgrenzung zur traditionellen Förderplanung, die in der Verselbstständigung und dem Ausgleich von Defiziten ihre Ziele setzte, fragt PZP nach dem Lebensentwurf, nach dem Lebensziel und der zur Realisierung erforderlichen Unterstützung. Diese Fragestellungen haben zunächst nichts mit Förderung oder Therapie zu tun. Ziel der Zukunftsplanung ist Lebensqualität, nicht Verselbstständigung.

Persönliche Zukunftsplanung kann überall dort stattfinden, wo es eine Person gibt, die gerne planen möchte und wo sich um sie herum Menschen zusammenfinden (Unterstützungskreis), die sie bei ihrer Planung und Umsetzung der erforderlichen Schritte begleiten und unterstützen. Persönliche Zukunftsplanung muss also nicht zwangsläufig in Einrichtungen der Behindertenhilfe stattfinden. Sie kann dort – also beispielsweise in Wohnstätten, Schulen, Werkstätten ... – stattfinden, aber auch das private Umfeld (Familie, Freundeskreis) oder unabhängige Beratungsstellen können einen Rahmen für Zukunftsplanungsprozesse bieten. Im Idealfall sollte die planende Person den Ort bzw. die Anbindungsform auswählen können.

Gleichgültig wo erfordert es Zeit, PZP umzusetzen. Die Realisierung im Rahmen eines Institutions-Alltags könnte man ironisch mit dem folgenden Bild beschreiben: Persönliche Zukunftsplanung im Rahmen einer Wohnstätte mit einem häufig hektischen Alltag durchführen zu wollen ist so, als wolle man bei McDonald's eine orientalische Tee-Zeremonie zelebrieren.

Trotzdem ist es lohnend, die grundlegende Möglichkeit zu einer PZP auch in einer Wohnstätte oder anderen Einrichtungen und Diensten anzubieten und bereitzustellen. Der Prozess selbst ist arbeits- und zeitintensiv, ist aber auch aufklärend, Verständnis schaffend und er kann Beziehungen herstellen und vertiefen. Zudem bietet er die Grundlagen für Inhalte und Ziele der gesetzlich vorgeschrieben Hilfeplanungen. Und nicht zuletzt macht er Spaß. Es macht keinen Sinn, gleichzeitig mit allen Bewohner(inne)n einer Wohnstätte »Zukunftspläne für Alle« zu entwerfen. Dies würde nicht dem Anliegen des Konzepts entsprechen. Dieses Ansinnen sieht mehr danach aus, Auflagen der Kostenträger oder der Leitung »abzuarbeiten«. Einen Zukunftsplanungs-Prozess zu starten, ist daran gebunden, dass die betreffende Person dies möchte und jetzt für hilfreich hält. Der funktionierende Unterstützerkreis ist gewöhnlich eine sehr gute Brücke von den mitunter separiert liegenden Lebensorten behinderter Menschen in die Gesellschaft hinein. Er kann einen »Ankerpunkt« darstellen.

Im Text verwendete Literatur:

NIEHOFF, U. (2008): Ethik der Achtsamkeit. In: Orientierung, BeB Fachzeitschrift der Behindertenhilfe, H. 3, 8–12.

Vereinte Nationen (2006): Übereinkommen über die Rechte von Menschen mit Behinderungen, http://www.behindertenrechtskonvention.info/

Literatur in Bezug auf Persönliche Zukunftsplanung:

Bundesarbeitsgemeinschaft Unterstützte Beschäftigung –BAG UB (Hrsg.) (2011): Impulsthema Persönliche Zukunftsplanung. Anwendungsbeispiele –Anregungen – Analysen. Verfügbar unter: www.bag-ub.de

DOOSE, Stefan (2014): »I want my dream!« Persönliche Zukunftsplanung. Neue Perspektiven und Methoden einer personenzentrierten Planung mit Menschen mit und ohne Beeinträchtigung. 10. aktualisierte Auflage Neu-Ulm: AG SPAK Bücher.

DOOSE, Stefan; EMRICH, Carolin; GÖBEL, Susanne (2014): Käpt'n Life und seine Crew. Ein Planungsbuch zur Persönlichen Zukunftsplanung. Zeichnungen von Tanay Oral. Netzwerk People First Deutschland (Hrsg.). 5. Aktualisierte Auflage Neu-Ulm: AG SPAK Bücher.

EMRICH, Carolin; GROMANN, Petra; NIIEHOFF, Ulrich (2012): Gut Leben. Persönliche Zukunftsplanung realisieren – ein Instrument. 3. Auflage Marburg: Lebenshilfe-Verlag.

HINZ, Andreas; KRUSCHEL, Robert (2013): Bürgerzentrierte Planungsprozesse in Unterstützerkreisen. Praxishandbuch Zukunftsfeste. Düsseldorf: Verlag selbstbestimmtes Leben.

HINZ, Andreas; FRIESS, Sabrina; TÖPFER, Juliane (2012): Neue Wege zur Inklusion – Zukunftsplanung in Ostholstein. Inhalte – Erfahrungen – Ergebnisse. Marburg: Lebenshilfe-Verlag.

KISTNER, Hein (2012): Kraftvoll der Zukunft entgegen! Zukunftskonferenzen für Menschen mit schweren Behinderungen. In: Zeitschrift Seelenpflege, H. 1, 45–53

Netzwerk Persönliche Zukunftsplanung (HRSG.) (2014): Kartenset »Persönliche Zukunftsplanung« – Lebensstil-Karten / Hut-Karten / Dreamcards. Insgesamt 310 Karten. Neu-Ulm: AG SPAK Bücher.

WOLDRICH, Angela; POHL, Margot (2012): Zukunftsfeste mit Menschen mit schweren und mehrfachen Behinderungen. In: MAIER-MICHALITSCH, Nicola; GRUNICK, Gerhard (Hrsg.): Wohnen. Erwachsen werden und Zukunft gestalten mit schwerer Behinderung. Düsseldorf , 72–87.

Deutschsprachige Links zum Thema Zukunftsplanung

Internetseite des deutschsprachigen Netzwerks PZP www.persoenliche-zukunftsplanung.de

Barrieren beseitigen – Selbstbestimmung ermöglichen

Helmut Walther

Barrierefreiheit und Selbstbestimmung

Der Selbstbestimmung für Menschen mit Lernschwierigkeiten – so der Tenor des vorliegenden Konzepts »Vom Betreuer zum Begleiter« – wird im Wesentlichen dadurch der Boden bereitet, dass Betreuer ihre Haltung der Fürsorge, des Überfrachtens des Alltagslebens mit pädagogischen Zielvorstellungen und des direktiven Umgangs durch eine nicht-direktive Haltung des unterstützenden, beratenden und akzeptierenden Begleitens ablösen. Der Fokus ist also auf die berufliche Beziehung gerichtet. In diesen Zusammenhang fügt sich das Thema »Barrierefreiheit« vielleicht nicht auf den ersten Blick nahtlos ein.

Wenn es aber so ist, dass wir die öffentlichen Räume und technischen Systeme unseres Alltags bisher so gestaltet haben, dass nur Menschen, die beispielsweise gut lesen und sich orientieren können, an dieser Gesellschaft ohne weitere Hilfe teilhaben können, dann darf es nicht verwundern, wenn diejenigen, die es nicht können, ihr Leben eben nicht selbstständig führen können und auf Hilfe angewiesen sind. Aus der Wechselwirkung zwischen der Beeinträchtigung der Kognition und den dadurch zu hohen Anforderungen durch die Umgebungsbedingungen entsteht die Behinderung an der Teilhabe (vgl. Niehoff, Grundbegriffe selbstbestimmten Lebens, Seite 45 ff.; vgl. WHO 2005, 23). Wäre es also im Gegenteil möglich, dass wir diese Rahmenbedingungen grundlegend anders gestalten, so dass die ausgeschlossenen Menschen teilhaben könnten, dann würden wir Be-Hinderung zumindest teilweise beseitigen und dadurch die Türen zu einem selbstbestimmten Leben von Menschen mit Lernschwierigkeiten von der anderen Seite her öffnen. Die Haltung des Begleitens unterstützt und ermutigt, es alleine zu probieren, Barrierefreiheit macht es erst möglich, es überhaupt alleine zu können.

Die Auseinandersetzung mit dem Thema Barrierefreiheit würde das Tätigkeitsfeld und den professionellen Blick des Begleiters um die Perspektive der Gestaltung des Umfeldes erweitern und abrunden mit dem Ziel, Hindernisse eines selbstbestimmten Lebens abzusenken oder zu beseitigen.

Behindertenfreundlichkeit – Barrierefreiheit – Design für alle

Auch heute noch findet man besonders im Tourismus die alte Bezeichnung »behindertenfreundlich« vor. Damit ist dann in angegebenen Beispiel gemeint, dass das Hotel wenig Treppen hat, die Zimmer geräumig gestaltet sind oder zusätzliche Wandhalterungen vorhanden sind (vgl. Bello´s Welcome o. J.). Wie hoch Schwellen sind, wurde nicht genannt und es reichte, wenn man die Toilette von einer Seite anfahren konnte. Haltegriffe klappbar oder nicht, beides ging. Menschen mit Seh- oder Hörbeeinträchtigungen half das Label »behindertenfreundlich« überhaupt nicht weiter und an Menschen mit kognitiven Beeinträchtigungen dachte vermutlich niemand, weil man ihnen schon gar nicht zutraute, Hotels alleine zu besuchen zu können. Dienstleister, die sich heute ernsthaft mit der Zugänglichkeit für Personen mit Beeinträchtigungen beschäftigen, werden diese Begriffe nicht mehr verwenden, sondern müssen sich mit »Barrierefreiheit« auseinandersetzen. Dahinter verbergen sich in der Regel messbare Kriterien und ein Label »barrierefrei« soll aussagen, ob etwa ein Hotel zugänglich ist oder nicht.

Der Wandel in der Herangehensweise bekam im Jahr 2002 insbesondere mit dem Behindertengleichstellungsgesetz in Deutschland einen gewissen Schwung, wenngleich die in dem Gesetz festgelegte Strategie der Zielvereinbarung sich im Nachhinein als eher schwaches Instrument herausgestellt hat. Das Gesetz hat aber wesentliche Forderungen verschriftlicht: Die Benachteiligung behinderter Menschen müsse beseitigt und verhindert, die Teilhabe am Leben in der Gesellschaft müsse gewährleistet und eine selbstbestimmte Lebensführung müsse ermöglicht werden (vgl. § 1 BGG). Und knapp, aber doch treffsicher und weitreichend wurde Barrierefreiheit im Behindertengleichstellungsgesetz so definiert:

»Barrierefrei sind bauliche und sonstige Anlagen, Verkehrsmittel, technische Gebrauchsgegenstände, Systeme der Informationsverarbeitung, akustische und visuelle Informationsquellen und Kommunikationseinrichtungen sowie andere gestaltete Lebensbereiche, wenn sie für behinderte Menschen in der allgemein üblichen Weise, ohne besondere Erschwernis und grundsätzlich ohne fremde Hilfe zugänglich und nutzbar sind.« (§ 4 BGG).

Zumindest in der Fachöffentlichkeit ist heute also längst angekommen, dass die Zugänglichkeit für Menschen mit Beeinträchtigungen viel genauer beschrieben werden muss. Die Definition von Katalogen messbarer Kriterien rückte in den Mittelpunkt und musste im Detail nicht nur entwickelt, sondern auch politisch und fachlich-technisch ausgehandelt werden. Ein umfassendes Themen- und Betätigungsfeld war eröffnet.

Umfassend einerseits, was die Gruppe der Betroffenen und Nutznießer angeht. Barrierefreiheit bezieht sich heute nicht nur auf Personen, die einen Rollstuhl nutzen und denen Rampen und Aufzüge Barrieren beseitigen. Einbezogen sind auch andere behinderte Personengruppen, also beispielsweise Personen mit Beeinträchtigungen des Sehens und Hörens. Damit aber nicht genug. Zwar zielt das Behindertengleichstellungsgesetz auf behinderte Menschen ab, jedoch hat sich in der Diskussion der Barrierefreiheit eine derartige Ausweitung der Personengruppe ergeben, dass Barrierefreiheit eine Forderung geworden ist, die heute eigentlich »für alle« gelten muss:

»Es besteht ein generelles Einvernehmen darüber, dass das bauliche Umfeld, die Transportsysteme, die Informations- und Kommunikationswerkzeuge, Produkte und Dienstleistungen – sprich: die Rahmenbedingungen für das gesamte Alltagsleben – so konzipiert sein müssen, dass dem größtmöglichen Teil der Menschen eine Teilhabe am gesellschaftlichen Leben ermöglicht wird. Niemand sollte aufgrund von fehlender Professionalität, Kreativität oder nicht vorhandenem Wohlwollen von Anbietern ausgeschlossen oder diskriminiert werden.« (Design für alle – Deutschland e.V. o. J., 1).

Die Konzepte rund um Barrierefreiheit verschmelzen mit den übergreifenden Konzepten des »Design für alle«, der »accessability«, des »Universal Design«. Gedacht wird demnach jetzt an alle: an Kinder, die nicht an die Waschbecken der Großen heranreichen; an Eltern, die einen Kinderwagen zu schieben haben und denen Wickelplätze im öffentlichen Raum fehlen; an Senioren, die eine Kombination aus Beeinträchtigungen des Gehens, Sehens, Hörens und auch der kognitiven Leistungsfähigkeit beispielsweise durch die Herausforderungen moderner Technologien nicht bewältigen können; oder gar an Fremdsprachler in einer globalisierten Welt, die sich auch ohne lokale Sprachkenntnisse orientieren und zurechtfinden wollen.

Durch die Ausweitung der Zielgruppen hat sich auch inhaltlich-technisch ein enorm weites Feld aufgetan. Wenn also die »Rahmenbedingungen für das gesamte Alltagsleben« (ebd.) und für alle (!) zugänglich gestaltet werden sollen, dann merkt man spätestens jetzt, dass das Konzept der Barrierefreiheit bzw. des »Design für alle« eine große Zielvorgabe geworden ist, welche längst nicht mehr nur den ursprünglichen Kernbereich des Alltags der Menschen mit Beeinträchtigungen umfasst.

Bei den nun in der Tiefe zu definierenden Anforderungen ist die Gruppe der Menschen mit Gehbeeinträchtigungen schon einigermaßen weit gekommen, was sich besonders darin zeigt, dass für diese Gruppe schon DIN Normen (DIN 18040, DIN 18025) ausgearbeitet sind, welche sich auch schon in Bauverordnungen niedergeschlagen haben. Sucht man nach Anforderungen für Menschen mit Sehbeeinträchtigungen, wird man nicht nur in den Normen fündig, sondern kann den Stand der Entwicklung in Form der sogenannten Bodenindikatoren im öffentlichen Raum an Straßenkreuzungen und auf Bahnhöfen finden. Für Menschen mit kognitiven Beeinträchtigungen sucht man derartig konkret ausgearbeitete Anforderungen an Barrierefreiheit aber vergebens. Möglicherweise deswegen, weil sich Menschen mit Lernschwierigkeiten eben aufgrund ihrer Beeinträchtigung eher schwertun, dieses theoretische Thema selbst zu formulieren und dahingehende Forderungen politisch einzubringen, vielleicht aber auch deswegen, weil man sich noch nicht vorstellen kann, dass sich Menschen mit Lernschwierigkeiten selbstständig in unserer Gesellschaft bewegen könnten, wären »ihre« Barrieren beseitigt.

Barrierefreiheit für Menschen mit Lernschwierigkeiten

Eine Annäherung

Von vielen Fachleuten und Betroffenen wird heute die Verwendung der sogenannten »leichten Sprache« mit Barrierefreiheit für Menschen mit Lernschwierigkeiten in Verbindung gebracht. Das ist sicher auch eine wichtige Anforderung und sie wird ja auch von Betroffenen selbst unterstützt und gefordert (vgl. Mensch zuerst: Leichte Sprache o. J.). Berücksichtigt man aber, dass womöglich mehr als die Hälfte der Menschen mit Lernschwierigkeiten nicht lesen lernen können (vgl. Kuhl u. a. 2015, 43), muss man sich fragen, ob zumindest die geschriebene leichte Sprache wirklich das zentrale Kernkriterium für die Barrierefreiheit dieser Gruppe sein soll.

Bis heute gibt es schon einige Ansätze und Versuche, weitere Anforderungen herauszufinden. Beispielsweise hat Kurzenberger unter Trägerschaft der Bundesvereinigung Lebenshilfe sowie des Landesverbandes Lebenshilfe Baden-Württemberg für das Bundeskompetenzzentrum Barrierefreiheit in einem Projekt einen Versuch gestartet, einige Kriterien zusammenzutragen und mit der Zielgruppe – wenn auch sicher nicht nach Kriterien wissenschaftlicher Anforderungen an empirische Forschung – zu testen (vgl. BKB o. J.). Untersucht wurde, inwieweit bildhafte Informationen (z. B. Piktogramme, Fotos usw.), die Bedienbarkeit eines Automaten oder Orientierungs- und Leitsysteme gestaltet sein müssen, um von Menschen mit Lernschwierigkeiten verstanden und genutzt werden können. Neben anderen Ergebnissen ist besonders eines Wert, hervorgehoben zu werden. Kurzenberger testete, wie erfolgreich bildhafte und aus Buchstaben bestehende Schilder von Menschen mit Lernschwierigkeiten entschlüsselt werden konnten. Während in einigen Fällen die bildhaften Schilder besser entschlüsselt werden konnten, war dies bei der Toilettenbeschilderung nicht der Fall. Doppelt so viele Menschen mit Lernschwierigkeiten konnten das Schild »WC« entschlüsseln im Vergleich zu dem international sehr weit verbreiteten Piktogramm, auf dem eine Frau und ein Mann dargestellt sind (ebd., 17). Die naheliegende Hypothese, dass bildhafte Piktogramme gegenüber Buchstabenpiktogrammen besser entschlüsselt werden können, ist also möglicherweise nicht in jedem Fall verifizierbar.

Eine große Anzahl von Veröffentlichungen gibt es zum Verständnis und zur Nutzung des Internets. Im amerikanischen Raum häufen sich die Studien etwa ab dem Jahr 2000 (vgl. ACM: Advanced Search o. J.). Eine fundierte und brauchbare Sammlung von Anforderungen findet sich beispielsweise auf www.einfach-fuer-alle.de, die Übersetzung einer Veröffentlichung von WebAIM (vgl. Einfach für alle: Umsetzen: Kognitive Behinderungen 2004). Wesentliche Anforderungen sind u. a. eine aufgeräumte, ruhige, animationsfreie Gestaltung, bildhafte Navigation und Sprachausgabe. Neben der Nutzung des Internets dürften diese Anforderungen zum größten Teil auch auf die Bedienung von Computern und anderen technischen Systemen wie Smartphones, Bankautomaten, Fahrkartenautomaten usw. übertragbar sein. Smartphones werden heute schon zunehmend – ohne spezielle Anpassungen der Benutzeroberfläche – von Menschen mit Lernschwierigkeiten zumindest teilweise selbstständig genutzt. Ein gutes Beispiel ist der Voice Chat in WhatsApp. Hat man die Kontakte mit Fotos hinterlegt, kann man mit nur zwei Klicks zuerst auf das

Foto des Kommunikationspartners und dann auf das Mikrofonsymbol über Audionachrichten auf sehr einfache Weise miteinander kommunizieren, ohne dass man lesen können muss. Ein vielversprechender Ansatz für einen Anforderungskatalog für die Gestaltung von Bankautomaten ist im Rahmen von Zielvereinbarungsverhandlungen verschiedener Bundesbehindertenverbände unter Federführung des Deutschen Blinden- und Sehbehindertenverbands mit der Deutschen Kreditwirtschaft entstanden, in den auch Anforderungen für Menschen mit Lernschwierigkeiten eingeflossen sind (vgl. BAG Selbsthilfe u. a. 2013). Eine Zielvereinbarung oder gar eine Einigung auf detaillierte technische Anforderungen konnte aber bis heute nicht abgeschlossen werden.

Ein nicht minder interessantes und wichtiges Thema ist die Orientierung im öffentlichen Raum, sowohl innerhalb Gebäuden, städtischen oder natürlichen Räumen und Landschaften. Wie müssen Leitsysteme gestaltet sein, dass Menschen mit Lernschwierigkeiten sie verstehen und nutzen können? Ein fast schon idealtypisches Beispiel für ein Leitsystem, das durch seine Durchgängigkeit sehr einfach zu nutzen ist, ist der »Rote Faden« in Hannover. Der Hannovertourist folgt hier einer gut sichtbaren und durchgängigen roten Linie, die auf Straßen, Plätze und Wege aufgemalt ist und wird so zu den Sehenswürdigkeiten von Hannover geführt. Vor jeder Sehenswürdigkeit ist die Linie durch eine Zahl ergänzt, mittels der in einem zugehörigen Führer weitere Informationen nachgeschlagen werden können (vgl. raumbezug 2010). Als mögliche Kriterien für barrierefreie Leitsysteme für Menschen mit Lernschwierigkeiten schlägt Kurzenberger Farbkodierungen, Durchgängigkeit sowie die Verwendung von Information und Richtungsangabe in einer Einheit sowie Audiodeskription vor (vgl. BKB o. J., 33 ff.).

An anderen Stellen ist Barrierefreiheit bereits hergestellt. Mit den Bildspeisekarten der großen Fastfoodketten beispielsweise kommt man auch ohne Lesefähigkeit schon viel weiter.

Ein Katalog überprüfbarer Kriterien wird seit 2011 in dem Tourismusprojekt »Reisen für alle« des Deutschen Seminars für Tourismus (DSFT) entwickelt. Mit diesem Erhebungssystem zertifiziert das DSFT touristische Betriebe verschiedener Branchen und Arten nach überprüfbaren Kriterien und vergibt Labels für die Zugänglichkeit, unter anderen auch schon für Menschen mit Lernschwierigkeiten (vgl. DSFT 2016 sowie den Auszug aus den Kriterien, Kasten Seite 196 f.).

Wie auch bei den Anforderungen an die Barrierefreiheit für andere Gruppen von Menschen mit Beeinträchtigungen bringt die Schaffung von Barrierefreiheit für Menschen mit Lernschwierigkeiten einen Komfort-Effekt für andere Gruppen mit sich. Aufgeräumte, übersichtliche Webseiten, bildorientierte Menüführung bei Benutzeroberflächen von Automaten erleichtern die Bedienbarkeit für alle.

Barrierefreier Service?

Folgt man der Definition von Barrierefreiheit im engeren Sinne, dann ist Barrierefreiheit dann gegeben, wenn »... bauliche und sonstige Anlagen, Verkehrsmittel, technische Gebrauchsgegenstände, Systeme der Informationsverarbeitung, akustische und visuelle Informationsquellen und Kommunikationseinrichtungen sowie andere gestaltete Lebensbereiche ... *ohne fremde Hilfe* [Hervorhebung H. W] zugänglich und nutzbar sind.« (§ 4 BGG). Mit Barrierefreiheit ist demnach die Gestaltung der Umgebung derart gemeint, dass der beeinträchtigte Nutzer ohne weitere Assistenz diese Umgebung selbstständig nutzen kann.

Gegen diese Definition ist grundsätzlich nichts einzuwenden, denn sie zielt darauf ab, Barrierefreiheit in Anforderungen zu gießen, die messbar und überprüfbar sind und für technische Gestaltungsvorgaben taugen. Das heißt jedoch nicht, dass im direkten Service gegenüber dem Kunden (face-to-face) nicht auch noch die ein oder andere Barriere beseitigt werden könnte. Dies gilt insbesondere für Menschen mit Lernschwierigkeiten. Gibt es auch eine Barrierefreiheit im Service?

Wie auch immer man diese Hindernisse in der Kundenkommunikation bezeichnen mag, sie existieren durchaus und es könnte für Menschen mit Lernschwierigkeiten sehr hilfreich sein, wenn Servicekräfte hier kundenspezifischer bedienen könnten. Eine kleine Broschüre hat das BKB in Zusammenarbeit mit der Bundesvereinigung Lebenshilfe zu diesem Thema erstellt, mit einigen wichtigen Tipps für den Umgang mit Kunden mit Lernschwierigkeiten (vgl. BKB: Service für Kunden mit geistiger Behinderung o. J.). Auch der DeHoGa Bundesverband steht der Zielgruppe offen gegenüber und verteilt diese Information an die dem Verband angeschlossenen Betriebe (vgl. DEHOGA o. J.).

Sicher kann man auch einige Erkenntnisse und Forderungen aus den Überlegungen zur Normalisierung der Beziehungen, wie sie Sack in dieser Veröffentlichung diskutiert, für die Kommunikation im Service übertragen (vgl. Sack, Normalisierung der Beziehungen, Seite 103 ff.).

Wo stehen wir heute?

Aus dem Gesagten sollte deutlich geworden sein, dass schon Einiges an Wissen zusammengetragen wurde und hier und da Ideen und Thesen aufgestellt wurden, die teilweise auch wissenschaftlich belegt sind. Bis heute haben wir aber kein im Detail ausgearbeitetes, übergreifendes und belastbares Konzept, was denn Barrierefreiheit für Menschen mit Lernschwierigkeiten im Detail bedeutet.

Ein detailliertes Konzept müsste zudem noch die Kombination von Beeinträchtigungen berücksichtigen. Während in den vorliegenden Ausführungen nur die kognitive Beeinträchtigung und die daraus folgenden Anforderungen an eine Barrierefreiheit singulär betrachtet wurde, wären die Anforderungen beispielsweise für Menschen mit einer kognitiven Beeinträchtigung in Verbindung mit einer Beeinträchtigung des Sehens nicht einfach aus der Addition der beiden Einzelanforderungen zu gewinnen. Bildhafte Leitsysteme beispielsweise helfen dann ja auch nicht weiter.

Während die Entwicklung von Anforderungskatalogen bei anderen Gruppen von Menschen mit Beeinträchtigungen immer auch politische Projekte des Aushandelns zwischen den verschiedenen Interessengruppen und den Betroffenen sind, dürften bei der Gruppe der Menschen mit Lernschwierigkeiten eher empirische Forschungsprojekte zielführend sein, denn diese Gruppe wird ihre Forderungen nicht so differenziert formulieren können. Auf dieses Problem ist auch Kurzenberger in seinem Projekt gestoßen. Er interviewte zu Beginn des Projekts Menschen mit Lernschwierigkeiten und bat sie, Barrieren, auf die sie stoßen, zu benennen. Dies führte zu keinen brauchbaren Ergebnissen, denn er erhielt von den kognitiv beeinträchtigten Fußgängern häufig Antworten, die »Treppen« als Barrieren benannten (mündliche Information von Kurzenberger aus diversen Besprechungen während des Projekts). Offensichtlich assoziierten die Befragten Barrierefreiheit mit »Barrierefreiheit für Menschen mit Gehbeeinträchtigung«.

Neben dieser eher auf die wissenschaftliche Erforschung der Kompetenzen und daraus folgenden Anforderungen ausgerichteten Strategie könnte aber auch ein an der Alltagswelt der Menschen mit Lernschwierigkeiten ansetzender Weg verfolgt werden. Welche technischen Gebrauchsgegenstände, welche Informationsquellen möchten sie nutzen? Wie können wir diese zeitnah weiterentwickeln? In welcher Umgebung und welchem Umkreis möchten sich Menschen mit Lernschwierigkeiten vor Ort bewegen oder wollen sich zurechtfinden? Was können wir vor Ort tun, um das zu ermöglichen? Mit welchen einfachen Hilfsmitteln können wir Dienstleister vor Ort unterstützen und für Barrierefreiheit werben?

Quellen

ACM Digital Library: Advanced Search (o. J.): http://dl.acm.org/ (Stand 14.02.2016)

BAG Selbsthilfe: Anforderungen an die barrierefreie Gestaltung von Bankautomaten in Deutschland (2013): http://www.rehadat-adressen.de/de/interessenvertretung-dachverbaende-rehatraeger/rehabilitations-traeger/gesetzliche-unfallversicherung/index.html?infobox=/infobox1.html&serviceCounter=1&wsdb=LIT&connectdb=veroeffentlichungen_detail&referenznr=R/NV6151&from=1&anzahl=288&detailCounter=35&maplength=50&suche=index.html?suchbegriffe=%22Internet%22 (Stand 14.02.2016)

Bello´s Welcome: Behindertenfreundliche Hotels (o. J.): http://www.mein-bellos-welcome.de/behindertenfreundliche-hotels.html (Stand 14.02.2016)

BKB Bundeskompetenzzentrum Barrierefreiheit (o. J.): Barrierefreiheit für Menschen mit kognitiven Einschränkungen. Berlin.

BKB Bundeskompetenzzentrum Barrierefreiheit (o. J.): Service für Kunden mit geistiger Behinderung in Einzelhandel und Gastronomie

http://www.barrierefreiheit.de/service_fuer_kunden_mit_geistiger_behinderung_in_einzelhandel_und_gastronomie.html (Stand 14.02.2016)

DEHOGA Bundesverband: Barrierefreiheit und Inklusion im Gastgewerbe (o. J.), http://www.dehoga-bundesverband.de/branchenthemen/barrierefreiheit/?L=0 (Stand 14.02.2016)

Design für alle – Deutschland e.V., Fürst Donnersmarck-Stiftung zu Berlin (Hrsg.):

Design für Alle erfolgreich umsetzen – Von der Theorie zur Praxis. ECA 2013. o.O. o. J.

DSFT Deutsches Seminar für Tourismus: Reisen für Alle (2016): http://www.reisen-fuer-alle.de/ (Stand 14.02.2016)

Einfach für alle: Umsetzen: Kognitive Behinderungen (2004): https://www.einfach-fuer-alle.de/artikel/kognitive-behinderungen/ (Stand 14.02.2016)

KUHL, Jan; EUKER, Nils; ENNEMOSER, Marco (2015): Förderung des lautorientierten Lesens bei Schülerinnen und Schülern mit intellektueller Beeinträchtigung. in: Empirische Sonderpädagogik Nr. 1, 41–55.
Mensch zuerst: Leichte Sprache (o. J.), http://www.menschzuerst.de/was_halt.html (Stand 14.02.2016)
raumbezug: Der Rote Faden Hannover (2010):, http://www.roterfaden-hannover.de/ (Stand 14.02.2016)
Weltgesundheitsorganisation (WHO): Internationale Klassifikation der Funktionsfähigkeit, Behinderung und Gesundheit (2005, PDF Ausgabe).

Kriterien des Prüfsystems »Reisen für alle«

Das Prüfsystem zur Barrierefreiheit »Reisen für alle« ist ein vom Bundesministerium für Wirtschaft und Energie seit 2011 gefördertes Kooperationsvorhaben des Deutschen Seminars für Tourismus (DSFT) Berlin e. V. und des Vereins Tourismus für Alle Deutschland e.V. – NatKo, dessen Ziel es ist, ein bundesweites Kennzeichnungssystem im Tourismus einzuführen. Das Prüfsystem soll branchenübergreifend einsetzbar sein und nicht lediglich Kriterien beispielsweise für Hotels enthalten, sondern die gesamte sogenannte touristische Servicekette abdecken. Hinsichtlich dieses Ziels ist das System aktuell noch in Entwicklung befindlich.

Das System ist modular aufgebaut, wobei es Module für größere und kleinere Objekte gibt, also beispielsweise »Schlafzimmer«, aber auch »Flur/Weg/Gang innen«. Hier nun die Module mit den zugehörigen Kriterien für Menschen mit kognitiven Beeinträchtigungen (http://www.reisen-fuer-alle.de/, Stand 14.02.2016).

Bahn-/Bussteig/Schiffsanleger
- Die Haltestelle muss bildhaft gekennzeichnet sein.
- Die verschiedenen Verkehrslinien müssen farblich unterschiedlich oder mit verschiedenen Symbolen gekennzeichnet sein.

Weg außen und Flur/Weg/Gang innen
- Das Ziel des Weges muss in Sichtweite sein, oder ein unterbrechungsfreies Wegeleitsystem ist vorhanden, oder die Wegezeichen sind in ständig sichtbarem Abstand vorhanden.

Eingangsbereich
- Name und Logo des Betriebs müssen von außen klar erkennbar sein.

Aufzug/Lift

- Die Bedienelemente bzw. die Beschilderung muss bildhaft oder (im Falle eines entsprechenden Leitsystems) farblich gekennzeichnet sein.

Schalter/Tresen/Kasse

- Der Schalter/Tresen/Kasse muss von der Eingangstür aus direkt sichtbar oder der Weg zum Schalter/Tresen/Kasse muss bildhaft und unterbrechungsfrei gekennzeichnet sein.

Waren/Exponate

- Die Waren/Exponate müssen sichtbar präsentiert werden.

Beschilderung

- Informationen, die der Orientierung dienen und aus Wörtern bestehen, müssen akustisch oder in leichter Sprache oder bildhaft (z. B. Piktogramme, fotorealistische Darstellung) aufbereitet sein.

Zimmer/Ferienwohnung

- Visitenkarten mit Anschrift und Telefonnummer des Hotels/der Ferienwohnung müssen an der Rezeption oder im Schlafraum sichtbar ausliegen.
- Das Zimmer und der Zimmerschlüssel/die Zimmerkarte müssen mit der gleichen Farbmarkierung und/oder bildhaften Symbol gekennzeichnet sein.
- Der Weg (ggf. über einen Aufzug) zum Zimmer muss mit der gleichen Farbmarkierung und/oder bildhaften Symbol und unterbrechungsfrei gekennzeichnet sein.

Speiseraum

- Die Speisekarte muss Bilder der Speisen enthalten, oder die Speisen werden sichtbar präsentiert (Buffet, Theke).

Wanderweg/Radweg

- Das Wegeleitsystem muss unterbrechungsfrei sein, oder die Wegezeichen sind in ständig sichtbarem Abstand vorhanden.

Automat

- Bedienelemente: Für die wesentlichen Funktionen muss durch das Menü mit Sprachausgabe geführt werden, oder die Menüführung ist bildhaft gestaltet.

Einführende Überlegungen zum Handeln der Begleiter

Ulrich Niehoff

Achtung und Respekt

Wahrscheinlich entscheidend für das Verhältnis zwischen professionellen Begleitern und behinderten Menschen ist, ob es Fachleuten gelingt, Beziehungen auf Achtung, Respekt und Akzeptanz aufzubauen. Eine zugewandte Attitüde, die behinderte Menschen niedlich, originell, »zum Knuddeln« findet, wird nicht zu einer wirklichen Ich-Du-Beziehung führen.

Menschen mit geistiger Behinderung zu akzeptieren, sie als gleichberechtigte Partner oder möglicherweise gar als Arbeitgeber zu sehen, zu denen sich Angestellte in einem Abhängigkeitsverhältnis befinden, ist eine relativ neue und nicht leicht zu bewerkstelligende Sichtweise. Mitglieder der »Selbstbestimmt-Leben-Bewegung« setzen ihre mitunter offensive Radikalität ein, um Pädagogen, Therapeuten, Medizinern usw. deutlich zu machen, dass sie selbstbestimmte Persönlichkeiten sind. Die gewaltige Kraft, die nötig ist, um das »Paradigma der Förderung« zu überwinden, ist (heute) Menschen, die wir als geistig behindert bezeichnen, noch nicht verfügbar. Wie steht es dabei mit dem oft kolportierten Satz der Frauenbewegung, am schlimmsten seien die wohlwollenden Männer? Sind die Autoren dieses Buches »wohlwollend«? Zumindest entspricht dies unserem Selbstverständnis. Liegt nicht eine Gefahr darin, wenn die Lebenshilfe, die mit dem Leitbild der Förderung angetreten ist, sich heute der emanzipatorischen Themen »Selbstbestimmung und Inklusion« annimmt, um unter ihrem Dach diese Ideen zu profilieren? Wie groß ist dabei die Gefahr, dass die Begriffe nur als Etikett benutzt werden? Und doch sollte es Menschen geben, die innerhalb des großen Verbands dieses Thema ins Auge fassen und es voranbringen.

Entpädagogisierung des Alltags und Erwachsenenbildung

Professionellen in der Arbeit mit erwachsenen geistig behinderten Menschen muss es gelingen, Hilfen im Alltag zu entpädagogisieren ohne sie zu disqualifizieren, d. h. Menschen mit Behinderung durch fachliche Hilfen nicht zu bevormunden. Pädagogik ist zielgerichtet auf Veränderungen in Richtung Persönlichkeitsentwicklung, behinderte Menschen sollen kompetenter und selbstständiger werden. Dieser fachliche Anspruch wird vermittelt und kann bei behinderten Menschen zu einer Nichtakzeptanz ihrer momentanen Identität führen. Der Anspruch, z. B. seinen Lebenspartner verändern zu wollen, ist ein wichtiges Indiz für eine konfliktbeladene Beziehung. Ehen oder ähnliche Lebensgemeinschaften können über längere Zeit nur funktionieren, wenn sich die Partner so akzeptieren können, wie sie sind. Dies kann in ähnlicher Weise auch auf Beziehungen von Fachleuten zu Menschen mit Behinderung übertragen werden. Mit Empathie ist leicht nachvollziehbar, was es für behinderte Menschen bedeuten muss, wenn ihnen jahrelang, manchmal mit nicht enden wollender fachlicher Penetranz, vorgeschrieben wird, was sie zu tun oder besser nicht zu tun haben, wie man etwas richtig oder besser macht, dass man erst bestimmte Zwischenziele erreichen muss, bevor man etwas Gewolltes tun kann usw. Um einmal am eigenen Leibe erfahren zu können, wie permanente pädagogische Förderung empfunden wird, ist Professionellen zu empfehlen, im Rollenspiel z. B. in die Rolle von Bewohnern eines Wohnheims zu schlüpfen und entsprechende Gespräche mit Betreuern, Leitern, Eltern und gesetzlichen Betreuern zu führen bezüglich des Wunschs, in eine eigene Wohnung umziehen zu wollen.

Wenn von einer Entpädagogisierung des Alltags gesprochen wird, bedeutet dies nicht, dass Pädagogen und Andragogen (Erwachsenenbildner) im Leben behinderter Menschen keine Aufgaben mehr hätten. Die moderne Leistungsgesellschaft stellt an alle Menschen die Anforderung, sich (durch Erwachsenenbildung) ständig den rasant verändernden Lebensbedingungen anzupassen und somit »auf dem Laufenden« zu bleiben. Dieser Anspruch betrifft auch Menschen mit Behinderungen, nur kann es eben keine zwangsläufigen Bildungsmaßnahmen geben. Erwachsenenbildung beruht auf Freiwilligkeit, auf einem annähernd egalitären Verhältnis zwischen Tutor und Kursteilnehmern und auf einem Kontrakt bezüglich Inhalt des

Lehrstoffs und Zeitdauer des Kurses (Arbeitsbündnis). Wenn z. B. ein Bewohner lernen möchte, mit Besteck umzugehen, so ist durchaus vorstellbar, diesen Wunsch durch einen Kurs in Erwachsenenbildung zu realisieren. Die Inhalte von Bildungswünschen können die ganze Bandbreite der bekannten Erwachsenenbildung umfassen. Hier sind z. B. Pädagogen/Andragogen gefordert; sie finden eine anspruchsvolle Aufgabe.

Je deutlicher die Trennung zwischen einer Entpädagogisierung des Alltags und Kursen in Erwachsenenbildung gelingt, desto weniger werden Beziehungen zwischen Professionellen und behinderten Menschen durch unklare, latent vorhandene Ansprüche belastet, ein Partner hätte sich nach den Vorstellungen des anderen zu verändern.

Verhandeln statt Behandeln

An anderer Stelle dieses Buchs ist auf die Budgetierung der sozialen Hilfen auch für geistig behinderte Menschen hingewiesen worden. In der Wahrnehmung der Rolle eines Kunden, der mit seinem Budget Dienstleistung einkauft, ist die Chance gegeben, dass vermehrt Dienstleistungen nachgefragt werden, die auch klar den Interessen der »Kunden« entsprechen. Hilfen beim Wohnen mit dominantem, pädagogisierendem Anspruch werden voraussichtlich durch eine »Abstimmung mit den Füßen« zumindest dann obsolet, wenn Pädagogik ihre »Kunden« in einen Objektstatus versetzt. Diese Art »Pädagogik« hatten wahrscheinlich Psychiatrie-Erfahrene im Blick, als sie den Gründungskongress ihres Selbsthilfeverbands unter das Motto stellten »Verhandeln statt Behandeln«. In diesem Motto kommt deutlich zum Ausdruck, worum es geht. Zu oft sind Menschen mit Behinderung gutgemeint »behandelt« und verobjektiviert worden. Verhandeln im Alltag bedeutet, dass sich Betreuer/Begleiter nicht jeglicher Einflussnahme enthalten müssen, dass sie ihre Persönlichkeit in die Beziehung einbringen müssen mit Ideen, Initiativen, Vorschlägen usw. Nur dürfen diese Impulse nicht als unveränderbar und als der Weisheit letzter Schluss verordnet werden. Sie müssen Angebote sein, die auch Alternativen bieten. Diese Art Begleitung ist eine ständige, von Empathie getragene, Herausforderung an die Fachkräfte und fordert ihre ganze pädagogische Phantasie und Improvisation, erfordert immer wieder ein Gleichgewicht zwischen Nähe und Distanz.

Wenn professionelle Arbeit mit geistig behinderten Menschen sich der Machtansprüche enthält, zu denen sie leicht führen kann, fällt allerdings möglicherweise ein viele Fachleute motivierender Bestandteil der Arbeit weg: Die Macht, die man über andere Menschen gewinnen kann und die damit einhergehende narzisstische Verstärkung, das meint die Bestätigung der eigenen Macht und Rolle. Das Berufsbild eines Alltagsbegleiters ist noch nicht entwickelt und erprobt worden. Möglicherweise ist es auf Dauer wenig attraktiv, sich in seinem Berufsalltag z. B. in der Begleitung körperbehinderter Menschen jeglicher Einflussnahme zu enthalten und schlicht als ausführendes Organ eines beeinträchtigten Menschen zu fungieren. Die Aufgaben von Erwachsenenbildnern, Beratern, Begleitern und Unterstützern sind vielseitig und anspruchsvoll, muss doch immer die Gratwanderung zwischen einem Zuviel und einem Zuwenig an Hilfestellung ausgehalten werden.

Wer hat das Sagen?

Die »Selbstbestimmt-Leben-Bewegung« hat aufgrund persönlicher Erfahrungen umfassender Fremdbestimmung Kompetenzen formuliert, die sie für sich in Anspruch nimmt. Dies sind:

- Finanzkompetenz (Verfügen über finanzielle Mittel);
- Personalkompetenz (Arbeitgeberfunktion);
- Anleitungskompetenz (Artikulieren von Bedürfnissen);
- Recht und Macht, Helfern die benötigten Informationen geben zu können;
- Raumkompetenz (Wo, wie, mit wem leben wollen);
- Sozialkompetenz (Möglichkeit und Fähigkeit, die eigene Teilnahme am gesellschaftlichen Leben zu gestalten, z. B. Kontakte zu Freunden selbst zu bestimmen und aufrechtzuerhalten);
- Schulung der *Betroffenen* statt der *Helfer.*

Leicht ist nachvollziehbar, dass die Macht-Waagschalen, die sich in der Vergangenheit deutlich zur Seite der Fachleute neigten, nun bei den Betroffenen ihren Schwerpunkt haben. Das Arbeitgebermodell drückt dies aus. Die Inanspruchnahme der Finanzkompetenz verdeutlicht, wie die Machtverhältnisse verteilt sind. Nun kann dieses Modell auf die Arbeit mit geistig behinderten Menschen nicht ohne weiteres einfach übertragen werden. Nur in seltenen Fällen sind Professionelle hier »nur ausführende« Assistenten (z. B. Begleitung in öffentlichen Nahverkehrsmitteln zum Besuch eines Kinos). Ein partnerschaftliches Verhältnis, eine Ich-Du-Beziehung, die Verabredung gemeinsamer Perspektiven durch »Verhandlungen« kann aber nicht bedeuten, dass Professionelle und behinderte Menschen sich gegenüberstehen wie eine vollkommen ausbalancierte Waage. Wenn Begleiter für ihre Arbeit bezahlt werden, dann muss der Schwerpunkt der Waage bei den Nutzern von Diensten liegen, wenn auch nicht ständig, aber das Bestreben muss immer dahin gehen.

Zur Bedeutung von Ausbildungscurricula

In Seminaren, in denen die Rolle von Professionellen im Zusammenhang mit Selbstbestimmt-leben-Fragen diskutiert wird, ergibt sich immer wieder der Hinweis auf die Inhalte der Ausbildungscurricula von Behindertenpädagog(inn)en/Andragog(inn)en und Heilerziehungspfleger(inne)n. Hieran lässt sich nachweisen, ob und ggf. wie die Gefahr der Pädagogisierung des Alltags und der Verobjektivierung behinderter Menschen besteht. Angebote wie Spazierengehen, Lesen, Musik hören, Tanzen, Sport werden mitunter nicht einfach als Muße gesehen, sondern unter pädagogisch-therapeutischem Blickwinkel. Mit Empathie betrachtet, stellt sich schnell ein Unbehagen ein, das behinderte Menschen wahrscheinlich auch empfinden, wenn die Betätigung in der Freizeit nicht einfach der Entspannung und Anregung dient, sondern un-bedingt (im Sinne von »ohne Bedingung«) der Persönlichkeitsförderung. »Wenn einer eine Reise tut, dann kann er was erzählen«, so lautet das alte Sprichwort. Man kann also gelassen davon ausgehen, dass Reisen neben Erholung und Spaß auch bildet. Bei Menschen mit Beeinträchtigung jedoch muss der persönlichkeitsbildende Aspekt besonders hervorgehoben werden, ist er doch mitunter der relevante Aspekt zur finanziellen Unterstützung der Reise aus der Eingliederungshilfe.

Anerkennung erfährt ein berufstätiger Mensch heute vor allem durch spezielles Fachwissen, durch Fähigkeiten, die nicht alle Menschen besitzen. Für die Alltagsbegleitung behinderter Menschen – so scheint es – ist offensichtlich jeder geeignet. Sie ist mit wenig Prestige verbunden und wird gesellschaftlich wenig honoriert. Anders sieht es aus mit therapeutischen/pädagogischen Programmen. Wenn ein behinderter Mensch dadurch in seiner Entwicklung weitergekommen ist, passiert es, dass Begleiter sich damit brüsten, was sie »aus diesen Menschen herausgeholt haben«. Damit wird dem behinderten Menschen die Chance genommen, selbst auf seine Biografie stolz sein zu können, weil er aus diesem Blickwinkel nur eine Marionette der Betreuer sein kann. Zu einem durch die Ausbildung vermittelten pädagogischen Selbstverständnis, das sich vorrangig an messbaren Erfolgen orientiert, gesellt sich durch die aktuellen sozialpolitischen Kosten-Nutzen- und Qualitätsdiskussionen ein Erfolgsdruck von Seiten des Arbeitgebers und der Einrichtung bzw. des Kostenträgers. Dies leistet der »Verobjektivierung« behinderter Menschen zusätzlich Vorschub. Orientierungshilfe kann hierbei die Haltung von Psychotherapeuten sein, die sich im Prozess der Therapie persönlich vollständig zurücknehmen und den ratsuchenden Menschen einzig die berufliche Kompetenz zur Verfügung stellen. Psychotherapeuten wissen, dass sie ihre Klienten nicht »be«-raten können. Sie können sie nur darin unterstützen, individuelle Problemlösungswege zu finden. Psychotherapeuten können überhaupt nur dann erfolgreich sein, wenn ihnen diese Distanzierung gelingt. Von dieser Einstellung können Pädagogen, die sich als Begleiter verstehen, lernen. Hilfreich ist in dem sensiblen Feld der Neudefinition der professionellen Rolle (kollegiale) *Supervision*. Immer wieder droht bei der Gratwanderung »Begleiten« das Abrutschen entweder in überwunden geglaubte Bevormundung oder in Vorenthaltung der benötigten Hilfestellung.

Die BHP-Position »P.04«: »Heilpädagoginnen und Heilpädagogen in der Begleitung und Unterstützung von Menschen mit Behinderung« (o. J., 9) stimmt optimistisch. Sie zeigt auf, dass der Berufsverband auf den Weg ist zu einem modernen Verständnis von Begleitung behinderter Menschen. In den Grundlagen heilpädagogischen Handelns heißt es: »Heilpädagogik versteht sich als Handlungswissenschaft, die sich mit der speziellen und spezifischen Unterstützung des Lebens von Menschen mit individuellen körperlichen, geistigen oder psychischen Einschränkungen beschäftigt, deren Teilhabe am Leben in der Gesellschaft bedroht oder behindert ist oder verhindert wird … Ein zweites Leitpostulat ist die Selbstbestimmung. Diese bedeutet auf der individuellen Ebene, zwischen unterschiedlichen Handlungsalternativen gemäß den individuellen Wünschen frei wählen zu können. Eine so verstandene Selbstbestimmung ist nicht an eine Fähigkeit gebunden, eine bestimmte Handlung auch selber ausführen und regulieren zu können. Auf der gesellschaftlich-politischen Ebene zielt die Selbstbestimmung vielmehr darauf ab, dass Menschen mit Behinderung direkt an Entscheidungen über die Gestaltung ihrer Lebensbedingungen beteiligt werden, so dass sie auf der Grundlage dieser Mitwirkungs- und Mitbestimmungsrechte in den unterschiedlichsten Lebensbereichen autonom tätig werden können.«

Literatur

Berufs- und Fachverband Heilpädagogik (o. J.): Heilpädagoginnen und Heilpädagogen in der Begleitung und Unterstützung von Menschen mit Behinderung http://bhponline.de/download/BHP%20Informationen/BHP%20Stellungnahmen,%20BHP%20Position/20141221,%20P04.pdf , Zugriff 1.2.2016

Aus der Sicht von Selbstvertreter(inne)n: Wie sollen Heilerziehungspfleger(inne)n arbeiten?

Rat behinderter Menschen der Bundesvereinigung Lebenshilfe

Am 30. August 2013 führte der »Rat behinderter Menschen in der Lebenshilfe« in Marburg ein Gespräch mit einer Klasse der »Schule für Heilerziehungspflege des Landesverbandes der Lebenshilfe Hessen« zu den Wünschen und Vorstellungen zur alltäglichen Begleitung behinderter Menschen. Der Rat behinderter Menschen ist ein satzungsgemäßes Gremium zur Beratung des Bundesvorstands und der anderen Gremien der Bundesvereinigung Lebenshilfe. Ausgangspunkt waren zum Teil unbefriedigende Erfahrungen der Ratsmitglieder mit den Unterstützungsleistungen der professionellen Pädagog(inn)en und Heilerziehungspfleger(innen). Menschen mit Behinderung erwarten mehr Respekt von hauptamtlichen Mitarbeiter(inne)n gegenüber Beschäftigten und Bewohner(inne)n. Der Rat lud daher eine

Der Rat berichtet zunächst über Erfahrungen mit Betreuer(inne)n. Und die Schüler(innen) stellten Fragen.

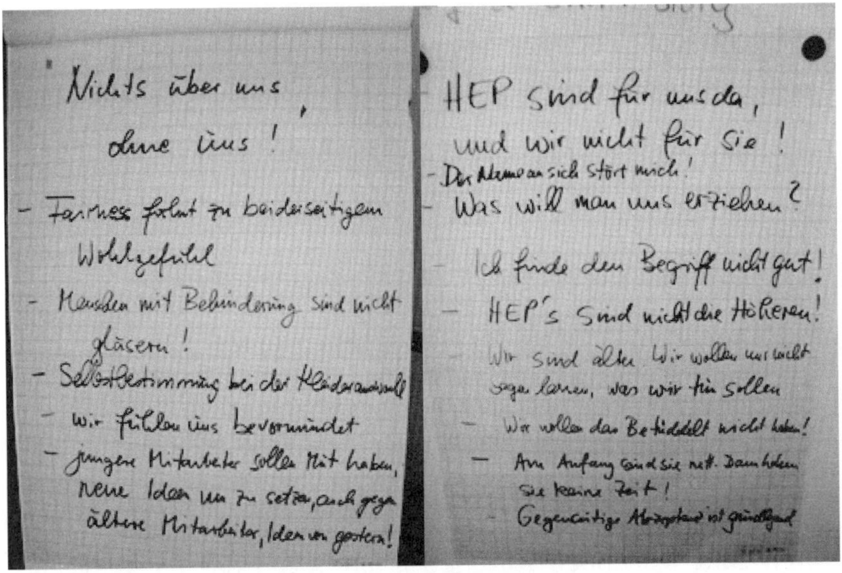

Schulklasse der Heilerziehungspflegeschule des Landesverbands der Lebenshilfe zu einem Gedankenaustausch ein.

Hier sind die wichtigsten Meinungen der Ratsmitglieder:

Der Name »Heilerziehungspfleger« an sich stört. *Er ist schwierig und nicht gut. Bestimmt keine Leichte Sprache. Was will man uns erziehen?*

Eigentlich müssten die Betreuer oder Heilerziehungspfleger doch für uns da sein, und nicht umgekehrt. Wenn wir nicht wären, hätten sie keine Arbeit. Die Betreuer sind nicht »die Höheren!« Wir sind oft älter. **Wir wollen uns nicht sagen lassen, was wir tun sollen!**

Zugegeben: es ist nicht leicht für Betreuer, das richtige Maß Nähe zu finden:
Zu viel Unterstützung ist schlecht.
Wir wollen nicht betüddelt werden!
Zu wenig Unterstützung ist auch schlecht!
Wir haben die Erfahrung gemacht, dass viele Mitarbeiter am Anfang nett sind. Dann haben sie keine Zeit mehr!

Es stimmt, dass junge Mitarbeiter oft gute Ideen haben. Sie sollen **Mut** *haben,* **neue Ideen umzusetzen**. *Auch gegen Ideen von gestern.*

Manchmal haben wir ein komisches Gefühl. Man spricht über uns, ohne das wir wissen, worum es geht. Manchmal ist das aber sehr wichtig für uns!
Wir sagen: **»Nichts über uns ohne uns!«**

Wir haben auch unsere Geheimnisse. Es soll nicht Jeder alles über uns wissen. Auch nicht, wenn es »zu unserem Besten ist«, wie dann immer gesagt wird. Bei Menschen ohne Behinderung weiß auch der Arbeitgeber nicht, was zu Hause läuft. Und umgekehrt.
Menschen mit Behinderung sind nicht gläsern!

Rat ist gut. Aber keine Vorschriften. Manchmal fühlen wir uns bevormundet.
Wir wollen Selbstbestimmung! Zum Beispiel bei der Kleiderwahl!

Wir haben die Erfahrung gemacht, dass gegenseitige Akzeptanz grundlegend ist.
Fairness führt zu beiderseitigem Wohlgefühl

LOVE
Now

Sexualität selbstbestimmt leben

Ulrich Hähner

»Sexualität ist eine grundlegende Lebenskraft und ein wichtiger Bestandteil der Persönlichkeitsentwicklung jedes Menschen. Sie ist mehr als genitale Sexualität. Sexualität ist Kontakt haben, Beziehungen leben, Liebe empfangen und geben, Zuneigung, Intimität, Erotik und vieles mehr.

... Durch Sexualität erleben wir uns als Frau oder Mann.

Sexualität bestimmt menschliche Erlebnisformen von der frühen Kindheit bis ins Alter und sie ist unabhängig vom kognitiven Entwicklungsstand«.
(GRUNICK, MAIER-MICHALITSCH 2011, 50 f.)

Wenn man die Möglichkeit hat, sich über längere Zeit mit Menschen mit Lernschwierigkeiten im geschützten Raum auseinanderzusetzen, erfährt man viel über den Stellenwert der Sexualität in einem Leben, das durch eine andere Entwicklung und durch eine andere Form der Aneignung kulturellen Wissens geprägt ist. Und dann wird deutlich, wie alleine sich behinderte Menschen fühlen müssen und wie selektiv ihre Äußerungsformen sind. So sagt ein Vater eines etwa 40jährigen Sohnes: Der Georg hat keine Sexualität, Georg ist ein Neutrum. Dagegen sagt ein Gruppenleiter vor der Freizeit über jenen Georg: Die Hauptarbeit, die ich haben werde, ist, den Georg aus dem Zimmer der Frauen zu holen. Das ist das, was Niedecken mit dem Begriff Mimikry bezeichnete, das nahezu Unsichtbar-Werden in Situationen entsprechend der emotionalen Färbung.

Erwirbt man das Vertrauen von Menschen mit Lernschwierigkeiten und hat man Zeit, sich mit ihnen über ihr Leben auseinanderzusetzen, dann ergibt sich eine Sammlung von Hinweisen auf gelebtes Sexualverhalten und auf Probleme mit der eigenen Sexualität, die ein Abbild eines Querschnitts durch die Gesellschaft sein könnte. Herr A (70 Jahre) hat zwischen den Regalen mit Modellautos einen großen Pin-Up Kalender hängen und betrachtet liebevoll diese »schöne Frau«, wie er sagt. Herr B beginnt vorsichtig und etwas umständlich über seine erektile Dysfunktion zu reden, er versagt, wenn er mit seiner Freundin schlafen will, sein Selbstbild als Mann steht für ihn auf der Kippe. Frau C macht sich große Sorgen wegen ihrer sexuellen Gewaltfantasien, in denen sie sich in der Opferrolle sieht. Sie denkt von sich, sie sei nicht normal. Herr M hat Angst. Er habe zum ersten Mal mit seiner türkischen Freundin Sexualverkehr gehabt. Wenn das jetzt rauskäme, würde sie vielleicht zurück in die Türkei geschickt und er trage daran die Schuld. Immerhin habe er ein Kondom benutzt, er habe die zuhause gut versteckt. Seine Mutter dürfe die nicht finden. Herr S ist von seiner Freundin betrogen worden und ist in seinen Grundfesten erschüttert, leidet an Ängsten, mag nicht mehr in die Werkstatt gehen, will ihr nicht mehr begegnen und nicht der empfundenen Häme anderer ausgeliefert sein. Frau F bezeichnet die Tatsache, dass sie seit über einem Jahr ihren Freund nicht mehr gesehen hat, als »Beziehungspause« und mag sich nicht eingestehen, dass diese kurze und wohl intensive Liebe erloschen ist. Frau M erzählt von ihrem Freund, der höchstens einmal in der Woche kommt, nachdem er sich telefonisch angemeldet hat, dann mit ihr ins Bett geht und sofort wieder verschwindet. Er sei halt beruflich sehr eingespannt. Frau S hat geheiratet, einen Osteuropäer, der jetzt seine beiden Kinder nachholen wolle. Er habe ihr verboten, mit in seine Heimat zu kommen. Sie fängt an, an seiner Liebe zu ihr zu zweifeln, fragt sich, ob sie nur für die Aufenthaltsgenehmigung geehelicht wurde.

Wo bleibt das Positive, alles nur Probleme und Katastrophen? Nein, diese Sammlung soll verdeutlichen, wie präsent das Thema Sexualität gerade auch bei Menschen mit Behinderungen ist, wie sehr es die Individuen beschäftigt und welche Unterstützungen und Hilfen nötig werden. Im Rahmen der Inklusionsdebatte muss von Einrichtungen der Behindertenhilfe viel mehr eingefordert werden, dass die vorhandenen Beratungsdienste Kompetenzen erwerben im Umgang mit Menschen mit Lernschwierigkeiten.

Psychosexuelle Entwicklung

Sexualität in allen Ausformungen begleitet uns lebenslang und erfährt dauernde Veränderungen. Die sexuellen Bedürfnisse des Kindes sind andere als die des jungen Erwachsenen und diese unterscheiden sich wiederum von denen des älteren Menschen. Es gibt individuelle Unterschiede – Herr A lebt und erlebt seine Sexualität anders als Herr B – und Geschlechtsunterschiede – was Frau C sich wünscht, hat mit dem, was Herrn D erfreut, möglicherweise sehr wenig zu tun. Frau E findet Männer attraktiv, Herr F schaut den Frauen hinterher, Herr G ist schwul und Frau H lebt in einer festen Beziehung mit einer Frau, Herr I hat sich nach dem Scheitern seiner Beziehung ganz auf sich zurückgezogen, ist damit zufrieden, und, und, und ...

Allen gemeinsam ist, dass sie sich in einer langen, meist andauernden Auseinandersetzung mit sich selbst und ihren sexuellen Bedürfnissen befinden und dass sie einen, vielleicht vorläufigen, Standpunkt bezogen haben. Sie haben sich informiert, sich Literatur besorgt, vielleicht schon früh mit der Lektüre von BRAVO begonnen, später alle Artikel in der NEUEN REVUE gelesen, sich die Wartezeit beim Arzt oder Friseur mit COSMOPOLITAN vertrieben, sind schon mal im Internet auf Pornoseiten gelandet und überall sind sie auf Spielarten von Sexualität getroffen. Sie haben sich mit Fragen von Moral und Normalität auseinandergesetzt. Und selbst wenn diese Auseinandersetzung nur in dieser trivialen Form geführt wurde, haben sich darüber Einstellungen verändert, vielleicht ist die Scheu und Schüchternheit vor diesem Thema geschwunden, vielleicht ist einiges unverkrampfter geworden, hat Genuss zunehmend Leistung und Norm ersetzt und Sexualität hat ein Selbstverständnis im Leben bekommen.

Wir leben in einer sexualisierten Welt. Die Medien vermitteln uns täglich diesen Stoff frei Haus. Die Werbung bedient sich erotischer und sexueller Reize, um Produkte vom Auto bis zum Parfüm attraktiv erscheinen zu lassen. Sexualität ist das große Lebensthema, das alle Menschen berührt. Sex verkauft sich gut. Schon im Vorabendprogramm läuft kein Spielfilm ohne eine noch vor zwei Jahrzehnten kaum vorstellbare Sexszene. Das beeinflusst unsere Haltung zu diesem Thema. Vieles wird leichter, sich darüber auszutauschen, vieles als selbstverständlich dargestellt, vieles auch verklärt und erweckt nicht einlösbare Erwartungen.

Menschen mit einer Behinderung treffen auf die gleichen Situationen. Auch sie werden mit dem Thema konfrontiert. Wie lernen sie, mit Sexualität zu leben und wo liegen die Unterschiede? Darüber lassen sich lediglich Vermutungen aufstellen, die sich aus ihrem Verhalten ableiten lassen und die aus ihren Berichten geschlossen werden können. Zunächst kann davon ausgegangen werden, dass die psychosexuelle Entwicklung eines Kindes und Jugendlichen mit Lernschwierigkeiten durch die Reaktionen der Umwelt von der eines nicht behinderten Kindes abweicht.

Welche Eltern eines Jugendlichen mit Lernschwierigkeiten betrachten das wachsende Interesse an Sexualität und am anderen Geschlecht mit Wohlwollen und der Aufmerksamkeit und Zuversicht, wie es bei nicht behinderten Jugendlichen der Fall ist? Diesen werden vorsichtige Fragen gestellt, da forschen Vater und Mutter, mit wem Sohn oder Tochter sich für die Disko verabredet hat. Da berichten die kleinen und großen Geschwister ungefragt, was sie an eigenen Beobachtungen gemacht haben. Allenfalls kommen Ermahnungen der Eltern, nicht zu lange wegzubleiben, auf die Verhütung zu achten oder sich nicht zu früh zu binden. Die pubertäre Phase, was die sexuelle Entwicklung betrifft, wird meist ohne große Beachtung und mit Zuversicht verfolgt, die nachpubertäre Entwicklung wird sehr selbstverständlich als Phase der Vorbereitung auf Partnerschaft und Familiengründung gesehen. Eltern beziehen ihr Selbstverständnis im Umgang mit diesem Lebensabschnitt aus ihrer eigenen Erkenntnis heraus, dass die eigene Jugendzeit z. B. durch elterliche Einschränkungen belastet war. Ansonsten findet eine intensive Interaktion statt zwischen den Jugendlichen und den Eltern. Elterliche Normen werden in Frage gestellt, Freiräume werden erstritten, die Eltern werden mit der jeweiligen Jugendkultur konfrontiert und erleben in diesem Prozess der Auseinandersetzung so manche Änderung ihrer eigenen Einstellung (im günstigsten Fall).

Menschen mit Lernschwierigkeiten ist oder wird eine solche oder annähernd solche Entwicklung versagt. Das Erwachen sexueller Bedürfnisse weckt bei vielen Eltern eher Ängste oder birgt erneute Unsicherheiten in sich: Was passiert, wie reagiert die Umwelt, was ist zu tun, wie werden wir damit fertig? Pubertät und Jugendzeit werden bei Menschen mit Lernschwierigkeiten nicht mit der gespannten Erwartung und mit der Zuversicht begleitet, die nicht behinderten Jugendlichen widerfahren. Ein begleitetes Hineinwachsen in erste Beziehungen und das Selbstverständnis bezogen auf Sexualität und Partnerschaft bleibt ihnen verwehrt.

Der pubertierende geistig behinderte Jugendliche selbst kann »keine Erklärung jener Vorgänge finden, die sich bei ihm abspielen. Er empfindet die Veränderungen, mag sie aber nicht zu deuten, so dass sie zunächst als ›unnatürlich‹ empfunden werden« (Rett 1981). Er selbst hat, werden die Veränderungen nicht umsichtig begleitet, keine Möglichkeiten, aus diesem Dilemma herauszufinden. Vorhandene Medien können von ihm nicht oder nur bedingt genutzt werden, Bücher für Menschen mit Lernschwierigkeiten, die sich mit dem Thema Sexualität verständlich auseinandersetzen, sind vorhanden. In der Regel braucht auch die Erkundung über dieses Medium den begleitenden Erwachsenen, der Zeit hat, das Problem erkennt und über eine eigene sexualfreundliche Einstellung verfügt.

Die Gefühle sind da, das Interesse am anderen Menschen, das Bedürfnis nach Nähe und Zärtlichkeit, das Bewusstsein, dass die Genitalien auf ganz bestimmte Reize und in bestimmten Situationen reagieren. Erfahrungen und vorsichtige Experimente wollen gemacht werden. Doch wenn der kontinuierliche Dialog um diese Thematik ausbleibt, wenn die Zwiespältigkeit elterlicher Gefühle wahrgenommen wird, woraus soll dann das Selbstbewusstsein wachsen, dass dieser Teil des Erlebens auch dazu gehört. »Aufgrund der fehlenden Freiräume und mangelnden Möglichkeiten zur Einübung zunehmender Selbständigkeit entsteht für den geistig behinderten Menschen eine sekundäre Behinderung, die oft wesentlich mehr das Wohlbefinden des einzelnen Jugendlichen tangiert, als es die primäre Behinderung tut« (Walter 1985, 34).

Monika Hallstein (1996, 251 f.) beschreibt, wie die repressive Erziehung des behinderten Menschen, bezogen auf die Sexualität dazu führt, dass der eigene Körper »fremd, als ein von außen manipuliertes Ding erfahren« wird. Eine differenzierte Körperidentität wird nicht entwickelt.

Zudem lässt sich ein Informationsdefizit feststellen. »Fehlende und unzureichende Sexualerziehung versetzt (...) den geistig behinderten Menschen in einen Zustand der Selbstunsicherheit, Unbeholfenheit und Hilflosigkeit« (Hoyler-Herrmann 1992, 213). Das belastet Frauen wie auch Männer massiv und lässt eine fröhliche, lustvolle Sexualität oft gar nicht erst aufkommen. Unwissenheit über Verhütungsmittel, über die Sicherheit der Pille oder dem Gebrauch von Kondomen führen häufig dazu, dass Paare nicht sexuell miteinander verkehren. Wenn in der Fachliteratur davon ausgegangen wird, dass nur etwa ein Drittel aller Paare miteinander schlafen, so wäre es eine weitere Untersuchung wert, wie viele darauf verzichten, weil sich Ängste entwickeln aufgrund fehlender oder fehlerhafter Aufklärung, oder weil sie es ohne Unterstützung einfach nicht »hinkriegen«.

Aufklärung ist ein Prozess, der sich kontinuierlich durch das Leben auch von Menschen mit Lernschwierigkeiten zu ziehen hat und an der jeweiligen Lebenssituation anknüpfen muss. Dieser fortlaufende Austausch über Sexualität kann sich dann positiv auswirken, wenn er bejahend geschieht. Selbstbestimmung bedeutet, etwas über sich selbst zu wissen, über seine Bedürfnisse, Wünsche und über die Realisierbarkeit. Sexuelle Selbstbestimmung setzt zudem voraus, über dieses Wissen mit dem Partner in Austausch zu treten. Dazu bedarf es auch der Kenntnis der menschlichen sexuellen Funktionen. Es ist die Aufgabe des Begleiters, dieses Wissen zur Verfügung zu stellen. Aufklärungsunterricht in den Sonderschulen begleitet oft noch nicht den Menschen in seiner gesamten Entwicklung. Das Thema Sexualität wird hier zeitlich begrenzt auf einige Unterrichtseinheiten, deren Zusammenfallen mit den wirklichen Informationsbedürfnissen des Jugendlichen eher zufällig sind. Ortland (2008) fordert ein »Spiralcurriculum« zum Thema Sexualität, bei dem sich die verschiedenen Elemente der Sexualität den unterschiedlichen Stufen der schulischen Laufbahn immer wieder auf jeweils einem komplexeren Niveau wiederholen. Die Erziehungsberechtigten sollten einbezogen werden und ihre Kompetenz in der Sexualerziehung erweitert werden.

Reaktionen auf die Pubertät und sexuelle Äußerungen

Auf sexuelle Bedürfnisse von Menschen mit Lernschwierigkeiten wird von Angehörigen wie auch Fachleuten sehr unterschiedlich reagiert. Neben pädagogischen Interventionen, die oft noch den Sinn haben, sexuelles Verlangen erst gar nicht zum Ausdruck kommen zu lassen, finden sich ebensolche Reaktionen, die darauf hindeuten, dass davon ausgegangen wird, dass sie solche Bedürfnisse nicht haben. Hinter diesem Negieren und Verdrängen stehen oft irreale Ängste.

Einer Mutter aus einem Kulturkreis, in dem Sexualität stark tabuisiert ist, war von der Schule informiert worden, dass ihr Sohn bei eindeutigen sexuellen Handlungen erwischt worden sei, er hatte eine Mitschülerin an Brust und Scham berührt. In ihrer Angst wandte sie sich sofort an eine Neurologin. Ich habe diese verunsicherte Mutter bei ihrem zweiten Besuch dorthin begleitet. Ihr wurde durch die Ärztin bedeutet, der Sohn solle Androcur nehmen, »es wird angewendet beim Mann zur Triebdämpfung bei krankhaft verändertem Geschlechtstrieb (Sexualdeviationen)«[12]. Es ist leider ein Faktum, dass solch verunsicherte Eltern häufig noch auf unqualifizierte Berater treffen, die selbst von keinerlei Selbstzweifel geplagt werden (vgl. dazu auch Krebs 1992, 48 f.).

---

12 https://www.diagnosia.com/de/medikament/androcur

Sexuelle Deviationen, wie Fetischismus, Exhibitionismus usw. sind, auch wenn es darüber keine gesicherten statistischen Daten gibt, nicht häufiger als bei der nichtbehinderten Bevölkerung. Auch Formen von Gewalt gegen die sexuelle Selbstbestimmung von Menschen mit Behinderung untereinander sind sicher nicht häufiger als bei nicht behinderten Menschen. Da jedoch das Netz der Beobachtung so eng ist, wird jede sexuelle Abweichung von der Norm sofort registriert und als Bedrohung empfunden. Die Frage, ob dieses andere Verhalten nicht auch etwas mit den besonderen Bedingungen zu tun hat, unter denen Menschen mit Behinderung ihre sexuelle Entwicklung erleben, wird dabei selten gestellt, häufiger wird es der Kategorie »krank« zugeordnet. Damit geht eine Entlastung einher. Man muss sich nicht mit den Hintergründen dieses Verhaltens und mit den eigenen Ängsten konfrontieren.

Alle die immer noch vorhandenen Vorurteile bezogen auf die Sexualität vom Menschen mit geistiger Behinderung, lassen sich nach Walter (1992, 32 f.) auf drei Grundmuster reduzieren:

- *Leugnung und Verdrängung der Sexualität geistig behinderter Menschen* – vom geistig behinderten Menschen wird erwartet, dass er das »naive, unverdorbene und geschlechtslose »große Kind« bleibt«;
- *Dramatisierung und Überbetonung der Sexualität geistig behinderter Menschen* – aufgrund seiner geistigen Behinderung kann der Mensch, so das Stereotyp, die Sexualität nicht in die eigene Person integrieren, sie lenken oder kompensieren. Die Erwartung ist dann, dass der behinderte Mensch seine Sexualität hemmungslos auslebt;
- *Fehldeutung nicht-sprachlicher Kommunikation geistig behinderter Menschen* – indem sie für die fehlende verbale Kommunikation andere Formen des Ausdrucks finden und sich anschmiegen oder zu streicheln suchen, werden sie fehlinterpretiert als »distanzlos«, »unbeherrscht« oder »triebhaft«.

Empowerment

In der emanzipatorischen Arbeit mit Menschen mit geistiger Behinderung braucht es Ermutigung und Unterstützung, wenn es um die Fragen von Partnerschaft und Sexualität geht. Sexualität muss einfühlsam immer wieder thematisiert werden, um zu verdeutlichen, dass es sich um einen zentralen Lebensbereich handelt. Und weiterhin steht im Vordergrund, Bedingungen zu schaffen, die es ihnen ermöglichen, ein Leben nach ihren Bedürfnissen zu führen.

Um Sexualität zu begleiten, bedarf es der grundlegenden Auseinandersetzung mit der Thematik der eigenen psychosexuellen Entwicklung. »Und da ohne selbstreflektive Auseinandersetzung mit der eigenen Sexualbiographie keine sexualpädagogische Kompetenz erworben werden kann« (Walter 1992, 196), geht es gerade in diesem Bereich darum, persönliches Erleben und eigene Einstellungen zu überprüfen. Eine sexualfreundliche Haltung stellt die Grundlage für eine professionelle Begleitung dar. Ohne Offenheit und Toleranz für alle Erscheinungsformen und Spielarten der Sexualität wird eine Begleitung in diesem Gebiet nicht möglich sein. Walter (1995, 197) weist nach, »daß Sexualität und Sexualverhalten (von Menschen mit geistiger Behinderung) abhängig sind von der Toleranzbreite sexueller Normhandhabung und moralischer Einstellung ihrer Betreuer«.

Empowerment bedeutet auch, Gelegenheiten zur Verfügung zu stellen, in denen positive sexuelle Erfahrungen gemacht werden können, und das nicht nur für erwachsene Menschen. Körperbehinderte Menschen und Menschen mit Lernschwierigkeiten stehen bereits in der frühen Entwicklung unter dauernder Aufsicht. Sexuelle Erfahrungen mit anderen Kindern und Jugendlichen können kaum gemacht werden. Annäherungen an andere werden kritisch beäugt. Hinzu kommen Ängste der Lehrer und Eltern, solche Annäherungen könnten als Missbrauch verstanden werden. Beobachtet man das Treiben auf dem Pausenhof einer Realschule, wird sehr schnell deutlich, welche spielerischen Erfahrungen in der Annäherung an Jungen oder Mädchen stattfinden. Sexuelles Erleben von behinderten Menschen ist allenfalls auf einer Toilette möglich, immer mit der Angst, etwas Verbotenes zu tun. Es fehlen die Spielräume für ein sexuelles Erwachsenwerden.

Sexualisierte Gewalt und Übergriffe gibt es auch schon unter Kindern. Wenn jedoch eine sexualfreundliche Erziehung schon im vorschulischen und schulischen Bereich greifen soll, bedarf es einer differenzierten Betrachtung der Verhaltensweisen und einer nicht ausschließlich repressiven Pädagogik, die bereits den gegenseitigen Explorationsdrang der Kinder zu verhindern sucht. Die erhöhte Sensibilität für Übergriffe kann auch zu einem Problem werden.

Beispiel David:

David, 29 Jahre, kam zum ersten Mal vor 15 Jahren zu mir. Aufgefallen war er als großer kräftiger Jugendlicher, der, wenn er seine Hörspielkassetten zurück in die Kinderbücherei brachte, dort immer Kontakt mit kleinen Mädchen aufnahm. Waren bei ihm pädophile Neigungen im Hintergrund? Die Mutter machte sich große Sorgen und hatte sich schon an das Jugendamt gewandt. Für David waren diese kleinen Mädchen die einzigen, die unvoreingenommen Kontakt mit dem Großen aufnahmen, mit ihm sprachen. Das stärkte sein Selbstwertgefühl. Sexuelle Interessen hatte er gegenüber den kleinen Mädchen nicht. Er hielt sich zudem an alle mit ihm erarbeiteten Regeln, die den Kontakt zu Kindern betrafen. Die Probleme, die sich in den folgenden Jahren immer wieder ergaben, sind vorwiegend durch Missverständnisse entstanden. Alle Annäherungen an seine Kolleginnen in den Praktika wurden kritisch beäugt, Kontaktwünsche wurden sehr schnell als Übergriffe gedeutet. Unterstützung, Verständnis und Hilfen bekam David selten. Sein erster begleiteter Besuch im Bordell hat ihn begeistert, er erzählte von dem Ereignis. Bei einem nächsten Besuch wurde er von der Prostituierten zum Oralverkehr überredet, ohne Kondom. David willigte ein und konnte anschließend den Aufpreis nicht bezahlen, er hatte seine 50,– Euro bereits abgeliefert. Er wurde aus dem Etablissement geworfen. Er war nachhaltig eingeschüchtert.

Auch dieses Beispiel verdeutlicht die Unterschiede in der psychosexuellen Entwicklung. Den Wunsch nach Anerkennung und Kontakten löste David durch seine Annäherungen an sehr viel jüngere Mädchen. Beziehungen zu Gleichaltrigen gab es wenig, über die Sonderschule waren sie in seiner Freizeit kaum zu ermöglichen, da keiner der Jugendlichen selbst mobil war und sie aus anderen Stadtbezirken kamen. Von nicht behinderten Jugendlichen wurde David gehänselt und ausgegrenzt. Sehr schnell kam dann der Verdacht pädophil, der das Jugendamt und andere alarmierte. In meiner bisherigen Praxis sind mir mehrere solcher Fälle begegnet. Junge Männer, die auf der Suche nach einer Partnerin sind, werden nach meinen bisherigen Erfahrungen sehr viel skeptischer beobachtet und laufen Gefahr, als übergriffig stigmatisiert zu werden. David hat inzwischen eine Partnerin. Das Erarbeiten und Einüben gemeinsamen sexuellen Genießens steht immer noch auf dem Programm.

Es muss schon nachdenklich stimmen, wenn man sich mit den Tatsachen auseinandersetzt: Der überwiegende Teil der Menschen über 25 Jahre lebt in festen Beziehungen. Nur ein Bruchteil der behinderten Menschen der gleichen Altersstufe lebt mit einem Partner zusammen. Nicht selten sind es auch Eltern selbst, die in ihrer Sorge um das vermeintliche Leiden ihrer Kinder versuchen, Beziehungen zu verhindern mit der nicht sehr weisen Voraussicht, wenn die Beziehung scheitern sollte, er oder sie unter heftigem Liebeskummer leide. Lothar Sandfort (2012) veröffentlichte ein Buch mit dem Titel »Das Recht auf Liebeskummer, Emanzipatorische Sexualberatung für Behinderte«. Menschen mit Behinderungen werden oft in Liebe und Fürsorge erstickt, eigene Erfahrungen werden ihnen nicht zugetraut. Auch Menschen mit Lernschwierigkeiten wissen mit Frustrationen umzugehen.

Die Situation erwachsener behinderter Menschen

Orte unvoreingenommener Begegnung reduzieren sich in unserer Gesellschaft für Menschen mit Lernschwierigkeiten vor allem auf Schule, Werkstatt und Wohnheim. Ansonsten leben sie isoliert und oft unter ständiger Beaufsichtigung von Eltern, Betreuern oder Gruppenleitern. Beziehungen entwickeln sich vorwiegend bei Begegnungen in den Institutionen. Ein Zusammensein ist für viele nur dort möglich.

Mittlerweile ist es in der Behindertenhilfe zum Standard geworden, Beziehungen zu fördern und sie als wichtiges Lebenselement zu betrachten. Es werden Single-Partys organisiert, es ist selbstverständlich geworden, dass man für Paare gemeinsamen Wohnraum schafft. Die Mitarbeiter von Werkstätten wissen, wo sich die Paare treffen, die noch daheim wohnen und sonst kaum Gelegenheit haben, sich zu sehen, Zärtlichkeiten und mehr miteinander auszutauschen, und das wird in der Regel toleriert.

Es gibt Paare, die sich morgens an der Bushaltestelle oder im Bus treffen, gemeinsam zur Arbeit fahren, um dann in die Arbeitsgruppen zu gehen. Die Pausen verbringen sie miteinander, erzählen und tauschen kurze Zärtlichkeiten aus. Nach Feierabend fahren sie zurück und jeder geht nach Hause. Und das geschieht oft über viele Jahre hinweg.

Ein Paar, beide leben bei ihren Eltern, haben sich über lange Zeit hinweg in der Werkstatt treffen können und jede freie Minute miteinander verbracht. Als eine Zweigwerkstatt eröffnet wird, muss der Mann aufgrund der regionalen Aufteilung in diese Werkstatt gehen. Das Paar ist getrennt. Sie versuchen noch einige Zeit telefonisch miteinander in Kontakt zu bleiben. Von den Eltern wird diese Beziehung nicht unterstützt. Die Partnerschaft endet.

An solchen Beispielen wird deutlich, wie sehr behinderte Paare von ihrem Umfeld abhängig sind. Es ist ein Skandal, wenn die Persönlichkeit eines behinderten Menschen reduziert wird auf die ihm von der Gesellschaft zugestandenen Bedürfnisse wie Wohnen und Arbeiten.

Partnerwünsche

Im Gespräch mit Menschen mit geistiger Behinderung über das Thema, wen würde ich mir als Partner wünschen, wird häufig geäußert, der Partner solle nicht behindert sein, zumindest solle er das leisten können, was man bei sich selbst als nicht möglich wahrnimmt (vgl. dazu Niehoff, Das zerstörte Selbstbild, S. 89 ff.). Beim Versuch, das umzusetzen, werden von Männern zum Teil erhebliche Energien verwendet, die Wunschpartnerin aus den Anzeigen in den Tageszeitungen auszusuchen. Die Enttäuschung ist dann groß, wenn deutlich wird, dass es sich dabei um Prostituierte handelt.

Die Trauben in unerreichbarer Höhe zu suchen, schafft zwar ständig Enttäuschungen, hat jedoch auch eine andere Seite. Man partizipiert am allgemeinen Glück, indem man sich Luftschlösser baut und muss sich nicht mit der Realität auseinandersetzen. Die unerfüllte, unerreichbare Liebe ist Stoff so manchen Kitschromans. Und darin liegt die Tragik einiger Menschen mit Lernschwierigkeiten, die aufgrund der Selbstunsicherheit in Hinblick auf die eigenen Gefühle und durch die immer wieder erlebte Korrektur durch Eltern und andere nichtbehinderte Menschen den Weg in eine befriedigende Partnerschaft nicht finden und in Phantasien steckenbleiben.

Beobachtungen einer Plattform für Partnervermittlung im Internet, die sich an Menschen mit Lernschwierigkeiten wendet, zeigen, dass sich Männer und Frauen in ihrem Begehren deutlich unterscheiden. Während Männer mehr den Wunsch nach einer Sexualpartnerin äußern, legen Frauen mehr Wert auf Kuscheln, Nähe und Zusammen-Sein.

»Sexualität als ein Grundbedürfnis und ein Grundrecht, das ist die Basis für einen verantwortlichen und respektvollen Umgang. Das Grundrecht zeigt sich in verschiedenen gesetzlichen und gesellschaftlichen Zusammenhängen. Als Menschenrecht im Sinne sexueller und reproduktiver Rechte (UN-Behindertenrechtskonvention, Artikel 23), als Recht auf (sexuelle) Selbstbestimmung (Sozialgesetzbuch IX), im Betreuungsrecht und auch im Strafrecht als Schutz vor Straftaten gegen die sexuelle Selbstbestimmung. Alle diese Gesetze und Rechte haben ein Ziel: dass Menschen mit Behinderung so selbstbestimmt wie möglich über die Gestaltung ihres eigenen Lebens entscheiden und dafür Unterstützung, Begleitung und Förderung erhalten müssen. Dies betrifft natürlich auch ›höchstpersönliche Angelegenheiten‹ wie die Wahl der Partnerin oder des Partners, Verhütung, Sexualität und Kinderwunsch, über die niemand anderes einfach entscheiden darf. In das Zeitalter von Normalisierung und Selbstbestimmung gehört Raum für Paare und Sexualität. Da das noch nicht selbstverständlich zu sein scheint, brauchen Paare die besondere Aufmerksamkeit und Unterstützung.« (lebenshilfe.de)

Darüber hinaus muss Partnerschaft und Sexualität als ein Prozess angesehen werden. Eine Partnerschaft verläuft in Phasen. Nach der ersten Verliebtheit kommen Zeiten, in denen es darum z. B. geht, sich über das weitere Zusammenleben Gedanken zu machen, eine gemeinsame Zukunft zu planen. Dass es dabei zu Meinungsverschiedenheiten kommt, ist selbstverständlich. Dabei hat der Begleiter nicht die Funktion eines Schiedsrichters. Begleiten bedeutet, die Situation und Auffassung des einzelnen zu verstehen versuchen, ohne sie zu bewerten, aber auch die Zuversicht zu vermitteln, dass solch eine Auseinandersetzung fruchtbar sein kann und meist bewältigt wird.

Außerdem unterliegt die Sexualität Entwicklungen. Hier ist es zunächst wichtig, die Wissenslücken zu füllen. Sexualpädagogische Materialien (es gibt in jeder besser sortierten Buchhandlung gut bebilderte Aufklärungsliteratur) gehören selbstverständlich in jede Schulklasse und jede Wohngruppe und in jeden sozialen Dienst einer Werkstatt. Eine Atmosphäre, die es erleichtert, Fragen zu stellen, kann jedoch nur der Begleiter schaffen, der selbst ein positives Verhältnis zur Sexualität entwickelt hat. Dabei sollte die Grundeinstellung sein: erlaubt ist, was beiden Partnern Spaß macht und andere nicht stört.

Zu hoffen bleibt, dass die liberalisierte Einstellung gegenüber der Sexualität auch bei Menschen mit Lernschwierigkeiten Auswirkungen zeigt, sie zunehmend in einem bejahenden Klima aufwachsen und so gelebte Sexualität selbstverständlicher wird.

Beispiel Frau B.

Überlastung bei der Arbeit war der Grund, warum Frau B zu mir kam. Sie schilderte die Situation und das, was sie in Schwierigkeiten brachte. Sie brachte ihren Freund mit, der auch unterstrich, dass es so nicht weitergehen könne. Ihre Beziehung schilderten bei als harmonisch, die Eltern des Paares hatten schon früh die Beziehung unterstützt. Im Laufe der Gespräche wurde deutlich, dass beide keine gegenseitigen sexuellen Interessen hatten. Das wollen wir nicht, kam von beiden.

Walter (1995, 198) schreibt: »im allgemeinen kann davon ausgegangen werden, dass sich das partnerschaftliche Interesse geistig behinderter Menschen nicht primär auf den Geschlechtsverkehr bezieht. Mit Freund oder Freundin wird eher jemand gesucht, der ganz zu ihnen gehört.«

Partnerschaft bedeutet, dass sich der Alltag einfacher bewältigen lässt, wenn man einen Menschen hat, der verlässlich für den anderen da ist und dieser Mensch bietet möglicherweise eine wunderbare Ergänzung zu dem, was dem anderen fehlt. Diese Ergänzungen nach dem Motto »ich kann etwas, was Du nicht kannst und das ist für unsere Partnerschaft besonders wichtig«, findet sich wohl in allen funktionierenden Beziehungen und ist sehr bedeutsam, solange der eine Partner durch den anderen nicht ausgebeutet wird. Bei Menschen mit Lernschwierigkeiten ist diese Ergänzung häufig besonders auffällig und für das gemeinsame Überleben von besonderer Wichtigkeit.

Frau B und ihr Freund machen deutlich, dass sie keine Kinder wollen. Das sei Ihnen zu stressig: »Kindergeschrei kann ich nicht ertragen«, sie haben aber darüber nachgedacht zu heiraten. Man kann immer wieder beobachten, dass Menschen mit Lernschwierigkeiten verdeutlichen möchten, dass sie zusammengehören. Den Freundschaftsring findet man bei vielen Paaren, vergleichbar dem Ehering. Die Heirat selbst wird selten angestrebt, teilweise fanden wir eine erhebliche Desinformation über die Möglichkeit der Eheschließung. Eine Behinderung steht einer Ehe zunächst nicht im Weg. Nach dem

Bürgerlichen Gesetzbuch ist die Eheschließung ein Rechtsgeschäft. Diese setzt also die Geschäftsfähigkeit des Ehepartners voraus, nach § 12 der Behindertenrechtskonvention ist auch bei Menschen mit Lernschwierigkeiten davon auszugehen. Artikel 23 Absatz 1 Buchstabe a der UN-Behindertenrechtskonvention schützt das Recht behinderter Menschen, eine Ehe zu schließen und eine Familie zu gründen. Diese Regelung wiederholt und bekräftigt die Regelungen des Artikels 23 Abs. 2 des Zivilpakts und des Artikels 16 Nr. 1 der Allgemeinen Erklärung der Menschenrechte.

Artikel 23 Absatz 1 Buchstabe b der UN-Behindertenrechtskonvention schützt das Recht behinderter Menschen auf eine freie und verantwortungsbewusste Entscheidung darüber, ob, wann und wie viele Kinder sie bekommen möchten.[13]

Das Bedürfnis nach einer Eheschließung und nach der damit verbundenen gesellschaftlichen Anerkennung der Beziehung ist bei vielen Paaren vorhanden, verbunden mit der Angst, vor der übermächtigen Hürde der Bürokratie zu scheitern. Hier tut eine Aufklärung und intensive Begleitung von Menschen mit Lernbehinderungen Not.

Fachliche Herausforderungen in der Begleitung von Menschen mit Lernschwierigkeiten

Es gibt Themenbereiche, die bei Menschen mit Behinderungen auftreten und mit denen man sich als Begleiter beschäftigen muss. Es ist wichtig, dazu eine eigene Haltung zu entwickeln.

Homosexualität

Über den Anteil der homosexuellen Menschen in der deutschen Bevölkerung gibt es keine genauen Zahlen. Die Angaben schwanken zwischen 1 % und 10 % je nach Untersuchung und Methode. Tatsächlich gibt es viele Schattierungen zwischen Heterosexualität und Ho-

---

13 http://www.behindertenrechtskonvention.info/schutz-von-ehe-und-familie-3900/

mosexualität, die früher auch unter dem Begriff Bisexualität zusammengefasst wurden. Homosexualität kann eine generelle Neigung sein, jedoch auch situativ auftreten vor allem dann, wenn eine geschlechtsgetrennte Unterbringung in Heimen oder Anstalten oder in Gefängnissen erfolgt. Bis in die 90er Jahre gab es solche getrennten Einrichtungen in der Behindertenhilfe. Für partnerbezogene Sexualität war dann nur ein gleichgeschlechtlicher Partner möglich.

Es gibt keine statistische Erfassung über Häufigkeit von Homosexualität unter Menschen mit Lernschwierigkeiten, wobei angenommen werden kann, dass sie dem gesellschaftlichen Durchschnitt entsprechen. Bei einer näheren Betrachtung zeigt sich jedoch, dass in der Gruppe der Menschen mit Lernschwierigkeiten die heterosexuelle Orientierung fast ausschließlich vorhanden zu sein scheint. Es gibt homosexuelle Praktiken auch in Einrichtungen. Bisher ist mir jedoch noch keine gelebte homosexuelle Partnerschaft begegnet, also das bewusste Zusammenleben von zwei Frauen oder Männern. Auch in der Literatur findet man wenige Hinweise auf gelebte Homosexualität. Wobei die Forderung nach Aufklärung und Unterstützung von homosexuellen Orientierungen deutlich vorhanden ist (Ortland 2008, 127 ff.).

Homophobe Reaktionen gibt es in unserer Gesellschaft immer noch. Ein Coming-out will in vielen Bereichen immer noch gut überlegt sein trotz prominenter Vorbilder, sei es der ehemalige Außenminister, der ehemalige Berliner Bürgermeister oder Ex-Nationalspieler Hitzlsperger. »Schwul« wird als Schimpfwort gebraucht. Unter Jugendlichen kann die Verdächtigung »Du bist schwul« oder »Du bist lesbisch« zu ernsthaften Auseinandersetzungen führen. Diese Beobachtung gilt auch für junge Menschen mit Lernschwierigkeiten. Die Stigmatisierung von lesbischen und schwulen Paaren findet auch in der Behindertenhilfe statt. Umso wichtiger erscheint es, dass Begleiter sich mit diesem Thema auseinandersetzen, dass sie sehr genau beobachten, welche sexuellen Präferenzen sich bei den Menschen mit Lernschwierigkeiten ergeben. Es geht um die Stärkung des Selbstbewusstseins, wenn ein homosexueller Mensch große Schwierigkeiten damit hat, seine Homosexualität anzunehmen und sein Leben entsprechend seiner Neigungen zu gestalten. Dazu braucht er das Angebot einer deutlichen Unterstützung. Homosexuelle Paare haben das gleiche Recht auf Schutz innerhalb von Einrichtungen der Behindertenhilfe. Vielleicht reicht es, Herrn B, der sich besonders häufig bei dem neuen FSJler aufhält, einfach mal zu einem Gespräch über seine Gefühle und seine Zuneigung einzuladen, statt das nur bei der Interpretation »Sympathie« zu belassen.

Sexueller Missbrauch

Behinderung scheint Mädchen und Frauen noch wehrloser zu machen und die Täter in noch größerer Sicherheit zu wiegen. Auch bei Frauen mit Lernschwierigkeiten waren es nach unseren Erfahrungen überwiegend Väter und Stiefväter, die sich an ihren Töchtern vergangen haben, oft über Jahre hinweg und in einigen Fällen sogar mit dem Wissen der Mutter und der Geschwister. Nach diesen Kenntnissen, und die decken sich mit anderen Berichten und Veröffentlichungen, ist die Rate sexuellen Missbrauchs bei Frauen und Männern mit Lernschwierigkeiten deutlich höher anzusetzen als in der übrigen Bevölkerung. Es ist anzunehmen, dass die Unsicherheit im Umgang mit Sexualität bei Menschen Lernschwierigkeiten diesen Umstand begünstigt. Wo nicht offen über dieses Thema gesprochen wird, wo Sexualität negiert oder verdrängt wird, kann Missbrauch entsprechend einfacher entstehen, ohne die Angst, dass das Opfer doch einmal den Mut hat, sich dagegen zu wehren oder sich Hilfe zu holen.

Nach Steininger (1997, 60) resultiert aus der Missbrauchsdynamik heraus, die mit Ohnmachtsgefühlen, Hilflosigkeit und Schuldzuweisungen verbunden sein kann, ein starker Selbstwertverlust. Auch bei erwachsenen Frauen trifft man auf Symptome wie Einnässen, manifeste Ängste, selbstverletzendes Verhalten oder psychogene Anfälle. Eine Partnerschaft kann durch solche Erlebnisse erheblich beeinträchtigt sein. Das Angebot therapeutischer Unterstützung für missbrauchte Frauen muss in solchen Situationen ebenso selbstverständlich sein, wie die Beratung der Begleiterinnen durch Fachfrauen mit Erfahrungen in diesem Bereich.

Sterilisation

Sterilisation, die sicherste aller Verhütungsmethoden, ist in der Vergangenheit bei vielen Frauen (und Männern, wenn auch in weitaus geringerer Zahl) mit geistiger Behinderung angewandt worden. Nach unseren Erfahrungen wurden viele Frauen nur unzureichend oder gar nicht über die Auswirkungen dieses Eingriffs informiert. Einer Frau wurde gesagt, der Eingriff sei reparabel, da nur die Eileiter abgeklemmt würden, und man brauche diese Klammern nur zu entfernen, wenn sie vielleicht doch einmal ein Kind wolle.

Diese Form der Fürsorglichkeit wird überwiegend damit begründet, dass Menschen mit Lernschwierigkeiten keine Verantwortung für den möglichen Nachwuchs übernehmen könnten, und es wird an die »armen Kinder« von behinderten Eltern gedacht. Nicht selten entsprang die Entscheidung für eine Sterilisation wohl auch der Befürchtung, dass Menschen mit einer Behinderung eine ungezügelte, unkontrollierte Sexualität praktizieren würden.

Das Betreuungsgesetz von 1992 hat diese Form der Verhütung erheblich erschwert. Diese Form fürsorglicher Gewalt gegenüber Menschen mit geistiger Behinderung ist zumindest nach dem Gesetz nicht mehr möglich.

Die heute vorhandenen Verhütungsmethoden bieten eine hohe Sicherheit. Sie setzen jedoch voraus, dass sich die Frau für die Verhütung entscheidet. Hier findet sich ein schmaler Grat zwischen der Eigenverantwortung und der Einflussnahme von Eltern oder betreuenden Personen.

Kinderwunsch

Zur überdauernden Partnerschaft gehört auch das Thema Kinder. In der langjährigen Auseinandersetzung mit Paaren ist mir kein Paar begegnet, welches sich nicht in irgendeiner Form über dieses Thema Gedanken gemacht hätte.

Schwanger zu werden stellt für viele Paare, ebenso wie für Eltern und Betreuer, eine schreckliche Vision dar. Verdeutlicht wird diese Einstellung, wenn eine Frau zu einem Seminar ein »Pillenbuch« mitbringt, auf dem das Bild eines Säuglings aufgeklebt ist. Nach dem Motto »das passiert Dir, wenn Du die Pille vergisst«. Das Paar wirkte, was die Sexualität betraf, äußerst verängstigt. Er berichtete, er wolle nicht mit seiner Partnerin schlafen, weil sie dann ein Kind bekäme und das dürfte nicht sein. Desinformation und eine tiefsitzende Angst verhindern jede genitale sexuelle Annäherung.

Vorbehalte und Ängste von Eltern und Betreuern werden oft übernommen und münden in Rationalisierungen. Herr M spricht vom

Geld, das dazu nötig wäre, von einer größeren Wohnung und berichtet, dass er selbst im Heim aufgewachsen sei und so viel Leid wolle er keinem Kind zumuten. Eigene Kinder stellen ein sichtbares Zeichen fraulicher und elterlicher Fähigkeiten dar und sind wesentlicher Inhalt der gemeinsamen Beziehung, andererseits mangelt es an Selbstvertrauen, es wirken die Warnungen durch Eltern, Betreuer und andere, sowie das von der Umwelt vermittelte Gefühl, für ein Kind nicht ausreichend Kompetenz und Energie zu haben.

Elternschaft geistig behinderter Menschen ist nicht so selten. Pixa-Kettner u. a. (1996) fanden für eine größere Studie mehr als 1000 Elternschaften mit mehr als 1350 Kindern. In einem Viertel der Fälle leben die Kinder bei ihren Eltern.

Für das Fachpersonal stellen Schwangerschaft und Elternschaft eine besondere Herausforderung dar. »(…) die Konfrontation mit der kategorischen Ablehnung von Schwangerschaften bei Menschen mit geistiger Behinderung durch Kollegen und von außen erscheint (…) als große Belastung« (Pixa-Kettner u.a. 1996, 230). Auch die erfahrene Fachfrau oder der Fachmann wird sich mit grundlegenden ethischen Fragen befassen müssen, z. B. ob diese Eltern zu verantwortungsbewusster Elternschaft fähig sind. Sind Erbschäden zu erwarten, soll eine humangenetische Beratungsstelle eingeschaltet werden; was löst diese Elternschaft bei den Kolleg(inn)en oder Mitbewohner(inne)n aus: welche Hilfen müssen organisiert werden, um dem Kind eine weitgehend »normale« Entwicklung zu ermöglichen? Viele dieser Frage deuten, betrachtet man sie näher, auf das eigene Bild von Behinderung hin und implizieren eigene Vorurteile und Urteile über Behinderung, unter anderen auch die, ob man einem Kind behinderte Eltern zumuten kann.

Nach Art. 23 Abs. 1 Buchst. b) der Behindertenrechtskonvention müssen die Vertragsstaaten gewährleisten, dass »das Recht von Menschen mit Behinderungen auf freie und verantwortungsbewusste Entscheidung über die Anzahl ihrer Kinder und die Geburtenabstände sowie auf Zugang zu altersgemäßer Information sowie Aufklärungen über Fortpflanzung anerkannt wird und ihnen die notwendigen Mittel zur Ausübung dieser Rechte zur Verfügung gestellt werden.«

Sexualbegleitung

Die Sexualbegleitung bezieht sich auf alle Handlungen eines Begleiters, die dem behinderten Menschen es ermöglichen, seine Sexualität zu erleben und zu leben. Dabei wird zwischen aktiver und passiver Sexualbegleitung unterschieden.

Die passive Sexualbegleitung umfasst alle die Notwendigkeiten oder Wünsche des behinderten Menschen, die mittelbar zu seinem Sexualleben gehören, z. B. ihn bei Kauf eines Pornofilms, eines Vibrators oder eines Magazins zu begleiten, dem wenig medienkompetenten Menschen mit Lernschwierigkeiten zu helfen, die Seiten im Internet zu finden, die seinen Wünschen und Bedürfnissen entsprechen oder ihn beim Formulieren eines Partnerwunschs für »Herzblatt.de« zu unterstützen.

Aktive Sexualbegleitung umfasst alle Handlungen eines Begleiters, die unmittelbar mit dem Erleben der eigenen Sexualität verbunden sind. Das reicht von der Handmassage, der Hilfe beim Lernen der Selbstbefriedigung, bis zur Hilfe für ein körperbehindertes Paar, auf- und ineinander zu kommen (vgl. dazu Walter 2004).

Es gibt ausgebildete Sexualbegleiterinnen und Sexualbegleiter. In Deutschland hat sich Lothar Sandfort mit dem »Institut zur Selbst-Bestimmung Behinderter«, dem ISBB in Trebel, einen Namen gemacht und viel Anerkennung verdient. (Siehe dazu das Interview mit Ute Himmelsbach, einer der Sexualbegleiterinnen, S. 230 ff.)

Literatur

Grunick, G.; Maier-Michalitsch, N. (Hg.) (2011): Leben pur – Liebe, Nähe, Sexualität bei Menschen mit schweren und mehrfachen Behinderungen. Düsseldorf: Verl. Selbstbestimmtes Leben.

Hallstein, M. (1996): Sexueller Missbrauch – mehr als ein Übergriff. In: Bundesvereinigung Lebenshilfe: Selbstbestimmung. Marburg.

Hoyler-Herrmann, A. (1992): Überlegungen zur Sexualpädagogik bei geistigbehinderten Erwachsenen. In: Walter, J.: Sexualität und geistige Behinderung. Heidelberg.

Jacobi, V. (1992): Juristische Aspekte der Sexualität Geistigbehinderter. In: Walter, J.: Sexualität und geistige Behinderung. Heidelberg.

Krebs, H. (1992): Medizinische Aspekte zur Sexualität geistigbehinderter Menschen. Aufgaben – Möglichkeiten – Grenzen. In: Walter, J.: Sexualität und geistige Behinderung. Heidelberg.

https://www.lebenshilfe.de/de/buecher-zeitschriften/lhz/ausgabe/2013-2/artikel/Sexualitaet-ist-ein-Grundrecht.php?listLink=1 Abgerufen am 29.02.2016
NIEDECKEN, Dietmut: (1989): Namenlos. München.
ORTLAND, Barbara (2008): Behinderung und Sexualität. Stuttgart.
PIXA-KETTNER, U. (1996): »dann waren sie sauer auf mich, als ich das Kind haben wollte«. Baden-Baden.
RETT, A. (1981): Die Pubertät bei Geistig-Behinderten. In: LEMPP, R.: Adoleszenz. Bern.
SANDFORT, Lothar (2012): Das Recht auf Liebeskummer. Neu-Ulm.
STEININGER, Ch. (1997): Sexueller Missbrauch – Möglichkeiten und Grenzen der Diagnostik bei Kindern und Jugendlichen mit einer geistigen Behinderung. In: Geistige Behinderung, H. 1, 56–72.
WALTER, J. (1985): Pubertätsprobleme bei Jugendlichen mit geistiger Behinderung. In: Geistige Behinderung, H. 1, 23–36.
WALTER, J. (1992): Grundrecht auf Sexualität? Einführende Überlegungen zum Thema »Sexualität und geistige Behinderung«. In: Walter, J.: Sexualität und geistige Behinderung. Heidelberg.
WALTER, J. (1995): Partnerschaft, Sexualität und Ehen in Wohnstätten. In: Wohnen heißt zu Hause sein, Handbuch für die Praxis gemeindenahen Wohnens von Menschen mit geistiger Behinderung. Marburg, 195–208.
WALTER, J. (2004): Sexualbegleitung und Sexualassistenz bei Menschen mit Behinderungen. Heidelberg.

Interview mit Ute Himmelsbach, Sexualbegleiterin

Ulrich Hähner: *Ute, Du bist Sozialarbeiterin, Du hast viele unterschiedliche Qualifikationen im Bereich der Körperarbeit erworben und Du stehst auch regelmäßig in Kontakt mit dem »Institut zur Selbst-Bestimmung Behinderter«, dem ISBB in Trebel. Seit einigen Jahren arbeitest Du mit Menschen mit unterschiedlichen Beeinträchtigungen. Wie nennst Du das, was Du machst, ist das Sexualassistenz oder Sexualbegleitung?*

Ute Himmelsbach: Ich unterscheide da. Sexualassistenz ist bei mir, wenn jemand Schwierigkeiten hat, sich selbst zu berühren, wenn zum Beispiel die Arme fehlen oder die nicht so beweglich sind. Wenn es rein um eine Tätigkeit geht. Ich helfe dann jemandem zu masturbieren oder ich erkläre das. Ich habe zum Beispiel Menschen mit einer kognitiven Beeinträchtigung, die manchmal nicht wissen, wie sie das machen sollen, ohne sich dabei weh zu tun. Bei der Assistenz geht es mehr um das Funktionale. Das kann auch sein, dass Eltern zu mir kommen und ich sie berate oder betreue oder ich bin in Teams mit dabei. Das sehe ich alles im Rahmen der Assistenz.

Und wo liegt der qualitative Unterschied bei der Begleitung?

In der Assistenz spielt mehr die Hilfe zur Selbsthilfe eine Rolle, in der Begleitung geht es mehr um die Gegenseitigkeit in der Beziehung. Wenn es also wirklich darum geht, in Beziehung zueinander zu treten. Oft vergleichbar mit einer »normalen« Beziehung.

Assistenz ist also mehr so eine Hilfe zur Selbsthilfe und bei der Begleitung kommt die Gegenseitigkeit mit dem Klienten dazu?

Genau, so habe ich das in meiner Arbeit definiert. Es mag da sicher auch andere Erklärungsmodelle für diese Unterscheidung geben.

Am Anfang der gemeinsamen Arbeit ist das oft noch nicht so klar, um was es geht.

Wie bereitest Du Deine Arbeit mit den Klienten denn vor?

Das kommt ganz wesentlich darauf an, in welcher Situation die Person ist, um die es geht. Wenn es jemand ist, der selbst sprechen kann, der selbst Kontakt aufnehmen kann, dann machen wir ein erstes gemeinsames Gespräch. Manchmal irgendwo in einem Café. Wenn das nicht möglich ist, dann besuche ich die Person. Ich habe Klienten, die alleine oder in einer WG wohnen, andere können sofort zu mir kommen. Oft ist das natürlich abhängig davon, ob es Barrieren gibt, ob jemand einen Rollstuhl benötigt oder er bei sich daheim einen Lifter hat.

Und wenn jemand nicht sprechen kann?

Dann brauche ich feste Bezugspersonen, die damit beauftragt sind, mir dabei zu helfen, das Anliegen des Klienten zu verstehen. In der Regel sollten das professionelle Helfer oder Pfleger sein. Es können auch mal die Eltern sein.

Ich brauche in jedem Fall ein breiteres Bild von der zu begleitenden Person. Und andererseits muss mein Gegenüber ja auch etwas von mir erfahren. Der Klient oder die Klientin muss ja auch von mir wissen, wie ich ticke, wer ich bin und wie ich arbeite.

Nach diesen Vorinformationen von Dir und von der Person, die sich selbst nicht mitteilen kann, kommt es zu dem ersten Treffen.

In dem ersten Treffen klärt sich eigentlich recht schnell, wie denn der weitere Kontakt aussieht. Oft bleibt es bei einem gegenseitigen Kennenlernen, bei dem auch die Bezugsperson noch dabei ist. Es muss ja auf beiden Seiten entschieden werden, ob wir miteinander in Kontakt gehen wollen. Egal ob es dann eine Assistenz oder Begleitung wird.

Es geht also von vorn herein um eine Beziehung. Das unterscheidet sich ja schon von einer Sexarbeiterin.

Ja absolut. Es ist erst einmal eine Basis, die entstehen muss. Es muss ein Vertrauen aufgebaut werden, um dann herauszufinden, um was geht es. Es ist immer prozessorientiert, das ist für mich ein ganz maßgeblicher Grundsatz. Ich mache keine »Einmalgeschichten«. Es kann sein, dass man nach dem ersten Treffen sagt, das geht nicht mehr. Aber wenn sexuelles Geschehen mit hineinkommt, dann baut sich das langsam auf.

Also im Grunde genommen ist es ganz ähnlich wie in anderen Beziehungen. Es gibt den professionellen Teil, da hat man gelernt, schneller einen Weg zueinander zu finden. Es bedarf aber immer auch der Sicherheit, dass sich beide in dieser Begegnung wiederfinden und auch wohlfühlen.

Wenn einer von beiden das nicht tut, dann muss darüber gesprochen werden. Ich hatte kürzlich die Situation mit einem Mann, mit dem ich schon mehrere Treffen hatte. Da habe ich gemerkt, dass etwas nicht stimmt. Ich empfand keinen achtsamen Umgang mit mir. Dann habe ich das unterbrochen und deutlich gemacht, dass ich mir das anders wünsche.

Was in diesen Treffen passiert, muss aus der Situation entstehen. Es geht nicht, dass zum Beispiel jemand sagt, ich hätte jetzt gerne mal Oralverkehr und dann passiert das. Bei mir wird nicht die Dienstleistung als solche bezahlt, wie bei der Prostitution, sondern die Zeit, die wir miteinander verbringen und gestalten, ist der Maßstab für das Geld, das ich dafür bekomme. In der Regel sind das zwei Stunden.

Also die Begegnung als solche wird bezahlt. Vom Händchenhalten bis zum Geschlechtsverkehr ist alles möglich in einer solchen Begegnung?

Möglich ist alles, es muss aber in dem Moment stimmig sein. Ich mache niemandem zuliebe Geschlechtsverkehr. Und ich würde es auch nie am Anfang machen. Egal, wie beeinträchtigt eine Person ist, sie muss es irgendwie schaffen, mich »ins Boot zu kriegen«. Ich brauche für alles eindeutige Signale. Ich erlebe dann auch sehr stark beeinträchtigte Menschen als äußerst charmant. Dann kann das auch passieren.

Ich würde sagen, in zweidrittel der Begegnungen ist es nicht das Ziel, zum Geschlechtsverkehr zu kommen. Oft geht es mehr um das Angenommen-Sein; schon auch um sexuelle Befriedigung. Geschlechtsverkehr macht oft eher Angst, der Zustand der Angst kann auch über lange Zeit gehen oder es kann auch gar nicht dazu kommen.

Gibt es Grenzen für Dich?

Grenze ist immer da, wenn ich mich nicht wohl mit einem Kontakt fühle. Ich bin sehr empfindlich. Ich mag nicht grob angefasst werden.

Die Selbstsorge ist eine sehr wichtige Sache. Was könnten solche Grenzen sein?

Es gibt Herausforderungen, wie Hautirritationen. Das ist dann am Anfang wirklich schwierig. Und dann bin ich immer erstaunt, wie das verschwindet, wenn so eine persönliche Beziehung entsteht. Bei einem Mann war das so. da hatte ich am Anfang schon Probleme zu kuscheln.

Ich kann nicht alles. Ich muss auf mich achten und auf meine Grenzen.

Hast Du Kontakt zu Frauen?

Ja, das kommt vor, aber eher selten. Auch da ein Beispiel: die Betreuer waren sich unsicher und ihnen war es lieber, wenn zunächst einmal Kontakte mit einer Frau stattfinden könnten. Ich war dann öfter bei ihr. Sie kam dann in Erregung und hatte auch Orgasmen.

Sag mal: der Begriff Orgasmus fällt in unserem Gespräch zum ersten Mal.

Stimmt, wobei der Orgasmus ein wichtiges Ereignis ist. Die Menschen mit einer körperlichen Beeinträchtigung sagen, dass es für sie sehr schön ist und sie sehr entspannt. Sie können sich zwar manchmal selbst befriedigen, sie sagen jedoch: es ist schöner, wenn es mit dir zusammen geschieht. Wenn ich sie stimuliere und streichele.

Gibt es auch Männer, die Sexualassistenz und Sexualbegleitung anbieten?

Ja, zum Beispiel mein Partner Rolf. Aber es sind wenige Männer, die auch die nötigen Qualifikationen haben, und sie werden weniger angefragt.

Wie finanzieren beeinträchtigte Menschen diese Dienstleistung?

Das ist eine besonders schwierige Geschichte für Menschen, die zum Beispiel in einer Werkstatt arbeiten. Viele müssen sparen und können sich das nur alle paar Monate leisten.

Wir wollen aber nicht Sexualität auf Krankenschein. Sexualität ist keine Krankheit, wir wollen das innerhalb eines Teilhabebudgets. Teilhabe an der Gesellschaft und Sexualität gehören zusammen. Ich hoffe, dass sich da irgendwann einmal etwas ändert.

Ich danke Dir für das Gespräch. Du machst eine wichtige Arbeit und auch ich hoffe, dass möglichst viele Menschen mit Beeinträchtigungen die Möglichkeit haben, Sexualbegleitung in Anspruch zu nehmen.

»My Home Is My Castle« – Wohnen und Selbstbestimmung

Rudi Sack

Die Bedeutung des Wohnens für ein selbstbestimmtes Leben

Das Wohnen stellt eine besondere Dimension des Menschseins dar. Der Philosoph Otto Bollnow hat sich intensiv damit auseinandergesetzt. Das Wohnen sei, so stellt er fest (1963, 125) »... eine Grundverfassung des menschlichen Lebens, die erst langsam in ihrer vollen Bedeutung erkannt wird«. »Das Wohnen ist ... nicht ... eine beliebige Tätigkeit neben manchen anderen, sondern ist eine Wesensbestimmung des Menschen« (126). »Wohnen heißt also: eine feste Stelle im Raum haben, an diese Stelle hingehören und in ihr verwurzelt sein« (128). Bollnow führt weiter aus, dass das Leben ein ständiger Wechsel aus Fortgehen und Zurückkehren sei. Um den Halt nicht zu verlieren, brauche der Mensch einen festen Bezugspunkt, von dem alle seine Wege ausgingen und zu dem sie zurückkehrten. Da eine objektive Mitte der Welt nicht existiere, liege für den Einzelnen der Bezugspunkt an dem Ort, an dem er wohnt. Wohnen hat auch etwas mit Geborgenheit zu tun. Der Mensch grenzt mit seinen Hausmauern die Innen- von der Außenwelt ab. Nur wenn er im Innenraum Geborgenheit in dem Sinne erlebt, dass er sich zurückziehen und entspannen und die ständige Aufmerksamkeit gegenüber Gefahren aufgeben kann, ist er auch in der Lage, sich in der Außenwelt zu erhalten und dort seine Aufgaben zu erfüllen (ebd., 130/136). Diese Geborgenheit setzt neben dem Schutz nach außen auch eine Wohnlichkeit nach innen voraus, vom Bewohner gestaltet nach seinen eigenen individuellen Vorstellungen.

Die englische Sprache hält eine prägnante Redensart bereit, die diese Bedeutung im Grunde vollständig in nur fünf Worten zusammenfasst: »My home is my castle.«

Wenn die Wohnung eine derart zentrale Bedeutung hat, dann liegt es auf der Hand, dass die Möglichkeit, über diesen Ort, seine Gestaltung, das darin stattfindende Leben und die darin ein- und ausgehenden Personen selbst bestimmen zu können, ein besonders elementares menschliches Bedürfnis darstellt. Dies wurde mir noch einmal besonders deutlich, als ich in der »ZEIT« ein Interview mit Bettlern aus der Hamburger Innenstadt las. Beim Thema »Obdachlosigkeit« angelangt, fragt der Reporter einen der Bettler, ob er nicht manchmal daran denke, in ein Wohnheim für Obdachlose zu gehen. Dieser verneint und stellt fest, dass er das Schlafen in einer Unterführung vorziehe. Er bleibt auch dann noch bei dieser Ansicht, als einer der anderen ihn darauf aufmerksam macht, dass er dies in der Kälte des nahenden Winters vielleicht anders sehen könnte. Mich hat diese Haltung erschüttert. Ist nicht die Obdachlosigkeit, der Zwang, auch bei bitterer Kälte im Freien schlafen zu müssen, das Schlimmste, was wir uns im Bereich des Wohnens überhaupt vorstellen können? Für diesen Bettler gab es offenbar eine noch abschreckendere Vorstellung: das vielleicht warme und weiche Bett in einem Raum, der nicht der seine ist und in dem er nichts zu sagen hat.

Die Wohnung gilt allgemein als »geheiligter Bezirk« und ihre Unverletzlichkeit als besonders zu schützendes Gut (Art. 13 Grundgesetz). Auf das Delikt des Hausfriedensbruchs stehen unverhältnismäßig hohe Strafen. Selbst dann, wenn ich eine Wohnung nur miete, hat der Eigentümer dieser Wohnung nicht einmal das Recht, sie ohne meine Erlaubnis zu betreten, geschweige denn, dass er mir Vorschriften darüber machen könnte, wie ich sie einrichte.

Im Hinblick auf behinderte Menschen wird dieses Menschenrecht ausdrücklich in der Behindertenrechtskonvention der Vereinten Nationen (VN-BRK) ausgeführt (Bundesministerium für Arbeit und Soziales 2011). Dort heißt es in Artikel 22 (Schutz der Privatsphäre), Absatz 1:

»Menschen mit Behinderungen dürfen unabhängig von ihrem Aufenthaltsort oder der Wohnform, in der sie leben, keinen willkürlichen oder rechtswidrigen Eingriffen in ihr Privatleben, ihre Familie, ihre Wohnung oder ihren Schriftverkehr oder andere Arten der Kommunikation oder rechtswidrigen Beeinträchtigungen ihrer Ehre oder ihres Rufes ausgesetzt werden. Menschen mit Behinderungen haben Anspruch auf rechtlichen Schutz gegen solche Eingriffe oder Beeinträchtigungen.«

Wohnen wo und mit wem ich will

In welchen Wohnformen haben behinderte Menschen die Möglichkeit, selbstbestimmt zu leben? Nach den Vorstellungen der Vereinten Nationen sollen sie eben gerade das selbst entscheiden. Artikel 19 VN-BRK (Unabhängige Lebensführung und Einbeziehung in die Gemeinschaft) proklamiert das Recht, dass »Menschen mit Behinderungen gleichberechtigt die Möglichkeit haben, ihren Aufenthaltsort zu wählen und zu entscheiden, *wo und mit wem sie leben* (Hervorhebung: R. S.), und nicht verpflichtet sind, in besonderen Wohnformen zu leben.« Dieser klaren Positionierung muss sich die Frage anschließen: In welchen Wohnformen wollen behinderte Menschen leben? Es gehört zu den fast schon banalen Feststellungen innerhalb der Debatte um die Deinstitutionalisierung von Angeboten gerade im Bereich des Unterstützten Wohnens, dass Anbieter immer darauf abheben, die von ihnen betreuten Menschen würden gar keine anderen Wohnformen wünschen. Träger von »Komplexeinrichtungen« machen bereits im Rahmen von eher vorsichtigen Dezentralisierungsprogrammen häufig die Erfahrung, dass Angehörige behinderter Menschen, die bislang in solchen Einrichtungen leben, sich gegen diese Programme stellen und sie teilweise sogar als »Vertreibung aus dem Paradies« bezeichnen. Im deutlichen Widerspruch dazu stehen die Aussagen von »Inclusion International«, dem weltweiten Zusammenschluss der nationalen Organisationen von Angehörigen und Selbstvertretern von Menschen mit Lernschwierigkeiten. In ihrem Report zur Umsetzung des Artikels 19 VN-BRK wird die Möglichkeit eines selbst bestimmten Lebens in der Gemeinde innerhalb von Institutionen schlicht negiert:

»Regardless off the amount of money spent, (...) institutions by their very existence, separate and segregate people with intellectual disabilities from their community, and from their family. In addition, once an institution is built or remodeled it takes decades, not years to build community capacity and to get people out and eliminate the institution as an option.« (Inclusion International 2012, 103)

»Article 19 cannot be achieved without the eradication of existing institutions and the prevention of new ones.« (ebd., 109)

»We have learned that when asked, people with intellectual disabilities choose not to live in institutions. We know that institutions deny basic rights of citizenship, personal control, personal privacy, decisionmaking and inclusion in community.« (ebd., 110)

In diese fundamentale Institutionskritik bezieht Inclusion International dabei auch die von Angehörigenorganisationen ab den 70er Jahren des letzten Jahrhunderts geschaffenen bzw. initiierten kleineren und »gemeindenahen« Einrichtungen mit ein. Diese hätten zwar Verbesserungen gegenüber den großen Institutionen gebracht, es mangele aber auch ihnen an einer personenzentrierten sowie an Selbstbestimmung, Inklusion und vollständiger Teilhabe orientierten Ausrichtung (ebd., 115). Aus diesem Grund sei eine zweite Stufe der Deinstitutionalisierung (second order deinstitutionalization) erforderlich, im Rahmen derer auch diese Wohnformen infrage stünden (ebd.). Wenn behinderte Menschen und insbesondere Angehörige sich in der Realität doch für institutionalisierte Wohnformen entschieden, so täten sie dies vor allem aus Mangel an (bzw. Unkenntnis von) verfügbaren Alternativen und – aus Sicht der Angehörigen – der Angst vor mangelnder Versorgung ihres behinderten Familienmitglieds (ebd., 60). Natürlich sei der Wunsch nach bestimmten Wohnformen immer auch vom jeweiligen kulturellen und wirtschaftlichen Hintergrund abhängig, aber weltweit äußerten Selbstvertreter, dass sie so leben wollten wie ihre Brüder und Schwestern bzw. insgesamt Gleichaltrige ohne Behinderung (ebd., 35).

Welche Äußerungen von Menschen mit Lernschwierigkeiten sind in Deutschland dokumentiert? Der Rat der behinderten Menschen in der Bundesvereinigung Lebenshilfe (2008; siehe S. 259 ff.) äußert sich in seiner Reaktion auf die bundesweite Initiative »Daheim statt Heim« vorsichtig. Man kann seine Positionierung so interpretieren, dass der Rat sich gegen einen einseitigen Abbau bestehender Institutionen wehrt, wenn diesem keine sichere Schaffung von bedarfsdeckenden Alternativen gegenüberstünde. Es kommen Befürchtungen zum Ausdruck, die aus Erfahrungen resultieren, der Staat wolle in ambulant betreuten Wohnangeboten mit einem zu geringen Unterstützungsangebot Ressourcen einsparen. Metzler und Rauscher (2004) haben in ihrer Studie im Auftrag von Wohlfahrtsverbänden mehr als 750 Menschen mit Lernschwierigkeiten im Hinblick auf die Vorstellungen zu ihrem zukünftigen Wohnen befragt. Dabei wurde deutlich, dass für die Befragten nicht so sehr die Organisationsform des Wohnens (»ambulant« oder »stationär«) im Vordergrund stand, wobei der Wunsch nach einem Leben in Wohngruppen mit 13 % deutlich abgeschlagen an letzter Stelle der vorgegebenen Optionen rangierte. Die eigentlichen Spitzenreiter (Wohnen mit einem Partner, Wohnen in der Familie, Wohnen mit Freunden) machten jedoch deutlich, dass die Wohnwünsche ganz »normal« sind und denen von Menschen ohne Unterstützungsbedarf entsprechen. Die Besonderheit der zitierten Untersuchung bestand darin, dass hier schwerpunktmäßig jüngere Menschen mit Lernschwierigkeiten befragt wurden (mehr als die Hälfte waren jünger als 23 Jahre), also weniger Personen, die seit vielen Jahren in Institutionen leben. Es wird oft dargestellt, dass diese einen Auszug gar nicht wünschten. So berichtet z. B. Dörner (1998), dass bei einer Befragung der Bewohner des Heimbereichs im psychiatrischen Krankenhaus Gütersloh 1980 über 90 % eine vorgeschlagene Heimentlassung dankend abgelehnt hätten, weil sie »in der Institution wunschlos glücklich seien und dort Heimatrecht hätten«. Freilich haben sich die Verantwortlichen in Gütersloh damals nicht an diesem Ergebnis orientiert und die Auflösung des Heimbereichs dennoch betrieben. Sie taten das in der Überzeugung, dass behinderte Menschen innerhalb einer Institution gar nicht wissen könnten, was selbstbestimmtes Leben bedeute. Dörner leitet daraus die Lehre ab, dass »alle Meinungs- und Zufriedenheitsbefragungen in Institutionen (wie wir sie im Rahmen von Qualitätsmanagement und »Kundenorientierung« inzwischen fest verankert haben – R. S.) unsinnig und zynisch«[14] seien (2000, 130). Es ginge vielmehr darum, »einen institutionalisierten Behinderten wieder wahlfähig zu machen« (ebd., 132). In diesem Sinne wurde den behinderten Menschen in Gütersloh damals das Angebot gemacht, dass sie zwischen dem Leben »draußen« und einem »Feierabendheim« wählen könnten, wofür das schönste Wohnheim der Institution ausgesucht wurde. »Erst nachdem vier Jahre lang kein einziger Behinderter dieses ›Feierabendheim‹ wählen und stattdessen (jeder) lieber in einer eigenen Wohnung leben wollte, haben wir einerseits dieses ›Feierabendheim‹ an einen anderen Nutzer verkauft und fingen wir andererseits an zu glauben, dass zum Genom eines jeden Menschen (mit und ohne Behinderung) auch ein Freiheitsgen gehört.« (ebd.).

Es lohnt sich, diese Annahme mit einer – zugegeben unwissenschaftlichen – Methode zu überprüfen. Stellen Sie sich einmal ganz persönlich die Frage, ob Sie sich ein Leben im Heim auch nur im Ent-

14 Sicherlich provoziert Dörner hier bewusst und ich mag mich der Einschätzung, dass alle Kundenbefragungen behinderter Menschen »unsinnig und zynisch« seien, nicht anschließen. Als zynisch empfinde ich es aber manchmal auch, wenn die Ergebnisse von Kundenbefragungen von Menschen mit Lernschwierigkeiten, deren Ergebnisse eigentlich immer »traumhaft«» ausfallen, dann unkritisch und unreflektiert zur Rechtfertigung des Status quo verwandt werden, nach dem Motto: »Sie sind doch glücklich so, wie es ist!«

ferntesten vorstellen könnten. Erweitern Sie diesen Selbstversuch und fragen Sie in Ihrer Familie, Ihrem Freundeskreis, Ihrer Nachbarschaft nach. Ich unterstelle, dass Sie ein Ergebnis von deutlicher Einseitigkeit erhalten werden.[15] Das macht übrigens auch die Entwicklung im Bereich der Altenhilfe deutlich: Alte Menschen entscheiden sich heute höchstens dann für ein Heim, wenn sie ihren Angehörigen nicht »zur Last fallen« wollen, oder sie haben gar keine Möglichkeit mehr, die Entscheidung selbst zu treffen. Allerdings macht die Entwicklung in der Altenpflege eine Gefahr überdeutlich, welche die Ambulantisierung mit sich bringen kann, wenn das Maß der ambulanten Hilfe im Einzelfall »gedeckelt« ist: Wo diese dann nicht mehr ausreicht und das private Umfeld der Belastung nicht mehr standhält, folgt die zwangsläufige Einweisung in eine »Resteinrichtung der schwersten Fälle« (und nichts anderes stellt das heutige Pflegeheim dar). Dörner (2002) spricht in diesem Zusammenhang von einer »Konzentration der Unerträglichkeit« und fordert in der Konsequenz, man müsse bei der »Ambulantisierung« gerade mit den »schwersten Fällen« beginnen (ebd.).

Wenn manche Menschen mit Lernschwierigkeiten in Heimen sich ein Leben außerhalb nicht vorstellen können, dann mag das auch mit einem Phänomen zusammenhängen, welches ein körperbehinderter Mensch mir gegenüber folgendermaßen umschrieben hat: »Das Heim trifft den in jedem Menschen schlummernden Hang zur Bequemlichkeit. Es führt dabei zwangsläufig zu einer Reduktion unserer individuellen Kompetenzen und Ressourcen.« (Sack 2005, 163). Ich fühlte mich durch diese exzellente Analyse an das Phänomen »Hotel Mama« erinnert, welches offensichtlich dazu führt, dass heute eine zunehmende Zahl (nicht behinderter) junger Erwachsener aus Bequemlichkeitserwägungen auf eine Emanzipation vom Elternhaus – also auf einen Auszug – verzichtet. Und in erstaunlicher Analogie höre ich von Kolleg(inn)en in Heimen, dass viele ihrer Bewohner gar nicht ausziehen und damit auf so angenehme Dienstleistungen wie gekochtes Essen und gewaschene Wäsche verzichten wollten. Der zitierte körperbehinderte Mensch reflektierte mit seiner Aussage eigene frühere Heimerfahrungen und ließ allerdings keinerlei Zweifel aufkommen, dass er sein anstrengenderes Leben in eigener Wohnung mit persönlicher Assistenz unter keinen Umständen mehr gegen ein »bequemes« Leben im Heim eintauschen würde, weil

15 Hiermit sollen keineswegs Menschen, die in Heimen leben, diskreditiert werden. Ich möchte lediglich zum Ausdruck bringen, dass eine freiwillige Entscheidung zum Leben im Heim offenbar immer dann, wenn Menschen eine faire Alternative dazu haben, nicht wirklich zu erwarten ist.

dieses seine Selbstbestimmung und seine normale Teilhabe am gesellschaftlichen Leben verhindere.

Wo stehen wir in Deutschland im Hinblick auf die realistische Möglichkeit von Menschen mit Lernschwierigkeiten, zu leben, wo und mit wem sie wollen? Die Antwort fällt bei ehrlicher Betrachtung eher ernüchternd aus. Für die Industrienationen insgesamt stellt der Report zum Stand der Umsetzung von Artikel 19 VN-BRK fest, dass diese zwar offizielle Programme zur Dezentralisierung und Gemeindeorientierung der Angebote propagierten. Die Selbstwahrnehmung von Selbstvertretern und Angehörigen ginge jedoch dahin, dass Isolation und Exklusion auch in diesen Ländern mit ihren Wartelisten und dem anhaltendem Schwerpunkt auf die Förderung stationärer Wohnformen unverändert die Regel darstellten (Inclusion International 2012, 71). Als Hinderungsgründe für die Wahrnehmung eines echten Wahlrechts im Hinblick auf die eigene Wohnsituation werden der Mangel an (alternativen) Angeboten (ebd., 66, 72), eine nach wie vor anbieterorientierte sozialpolitische Grundausrichtung, eine meist nicht vorhandene Trennung von Wohnung und Unterstützung (ebd., 73) sowie rechtliche Probleme gesehen: Rechtliche Grundlagen wie das deutsche Betreuungsrecht führten dazu, dass im Rahmen der »Aufenthaltsbestimmung« andere Personen stellvertretend für Menschen mit Lernschwierigkeiten zentrale Entscheidungen über ihre Lebensform träfen (ebd., 60). Regelungen zur »Geschäftsfähigkeit« machten es ihnen zudem unmöglich, selbst Verträge (z. B. Mietverträge oder Betreuungsverträge) abzuschließen (ebd., 63).

Eine der größten Einschränkungen bestünde für die Menschen indes darin, dass sie sich in betreuten Wohngruppen oder Wohngemeinschaften (unabhängig von der Leistungsform »ambulant« oder »stationär«) gezwungen sehen, mit Menschen zusammenzuleben, die sie sich als Mitbewohner nicht selbst ausgesucht haben.

Deinstitutionalisierung zur Verbesserung der Chancen auf ein selbstbestimmtes Leben

Das nach wie vor sehr institutionell geprägte System der Hilfen für Menschen mit Lernschwierigkeiten steht heute gerade im Bereich der Wohnbegleitung immens in der Kritik. Diese macht sich nicht zuletzt an der These fest, dass die Hilfe einerseits abhängig mache und andererseits auf Grund ihrer inselhaften Struktur die Teilhabe behinderter Menschen am gesellschaftlichen Leben, zu deren Zweck sie doch eigentlich angeboten und finanziert würde, in Wahrheit verhindere. Diesem als Ausfluss von Institutionsinteressen wahrgenommenen Mangelzustand wird der Begriff der Inklusion, also der Verhinderung von Ausgrenzung, entgegengestellt (vgl. etwa NIEHOFF 2005). Als Zielperspektive dient hier die Vorstellung, dass Menschen mit Beeinträchtigungen an den allgemeinen gesellschaftlichen Angeboten selbstverständlich teilhaben. Man müsse nur diese allgemeinen Angebote so barrierefrei gestalten, dass sie für jedermann zugänglich seien. Außerdem sollten behinderte Menschen wie alle anderen Bürger(innen) dieser Gesellschaft auch immer zunächst private Netzwerke (Angehörige, Freunde, Nachbarn ...) zur Lösung individueller Problemlagen nutzen können (»Hilfe-Mix«; vgl. z. B. DÖRNER 2007). Dieser auch als Community Care (etwa »Sorge in der Gemeinde«) bezeichnete Ansatz, dem manche »Sozialromantik« unterstellen (SEITZ-BAY 2002), birgt zumindest das Risiko eines enormen Missverständnisses, und ich habe den Eindruck, dass finanziell überforderte Leistungsträger für dieses Missverständnis besonders zugänglich sind. Man könnte meinen, dass allein die Abschaffung der bestehenden segregierenden (»exklusiven«) Hilfen ausreichend sei, um die Teilhabe behinderter Menschen am gesellschaftlichen Leben sicherzustellen. Doch erinnern wir uns: Vor der Gründung der »Sonderschulen für Geistigbehinderte« waren Kinder und Jugendliche mit Lernschwierigkeiten (»geistiger Behinderung«) nicht selbstverständlich in das allgemeine Schulsystem integriert, sondern gänzlich von Bildung ausgeschlossen (und angeblich »bildungsunfähig«). Die Gründung der Werkstätten für behinderte Menschen (zunächst »beschützende Werkstätten«) führte nicht dazu, dass sie aus der Beschäftigung auf dem allgemeinen Arbeitsmarkt ausgegliedert wurden, sondern die neuen Einrichtungen gaben (zumindest den allermeisten von) ihnen erstmalig die Möglichkeit zu beruflicher Betätigung. Wir können also daraus schließen, dass allein die Abwesenheit exklusiver Sonderinstitutionen noch keine gesellschaftliche Teilhabe sichert. Das mag man als banal empfinden, aber es erscheint inzwischen notwendig, das zu betonen. Natürlich können wir heute von einer anderen (toleranteren, akzeptierenderen) gesellschaftlichen Einstellung gegenüber behinderten Menschen ausgehen. Aber diese wird allein nicht ausreichen, damit »Community Care« sich wie von selbst entwickelt. Inklusion bedeutet also nicht den Abbau der Hilfen für behinderte Menschen (nach dem Motto »Hilfe ist ausgrenzend«), sondern einen vollständigen Umbau des Hilfesystems.

Institutionell ausgerichtete Unterstützungsformen beim Wohnen verletzen das Recht von behinderten Menschen auf ein selbstbestimmtes Leben unter anderem durch folgende Mechanismen:

- Sie haben wenig Einfluss darauf, wer mit ihnen in der Wohnung lebt.
- Sie haben in der Regel keinen Einfluss auf die Auswahl der Betreuungspersonen.
- Sie haben so gut wie keinen Einfluss darauf, nach welchen Prioritäten die (häufig knappen) Ressourcen in ihrer Begleitung eingesetzt werden.
- Unterstützungsleistungen werden in festgelegten »Gesamtpaketen« erbracht (wie »Betreuung im Wohnpflegeheim«, »Betreuung in der Außenwohngruppe«, »Betreuung im Ambulant Betreuten Wohnen«) und nicht an den Bedürfnissen und Wünschen der Einzelperson maßgeschneidert ausgerichtet.
- Sie haben keinen oder geringen Einfluss auf die bauliche Gestaltung und Einrichtung der Wohnung.
- Die Abläufe des täglichen Lebens (Essenszeiten, Gestaltung der freien Zeit usw.) sind primär an organisatorischen Gesichtspunkten ausgerichtet. Nicht selten müssen z. B. Menschen, die Unterstützung beim Zubettgehen benötigen, aus Dienstplangründen ins Bett gehen (oder mindestens sich bettfertig machen), lange bevor sie müde sind.
- Oft haben sie nicht mal die freie Wahl, was und wann sie essen und trinken wollen. Mindestens ist diese Wahl durch die Notwendigkeit der Abstimmung in der Gruppe eingeschränkt (»Essensplanung«), nicht selten zusätzlich durch »pädagogische« Vorgaben (Ernährungspläne, aufgezwungene Diäten, Alkoholverbote usw.). Dabei werden aus medizinischen Gründen für einzelne Bewohner(innen) notwendige Einschränkungen häufig aus organisatorischen Gründen in einer Art »Sippenhaft« allen Mitbewohner(inne)n aufgebürdet, z. B. wenn wegen eines Bewohners mit Prader-Willi-Syndrom und entsprechend problematischem Essverhalten Kühlschränke und Vorratsräume abgesperrt werden und somit für alle Bewohner(innen) nicht mehr zugänglich sind.
- Sie verfügen nicht über »Hausherrenrechte«, z. B. die Kompetenz zur Entscheidung, wer die Wohnung als Gast betreten darf und wer nicht. Insgesamt werden Grundrechte wie die »Unverletzlichkeit der Wohnung« oder das Briefgeheimnis häufig nicht oder nur nachlässig geachtet. Sie haben in der Regel auch keine Möglichkeit zu verhindern, dass während ihrer Abwesenheit andere Personen

den Intimbereich ihres persönlichen Zimmers betreten (z. B. indem sie über einen Zimmerschlüssel verfügen würden, den sonst niemand hat).

- Für sie gilt kein »Mieterschutz«, sondern lediglich ein eingeschränkter Kündigungsschutz im Rahmen des Wohn- und Betreuungsvertragsgesetzes.
- Zusätzlich führen rechtliche Vorgaben für Institutionen zur Einschränkung von Rechten bzw. Entfaltungsmöglichkeiten von Bewohnern (z. B. erhöhte brandschutzrechtliche Anforderungen, Dokumentationspflichten, die ihr Recht auf Datenschutz einschränken, Arbeitszeitgesetz und weitere arbeitsrechtliche Vorgaben, die den Takt der Unterstützung prägen, weitere heim- und baurechtliche Vorgaben).

Diese Aufzählung stellt natürlich eine Generalisierung dar, aber es steht zu befürchten, dass sie in deutlich zu vielen Fällen zutreffend ist. Das gilt für Formen des betreuten Zusammenlebens in Gruppen und in Teilen auch unabhängig davon, ob es sich leistungsrechtlich um eine »stationäre« oder »ambulante« Betreuungsform handelt.

Supported Living

Als Gegenentwurf zu einer institutionellen Ausrichtung der Unterstützung von Menschen mit Lernschwierigkeiten beim Wohnen wurden im englischsprachigen Raum handlungsleitende Prinzipien für das »Supported Living« (Unterstütztes Wohnen und Leben) entwickelt. Im Vordergrund stehen dabei die folgenden Grundsätze (zitiert nach Lindmeier 2004; hier nur eine Auswahl der im Hinblick auf selbstbestimmtes Leben besonders wichtigen Kriterien):

Trennung der Bereitstellung von Wohnraum und Unterstützung (»separating the provision of housing and support«):
Als Fundament des Konzepts »supported living« ermöglicht diese Trennung dem Unterstützten die Auswahl bzw. den Wechsel der Unterstützungsform bei Verbleib in seiner Wohnung bzw. das Beibehalten des bisherigen Unterstützungssettings beim Wohnungswechsel.

Eigentümer- oder Mieterstatus statt Bewohnerstatus (»home tenancy or owner-ship«):
Der Mensch mit Behinderung enthält einen »Hausherren-Status« mit entsprechend garantierten Rechten.

Umfassende Wahl- und Kontrollmöglichkeit (»full choice and control«):
Hierbei geht es um die Entscheidung, wo und mit wem man leben will, und wer einen dabei unterstützen soll.

Individualisierung der Unterstützung (»focusing on one person at a time«):
Personenzentrierte Leistungserbringung anstelle einer Leistung in festgelegten Dienstleistungspaketen wie »Leben im Heim« oder »Leben im Betreuten Wohnen«.

Personzentrierte Planung (»person centered planning«) und Planung mit Unterstützerkreisen (»planning with circles of support«):
Mit Methoden der Persönlichen Zukunftsplanung und Lebensstilplanung sollen Unterstützungsleistungen den Bedürfnissen, Interessen und Wünschen der jeweiligen Person entsprechend konzipiert werden. Personzentrierte Planung sollte grundsätzlich im Rahmen von sogenannten Unterstützerkreisen durchgeführt werden. Idealerweise rekrutieren Unterstützerkreise ihre Mitglieder im unmittelbaren Lebensumfeld der behinderten Person (»natural support«).

Subjektbezogene Finanzierung (»individual funding«, »direct payment«):
Die Finanzierung der Unterstützung wird nicht mehr institutionsbezogen gewährleistet, sondern durch direkte Zahlungen an Leistungsberechtigte, die sich dann ihre Hilfen selbst einkaufen können (Persönliches Budget).

Keine Zurückweisung von behinderten Menschen mit hohem Unterstützungsbedarf (»zero rejection«):
Keine Person darf von dem Recht auf ein Leben in der Gemeinde und in der eigenen privaten Wohnung ausgenommen werden.

Radikale Umsetzung in Norwegen

Die bislang wohl konsequenteste Deinstitutionalisierung der Hilfen beim Wohnen und Leben hat in Norwegen stattgefunden (vgl. Landesverband Baden-Württemberg der Lebenshilfe 2005). Im Rahmen der so genannten HVPU-Reform wurde bereits 1991 die Auflösung aller Heime bei Übertragung der Zuständigkeit für die Hilfen auf die Gemeinden per Gesetzgebung erzwungen. Während in einem Teil der norwegischen Bezirke zunächst Mini-Institutionen (bis zu sieben Bewohner) in den Gemeinden als Alternative aufgebaut wurden, gingen andere sofort dazu über, jedem behinderten Menschen eine eigene Wohnung mit individueller Assistenz anzubieten. Nach Auffassung des norwegischen Elternverbandes NFU, der die Reform erzwungen hatte und bis heute ihre Umsetzung sehr kritisch begleitet, muss der zweite Schritt des Lebens in der eigenen Wohnung in jedem Fall gegangen werden, denn »auch in kleinen Einrichtungen mit 4–7 Plätzen wird institutionell und nicht individuell gedacht« (ebd., 16). Die Akteure der Reform sehen insbesondere Menschen mit sehr hohem Hilfebedarf als die eigentlichen Gewinner der Reform, weil ihre Lebenssituation und ihre Unterstützung nun viel individueller und besser an ihre Bedürfnisse angepasst seien (ebd., 4). Der Ressourceneinsatz im Einzelfall sei zwar sehr hoch (bis zu einer individuellen Betreuung 2:1), unter dem Strich hätten die Kosten sich aber nicht anders entwickelt, als das bei einem Beibehalt der früheren Institutionen der Fall gewesen wäre. Ohnehin sei die Reform nicht von finanziellen Motiven getragen gewesen, sondern aus der Menschenrechtsperspektive erfolgt.

Kritisch zu den Ergebnissen der Reform wird von den norwegischen Akteuren selbst angemerkt, dass sie zwar zu einer gelungenen Individualisierung der Unterstützung und zu einer besseren rechtlichen Situation der Menschen mit Lernschwierigkeiten geführt habe (man in diesem Sinn also durchaus dem Ziel eines selbstbestimmten Lebens näher gekommen sei), dass eine Inklusion innerhalb der Gemeinden mit entsprechenden über professionelle Unterstützung hinausgehenden Sozialkontakten aber noch nicht durchgreifend gelungen sei.

Unterstützung beim Wohnen unter dem Paradigma der Selbstbestimmung

Das Wohnzimmer als Förderraum? – Über die spezielle Dialektik von Wohnen und Erziehung

Alle Wohnangebote für Menschen mit Lernschwierigkeiten in Deutschland berufen sich heute auf das Normalisierungsprinzip, verfolgen also das zentrale Ziel, den Nutzer(inne)n dieser Angebote »ein Leben so normal wie möglich« zu eröffnen. Auf der anderen Seite gilt es auch heute noch vielerorts als Selbstverständlichkeit, den Wohnort erwachsener Menschen mit Behinderungen konsequent unter erzieherischen Gesichtspunkten zu strukturieren. Besteht darin nicht ein Widerspruch?

Dass jeder erwachsene Mensch – mit oder ohne Behinderung – täglich Neues lernt, dazulernen muss, und dass, so gesehen, praktisch alle Lebenssituationen pädagogisch relevant sind, soll hier nicht bestritten werden. Aber würden wir es gestatten, dass andere in den intimsten unserer Lebensräume, die Wohnung, zielgerichtet (intentional), gemäß erzieherischer Überlegungen, eingreifen?

Menschen mit Lernschwierigkeiten werden durch die lebenslängliche Strukturierung ihrer Privatsphäre als Ort zielgerichteter Förderbemühungen mit von Dritten festgelegten Zielsetzungen in ihrer persönlichen Freiheit eingeschränkt. Die vielleicht wichtigste Voraussetzung auf dem Weg zu einem selbstbestimmten Leben, nämlich das Vermögen, sich selbst zu lieben und ein Vertrauen in die eigene Person zu entwickeln, wird aufs Spiel gesetzt durch den immer wieder neuen Anspruch nicht enden wollender Förderprogramme, noch »besser« werden zu müssen. Dieser Mechanismus wird nicht nur vom pädagogischen Ehrgeiz von Fachkräften vorangetrieben, sondern auch durch das Finanzierungssystem der Eingliederungshilfe begünstigt. Hier sind im Rahmen der »Hilfeplanung« oder »Gesamtplanung« regelmäßig SMARTe Ziele[16] aufzustellen, deren Erreichung nachzuweisen und neu zu bestimmen. Eine Person mit Unterstützungsbedarf, die nicht gefördert werden wollte, stünde somit in der Gefahr, ihren Anspruch auf die Leistung der Eingliederungshilfe zu verlieren. Hierbei wird deutlich, dass der für viele behinderte Menschen zentrale Leistungsanspruch im Rahmen der Eingliederungshilfe in seiner Zielbestimmung noch nicht auf die inhaltlichen Paradigmen der UN-Behindertenrechtskonvention (Inklusion, gleichberechtigte Teilhabe) ausgerichtet ist, sondern nach wie vor am Leitbild der »Förderung«.

Verbietet sich eine pädagogische Legitimation des Begleitens von Menschen mit Lernschwierigkeiten im Wohnbereich ganz generell? Ich meine nein. Zum einen macht es auch im Wohnbereich Sinn, strukturierte Angebote des Lernens im Sinne von Erwachsenenbildung zu gestalten. Dabei müssen die folgenden Prinzipien beachtet werden:

---

16 SMART steht hier für Spezifisch, Messbar, Akzeptiert, Realistisch, Terminiert. Diese Kriterien wurden eigentlich zur Aufstellung von Zielen im Rahmen des Projektmanagements entwickelt. Sie werden von Leistungsträgern aber gerne für die Beurteilung von Förderzielen bei Leistungsberechtigten im Rahmen der Hilfeplanung angewandt (siehe z. B. Bayerischer Bezirketag 2012, 88).

- Freiwilligkeit der Teilnahme,
- Auswahl der Themen und Bestimmung der Ziele durch die Lernenden,
- klare Identifikation von Zeitpunkt und Ort des Lernens.

In einer Beschreibung von Erfahrungen sogenannter »Wohnschulen« in der Schweiz (Pro Infirmis 1991) wird hinsichtlich der pädagogischen Intentionen eine Klassifizierung von Wohnangeboten in zwei Gruppen vorgeschlagen (ebd., 11). »Wohngemeinschaften« richteten ihr Augenmerk auf die Wohnqualität im Hier und Jetzt und seien als Zuhause für unbegrenzte Zeit gemeint. In »Lerngemeinschaften« würde im Hier und Jetzt geübt, was später an einem anderen Ort nützen soll, sie definierten sich als Gemeinschaften auf Zeit. Ich halte diese Klassifizierung für hilfreich. Wenn alle Wohnangebote für Menschen mit Lernschwierigkeiten sich eindeutig einer dieser beiden Kategorien zuordnen ließen, könnte dies vielleicht zur Verhinderung einer lebenslangen Erziehung erwachsener Menschen beitragen.

Entwicklung ermöglichen durch die Gestaltung des Lebensraums

»Ein Mensch entwickelt sich nicht zum Menschen, indem ihm ein ›Mehr‹ hinzugefügt wird, sondern indem er als Mensch in seiner Entwicklung fortschreitet.« (Balgo, Voss 1996, 21)

Ich möchte diese Aussage in das Zentrum meiner Überlegungen zu den Chancen einer emanzipierenden Begleitung von Menschen mit Lernschwierigkeiten beim Wohnen stellen. Die bisherige Orientierung fachlich-pädagogischen Handelns im Sinne eines Verfolgens individueller Förderpläne geht von der Vorstellung aus, dass dem Menschen zu seiner Entwicklung ein »Mehr« hinzugefügt werden müsse. Dabei wird die Frage, was denn dem Menschen noch fehle, wohin er sich entwickeln solle, von außen beantwortet.

Professionelles Handeln, welches an der Zielsetzung ausgerichtet ist, dass der Mensch sich selbst weiterentwickelt, wird sich dagegen bemühen, in diese Entwicklung so wenig wie möglich einzugreifen, sondern vielmehr dafür sorgen, dass das Fortschreiten des Individuums nicht durch äußere Hindernisse erschwert oder gar verhindert wird. Eine solche Zielorientierung stellt wesentlich die Frage nach der Gestaltung des Lebensraums. Entwicklung findet statt, wenn der

Mensch im konkreten Lebensraum Handlungsmöglichkeiten hat und sich somit seine Umwelt »aneignen« kann (Jantzen 1980, 71 ff.).

Wie muss ein Lebensraum gestaltet sein, der Entwicklung und selbstbestimmtes Handeln ermöglicht? Ich möchte an dieser Stelle einen längeren Bericht zitieren. Jürgen Hoch (1995), der von sich selbst erzählt »In der Schule für Praktisch Bildbare, da bin ich beübt worden!«, erklärt darin, wie er das Waschen gelernt hat:

»Ich kann mich noch gut daran erinnern, ich habe das erste Mal gewaschen, ach Gott, ich sag's euch. Da bin ich runtergegangen mit meiner Wäsche, hab' mir die Waschmaschine angeguckt, dass das keine Überschwemmung gibt, hab' Wasserhahn aufgedreht, dann hab' ich mal Wäsche reingetan: Hose, Pullover, Strümpfe, Unterhemd. Naja gut, und dann oben geguckt und dann habe ich festgestellt, da kommt ja noch was rein. Und dann habe ich zufällig in der Zeitung: stand drauf – ein Glück, dass ich lesen kann – Waschpulver. Bin ich losgegangen, ins Geschäft und habe Waschpulver geholt. Habe ich Waschpulver aufgemacht, habe festgestellt ..., nee, ich hab' so gar nichts festgestellt, ich hab' Waschpulver da oben reingemacht. Und dann bin ich wieder runtergegangen, die Wäsche war fertig. Da hab' ich sie rausgeholt und plötzlich war sie bunt. Ja, und da habe ich mich gefragt: ‚Warum ist die Wäsche bunt?' Dann habe ich geguckt und habe festgestellt, dass das Waschpulver blau war. Ja, und dann habe ich mich geärgert, da war ich vielleicht stinkig. So ein Waschpulver kostet 6 Mark noch was. Dann bin ich wieder zurückgegangen und hab' die Verkäuferin angemacht. Und die Verkäuferin, die konnte überhaupt nix verstehen. Die hat gesagt: ›Sie müssen auch richtig waschen!‹ und ich habe gesagt: ›Ich habe richtig gewaschen.‹ Und dann habe ich mir ein anderes Waschpulver geholt. Irgendwie hatte ich das immer noch nicht richtig gerafft, und das Waschpulver war weiß. Aber dann habe Ich wieder Wäsche reingesteckt, beim zweiten Mal, aber das war immer noch bunt. Also bin ich zu den Nachbarn rübergegangen und habe gesagt: ›Also hier, meine Wäsche wird immer bunt. Und ich kaufe immer falsches Waschpulver ein. Das eine Waschpulver ist blau und das andere weiß.‹ Und da sagt die Nachbarin zu mir: ›Haben Sie denn überhaupt schon mal Wäsche gewaschen?‹ Sage ich: ›Nee.‹ ›Sie müssen die Wäsche sortieren.‹ ›Wie denn sortieren?‹ ›Nach Farben!‹ ›Nach Farben?‹ ›Ja! Buntwäsche zu Buntwäsche, Weißwäsche zu Weißwäsche.‹ Und da habe ich nochmal gewaschen und da hat es geklappt. Aber ich war fertig. Ich war fix und fertig. Das ist ganz schön stressig, hier, zweimal in die Stadt zu gehen. Waschpulver zu holen, und ... Ich würde den Leuten, die in so Einrichtungen sind, drei Sachen empfehlen: Erst mal, wenn jemand kochen will, einfach kochen

lassen. Ist egal, wie, und wenn das so ein kleines Chaos ist. Nummer zwei wäre dann waschen. Leute einfach waschen lassen. Ich finde, da kann man wirklich mal viel Geld ausgeben, und wenn es 100 Mark wären, das ist wirklich egal, aber ich finde, dann kann man immer noch eingreifen, wenn man merkt, das hat überhaupt keinen Zweck. Und dann, wenn der Behinderte merkt, das klappt nicht, nur dann eingreifen, wenn er das will. Nie so eingreifen und hingehen und sagen: ›Also, ich zeige dir jetzt mal, wie das geht!‹ Das rate ich euch erst mal alles ab. Ja. Selbstbestimmung ist sehr wichtig für die Leute, sind das Körperbehinderte oder sind das geistig Behinderte. Ich hab' mal 'nem Blinden geholfen und der war verdammt sauer. Und seitdem tu' ich keinen Blinden mehr führen.«

Bei der Gestaltung des Lebensraums im Sinne eines Milieus, welches eine ungestörte Entwicklung des Individuums ermöglicht, sind die folgenden Kriterien von entscheidender Bedeutung:

Der Lebensraum im engeren Sinne muss klein und überschaubar sein
Große Institutionen mit ihren Eigengesetzlichkeiten, Hausordnungen und geregelten Abläufen behindern Entwicklung. Ich bin davon überzeugt, dass wir im Sinne eines selbstbestimmten Lebens von Menschen mit Lernschwierigkeiten an einem radikalen Abbau größerer Einrichtungsformen gerade im Wohnbereich nicht vorbeikommen. Dieser Aspekt ist weiter oben bereits ausführlich diskutiert worden.[17]

---

17 Die apodiktische Feststellung, behinderte Menschen könnten in Großeinrichtungen nicht selbstbestimmt leben, kommt paradox daher, denn man kann ihr entgegenhalten, dass hier paternalistisch für andere Menschen eine Entscheidung aus Sicht des »Experten«» getroffen wird, die möglicherweise ignoriert, dass der Mensch für sich selbst entscheidet, genau in einer solchen Einrichtung leben zu wollen (z. B. weil er schon seit Jahrzehnten dort lebt und sie als seine Heimat empfindet). Wie Dörner empfinde ich jedoch den Verweis darauf, dass Menschen glücklich dort seien, wo sie lebten, als dann zynisch, wenn Menschen in diese Lebenssituation ursprünglich mangels Alternativen geraten sind. Wenn man Einrichtungen jedoch bestehen lässt, um den dort beheimateten Menschen einen Verbleib zu ermöglichen, so entspricht es der Angebots- und Belegungslogik, dass die bestehenden Plätze immer wieder neu belegt werden, zumal echte Alternativen gerade auch für Menschen mit hohem Unterstützungsbedarf nicht oder zumindest nicht in ausreichender Anzahl zur Verfügung stehen und der bauliche Erhalt bestehender, traditioneller Einrichtungen kontinuierlich durch öffentliche Investitionsförderung gesichert wird, die dann wiederum zu jahrzehntelanger weiterer Nutzungsbindung führt: ein endloser Prozess.

Zugang zu einem lebendigen und kontaktreichen weiteren Umfeld
So wie es eine Zwangsvergemeinschaftung und Daueröffentlichkeit im intimen Lebensfeld Wohnung zu vermeiden gilt, muss doch die Möglichkeit der Kontaktaufnahme zu einem lebendigen Umfeld der Wohnung mit einer echten Auswahl an Begegnungs-, Kontakt-, Einkaufs- und Freizeitmöglichkeiten gegeben sein. Es kommt also darauf an, wo die Wohnungen sich befinden, ob sie gut an öffentliche Verkehrsmittel angeschlossen sind und einen Zugang zu Angeboten des täglichen Lebens (Läden, Ärzte, Gaststätten, kulturelle Angebote usw.) in der Nachbarschaft ermöglichen.

Zugang zu allen Abläufen des täglichen Lebens
Entwicklung im Sinne eines selbstbestimmten und von Eigenmotivation getriebenen Lernens setzt voraus, Zugang zu allen Abläufen bei der Bewältigung des Alltags zu haben. Der Erzfeind dieses Ansatzes heißt: zentrale hauswirtschaftliche Versorgung (Sack 1996, 13). Wissen (und Können) ist Macht, Unwissen ist Ohnmacht. Der Vorgang, dass die Wäsche nur in den Korb geworfen wird und dann nach zwei Tagen gebügelt im Schrank liegt, erhält das Unwissen und somit die Ohnmacht. Auch Tätigkeiten, die (vor allem für Menschen mit umfassendem Unterstützungsbedarf) stellvertretend ausgeführt werden müssen, dürfen nicht in ihrer Abwesenheit erledigt werden, sie müssen die Abläufe miterleben können.

Der Ansatz der hauswirtschaftlichen Selbstversorgung in den Wohngruppen wird von pädagogischen Mitarbeitern häufig mit dem Argument abgelehnt, dass sie dadurch von ihren »eigentlichen pädagogischen Aufgaben« abgehalten wurden. Doch es drängt sich die Frage auf: Worin bestehen diese »eigentlichen« Aufgaben denn eigentlich? Wenn wir uns am Leitbild des »Begleitens« orientieren und nicht an jenem des »Erziehens«, lassen sich schwer solche Aufgaben legitimieren, die sich jenseits der Unterstützung bei der Bewältigung des Alltags befinden.

Möglichkeit zur Entscheidung, was man lernen und selbst tun will und was nicht
Kein Mensch lernt und kann alles. Erwachsene setzen (vor allem im Privaten) selbst die Schwerpunkte, in welchen Bereichen sie ihre Fähigkeiten weiterentwickeln wollen. Andere Bereiche vernachlässigen sie oder versuchen, sie zu delegieren. Wir tun auch nicht alles selbst, was wir im Grunde selbst tun könnten. Beispielsweise schaffen wir uns eine Spülmaschine an oder wir leisten es uns, die Bügelwäsche in

die Mangelei zu geben. Ein anderer erledigt das Bügeln selbst, überlässt dafür aber das Unkrautjäten dem Gärtner oder muss sich Hilfe holen, um ein Regalbrett anzubringen.

Zugang zu den Freiheiten, die aus erlernten Fähigkeiten erwachsen
Die Motivation, etwas Neues zu lernen, entsteht immer wesentlich aus der Erwartung, mit den dadurch erworbenen Fähigkeiten einen höheren Grad an Freiheit oder Unabhängigkeit zu gewinnen. Ich lerne das Kochen, um mir das zubereiten zu können, was mir selbst besonders schmeckt. Wenn ich aber an den Kühlschrank gar nicht alleine heran darf und in der Küche nur auf »Schnippeldienste« verwiesen werde, entsteht keine Motivation, das Kochen zu lernen. Ein besonderer Ansporn zur Entwicklung von Selbstständigkeit besteht bei vielen Menschen in der Aussicht, eine eigene Wohnung beziehen zu können.

Anforderungen an die Begleiter im Sinne einer emanzipierenden Unterstützung beim Wohnen

In einigen provokativen Thesen soll schlaglichtartig darauf eingegangen werden, wie Selbstbestimmung in der Wohnung durch das Rollenverständnis und die Sichtweise der Begleiter eingeengt werden kann bzw. wie sich die Haltung der Begleiter im Sinne einer emanzipierenden Unterstützung beim Wohnen wandeln sollte.

Das Dogma von der Kontinuität der Bezugspersonen
Ansätze der Qualitätssicherung im Wohnbereich beziehen sich sehr häufig auch auf die Frage der Kontinuität der Begleitpersonen. Dabei wird grundsätzlich davon ausgegangen, dass Lebensqualität und Kontinuität der Begleitpersonen sich in hohem Maße positiv gegenseitig bedingen. Ich stelle das in dieser Absolutheit in Frage.

Natürlich kann es nicht erstrebenswert sein, dass Menschen, die auch in intimen Fragen eine Begleitung und Unterstützung benötigen, sich mit permanent wechselnden Bezugspersonen auseinandersetzen müssen. Aber stimmt die Gegengleichung? Von Eltern sagt man, dass sie oft nicht in der Lage seien, ihr Kind erwachsen werden zu lassen, gerade weil sie es aus den vielen Jahren so gut kennen und ihm keine wesentliche Entwicklung oder Veränderung mehr zutrauen. Warum sollte für professionelle Helfer, die sich über sehr viele Jahre oder gar Jahrzehnte an ein und derselben Stelle um die dort lebenden Menschen kümmern, grundsätzlich etwas anderes gelten? Ich gehe davon aus, dass es auch so etwas wie eine »Hospitalisierung der Mitarbeiter« gibt, also eine Betriebsblindheit mit der Folge der Einschränkung von Entwicklungs- und Entfaltungsmöglichkeiten für die Personen mit Assistenzbedarf.

Hahn (1995, 11) spricht davon, dass der »jahraus, jahrein gleichbleibende rigide Kreis von Kontaktpersonen ... vergleichsweise wenig Anlässe für Selbstbestimmung« biete. Ich möchte dem hinzufügen: Wenn die Begleiter »ihre Pappenheimer schon kennen« mit all ihren Eigenarten und Schwächen, dann finden persönliche Weiterentwicklung und Emanzipation schon im Sinne einer »self fullfilling prophecy« häufig nicht (mehr) statt.

Dazu ein Beispiel: In einer kleinen Wohngemeinschaft kümmerte sich eine junge, engagierte Mitarbeiterin seit Jahren besonders um eine nicht sprechende Frau mit hohem Unterstützungsbedarf. Die Mitarbeiterin sah bei Besuchen der Eltern deren anhaltend fürsorgliches Verhalten sehr kritisch. Als man auf Vorschlag der Mutter mit der behinderten Frau einen Einstieg in die Anwendung der »Gestützten Kommunikation« versuchte und dabei auch erste Erfolge eintraten, stieß die Geschichte im gesamten Team der Wohngemeinschaft auf Ablehnung. Unsere junge Mitarbeiterin brachte es mit der Bemerkung auf den Punkt: »Warum soll Gudrun (Name geändert) das überhaupt lernen? Wir verstehen doch auch so, was sie will!« Ich möchte, um Missverständnissen vorzubeugen, aber deutlich betonen, dass das »Dogma von der Kontinuität« natürlich auch nicht durch ein »Dogma des Wechsels« der Bezugspersonen abgelöst werden soll.

»Sie sind doch schon so müde, wenn sie von der Werkstatt kommen«
Mit dieser Phrase wird eine klassische Haltung von Begleitern im Wohnbereich karikiert, die dazu angetan ist, Unmündigkeit zu erhalten: das liebevolle und lieb gemeinte Schonen derjenigen, »die es ja im Leben eh schon so schwer haben«. Wer wünscht sich das nicht: man kommt nach Hause und alles Unbequeme wird einem aus dem Weg geräumt, alle Lasten abgenommen, der Kaffee ist bereits gekocht, die Einkäufe erledigt. Man muss sich nur noch absetzen. Allerdings, wenn dies ein Dauerzustand ist, dann werden die Glieder wirklich schwer, jegliche Motivation, etwas in Angriff zu nehmen, schwindet. Was bleibt übrig, als sich der Apathie hinzugeben, sich im Sessel zurückzulehnen und zu seufzen. »Gell«, bekommt man dann zu hören, »war's dir heut' alles wieder zu viel! Nur gut, dass du mich hast!«

Abschied vom »Aufsichtspflicht-und-Haftung-Denken« (siehe hierzu auch der Beitrag von Hähner und Stampehl auf S. 121 ff.)
Wenn Begleiter bei jeder Handlung und Entscheidung darüber nachdenken, dass sie immer »mit einem Bein im Gefängnis stehen«, dann bezeichne ich dies als das »Aufsichtspflicht-und-Haftung-Denken«. Die permanent drängende Frage, ob man nicht seine Aufsichtspflicht verletze, führt letztlich immer zu einer maximalen Risikovermeidung und somit zur vielfältigen Einschränkung der »Betreuten«.

Ich habe den Eindruck, dass das »Aufsichtspflicht-und-Haftung-Denken« zu hohen Teilen ein spezifisch deutsches Phänomen ist. Jedenfalls fällt es mir beim Besuch von Einrichtungen in anderen europäischen Ländern immer wieder auf, dass dort eine wesentlich höhere Risikobereitschaft zu bestehen scheint. Als Deutsche legen wir wohl besonderen Wert darauf, im Einklang mit den Gesetzen zu handeln. Allerdings fehlt dabei meistens das Wissen darüber, dass mit »Sicherheitsentscheidungen« (z. B. wird das Wohnheim ab einer gewissen Zeit zugesperrt, ohne dass die Bewohner einen Schlüssel hätten) oft ein wesentlich eklatanterer Rechtsbruch begangen wird, als eine Verletzung der Aufsichtspflicht es jemals sein könnte: Freiheitseinschränkende Maßnahmen verletzen dort, wo sie nicht geboten sind, die Grundrechte der Betroffenen. Und sie verhindern eine Emanzipation des Einzelnen, weil es Autonomie ohne Restrisiko einfach nicht gibt. »Wer sich nicht in Gefahr begibt, kommt darin um!« (Bertolt Brecht)

Das Chaos ertragen
Wohl jeder junge Mensch, der aus seinem Elternhaus auszieht, durchläuft zunächst eine »Phase des relativen Chaos'». Die Haushaltsführung ist dabei nur ein Aspekt. Die neugewonnene Freiheit muss ausprobiert, das eigenständige Tragen von Verantwortung erlernt werden. Ich habe oft das Gefühl, dass wir nicht die Geduld haben, dieses zwangsläufige Chaos bei Menschen mit Lernschwierigkeiten zu ertragen. Viele Lernprozesse, die auch Menschen ohne Behinderung durchlaufen müssen, können dann gar nicht stattfinden, weil wir vorsichtshalber intervenieren (Sack 1993, 8). Wenn beispielsweise ein Bewohner sich nicht wäscht, weil seine Mutter nicht mehr da ist, die jeden Morgen sagt »Wasch dich!«, dann werden wir den Part der Mutter übernehmen, weil wir ja verhindern müssen, dass er anfängt zu riechen. Ansonsten sähen wir uns schnell dem Vorwurf ausgesetzt, ihn verwahrlosen zu lassen. Der Mensch wird sich also, wie bisher, jeden Morgen auf unsere Aufforderung hin waschen. Aber

er wird keine eigene Motivation dafür entwickeln, er wird es nicht lernen, welche Bedeutung es hat, gewaschen zu sein, angenehm zu riechen und von den anderen nicht gemieden zu werden.

»Du kannst es!«
Menschen lernen dort, eigene und neue Schritte zu gehen, wo ihnen gesagt wird: »Du kannst es!«. Im Sinne einer emanzipierenden Unterstützung im Wohnbereich muss eine Grundhaltung der Begleiter darin bestehen, dass sie Menschen mit Unterstützungsbedarf ein absolutes Vertrauen in ihre Fähigkeiten entgegenbringen. Dieses Vertrauen lässt sich jedoch nur vermitteln, wenn man es tatsächlich hat. Ich möchte hier dafür plädieren, dass wir Menschen mit Lernschwierigkeiten zunächst einmal grundsätzlich alles zutrauen, selbst auf die Gefahr hin, dass wir den einzelnen dabei gelegentlich überschätzen. Die Konsequenzen sind wesentlich gravierender, wenn Menschen unterschätzt werden. Über Generationen wurden Kinder mit »geistiger Behinderung« von schulischem Lernen ausgeschlossen, weil man ihnen nicht zugetraut hatte, dass sie überhaupt etwas lernen können. Es ist nicht auszudenken, wo wir heute mit der Bildung dieser Kinder stünden, wenn niemand das Risiko eingegangen wäre, sie zu überschätzen.

Und wenn sie einen ganz anderen Lebensstil entwickeln?
Eine emanzipierende Unterstützung beim Wohnen ist darauf ausgerichtet, dem Einzelnen dabei zu helfen, dass er seinen eigenen Lebensstil entwickeln kann. Die Schwierigkeit für den Begleiter besteht darin, dass er es akzeptieren muss, wenn dabei ein Lebensstil entsteht, der den eigenen Vorstellungen überhaupt nicht entspricht. Das kann manchmal sehr schwierig sein. Es fällt noch verhältnismäßig leicht, als Freund der »Klassik« zu ertragen, dass der andere lieber Volksmusik hört. Doch wenn er sich Abend für Abend Gewaltvideos ansieht, sein Zimmer schwarz streicht oder sein ganzes Geld für »Schundhefte« ausgibt? Natürlich kann oder soll man sagen, was man davon hält, aber es kommt darauf an, in welcher Weise und mit welchem Ziel das geschieht. Will ich wirklich nur etwas von meiner Einstellung mitteilen, oder will ich direkt Einfluss nehmen auf diejenige des anderen?

Ich spreche vielleicht auch einen Freund darauf an, wenn ich der Meinung bin, dass er sich absolut ungesund ernährt. Aber ich weiß auch, dass mir diejenigen Freunde auf die Nerven gehen, die mich andauernd von ihrem »besseren« Lebensstil überzeugen wollen.

Literatur:

BALGO, R.; VOSS R. (1996): Wenn das Lernen der Kinder zum Problem gemacht wird. Einladung zu einem systemisch-konstruktivistischen Sichtwechsel. In: Behinderte in Familie, Schule und Gesellschaft. 19. Jahrgang, H. 2, 15–24.

Bayerischer Bezirketag (2012): Gesamtplan gemäß § 58 SGB XII für Erwachsene mit geistiger / körperlicher Behinderung und Leistungen für Menschen mit Behinderungen in Werkstätten. Leitfaden der bayerischen Bezirke zum Verfahren. München. http://www.bay-bezirke.de/downloads/db3694795c3774ff45cde1399ad6815f_12-01-25%20Schlussversion%20Leitfaden.pdf (abgerufen am 10. 1. 2016).

BOLLNOW, Otto (1963): Mensch und Raum. Stuttgart.

Bundesministerium für Arbeit und Soziales (2011): Übereinkommen der Vereinten Nationen über die Rechte von Menschen mit Behinderung. Bonn.

Bundesvereinigung Lebenshilfe (2008): Positionierung des Rates behinderter Menschen der Bundesvereinigung Lebenshilfe zur Bundesinitiative »Daheim statt Heim«. http://www.lebenshilfe.de/wData/downloads/leichte-sprache/Bundesinitiative_Daheim_statt_Heim_2008.pdf (abgerufen am 8. 1. 2016).

DÖRNER, Klaus (1998): Ende der Veranstaltung. Gütersloh.

DÖRNER, Klaus (2000): Gedanken zur Selbstbestimmung, Fremdbestimmung und Verantwortung. In: Verein für Behindertenhilfe e. V. (Hg.): Von der Betreuung zur Assistenz? Professionelles Handeln unter der Leitlinie der Selbstbestimmung. Tagungsbericht. Hamburg, 129–135.

DÖRNER, Klaus (2002): »Ende der Veranstaltung – Leben und Wohnen für Menschen mit Behinderung in zehn Jahren«. In: Landesverband Baden-Württemberg der Lebenshilfe (Hg.): Welche Zukunft haben Wohneinrichtungen? Dokumentation des Fachtages am 20.11.2002 in Stuttgart-Hohenheim.

DÖRNER, Klaus (2007): Leben und sterben, wo ich hingehöre. Dritter Sozialraum und neues Hilfesystem. Neumünster.

HAHN, Martin (1995): Selbstbestimmung im Leben, auch für Menschen mit geistiger Behinderung. In: Bundesvereinigung Lebenshilfe: Mehr Selbstbestimmung – wie geht es weiter nach dem Duisburg-Kongreß? Marburg/Lahn, 5–13.

HOCH, Jürgen (1995): Ein Weg aus dem Heim. In: fib e.V. (Hrsg.); Leben auf eigene Gefahr?! Geistigbehinderte auf dem Weg in ein selbstbestimmtes Leben. AG SPAK-Bücher München, 16–29.

Inclusion International (2012): Inclusive Communities = Stronger Communities. Global report on art. 19: The right to live und be included in the community. London.

JANTZEN, Wolfgang (1980): Geistig behinderte Menschen und gesellschaftliche Integration. Bern.

Landesverband Baden-Württemberg der Lebenshilfe (2005): »Leben in den eigenen vier Wänden«. Warum funktioniert die Deinstitutionalisierung in Skandinavien? Dokumentation der Exkursion nach Norwegen von 21.–24. September 2005. http://www.forsea.de/projekte/2004_marsch/norwegen.pdf (abgerufen am 8. 1. 2016).

Lindmeier, Christian (2004): Ein Weg zur Selbstbestimmung – »Supported Living«. Vortrag anlässlich der Tagung »Wie es mir gefällt – Zukunftsplanung mit Assistenz«. In: Forsea – Forum selbstbestimmter assistenz behinderter Menschen e. V., September 2004, 12, http://www.behinderte.de/ad/forsea20040912.htm (abgerufen am 8. 1. 2016).

Niehoff, Ulrich (2005): Ausgrenzung verhindern! Inklusion und Teilhabe verwirklichen. In: Hähner, U.; Niehoff, U.; Sack, R.; Walther, H.: Kompetent begleiten: Selbstbestimmung ermöglichen, Ausgrenzungen verhindern! Marburg, 101–121.

Metzler, Heidrun, Rauscher, Christine (2004): Wohnen Inklusiv. Wohn- und Unterstützungsangebote für Menschen mit Behinderungen in Zukunft. Projektbericht. Herausgeber: Diakonisches Werk Württemberg, Stuttgart.

Pro Infirmis (1991): Auf eigenen Füßen – Erwachsene mit einer geistigen Behinderung lernen, selbständiger zu leben. Zürich.

Sack, Rudi (1993).: Eine WG wie jede andere!? Geistig behinderte und nichtbehinderte Erwachsene leben zusammen. In: Theologia Practica, 28. Jahrgang, 4–8.

Sack, Rudi (1996): Humanes Wohnen für Menschen mit geistiger Behinderung - Das Menschenbild im Grundsatzprogramm der Lebenshilfe und seine Auswirkungen auf die Gestaltung der Angebote im Wohnbereich. In: Lebenshilfe Baden-Württemberg: Finanzierung kleiner gemeindenaher Wohnstätten. Dokumentation der Fachtagung vom 18.01.96 in Stuttgart-Birkach. Stuttgart, 7–16.

Sack, Rudi (2005): Mobile Assistenz für ein selbstbestimmtes Leben! Nur eine Hilfe, die kommt, ermöglicht Individualität. In: Hähner, U.; Niehoff, U.; Sack, R.; Walther, H.: Kompetent begleiten: Selbstbestimmung ermöglichen, Ausgrenzungen verhindern! Marburg, 161–175.

Seitz-Bay, Hartmut (2002): Community Care aus Sicht eines ambulanten Trägers. In: Landeswohlfahrtsverband Württemberg-Hohenzollern (Hg.): Auf dem Weg zum Leben mitten in der Gemeinde. Weiterentwicklung der Hilfen für behinderte Menschen. Stuttgart, 37–44.

Stellungnahme zur Bundesinitiative »Daheim statt Heim«

Rat behinderter Menschen der Bundesvereinigung Lebenshilfe

Der Rat behinderter Menschen der Bundesvereinigung Lebenshilfe hat auf seiner Sitzung am 14.–15. Februar 2008 über die »Bundesinitiative Daheim statt Heim« gesprochen. Dies ist seine Meinung:

Die ersten Sätze der »Bundesinitiative Daheim statt Heim« sind

- Baustopp für neue Heime
- Abbau bestehender Heimplätze

Wir haben nicht lange darüber gesprochen, ob das richtig ist. Wichtig ist uns

- Erst Unterstützungsangebote aufbauen, bevor man was abbaut! Wenn man ein neues Haus bauen will, fängt man auch mit dem Aufbau an. Vielleicht reißt man dann das alte Haus ein. Aber erst Aufbau – dann Abbau!
- Jeder soll selbst wählen können, wo und wie er lebt, z. B. mit dem Persönlichen Budget
- Jeder muss die Unterstützung bekommen, die er braucht!
- Wir reden mit! Nichts über uns ohne uns!
- Wir fordern, dass die Hilfe, die man nun mal braucht, auch bezahlt wird!
- Wir wissen nicht, ob das auch passiert. Denn jetzt wird das nicht bezahlt! Im Betreuten Wohnen kriegen wir zu wenige Stunden zur Unterstützung

Dann haben wir weiter geredet. Hier sind die Ergebnisse:

- Die Behindertenhilfe hat in den letzten Jahren sehr viel erreicht. Es ist sehr wichtig, dies an zu erkennen und zu loben!
- Menschen mit Behinderung haben Rechte und Menschenrechte. Auf diese können sie pochen. Sie müssen nicht um Unterstützung bitten!
- Alle Menschen sollen so lange wie möglich und so lange sie es wollen, in ihrer eigenen Wohnung und im gewohnten Umfeld leben können.

- Wenn ein Mensch Hilfe beim Wohnen braucht, soll er sie dort erhalten, wo er wohnt, wo er sich wohl fühlt und wo er leben will.
- Es sollen überall Angebote zur Unterstützung aufgebaut werden, die jeder Mensch bei sich zu Hause nutzen kann. Dabei muss jeder die Möglichkeit der Wahl haben, z. B. durch das persönliche Budget.
- Es ist schön, wenn Menschen ohne Behinderung mit behinderten Menschen zusammen Zeit verbringen wollen. Das nennt man »Bürgerschaftliches Engagement«. Um Bürger zu treffen, muss man hingehen, wo sie sind. Und das ist in der Gemeinde.
- Menschen, die gerne in einer Gemeinschaft leben wollen, sollen das auch können. Die Größe der Gruppe sollte klein sein, damit das Zusammenleben angenehm bleibt. Eine Zahl ist nicht so wichtig. In kleinen Gruppen kommt man gut zurecht. Man sollte jetzt schon mit Veränderungen anfangen, aber auch nichts »über das Knie brechen« und zu schnell handeln. Gute Veränderungen brauchen auch Zeit.
- Es geht nicht darum, Kosten zu sparen! Es geht darum, jedem Menschen ein Leben in Teilhabe und Selbstbestimmung zu ermöglichen, und zwar dort, wo er selbst gerne leben will. Jeder soll wählen können, wo er leben will.
- Das gilt auch und gerade für die, die sehr viel Unterstützung brauchen. Und wenn man mit den Menschen beginnt, die am meisten Unterstützung brauchen, dann wird es für die Personen mit weniger Hilfebedarf noch einfacher.
- Teilhabe an der Gesellschaft muss für alle Menschen von Anfang an, im Kindergarten, in der Schule, bei der Ausbildung, im Beruf und in der Freizeit, selbstverständlich sein. Menschen mit Behinderung sind gar nicht so besonders. Wenn man nicht mit der Aussonderung beginnt, muss man später nicht wieder umständlich einbeziehen (integrieren).
- Alle müssen umdenken, damit dieses Ziel erreicht wird: Der Gesetzgeber, die Verwaltung, die Träger von Einrichtungen und die Betreuer in den Einrichtungen. Es muss viel verändert werden, vor allem in den Köpfen, damit alle Menschen in Zukunft »Daheim statt im Heim« leben können. Das heißt niemals, dass man allein gelassen wird. Alle müssen sich auch um einander kümmern!
- Die Betroffenen müssen aber an allen Veränderungen entscheidend beteiligt werden. »Nichts über uns ohne uns«!

»Spiel dich frei!« – Empowerment durch Theaterarbeit

Rudi Sack

Warum ein Kapitel über Theaterarbeit in diesem Buch zum Thema Selbstbestimmung? Nun, die Frage ist nicht ganz einfach zu beantworten. Zum einen sicherlich, um exemplarisch aufzuzeigen, dass sich ein methodisches Vorgehen als Pädagoge unter dem Paradigma der »Selbstbestimmung« keineswegs grundsätzlich verbietet. Zum anderen, weil einen guten Spielleiter im Sinne der Theaterpädagogik, wie sie hier vertreten wird, genau das auszeichnet, was auch einen »Begleiter« charakterisieren sollte: Er fungiert nicht als Regisseur im klassischen Sinne, der den Spielern bis ins kleinste Detail vermittelt, wie sie seine Vorstellungen umzusetzen haben, sondern ist vielmehr Katalysator, der die Potenziale der Spieler freisetzt, sie dabei unterstützt, ihre eigenen Bilder zu entdecken und auszugestalten. Ein guter Spielleiter bringt die Energie der Spieler zum Vorschein, anstatt selbst der Motor des Spielprozesses sein zu wollen.

Die Entdeckung der Kunst als Medium

Künstlerische oder kreative Methoden haben Konjunktur in der Arbeit mit Menschen mit Lernschwierigkeiten. Ihre Bilder werden in Kalendern abgedruckt oder in Vernissagen vorgestellt, eine Ausstellung der Künstlergruppe der Diakonie Stetten wurde gar in St. Petersburg präsentiert, Theater- und Musikfestivals unter Beteiligung von Menschen mit Lernschwierigkeiten sind an der Tagesordnung. Neben diesen eher produktionsorientierten Herangehensweisen existiert eine Vielzahl von therapeutischen und/oder pädagogischen Ansätzen, in welchen künstlerische Medien eine vorrangige Rolle spielen. Wie kommt es zu diesem Trend? Ist das, wie mein Politikdozent an der Fachhochschule uns Studenten vorzuwerfen pflegte, die wir den Studienschwerpunkt »Therapeutische und pädagogische Hilfen mit künstlerischen Mitteln« belegt hatten, die »bürgerliche Flucht vor der Sozialarbeit«? Oder einfach ein moderner methodischer »Schnickschnack«? Ich glaube nicht, dass man es darauf reduzieren kann. Wenn wir während der letzten Jahre in der Behindertenhilfe (wie in anderen Bereichen der Sozialarbeit auch) die Kunst[18] als wichtiges Medium erkannt haben, so steht dies aus meiner Sicht in engem Zusammenhang mit der Hinwendung zu einer Pädagogik (bzw. Andragogik), welche individuelle Freiheit, Selbstbestimmung und Empowerment zu ihren Leitbildern macht. Künstlerisches Tun ist freies Tun, und der Künstler gilt gemeinhin als besonders freier und von gesellschaftlichen Zwängen unabhängiger Mensch.

Stellenwert der Kunst und Kunstbegriff haben sich im Laufe der letzten hundert Jahre erheblich verändert. Zum einen erfährt der Künstler heutzutage trotz seiner Unangepasstheit und Provokation des sozialen Normengefüges durchaus eine hohe gesellschaftliche Anerkennung. Zum anderen gilt inzwischen nicht mehr die perfekte Reproduktion der Wirklichkeit, sondern ihre kreative und originelle Entstellung als hochwertig im künstlerischen Sinne. »Kunst gibt nicht das Sichtbare wieder, sondern Kunst macht sichtbar« (Paul Klee 1920).

Beide Entwicklungen sind wichtig für die Brauchbarkeit künstlerischer Methoden in der Arbeit mit Menschen mit Lernschwierigkeiten. Denn erstens können diese, wenn nicht mehr die technischen Reproduktionsfähigkeiten im Vordergrund stehen, sondern die Kreativität und künstlerische Ausdruckskraft, in vielen Fällen erstaunliche und bestaunte Resultate erzielen. Und zweitens erfahren sie, wenn sie als »Künstler« gesehen werden, eine deutliche gesellschaftliche Aufwertung. Was aber die künstlerische Arbeit für die Pädagogik/Andragogik so überaus wertvoll macht, das ist ihre Herangehensweise des Experimentellen, Zweckfreien, Spielerischen. Genau darauf basiert ihre besondere Chance für die Freilegung der persönlichen Entwicklung des Einzelnen.

Menschen mit Lernschwierigkeiten und Theaterarbeit

Theaterarbeit mit Menschen mit Lernschwierigkeiten ist wahrlich nichts Neues. Dennoch kann man in letzter Zeit wohl von einem gewissen Boom sprechen. Vor allem gelingt es ihr an manchen Stellen, sich ein Stück weit aus der Ecke der artig beklatschten Randgruppen-

18 Wenn hier und im Folgenden von »Kunst« die Rede ist, so wird darunter jeweils nicht nur die bildende Kunst verstanden, sondern alle Möglichkeiten künstlerischer Gestaltung, also z. B. auch Tanz, musikalische Ausdrucksformen oder eben das Theaterspiel.

Selbstdarstellung zu befreien. So sieht sich der Kritiker der »Frankfurter Rundschau« nach einer Premiere des Berliner Theaters »Thikwa«, in dem Menschen mit Lernschwierigkeiten sowie seelischer Erkrankung gemeinsam mit Schauspielern aus der Profiszene auftreten, beim Verfassen seiner Rezension »glücklich einer Art Bonus des guten Willens enthoben«.

Dabei sah es lange nicht so aus, als ob Menschen mit Lernschwierigkeiten die Chance bekommen sollten, ihre nicht selten anzutreffende schauspielerische Ausdruckskraft zeigen zu können. Denn häufig beschränkte sich das Repertoire von Theaterproduktionen unter ihrer Beteiligung auf zwei Variationen:

- Ein Betreuer sitzt am vorderen Bühnenrand im Sessel und liest eine Geschichte vor. Dabei handelt es sich, unabhängig vom Alter der Spieler, mit an Sicherheit grenzender Wahrscheinlichkeit um ein Märchen, zu dem sich die Akteure »pantomimisch« über die Bühne bewegen, z. B. als Bäume, indem sie die Arme ausbreitend auf- und abschwingen.
- Die Spieler bekommen einen festgelegten Text, den sich der Spielleiter ausgedacht hat. Da sie aber in der Folge ihrer kognitiven Beeinträchtigung mit dem Auswendiglernen große Schwierigkeiten haben, stehen sie ziemlich hilflos auf der Bühne und schauen mit flehendem Blick zur Bühnenseite, wo sich hinter einem Vorhang der Spielleiter befindet und – für den Zuschauer unüberhörbar – jeden einzelnen Satz vorflüstert.

Wen wundert's angesichts dieser »Methodenvielfalt«, dass die sonderpädagogische Fachliteratur lange Zeit voll war von Behauptungen wie derjenigen, dass Menschen mit »geistiger Behinderung« keine Kreativität besäßen und dass sie zum Rollenspiel nicht wirklich in der Lage wären (z. B. Mühl 1979, 175; Speck 1984, 68).

Doch Spaß beiseite: worauf ist es zurückzuführen, wenn inzwischen – z. B. in den Inszenierungen des Bremer »Blaumeier Ateliers« oder in dem spanischen Kinofilm »Me Too« – Menschen mit Lernschwierigkeiten schauspielerische Leistungen erbringen, die von einer breiten Öffentlichkeit beachtet werden? Es scheint hier wie in vielen anderen Bereichen erst sehr spät ein Weg gefunden worden sein, die Entfaltung angelegter Begabungen wirksam zu fördern bzw. wenigstens nicht zu behindern. Dieser Weg, der über die befreiende Wirkung des improvisierten Spiels führt, soll hier nun in Ansätzen skizziert werden.

Im Mittelpunkt steht das Spiel

Bei Kindern gehen wir selbstverständlich davon aus, aber es gilt für den Menschen schlechthin: wir spielen gerne. Was reizt uns am Spiel? Da wäre zum einen die Tatsache, dass Barrieren, Ängste und Verbote, die uns im alltäglichen Leben einschränken, beim Spielen ausgesetzt sind. Es bietet einen Schonraum, in dem wir angstfrei experimentieren und ungestraft Grenzen überschreiten, unsere geheimen Träume ausagieren können. Ich spreche wohlgemerkt vom (zweck)freien Spiel. Didaktisch ausgeklügelte Lern-»Spiele« sind ebenso wenig gemeint wie leistungsorientierte Wettkämpfe oder hochkomplizierte Regelspiele (Wer kennt nicht diese modernen »Spiel-des-Jahres«-Knüller, bei denen der Spaß – wenn überhaupt – erst dann beginnt, wenn man drei bis vier Stunden über der Spielanleitung gegrübelt hat!).

Beim wirklichen Spielen besteht der Reiz darin, dass nicht nur der Ausgang ungewiss bleibt, sondern bereits der ganze Verlauf ein unbekanntes Abenteuer zu werden verspricht. Die Rede ist von der Improvisation.

Das Traumschiff

»Ihr befindet euch auf der MS Traumschiff. Es ist 20.00 Uhr und Kapitän Petersen lädt euch an diesem ersten Abend eurer Kreuzfahrt durch die Ägäis zum Kapitänsball.« Außer dieser Vorgabe erhält jeder Spieler ein paar Worte zu seiner Rolle auf einem Zettelchen (bzw. ins Ohr geflüstert) und alle gemeinsam die strikte Anweisung, während der vereinbarten Spielzeit den Spielraum nur in ihrer Rolle und als Ballsaal des Traumschiffs zu betreten. Es ist nicht immer ganz einfach, das durchzuhalten. So wirkt Michael am Ende turbulenter 90 Minuten reichlich erschöpft. »Sexfilmproduzent auf der Suche nach Hauptdarstellerinnen – Machotyp« hatte auf seinem Rollenzettel gestanden. »Es ist ganz schön stressig, ein Macho zu sein!«, bekennt Michael nun. Dabei hatte er die Offerte einer nymphomanen Reisenden, mit in ihre Kabine zu kommen, dankend abgelehnt, seine berufliche Aufgabe dafür aber umso ernster genommen: Als Ergebnis des Abends kann er sage und schreibe vier unterzeichnete Schauspielerinnen-Verträge vorweisen. Wie er das Spiel gefunden hat? »Einfach spitze eben!« Es war ja auch sonst noch eine Menge passiert: Ein amerikanischer Geheimagent wird auf frischer Tat ertappt, wie er einen Koffer mit einer Million Dollar entwenden will. Ein tangotanzender Hollywood-Schauspieler schmeißt den Damen Rosen vor die Füße und gerät dadurch in handgreifliche Auseinandersetzungen mit anderen Männern. Eine jugendliche Ausreißerin lernt den Mann fürs Leben kennen und bringt noch am selben Abend ihr erstes Kind zur Welt ... Ich selbst hatte mich als Bordfotograf getarnt, um so – gewissermaßen als legitimierter Voyeur – möglichst wenig zu verpassen. Immer wieder musste ich mir selbst in Erinnerung bringen, dass all die Ideen zu diesen Verrücktheiten und spannenden Aktionen erst in der Situation entstanden und dass der größte Teil der Spieler Menschen mit Lernschwierigkeiten waren.

Innere Bilder entdecken

Wenn wir als (Schau-)Spieler in eine fremde Rolle schlüpfen, dann tun wir das auch deswegen gerne, weil wir innerhalb des Schonraums, den das Spiel uns bietet, aus den rigiden Grenzen der persönlichen Alltagsrollen ausbrechen können. Dabei ist zu beachten, dass die Rollen, in welche wir uns dabei begeben, im richtigen Spiel niemals ausschließlich fremd sind. Echte, den Zuschauer bewegende, Schauspielkunst entsteht nicht, wenn ich die Rolle als etwas vollkommen außerhalb meiner Person Liegendes »spiele«, sondern erst dann, wenn ich sie mit eigenen Bildern, Erinnerungen, Erfahrungen, Gefühlen und Sehnsüchten belebe. Weil der Schauspieler, Regisseur und Theaterpädagoge Konstantin S. Stanislawski das zu Beginn des 20. Jahrhunderts erkannte, hat er die »Arbeit des Schauspielers an sich selbst und an der Rolle« (Stegemann 2007) revolutioniert.

Ob der Prozess des Entdeckens eigener Bilder beim Darsteller gelingt, hängt wesentlich von der Arbeitsweise des Spielleiters ab. Dieser muss der Versuchung widerstehen, die Rolle von außen zu gestalten, indem er dem Spieler die eigenen Bilder aufdrängt. Er verstärkt lediglich die Bemühungen des Spielers auf dessen Suche im Inneren. Die Methode, derer sich der Spielleiter hierbei bedienen muss, ist die Improvisation. Denn bei der Improvisation hat der Spieler keine Zeit, sich die Gestaltung einer Rolle im Kopf auszumalen. Er muss sich vielmehr mit »leerem« Kopf in den Moment des Spiels stürzen und auf die spontanen Impulse verlassen. Und genau durch dieses Vertrauen in den Augenblick werden die inneren Bilder freigesetzt.

Bei der Anwendung der Improvisationsmethode in verschiedenen Gruppen habe ich eine erstaunliche Erfahrung gemacht. Spieler, für die diese Arbeitsweise neu ist, haben zunächst große Hemmungen, sich darauf einzulassen. Das verwundert noch wenig. Dahinter steht die Angst, etwas »Falsches« zu sagen oder zu tun und sich damit zu blamieren. Man will doch unbedingt »witzig« sein und versucht somit, sich gute Gags im Kopf zurechtzulegen. Gerade dadurch aber wird Improvisation gähnend langweilig. Meine überraschende Entdeckung bestand nun darin, dass Menschen mit Lernschwierigkeiten sich häufig mit sehr viel weniger Hemmungen auf die Improvisation einlassen. Vielleicht, weil sie sich beim Spielen weniger an Leistungsnormen orientieren, sind sie weniger eingeschränkt (behindert!) durch die Angst vor einem Misserfolg. Sie nehmen sich die Freiheit, etwas Verrücktes zu tun, »voll daneben« zu sein. Möglicherweise besteht die bei vielen integrativen Kunstprojekten festgestellte innere Nähe zwischen Künstlern und Menschen mit Lernschwierigkeiten genau in dieser – beiden Gruppen gemeinsamen – Freiheit.

Ich habe bereits erwähnt, dass durch die Methode der Improvisation auch Sehnsüchte der Spieler freigesetzt werden. So hatte beispielsweise während eines integrativen Theaterworkshops eine Teilnehmerin mit Lernschwierigkeiten bei verschiedenen Improvisationen immer wieder eine schwangere Frau gespielt, die sich auf ihr Kind freut. Es ist sicherlich möglich, solche durch das Spiel ans Licht gekommenen Themen z. B. in einem gesprächstherapeutischen Zusammenhang aufzugreifen bzw. im Sinne der »Kultur des Begleitens« zu einem besseren Verstehen des behinderten Menschen zu nutzen. Ebenso können sie aber auch im Spiel bleiben. Allerdings trägt der Spielleiter eine gewisse Mitverantwortung dafür, dass beim Spieler durch das Freisetzen von Innerem keine schmerzhaften Prozesse ausgelöst werden, die in dem jeweiligen Gruppenzusammenhang nicht aufgefangen werden können. Deshalb muss der Spieler vom Spielleiter darüber aufgeklärt sein, dass er zu jedem Zeitpunkt aus dem Spiel aussteigen kann.

Empowerment

Die Überschrift zu diesem Artikel enthält die Behauptung, dass durch Theaterarbeit Empowerment stattfinden könne. Diese soll nun im Folgenden begründet werden.

Empowerment durch die befreiende Wirkung des Theaterspiels

Empowerment kann zum einen durch das im letzten Abschnitt beschriebene Erlebnis von Freisein im Spiel stattfinden. Dieses Erlebnis hat für Menschen mit Lernschwierigkeiten insofern eine besondere Bedeutung, als es meist in krassem Gegensatz zu den Erfahrungen ihres Alltags steht. Dort sind nämlich nicht Originalität und Echtheit von ihnen gefragt, sondern objektive und messbare Leistung. Und weil sie diesen Kriterien häufig nicht genügen, haben Menschen mit Lernschwierigkeiten im Alltagshandeln ganz besondere Versagensängste. Das seit früher Kindheit immer wiederkehrende Erlebnis, Erwartungen nicht erfüllen zu können, hat sie »klein« gemacht. Die entgegengesetzte Erfahrung im befreiten Spiel kann bei den Spielern die Wirkung entfalten, sich von inneren Spannungen zu befreien.

Empowerment durch das Erleben von Einfluss auf die Mitspieler

Neben das Erleben von Freisein tritt bei der Improvisation die Erfahrung mit dem Einfluss auf andere (nämlich die Mitspieler). Eine Grundregel der Improvisation lautet: »Stelle Behauptungen auf (und wenn sie noch so verrückt sind), schaffe durch dein Reden und Handeln möglichst schnell eindeutige Tatsachen und bringe deine Mitspieler dabei ruhig auch mal in Schwierigkeiten!« Der Mitspieler muss meine Angebote im Spiel annehmen. So kann ich beispielsweise gleich zu Beginn einer Improvisation, deren Inhalt noch vollkommen offen ist, auf eine Mitspielerin zustürmen und sagen: »Nun komm schon Schatz, die ganze Hochzeitsgesellschaft wartet auf uns!« Die Angesprochene kann aber durchaus den Spieß umdrehen und mich in »Schwierigkeiten« bringen, indem sie jetzt antwortet: »Aber Herr Pfarrer, ich hab' doch mein Ministrantengewand noch gar nicht an …«. Eine einmal aufgestellte Behauptung kann von den Mitspielern grundsätzlich nicht außer Kraft gesetzt werden. Insofern stellt eine szenische Improvisation immer auch eine Selbsterfahrung in Einflussnahme und im Tragen von Verantwortung dar, ein Training in selbstbewusstem Auftreten.

Empowerment durch die Reaktion des Publikums

Nicht zuletzt findet Empowerment beim Theaterspiel natürlich auch durch die Rückmeldung der Zuschauer statt. Dabei muss es sich ja nicht gleich um die tosenden Ovationen beim Auftritt in einer Theaterhalle handeln. Der spontane Applaus der Gruppe nach einer gelungenen Improvisation während eines Workshops ist oft mindestens ebenso wohltuend. Empowerment durch öffentliche Theaterauftritte wird indirekt auch über die Wirkung auf die Zuschauer ausgelöst, indem Menschen mit Lernschwierigkeiten hier einmal nicht als bemitleidenswerte Hilfeempfänger wahrgenommen werden, sondern als selbstbewusst auftretende Künstler. Dies setzt jedoch eine Arbeitsweise voraus, in der sie sich wirklich mit ihren ganzen Möglichkeiten entfalten können und nicht wieder nur – wie in den Beispielen weiter oben dargestellt – als »Dummerle« verkauft werden.

Empowerment durch gezielte theaterpädagogische Übungen

Empowerment kann auch stattfinden durch das gezielte Einsetzen von Übungen aus dem theaterpädagogischen Bereich, und dies keineswegs nur in Theatergruppen, sondern auch bei Seminaren, auf Tagungen usw.

Übungen zu selbstbewusstem Auftreten
Das Beispiel »Vorstellung und Echo«
Bei »Vorstellung und Echo« handelt es sich um eine Übung für die Kennenlernphase in einer nicht zu großen Gruppe. Die Spieler sitzen oder stehen im Kreis. Ein Spieler stellt sich der Gruppe vor, indem er in die Mitte tritt, seinen Namen nennt (z. B. »Ich bin der Peter«) und dazu eine Geste oder Bewegung macht. Der Spieler setzt sich wieder und erhält nun in folgender Weise ein Echo von der Gruppe: Alle anderen Spieler stehen auf und sagen »Hallo Peter!«, indem sie ihn sowohl in der Bewegung als auch im Tonfall nachahmen. Also Vorsicht: wer sich z. B. allzu schüchtern vorstellt, bekommt dies von der Gruppe gnadenlos »im Spiegel« gezeigt. Auf diese Weise stellt sich ein Spieler nach dem anderen vor.

Mit den Rückmeldungen anderer umgehen
Das Beispiel »Ovationen«
Bei »Ovationen« handelt es sich um eine Variation von »Vorstellung und Echo«. Die Gruppe steht im Kreis. Ein Spieler stellt sich vor wie

oben. Die anderen spenden ihm einen artigen Applaus (wie im klassischen Konzert). Der Spieler stellt sich ein zweites Mal in gleicher Weise vor. Jetzt quittiert dies die Gruppe mit Buh-Rufen und Pfiffen. Bei einer dritten Vorstellung erhält er nicht enden wollende Ovationen. Es ist wichtig, dass der Spielleiter dazu auffordert, die verschiedenen Reaktionen bis zum Ende auszuhalten bzw. auszukosten, also jeweils solange in der Mitte stehen zu bleiben. Wenn alle sich vorgestellt haben, fragt der Spielleiter in einer kurzen »Blitzlicht«-Runde ab, wie die Spieler sich bei den verschiedenen Reaktionen gefühlt haben.

Statusspiele
Die Statusspiele sind ursprünglich für das Improvisationstraining entwickelt und greifen für die Bühne etwas auf, was auch im »wirklichen Leben« eine große Rolle spielt. Wenn zwei oder mehrere Menschen miteinander kommunizieren, dann ist es dabei von entscheidender Bedeutung, welchen Status die einzelnen jeweils im Vergleich zu den anderen haben. »Hochstatus« bedeutet: jemand fühlt sich erhaben, überlegen, ist dominant, benimmt sich arrogant; »Tiefstatus«: jemand ist schüchtern, unterwürfig, macht sich klein usw.

Beim Schauspieltraining erfüllen die Statusspiele eine wichtige Funktion, weil es für die Spannung einer Szene entscheidend ist, dass der Zuschauer erkennen kann, in welchem (Macht-)Verhältnis die Rollen zueinanderstehen. Unter der Zielsetzung von Empowerment können sie spielerisch einen wichtigen Beitrag zum Training von Selbstbewusstsein leisten.

Beispiele für Statusspiele
Guten Tag
Die Spieler gehen kreuz und quer durch den Raum. Wenn sie einem anderen Spieler begegnen, sagen sie »Guten Tag«. Der Spielleiter teilt die Gruppe nun in zwei Hälften auf. Beide Gruppen bewegen sich wieder durcheinander im Raum. Die Spieler der Gruppe A sagen nach wie vor »Guten Tag«, wenn sie jemandem begegnen, die Spieler der Gruppe B dürfen nicht »Guten Tag« sagen.

Status-Standbild
Die Spieler der Gruppe A werden nun aufgefordert, jeder für sich in einem Standbild den Status »Hoch« darzustellen. Die Spieler der Gruppe B bewerten sodann, wer am höchsten ist. Daraufhin bekommen diese die Aufgabe, im Standbild möglichst »tief« zu sein. Diesmal nehmen die Spieler der Gruppe A die Bewertung vor.

Graf und Diener
Ein Freiwilliger bekommt die Rolle eines Grafen, der einen Diener sucht. Die anderen Spieler stellen sich nacheinander vor und bewerben sich um die Dienerstelle. Der Graf erhält dabei den Auftrag, möglichst »hoch« zu sein und alle Bewerber abzulehnen. Die Bewerber wiederum sollen sich so »tief« wie möglich verhalten.

Spiel gegen die Erwartung
In einer zu improvisierenden Szene erhalten zwei Spieler eine Status-Verteilung, die der Erwartung widerspricht (z. B. Banküberfall mit einem »tiefen« Ganoven und einem »hohen« Bankangestellten).

Statuskampf
In einer Improvisation müssen zwei oder auch mehrere Spieler versuchen, sich gegenseitig an »Höhe« bzw. »Tiefe« zu überbieten (z. B. Ehestreit, Beichte usw.).

Statuswechsel
In einer Szenenimprovisation bekommen zwei Spieler für den Anfang eine Hoch-Tief-Verteilung und den Auftrag, im Verlauf der Szene den Status zu wechseln. Beispiel: ein Lehrer teilt einem Schüler mit, dass er in der Mathematikarbeit eine Sechs geschrieben hat Am Anfang ist der Lehrer hoch und der Schüler tief. Am Ende der Szene soll es sich genau umgekehrt verhalten.

Anmerkung zu den Statusspielen
Natürlich bietet es sich an, bei einem Einsatz der Statusspiele im Sinne von Empowerment auch zu Szenenkonstellationen bzw. Rollenspielen zu kommen, in denen Situationen angegangen werden, für welche die Teilnehmer ihr Selbstbewusstsein trainieren wollen (z. B. dem Gruppenleiter in der WfbM eine Beschwerde vortragen; sich wehren, wenn sie in der Straßenbahn angepöbelt werden usw.). Dies sollte nur keinesfalls gleich zu Anfang geschehen. Es ist wichtig, dass die Spieler zunächst mit einem spielerischen Zugang Erfahrungen in ganz unverfänglichen Situationen machen können.

Schließlich kann Empowerment spielerisch einfach dadurch geschehen, dass die Gruppe den einzelnen anfeuert:

Gehen mit Anmut und Energie
Diese Übung ist überall dort geeignet, wo sich Menschen (vor allem in großen Gruppen) gegenseitig ermutigen wollen – z. B. am Ende

von Tagungen. Die Gruppe bildet ein nicht zu breites Spalier, das die Spieler nacheinander – einzeln oder auch als Paare – mit »Grazie und Energie« (»Walking with grace and power«) durchschreiten, also in etwa so, wie ein Hollywoodstar anlässlich einer großen Premiere hereinrauscht. Begleitet werden sie dabei von animierender Musik und dem tobenden Applaus der Mitspieler im Spalier. Es ist durchaus erlaubt, sich das Bad in der Menge mehrmals zu gönnen. »Walking with grace and power« will schließlich geübt sein!

Ehrenrunde
»Ehrenrunde« ist eine Variation von »Schreiten mit Grazie und Energie« für die kleinere Gruppe. Die Spieler stellen sich im Kreis auf. Dann dreht ein Spieler eine Ehrenrunde im Inneren des Kreises. Die restlichen Spieler feuern ihn an, auch indem sie laut seinen Namen skandieren. Danach dreht der nächste Spieler seine Ehrenrunde usw., bis alle Spieler an der Reihe waren.

Der Spielleiter als Archäologe

Ich möchte unter diesem Stichwort noch einmal darauf eingehen, was einen guten Spielleiter in der Theaterarbeit auszeichnet und was, im übertragenen Sinn, auch einen Begleiter von Menschen mit Lernschwierigkeiten auszeichnen sollte, der sich an dem Paradigma der Selbstbestimmung orientiert:

- Er versteht sich nicht als Bildhauer, der den Spieler bzw. seine Rolle nach den eigenen Vorstellungen formt.
- Er sieht seine Aufgabe vielmehr darin, das Material des Spielenden zu Tage zu befördern und zu bestärken.
- Wie ein Archäologe geht er bei seiner »Ausgrabungsarbeit« behutsam vor, denn er weiß um die Zerbrechlichkeit und den einzigartigen Wert der Fundstücke im Inneren des Spielers.
- Dabei bedient er sich der Methode der Improvisation, bei welcher der Spieler keine Angst haben muss, etwas »Falsches« zu tun. Dieser spürt vielmehr, dass das Experimentieren, das Ausprobieren von Neuem und Unbekanntem, nicht nur erlaubt, sondern geradezu erwünscht ist.
- Er gibt keine Regieanweisungen, macht aber durchaus Vorschläge und bietet Möglichkeiten an.

- Er fördert die Kreativität der Spieler, indem er Atmosphäre schafft.
- Er entmutigt die Spieler nicht mit negativen Rückmeldungen.
- Er erspürt Spannungen beim einzelnen bzw. in der Gruppe und spricht sie an oder zeigt Möglichkeiten auf, diese im Spiel auszuagieren.

Theaterarbeit ist Bildungsarbeit

Der geneigte Leser mag sich bei der Lektüre dieses Beitrags über theaterpädagogisches Arbeiten gefragt haben, ob sich der hier vertretene methoden-orientierte Ansatz überhaupt mit dem Konzept »Begleiten statt Betreuen« in Einklang bringen lässt: »Nun glaubte ich, beim bisherigen Lesen dieses Buches verstanden zu haben, dass die Autoren mir als Pädagoge Zurückhaltung auferlegen wollen, mag er sich denken, und auf einmal kommen die selbst wieder mit didaktischen Konzepten und methodischen Spielchen daher!«

Bleibt durch die Hintertür der »Methodenkiste« – sei sie nun theaterpädagogisch, gesprächstherapeutisch, erlebnispädagogisch oder was auch immer – doch alles beim alten im Hinblick auf die Allmacht oder zumindest die Dominanz des Fachmanns, der Fachfrau, und zwar einfach durch seinen/ihren Vorsprung in methodischem Know-how?

Dieser mögliche Widerspruch bedarf sicherlich einer intensiven kritischen Auseinandersetzung. Persönlich bin ich allerdings davon überzeugt, dass ein methodisch ausgerichtetes Arbeiten und ein Orientieren am Paradigma der Selbstbestimmung sich nicht grundsätzlich ausschließen. Es geht bei einer solchen Orientierung zwar um die Entpädagogisierung des Alltags, gleichzeitig haben aber Angebote der Erwachsenenbildung eine entscheidende Bedeutung, zumal dann, wenn die Prinzipien des Erwachsenenbildung dabei eingehalten werden (Freiwilligkeit der Teilnahme, Selbstbestimmung über Lernziele usw.).

Und was die Theaterpädagogik in der ansatzweise beschriebenen Ausrichtung betrifft, so sehe ich deren besonderen Wert darin, dass sie Bildungsarbeit im positivsten Sinne des Wortes ist: indem sie häufig einen wesentlichen Beitrag dazu leistet, dass der Einzelne sich selbst nach seinem eigenen Plan entfalten und weiterentwickeln kann.

Literatur

Klee, Paul (1920): Künstlerische Konfession. In: Tribüne der Kunst und der Zeit. Eine Schriftensammlung, Band XIII. Berlin, 28–40.
Mühl, Heinz (1979): Spielförderung. In: Handbuch der Sonderpädagogik Bd. 5, Pädagogik der Geistigbehinderten. Berlin,174–179.
Speck, Otto (1984): Geistige Behinderung und Erziehung. 5. Aufl. München.
Stegemann, Bernd (Hrsg.) (2007): Stanislawski-Reader: Die Arbeit des Schauspielers an sich selbst und an der Rolle. Berlin.

Anstelle weiterer Literaturangaben seien an dieser Stelle meine Lehrer Klaus Frommer, Oliver Hockl und Michael Weitzel genannt, von denen ich die in diesem Artikel erwähnten Methoden der Theaterpädagogik erlernt habe.

Eltern sind keine Gegner – Eltern sind Partner

Ulrich Hähner

»Seitdem meine Tochter im Wohnheim lebt, darf sie gar nichts mehr; dabei haben wir immer Wert darauf gelegt, dass sie sich möglichst frei entwickeln und ihre Erfahrungen machen kann«, berichtet eine Mutter, die die Enge und Ängstlichkeit im Umgang mit ihrer Tochter beklagt und damit Kritik an den professionellen Begleitern übt.

»Der bestimmt doch jetzt schon alles, was in der Familie läuft«, »dann werden nur noch Fritten gegessen und waschen tut der sich nicht mehr« – auf solche Aussagen von Unverständnis und Abwehr stößt man auf der anderen Seite, werden Eltern mit dem Begriff »Selbstbestimmung« konfrontiert. Verwahrlosung, Krankheit werden gedanklich vorweggenommen. Geistige Behinderung und die Übernahme von Verantwortung für das eigene Leben und die eigene Entwicklung scheinen sich im Denken vieler Eltern zunächst auszuschließen.

Die Diskussionen um die Leitidee der Selbstbestimmung lässt kontroverse Positionen unter den Eltern wie zwischen Eltern und Professionellen zum Teil recht deutlich werden. Eltern wünschen sich eine Betreuung, die ihren eigenen Grundhaltungen entspricht und so sehen die einen stärker die Einschränkungen ihres Kindes in der ihrer Meinung nach zu wenig an den individuellen Bedürfnissen orientierten Einrichtung. Die Anderen, und das ist, nach meiner persönlichen und zugegebenermaßen selektiven Wahrnehmung, der größere Teil, verbinden mit Selbstbestimmung ein eher gewagtes Experiment und eine Gefährdung des eigenen Sohnes oder der eigenen Tochter. Die Chancen für die Entwicklung ihrer Kinder und die Lebensqualität, die in der Möglichkeit besteht, Einfluss auf sein eigenes Leben zu nehmen und Wünsche und Bedürfnisse zu entwickeln und zu befriedigen, können oft nicht gesehen werden. Vielfach mag das in dem Missverständnis bedingt sein, dass Selbstbestimmung mit Selbstständigkeit verwechselt wird und darin, dass die Entscheidungen nach den Kategorien der Rationalität bewertet werden. Eltern scheinen an die Frage der Selbstbestimmung weitgehendere Erwartungen zu haben. Rationales Entscheiden steht gegen intuitives Wollen und Handeln, wogegen in unserer Welt die Wertigkeit eindeutig zugunsten ersterem ausfällt. Rationales Argumentieren steht auf der Seite der zur Selbstbestimmung Befähigten (Eltern und Nichtbehinderten), wogegen behinderte Menschen als die nicht zur eindeutigen Artikulation fähigen, ohnmächtigen Hilfsbedürftigen gesehen werden. Selbstbestimmung wird dann nicht mit Unterstützung und Begleitung verbunden, also mit der notwendigen Hilfe an das Ziel zu gelangen, das man sich als Mensch mit Lernschwierigkeiten wünscht, jedoch ohne Unterstützung nicht erreichen kann.

Die Idee der Selbstbestimmung lässt überdeutlich werden, was in ihren Grundlagen häufig problematisch ist: das Verhältnis von professionellen Helfern und Eltern. Die Aufgabe, an diesem Verhältnis zu arbeiten, liegt bei den professionell in diesem Bereich Tätigen. Sie benötigen das Wissen um die Besonderheit von Eltern mit einem behinderten Kind, sie brauchen Verständnis und Empathie für diese Eltern, verbunden mit dem methodischen Rüstzeug wie z. B. Gesprächsführung, und sie müssen ihre Einstellung zum Thema Selbstbestimmung angemessen und nachvollziehbar verdeutlichen. Eltern sind Partner, nicht Gegner. An dieser Grundhaltung gilt es zu arbeiten und die ist nur zu erreichen, wenn man sich mit den besonderen Lebensbedingungen von Eltern mit einem behinderten Kind auseinandersetzt.

Elternschaft

Elternschaft und die damit verbundene elterliche Sorge um das Kind bezeichnet Jonas (1984, 234) als »zeitloses Urbild aller Verantwortung«. Er sieht dabei einen deutlichen Unterschied zwischen Männern und Frauen. Das verantwortlich sorgende Handeln bezeichnet er als natürlich, selbstlos und frauenspezifisch, während das er die Verantwortung des Vaters gegenüber dem von ihm gezeugten Kind als eine in der herkömmlichen Moral verankerte, nicht reziproke Verantwortung und Pflicht sieht, die in der Regel spontan anerkannt und praktiziert wird. Obwohl sich die Bereitschaft von Vätern, sich stärker in die Erziehung der Kinder einzumischen und Verantwortung zu übernehmen, signifikant positiv verändert hat, bleibt die Mutter auch heute noch zumeist die Hauptverantwortliche in diesem Bereich.

Jedoch sind die geschlechtsspezifischen Unterschiede säkularen Veränderungen unterworfen, individuell sehr unterschiedlich ausgeprägt und in hohem Maße abhängig vom sozialen und ökonomischen Status, der Bildung und der eigenen Entwicklungsgeschichte. In der traditionellen Verteilung elterlicher Einstellung und der Beziehung zum Kind scheint bei Vätern eine größere Distanziertheit zu den eigenen Kindern fast durchgängig zu beobachten zu sein. Der Umkehrschluss, dass sie letztlich weniger emotionale Probleme bei der Emanzipation der eigenen Kinder hätten, darf nicht automatisch erfolgen.

Advokatorische Funktion

Eltern haben die Interessen des Kindes zu vertreten. Sie fällen Entscheidungen für das Kind, welches dieses nicht selbst treffen oder in der Auswirkung auf das weitere Leben voraussehen kann. In der Regel nehmen sie diese Funktion sehr wachsam und engagiert wahr, natürlich immer mit der eigenen subjektiven Sicht, die geprägt ist durch das Erleben des Kindes und im Falle einer Behinderung durch die Einstellung dazu, die Interpretation der Fähigkeiten und die sich aus dieser Besonderheit ergebenden Sorgen.

Sie überwachen die Institutionen, die für das Kind zuständig sind. Diese Funktion hat der Gesetzgeber mit Möglichkeiten der Einflussnahme und Mitsprache institutionalisiert, z. B. als Elternbeiräte in Kindergärten, Schulen und bei Menschen mit Behinderungen in Wohnheimen und Werkstätten.

Erziehung

Erziehung hat die Aufgabe, die jeweils nachwachsende Generation in die kulturelle Welt der jetzigen Generation mit ihren Werten, Normen und Sinntraditionen einzuführen, darin zu beheimaten und sie gleichzeitig für ihre eigene Zukunftsgestaltung freizugeben. Dies bedeutet ein »diskursives Aushandeln« von autonomen Spiel- und Entwicklungsräumen des Kindes, aber auch von Grenzen, bedeutet Auseinandersetzung um Werte und Normen, bedeutet Unterstützung der kindlichen Entwicklungskräfte sowie Akzeptanz des Kindes und seiner Autonomie einerseits und das Gegenwirken andererseits, wenn die autonome Entwicklung des Kindes in eine Richtung gehen könnte, die dem Erzieher bzw. der Erzieherin bei kritischer und selbstkritischer Prüfung als problematisch erscheint (Weiss 2000). Es handelt sich bezogen auf Kinder mit geistiger Behinderung um eine

Aufgabe, die sehr viel mehr erfordert und Eltern oft an die eigenen Grenzen bringt, da die Entwicklung eines behinderten Kindes einer eigenen Logik folgt, für die es für die Eltern kein Vorbild gibt. Ein Vergleich mit Geschwisterkindern, mit Gleichaltrigen oder einfach durch eine Rückschau in die eigene Entwicklung erweist sich als wenig hilfreich. Erziehungs- oder Entwicklungsziele lassen sich oft nur schwer oder unter Einbindung von Fachleuten ableiten und allzu oft orientieren sich diese ausschließlich an den diagnostizierten Defiziten und/oder Auffälligkeiten.

Das Kind in der Bezogenheit zu den Eltern

Das Kind nimmt schon sehr früh an den Gestaltungen der Beziehungen aktiv teil. Säuglingsforschungen habe gezeigt, dass Kinder bereits in den ersten Lebenswochen in der Lage sind, gezielt Blickkontakt aufzunehmen, und sich bereits bei einem 60 Tage alten Säugling Begrüßungsreaktionen und »Spieldialoge« zwischen der Bezugsperson und dem Säugling entwickeln, welche dieser aktiv mitgestaltet (Dornes 1993). Die Frage stellt sich dann, was geschieht, wenn der Säugling über diese Möglichkeit der Beziehungsgestaltung eingeschränkt ist, wenn er durch ein Handikap weniger Einflussmöglichkeiten hat und in einem erheblich höheren Maß von der Fürsorge der Eltern abhängig ist. Oder anders gefragt: was passiert, wenn durch die Diagnose »geistige Behinderung« die beziehungsgestaltende Interaktion nicht so klar wahrgenommen wird. Angst und Zweifel belasten die Beziehung zu einem behinderten Kind und lassen eine Unbeschwertheit und Zuversicht kaum aufkommen. Die Diagnose und daraus abgeleitete Prognose »zerstört schlagartig die wechselseitige Beziehung zwischen Mutter und Kind. Dieses Trümmerfeld wird nun Ausgangspunkt für die spezifische, von der Prognose beherrschte Sozialisation des ›Geistigbehinderten‹« (Wunder, Sieck 1982, zitiert nach Niedecken 1989).

Alleine die wenigen Punkte, die Elternschaft und die Beziehung von Eltern und Kindern beschreiben, lassen erahnen, wie gravierend die Veränderungen sind, die sich durch die Geburt eines behinderten Kindes und durch die Diagnose ›Behinderung‹ ergeben. Es sind Prozesse, denen sich Eltern in der Regel nicht entziehen zu können scheinen, die eine eigene Dynamik entwickeln. Die Diagnose Behinderung beinhaltet bereits eine Prognose. Sie gibt eine oft zweifelhafte und in der Rückschau häufig falsche Auskunft über Einschränkungen und

Defizite und Gefährdungen – aber auch über Hoffnungen und mögliche Hilfen. Vielleicht ist es gerade Letzteres, was Eltern dazu treibt, ähnlich dem Wunsch über das Horoskop oder die Wahrsagerin einen Blick in die Zukunft zu tun, solche Diagnosen zu suchen. Oft ist das verbunden mit Reisen zu entsprechenden Spezialisten, von denen klare Antworten und eben diese Prognosen erwartet werden. Eltern »erleben die Diagnose dann als Stütze, als etwas Greifbares, das in das Chaos ihrer Ängste und ihrer verzweifelten Hoffnungen Struktur bringt, das ihnen die Suche nach Hilfe ermöglicht; und auch als eine Art Urteil, das sie freisprechen soll von der ›Schuld‹ an den Schwierigkeiten ihres Kindes.« (Niedecken 1989, 35). Es entlastet sie, wenn sie die Schwierigkeiten des Kindes einem Faktor zuordnen können, auf den sie keinen Einfluss haben. Eltern, die lange nach einer Diagnose suchen mussten, so Niedecken (ebd., 49), gehen oft »durch ein Martyrium von Schuldzuweisungen, Anklagen, Selbstanklagen und Schuldgefühlen«.

Und gleichzeitig beherrscht diese Diagnose fortan die Beziehung zwischen Mutter, Vater und Kind. Veränderte oder verminderte Lebenschancen, Abhängigkeit und soziale Auffälligkeit scheinen voraussehbar und nicht korrigierbar zu sein. Die Welt des behinderten Kindes ist anders, geprägt von der unruhigen, ängstlichen Beobachtung durch die Eltern, begleitet von der Sorge um die weitere Entwicklung. Sie erleben eine andere emotionale Zuwendung, eine andere soziale Welt, ihr Lernen ist von anderen Inhalten geprägt. Fachleute betreten die Bühne und werden zu wichtigen Partnern. Das Kinderzimmer verändert sich, »therapeutisch wertvolles« Material ersetzt den üblichen Kinderkram. Die Liste kleiner und großer Veränderungen ließe sich endlos fortsetzen. Hier stellt sich die Frage, ob Geistig-Behindert-Werden durch eine veränderte Welt, die dem Säugling oder Kleinkind nach der Diagnosestellung begegnet, mehr wirkt, als die eigentliche und medizinisch nachweisbare Veränderung. Sie wird nicht beantwortet werden können. Tatsache ist jedoch, dass dieser Prozess von Veränderungen immer noch marginalisiert wird und das Faktum des organischen Anders-Seins bei zunehmenden Diagnosemöglichkeiten ein erhebliches Übergewicht bekommt. Wenn auch die Tatsache differenzierterer Diagnosen allenfalls in der medizinischen Versorgung zu differenzierterem Handeln, selten aber zu einer veränderten Therapie oder zu anderen (heil)pädagogischen Antworten geführt hat.

Für Mütter und Väter bedeutet die Behinderung, sich Gefühlen wie Schuld, Scham, Aggression, Traurigkeit ausgeliefert zu fühlen. Gefühle wie Stolz, Zuversicht, oder aber Zukunftsperspektiven bezogen auf das Kind und die Familie sind seltener. Dieser Zustand ist auch nach Phasen der Anpassung an die besonderen Bedingungen, die sich durch die Behinderung ergeben haben, meist unverändert. Die eher pessimistische Betrachtung des Kindes bleibt, was nicht bedeutet, dass Eltern sich nicht über die wahrgenommenen Fortschritte in der Entwicklung ihrer Kinder freuen können. Im Hintergrund bleibt das Gefühl: »es reicht nicht«. Ein sehr engagierter Vater kommentierte das einmal: »Carsten ist mein geliebter Sohn und es schmerzt ungemein, an einem Spielplatz vorbeizugehen und zu sehen, wie die Gleichaltrigen dort spielen.« Und die Mutter eines 6jährigen schwer behinderten Kindes sagte: »Trotz allem liebe ich ihn, glaube ich, mehr als meinen (nicht behinderten) zweiten Sohn.«

Wenn es nach Phasen des Leidens zu einer angemessenen Auseinandersetzung mit der durch die Behinderung veränderten Situation gekommen ist, wird häufig deutlich, dass die Beziehung der »Mütter zum Kind durch dessen Behinderung gestärkt wurde,« während »bei den Vätern eine verstärkte Beziehung zum nichtbehinderten Geschwisterkind festzustellen« war (Hinze 1989, 35). Das unterstreicht im Wesentlichen die Beobachtungen, dass Mütter bezogen auf Fürsorglichkeit und Ihre Bereitschaft zu Pflege und Zuwendung sich von Männern unterscheiden. Diese übernehmen immer noch eher die Rolle, das »Abenteuer« zu suchen und die Dinge zu unternehmen, die stärker nach außen orientiert sind (und werden Mitglied im Vorstand der Lebenshilfe).

Behinderung bewirkt nicht eine für alle Eltern typische Reaktionsweise und ist nicht prägend in Bezug auf ganz bestimmte, definierbare Bewältigungsformen. Es handelt sich um eine andere Form der Elternschaft, für die es im eigenen Erleben und im Repertoire der Eltern kein Beispiel gibt, und die deshalb zu derartigen Irritationen, zu einem Erleben elterlichen Identitätsverlustes, zu Suchbewegungen und letztlich zu einem Neuaufbau (besonderer) elterlicher Kompetenz führt. Theunissen und Garlipp haben diese Kompetenzen analysiert, derer es bedarf, um die Behinderung eines Kindes zu bewältigen. Diese im Alltag unbeachtet ablaufenden Entwicklungen von Verzweiflung und Hoffnungslosigkeit bis hin zur Entwicklung neuer, individueller Lebensperspektiven nötigt uns Respekt ab. Nur über eine solche Würdigung des Geleisteten wird man einen Zugang zu Eltern finden, nicht durch deren Abwertung oder das Festbeißen an Eigenarten oder vermeintlichen Auffälligkeiten. Ich empfinde immer wieder Ärger, wenn psychologisierend behauptet wird: »die haben bis heute die Behinderung ihrer Tochter / ihres Sohnes nicht überwunden / nicht verarbeitet«. Neben der Arroganz, die in solch einer Aussage steckt, wird zudem übersehen, dass Behinderung eine überdauernde Herausforderung darstellt, da sich in jeder Altersstufe neue Aufgaben stellen.

Kompetenzorientierung als Grundeinstellung in der Arbeit mit Familiensystemen, die von Behinderung betroffen sind, stellt die Grundlage einer wirkungsvollen, kooperativen Form dar. Betroffene sind »Experten in eigener Sache«, auch Eltern. Seifert (2001) kritisiert die überwiegend problemorientierte Sicht der heil- und sonderpädagogischen Fachliteratur, die die Kompetenzen von Eltern im Prozess der Autonomieentwicklung und Selbstbestimmung ihrer Töchter und Söhne in Frage stellt. Eltern sollten als Bündnispartner anerkannt werden und entsprechende Unterstützung zur Wahrnehmung dieser Rolle erhalten.

Zur Grundlage einer positiven Beziehung gehört zudem die Annahme, dass Eltern immer das Beste für ihre Kinder wollen und auf dieser Grundlage sich gegenüber den eigenen Kindern verhalten, in dem Rahmen, der ihnen durch die eigene Sozialisation, durch Kenntnisse und eigene Entwicklungen zugänglich ist. Die auch in der heil- und sonderpädagogischen Fachliteratur rezipierte, häufig noch zu findende kritische und problemorientierte Sicht auf Eltern behinderter Kinder trägt nicht dazu bei, dass Eltern auch bezogen auf die Autonomieentwicklung und Selbstbestimmung der eigenen Kinder als Bündnispartner anerkannt werden und entsprechende Unterstützung zur Wahrnehmung dieser Rolle in ihrer eigenen Entwicklung erhalten.

Eltern und Fachleute

In unserer Gesellschaft gibt es kein tradiertes Wissen um die Beziehung zu und den Umgang mit einem behinderten Kind. Die Fachleute bekommen dadurch eine besondere Bedeutung und von Seiten der Mütter und Väter werden sie als diejenigen erlebt, die kompetent und sicher sind im Umgang mit ihrem Kind, während sie selbst sich häufig abwerten.

Eltern behinderter Kinder sind, folgt man den Veröffentlichungen, die letztlich die Einstellungen der professionellen Helfer und ihrer

Vordenker spiegeln, in jeder Hinsicht eine Problemgruppe. Monika Seifert (2001) listet die Ergebnisse der Veröffentlichungen auf. Danach sind Familien von behinderten Kindern extrem stark physisch und psychisch belastet, Eltern haben Probleme bei der Bewältigung der Behinderung des Kindes, können die geistige Behinderung nicht akzeptieren, geraten in soziale Isolation, entwickeln pathologische Familienkonstellationen, bekommen Probleme in der Partnerbeziehung, beeinträchtigen ihre Kinder in der Autonomieentwicklung oder erschweren den Ablöseprozess der Kinder, so die nicht komplette Auflistung. Die Aufmerksamkeit, die Eltern behinderter Kinder bei Sozialwissenschaftlern und Fachleuten haben, mag verdeutlichen, mit welcher Intensität sie betrachtet werden und wie gravierend das Ereignis Behinderung gesehen wird. Das konterkariert gleichzeitig Aussagen, dass Behinderung Teil der Normalität sei, und dass es darum gehe, die Kompetenzen der behinderten Menschen zu sehen und nicht ihre Defizite, wenn, folgt man den Darstellungen, das Auftreten der Behinderung ein mögliches pathogenes Ereignis für die Eltern und die Familie ist. Bisher folgt die Betrachtung noch der Linie: behinderte Kinder – behinderte Eltern. Vielleicht kann man analog zu Feuser (1996), der von Artefakten und Projektionen in der Geistigbehindertenpädagogik spricht und deutlich macht, wie das Phänomen »geistige Behinderung« auch durch die ihr zugedachte Wissenschaft produziert wird, annehmen, dass gleiches auch bei der Betrachtung von Eltern behinderter Kinder geschieht.

Es ist ein Faktum, dass Eltern behinderter Kinder einer deutlich höheren Belastung ausgesetzt sind, dass sie länger in die Elternschaft eingebunden und länger Verantwortung tragen gegenüber ihren Kindern. Klicpera (1998) berichtet, dass unter Fachleuten die Ansicht vorherrscht, der Auszug aus der Herkunftsfamilie stelle einen notwendigen Entwicklungsschritt im Leben Erwachsener mit Lernschwierigkeiten dar. In einer Untersuchung zeigt er, dass Eltern ihre Verpflichtung den erwachsenen Kindern mit Lernschwierigkeiten gegenüber höher einschätzen als das Recht auf einen ruhigen Lebensabend und dass sie weit weniger die Notwendigkeit einer Ablösung ihrer Kinder sehen als die Betreuer. Hier wird erneut deutlich, dass die Einstellung von Fachleuten nicht mit der Einstellung der Eltern korrespondiert. Daraus lässt sich jedoch keinesfalls ableiten, dass Eltern in einer entmündigenden Fürsorge gefangen seien, die dem behinderten Kind keine Möglichkeit individueller Entwicklung ließe. Vielmehr sind es sehr häufig Prozesse, die sich im System Familie entwickeln und die allen in diesem System Lebenden das Gefühl der

Zusammengehörigkeit geben, aus dem auszubrechen ein Verlust darstellen würde.

Selbstbestimmung und die Kooperation mit Eltern

Autonomieförderung im Sinne von Selbstständigkeitsförderung spielt in der Form von Trainings im Kindergarten und Schule seit jeher eine zentrale Rolle: vom Toilettengang über Schleife-Binden bis hin zum Brot schmieren, vom Mobilitäts- und Selbstfahrertraining bis zum Umgang mit Geld. Divergenzen über didaktische Ziele zwischen Eltern und Lehrkräften gibt es dabei wohl eher selten (allenfalls bei solchen Aktionen wie dem Selbstfahrertraining), alles bleibt unter achtsamer und fürsorglicher Kontrolle nichtbehinderter Erwachsener. Das Leben will gelernt sein und die didaktischen Einheiten dazu werden wohlportioniert dargeboten. Auch an den Ecken und Kanten der kindlichen Persönlichkeit wird (zu Recht!) geschliffen. Das behinderte Kind hat, wie alle anderen, ein Recht auf Erziehung. Um das Thema Selbstständigkeit geht es, nicht um Selbstbestimmung.

Die für viele Eltern kritische pubertäre Phase scheint weniger unter dem Aspekt personaler Autonomie, Rebellion gegen die Erwachsenenwelt und Kampf um persönliche Freiheiten durchlebt zu werden; zumindest werden die Indikatoren dafür anders interpretiert. So erlebe ich immer wieder Eltern, die recht verzweifelt massive Ausbrüche bis hin zu körperlichen Attacken gegen sie selbst von überwiegend Söhnen beklagen, die scheinbar grundlos auftreten sollen. Bei intensiverer Auseinandersetzung damit finden sich immer wieder Hinweise auf Bedürfnisse nach mehr Unabhängigkeit und größere Freizügigkeit (auch um die eigenen sexuellen Bedürfnisse zu leben), als sie von den Eltern gewährt werden können. So bleibt der behinderte Mensch begrenzt durch enge elterliche Fürsorge überwiegend in der Familie. Das langsame Erlernen im Umgang mit sich erweiternden Freiräumen, Entscheidungen treffen und die Verantwortung dafür übernehmen zu müssen, sich selbst in der eigenen Wirksamkeit für sich und auf andere zu spüren, bleibt dem Jugendlichen mit Lernschwierigkeiten in einem weit höheren Ausmaß verschlossen, als es für den nichtbehinderten jungen Menschen zutrifft. In dieser Phase wird bereits sehr deutlich, dass die Routine in den Abläufen, die Beziehungen zu dem behinderten Menschen durch ein Menschenbild geprägt sind, welches ihn als defizitär ausgestattetes Wesen sieht, und dass das Handeln im Umgang mit ihm darauf zielt, ihn vor allem in schwierigen, Entscheidungen fordernden Situationen nicht alleine zu lassen.

Für Eltern wird die Idee der Selbstbestimmung häufig erst dann zu einer Dimension, mit der sie sich auseinandersetzen müssen, wenn das 18. Lebensjahr vollendet ist und eine andere Institution ins Spiel kommt, entweder bei einer geplanten Freizeit, z. B. der offenen Hilfen oder eines anderen Anbieters, oder wenn die Frage der Unterbringung in einem Wohnheim, ob vorübergehend oder endgültig, ansteht. Bereits bei scheinbar so unspektakulären Ereignissen wie einer Freizeit stehen Fragen im Raum, was das Kind können und dürfen soll und ob das kompatibel ist mit den Vorstellungen der Begleiter. Schwierige Hürden sind dabei der Umgang mit dem Taschengeld und das Thema Sexualität, aber die Erfahrung zeigt auch, dass bereits kleine Dinge große Probleme auslösen können, mit denen sich professionelle Begleiter fachlich kompetent, und das eben auch im Umgang mit solch »schwierigen« Eltern, auseinandersetzen müssen. Sehr deutlich treten solche Differenzen dann zu Tage, wenn ein Wechsel in ein Wohnheim vollzogen wurde. Der Schmerz der Trennung vom eigenen Kind, die Trauer über das Ende der gemeinsamen Zeit oder das schlechte Gewissen, dem Kind den Wechsel zuzumuten, übersteigen häufig die Freude über die gewonnenen Freiheiten eines eingeleiteten neuen Lebensabschnitts. Auch hier reagieren Väter meist weniger belastet als Mütter. Die eigene emotionale Belastung, verbunden mit der Skepsis bezogen auf die Anpassungsfähigkeit des Kindes an die neuen Anforderungen und die neue Umgebung, und die Befürchtung, dass die zuständigen Personen dem eigenen Kind und seinen Eigenheiten nicht gerecht werden können, lassen Eltern wachsam und empfänglich werden für alle Signale, die ihnen die eigenen Gefühle bestätigen. Während die Mutter (vielleicht auch der Vater) dann beobachtet, dass die Ernährung ihrer Meinung nach zu einseitig und unzureichend ist oder die Hinweise auf eine vermehrte Tendenz zu selbstverletzendem Verhalten für sie nicht mehr zu übersehen sind, empfinden die professionell Tätigen in den geäußerten Sorgen der Eltern eine Bestätigung für ihr bevormundendes, gängelndes und entwicklungshemmendes Verhalten.

Dann steht der Begriff Selbstbestimmung im Raum – von den einen als Richtschnur des eigenen Handelns gesehen, von den Anderen als Bedrohung und Überforderung – und wird damit zum Kampfbegriff, mit dem die Professionellen ihre Fortschrittlichkeit und ihr Verständnis für den behinderten Menschen legitimieren und Eltern dies abwehren müssen, allein schon um ihre eigene Integrität zu bewahren, denn »es kann doch nicht alles falsch gewesen sein, was wir in den letzten Jahren gemacht haben« (O-Ton einer Mutter). Mag sein, dass dieses Bild die realen Situationen überzeichnet. In der Tendenz beobachte ich, dass besonders in den Fällen, in denen das Verhältnis zwischen Eltern und der Institution angespannt ist, die Idee der Selbstbestimmung zusätzliche moralische Rechtfertigung für das eigene Handeln liefert, oft missverständlich. In solchen Fällen bleiben die Argumente für diese Idee arrogant und verdecken die Unsicherheit im Umgang mit den Eltern.

Eltern und Fachleute sind im Bereich Behinderung in einer besonders intensiven Form aneinander gebunden. Sie werden nur dann wirklich erfolgreich sein, wenn sie in der Lage sind, die Leitideen ihres Handelns verständlich zu machen. Dies gilt im besonderen Maß für die Idee der Selbstbestimmung. Strategien wie der Rückzug auf die Fachlichkeit, verbunden mit einer offenen oder verdeckten Abwertung der Eltern, mögen kurzfristig imponieren. Zurück bleibt bei den Eltern jedoch das Gefühl, nicht wahr- und ernstgenommen zu werden. Eine solche Barriere zwischen Eltern und Begleitern ist keine Lösung, sondern hält ein ängstliches wie auch ohnmächtiges Beäugen der anderen Seite aufrecht.

Fallstricke in der wohlgemeinten Umsetzung der Selbstbestimmungsidee

Fachleute, vor allem wenn sie im unmittelbaren Kontakt zum behinderten Menschen stehen, wie Betreuer im Wohnheim, sind in einer besonderen Weise mit dem behinderten Menschen verbunden und laufen Gefahr in Konflikt zu geraten mit elterlichen Vorstellungen. Besondere Probleme ergeben sich durch:

- einseitige Parteinahme für den behinderten Menschen sowie
- die eingeschränkte fachspezifische (manchmal arrogante) Sicht ohne Kenntnis der Entwicklung der Familie.

Aus dieser Haltung, sicherlich verstärkt durch die Aufgabe, den Willen und die Bedürfnisse des behinderten Menschen wahrzunehmen und ihn in einen Zustand vermehrter Selbstbestimmung zu begleiten, ergeben sich in der Zusammenarbeit mit den Herkunftsfamilien und den Eltern der behinderten Menschen bedeutsame Missverständnisse.

Missverständnis 1
Wenn Menschen mit Behinderungen in ein Wohnheim umziehen, dann ist das nicht vergleichbar einem Ablöseprozess eines nichtbehinderten jungen Erwachsenen, der (oft nach Zeiten der Krise mit den Eltern) in seine erste eigene Wohnung oder WG zieht, um letztlich dort zu lernen, was es heißt, auf eigenen Beinen zu stehen. Der Umzug in das Wohnheim folgt anderen Notwendigkeiten, z. B. ist lediglich durch die Einsicht der Eltern bestimmt, dass eine Trennung ansteht, erfolgt auf Drängen von Fachleuten, die deutlich machen, dass der Sohn oder die Tochter ein Recht auf eine eigene Entwicklung hat oder wird ganz trivial dadurch bestimmt, dass ein Zimmer in einer Wohngruppe frei geworden ist. Die Hinweise von behinderten Menschen, zuhause ausziehen zu wollen, gibt es sehr wohl. Sie werden häufig nicht eindeutig kommuniziert und fehlinterpretiert oder es bedarf der genauen Analyse des »Fehlverhaltens« wie z. B. bei Herrn A., über den die Mutter verzweifelt berichtete, der Sohn sei so aggressiv. Nachdem er den Vater mit einem Gegenstand angegriffen hatte, wurde er in der Psychiatrie aufgenommen, verhielt sich Herr A. dort absolut unauffällig. Da die Ärzte nach ein paar Tagen keine Indikation mehr für die stationäre Aufnahme sahen, holten Vater und Mutter Herrn A. ab. Auf der Rückfahrt nach Hause warf er zunächst den kleinen Koffer aus dem hinteren Wagenfenster und griff dann ins Lenkrad. Die Eltern brachten ihren Sohn zurück in die Psychiatrie, von dort kam es zur Aufnahme im Wohnheim. Das Verhältnis zwischen Eltern und Sohn war anschließend annähernd unproblematisch.

In der Regel ist also das Ereignis der Wohnheimaufnahme kein Endpunkt einer psychosozialen Entwicklung, die diesen Schritt notwendigerweise nach sich zieht, sondern ein rational begründeter Schritt, der in den meisten Fällen von den Eltern vorbereitet oder eingeleitet wird. Entsprechend fühlen sich Eltern oft als Täter, meinen, ihrem Kind zu viel zuzumuten. Je nach Ausprägung der Fürsorglichkeit werden solche Eltern versuchen, intensiven Kontakt zu ihrem Kind zu halten, werden seine Reaktionen genau beobachten und alles, was sie beunruhigt, als Indikator deuten, dass es dem Kind nicht gut geht. Diese Form der Wiedergutmachung für das Gefühl, das eigene Kind, obwohl nicht flügge, aus dem Nest geworfen zu haben, führt unter Umständen zu den oben beschriebenen Konflikten. Die Eltern fühlen sich ungeliebt und abgeschoben und ihrer, wie sie meinen, notwendigen Fürsorge enthoben, und die Betreuer sehen in dieser Form der Fürsorge eine implizite Kritik an ihrer Arbeit. Oft werden solche Interpretationen elterlichen Verhaltens nicht kommuniziert, sondern es wird lediglich vermittelt, die Haltung der Eltern schränke die Entwicklungsmöglichkeiten des behinderten Menschen ein. Damit wird versucht, die Position des behinderten Menschen zu beziehen. Daraus wird ein Kampf um das richtige Verständnis und die Einfühlung in die Bedürfnisse des behinderten Menschen, es wird ein Kampf um die »richtige« Form der Betreuung, letztendlich konkurrieren beide Parteien darum, wer nun die besseren Eltern sind.

Begibt man sich als professioneller Helfer in diese Falle, wird eine konstruktive Zusammenarbeit mit den Eltern schwerlich möglich sein.

Übersehen wird in solchen Konflikten die Rolle des behinderten Menschen. In unterschiedlichen Situationen und sozialen Kontexten verhalten sich auch Menschen mit Behinderungen unterschiedlich. Gegenüber den Eltern häufig stärker hilfebedürftig und abhängig, den professionellen Betreuern zeigen sie vielleicht mehr ihre Kompetenzen, sich im Bereich des Heims zurechtzufinden. Erst in einem Gespräch mit allen Parteien unter Anerkennung der unterschiedlichen Wahrnehmung können solche scheinbaren Widersprüche aufgelöst werden.

Immer dann, wenn man als professioneller Helfer merkt, dass man anfängt, in eine Auseinandersetzung mit den Eltern zu gehen, wenn deutlich wird, dass man die vermeintliche Position des behinderten Menschen versucht gegen die Eltern zu vertreten, sollte eine Form der Intervision oder Supervision in Anspruch genommen werden, um einen Weg aus solchen Verstrickungen zu finden.

Missverständnis 2
Unter der Idee der Selbstbestimmung erhält die fürsorglichkeitskritische Haltung Nahrung, soweit Fürsorglichkeit als Überbehütung und Entmündigung gesehen wird. Der behinderte Mensch soll sich handelnd erfahren und aus diesen Erfahrungen lernen können. Die Aussage »sie/er weiß doch selbst, was für sie/ihn gut ist« stellt ein Paradoxon dar, wenn es so von professionellen Helfern gegenüber Eltern gebraucht würde, weil darin wiederum eine scheinbar autonomieerweiternde Fürsorglichkeit verpackt ist. Unausgesprochen

steckt dahinter: ich helfe dir, dich gegen die Bevormundung durch deine Eltern zu wehren.

Eine kritische Haltung den Eltern gegenüber einzunehmen, sich von den Eltern innerlich zu entfernen und eigene Standpunkte zu vertreten, bleibt Sache des behinderten Sohnes oder der behinderten Tochter. Dies kann nicht von den professionellen Helfern quasi in advokatorischer Funktion übernommen werden, da diese immer den Eltern vorbehalten bleibt, solange es dazu keinen eindeutigen Auftrag von Seiten des behinderten Menschen gibt. Auch unter der Idee der Selbstbestimmung gilt das Gebot, die besondere Geschichte der Beziehung zu achten und Entwicklungen zu unterstützen, nicht jedoch zu meinen, Selbstbestimmung rangiere vor allen anderen Bedürfnissen und es gelte, diese durchzusetzen.

Eltern übernehmen in solchen Fällen weiterhin die Fürsorge für ihr behindertes Kind und üben die advokatorische Funktion aus. Dass sie das noch für den erwachsenen Sohn, die erwachsene Tochter übernehmen, liegt in der Art der behinderungsbedingten Einschränkung und in der individuellen Definition von »geistiger Behinderung« begründet, aber auch darin, wie sich ihr Kind den Eltern gegenüber präsentiert. Diese Position steht ihnen weiterhin zu, nicht aber dem professionellen Helfer, solange er keinen dezidierten Auftrag vom Menschen mit Behinderung dafür bekommen hat.

Handeln ohne expliziten Auftrag und ohne Berücksichtigung der Besonderheit der Eltern-Kind-Beziehung bevormundet den behinderten Menschen und entspricht nicht dem Gedanken der Selbstbestimmung.

Grundlage für Autonomieentwicklung im institutionellen Kontext

Selbstbestimmung, dieser Begriff suggeriert Freiheit, Ungebundensein und Selbstverantwortung. Tatsächlich geht es auch bei behinderten Menschen um Wachstum in sozialer Verantwortung und innerhalb gewachsener Beziehungen. Es geht also um Entwicklungsmöglichkeiten für die gesamte Persönlichkeit und nicht um oft letztlich triviale Entscheidungen, die dem behinderten Menschen innerhalb eines determinierenden Umfelds verbleiben. Diesem m. E. wesentlichen Aspekt wird zu wenig Beachtung geschenkt, und er geht bei vielen Überlegungen über die Frage der Selbstbestimmung verloren. Nicht die punktuellen Entscheidungen, vorbereitet von wohlmeinenden Menschen über auszuwählende Alternativen, macht das Wesen von Selbstbestimmung als Leitidee aus. Es ist vielmehr der Gesamtrahmen, innerhalb dessen eine solche Entwicklung hin zur (relativ) autonome(re)n Persönlichkeit gemacht werden kann. Es wird nicht negiert, dass die Möglichkeit einfacher Entscheidungen wichtig ist für einen behinderten Menschen. Sie ist jedoch nicht gleichzusetzen mit Selbstbestimmung, also einer Entwicklung, mehr Einfluss auf das eigene Leben nehmen zu können, sich als Persönlichkeit zu entwickeln, eigene Bedürfnisse wahrzunehmen, sie zu akzeptieren, sich selbst so wichtig zu nehmen, dass diese auch geäußert werden können. Es geht also um die Wahrnehmung der eigenen Emotionen, um soziale Kooperation, die Erfahrung der Selbstwirksamkeit. Die Leitidee der Selbstbestimmung hat immer die gesamte Persönlichkeit im Auge und die Möglichkeit, persönliche Erfahrungen zu sammeln, um sich so zu entwickeln. Das betrifft auch soziale Beziehungen.

Bezogen auf das Verhältnis zu den Eltern bedeutet diese Überlegung, dass auch die Entscheidung, wie das Verhältnis zur Mutter oder zum Vater gestaltet werden soll, geduldig begleitet werden muss von demjenigen, der diese Aufgabe übernommen hat. Begleiten heißt, im Dialog bleibend das Wahrgenommene zu spiegeln, um es so der Reflexion und möglichen Veränderung zugänglich zu machen und um daraus Aufgaben für den Begleitenden ableiten zu können, die dann von dem Menschen mit Behinderung bestätigt werden müssen.

Dass das keine leichte Aufgabe darstellt, wird deutlich, wenn man den Fokus auf den behinderten Menschen legt. Er befindet sich in einem Knotenpunkt scheinbar unauflöslicher Delegations- und Bindungsszenarien. Delegation, hier verstanden als der Auftrag der Eltern an die Einrichtung, den behinderten Menschen so zu behandeln, wie sie es selbst getan haben und fürsorglich mit ihm umzugehen, gleichzeitig mit dem Wunsch an den Sohn oder die Tochter, die elterliche Liebe zu würdigen, schließlich soll er/sie tragfähige Bindungen innerhalb seiner neuen Einrichtung aufbauen. Sich in diesem Dschungel von Erspürtem oder Antizipiertem zu bewegen und gleichzeitig sich selbst als eigenständige Persönlichkeit wahrzunehmen, braucht Zeit, Geduld und positive Erfahrungen. Deutlich werden diese inneren Konflikte besonders dann, wenn behinderte Menschen sich bei Entscheidungen immer wieder auf andere, wichtige Personen beziehen:

»und mein Vater hat gesagt, ..., und Herr A. meint ..., mein Bruder ist auch ...«

Kommuniziertes institutionelles Selbstverständnis

Diese Form der zu leistenden Arbeit, die den Willen und die Bedürfnisse des behinderten Menschen in den Vordergrund rückt, muss für die Eltern bekannt und in ihrer Ausprägung nachvollziehbar sein. Der vorbereitenden Arbeit vor der Aufnahme eines Menschen in eine Institution kommt damit eine wichtige Bedeutung zu. Eltern haben ein Anrecht darauf zu erfahren, nach welchen Grundsätzen sich die Arbeit orientiert, und müssen einschätzen können, welche Konsequenzen das in der Praxis und in der Entwicklung des eigenen Sohnes oder der eigenen Tochter spielen kann. Gerade in Einrichtungen, die aus Elterninitiativen entstanden sind, und in denen der Einfluss der Eltern in Vorständen und Beiräten traditionell sehr groß ist, muss deutlich werden, das die Maxime des Handelns sich nicht am Willen der Eltern, sondern an einem institutionellen Selbstverständnis ausrichtet, welches sich an dem Gedanken der Normalisierung und der Selbstbestimmung und der gesellschaftlichen Teilhabe des behinderten Menschen orientiert. Es geht darum, in jedem Einzelfall darüber in eine produktive Auseinandersetzung zu treten im Sinne des behinderten Individuums. Solchermaßen kommuniziertes Selbstverständnis in der Vorbereitung der Aufnahme eines Menschen, nicht nur in der Hochglanzbroschüre dargereicht, sondern in Elterngruppen oder Gesprächen zwischen Wohnheimmitarbeiter, Eltern und zukünftigem Bewohner vermittelt, spart viel Ungemach und gegenseitige Vorwürfe, und es signalisiert, dass Eltern ernst genommen werden in dem Bedürfnis, dass ihr Kind eine achtsame Begleitung erfährt. Es kann nicht sein, dass Mitarbeiter, begeistert von der eigenen professionellen Fortschrittlichkeit, die Eltern in die Unbelehrbarkeitsecke stellen, sich damit jedoch vor der unbequemen Auseinandersetzung und der oft schwierigen Vermittlung des eigenen Zugangs zu behinderten Menschen sowie der eigenen Definition von geistiger Behinderung schützen.

Erst die offene Bereitschaft zum Diskurs mit Eltern signalisiert, dass alles betrachtet werden kann und dass es nicht um Ideologien und Rechthaberei geht. Besonders unter der Idee der Selbstbestimmung kommt man nicht umhin, sich unbequemen Fragen auszusetzen, denn passt ein Selbstbestimmungskonzept auch für Menschen, die psychisch krank sind, etwa aggressive oder autoaggressive Verhaltensweisen zeigen, zu Menschen mit Prader-Willi-Syndrom, die ihre Esssucht nicht kontrollieren können und sich ohne die einschränkenden Maßnahmen in ernsthafte Gefahr bringen? Vereinfachungen fördern Widerspruch bis hin zu Aggressionen, Abwertungen und Ausgrenzungen ebenso. Bei allen vorbereitenden und auch begleitenden Auseinandersetzungen mit Eltern geht es um das Verstehen-Wollen ihrer Position, und damit um eine Grundlage für eine weitgehend unbelastete Zusammenarbeit. Und das geht, ohne dass man den Respekt vor und das Recht auf Individualität schwieriger behinderter Menschen aufgibt.

Die professionelle Haltung

Der Umgang mit Eltern, besonders unter der Leitidee der Selbstbestimmung, erfordert einen Balanceakt zwischen institutionellem Selbstverständnis, den Bedürfnissen der behinderten Menschen, dem Bestreben nach Autonomie und Individuation und den Wünschen und Gefühlen der Eltern, die sich zwischen Kontakt und Kontrolle, Fürsorglichkeit, Skepsis und Angst bewegen.

Die Eltern sind Teil der Lebenswelt und der Identität des behinderten Menschen. Er kann sie nicht hinter sich lassen, sondern braucht Unterstützung bei der Auseinandersetzung mit seiner Herkunft. Eine von ihm möglicherweise als notwendig erachtete Abgrenzung gegenüber den Eltern ist von ihm selbst zu leisten, sie kann nicht stellvertretend für den behinderten Menschen geleistet werden.

Eine angemessene Haltung den Eltern gegenüber kann sich nur entwickeln aus dem Wissen um die Besonderheit der Elternschaft mit einem Kind mit geistiger Behinderung. Dieses Wissen und die Annahme, dass die Eltern im Rahmen ihrer Möglichkeiten, entsprechend ihren eigenen Erfahrungen und abhängig von ihrer eigenen Biografie das Beste für ihr Kind getan haben, führen zu einer Haltung der Bescheidenheit, und ermöglichen es, die erbrachte Leistung zu würdigen und Eltern nicht in ihren Defiziten zu betrachten, sondern in ihren Kompetenzen. Ziemen (2002) hat sich den Kompetenzen von Eltern behinderter Kinder gewidmet und kommt in ihrer Untersuchung zu der Erkenntnis, dass die emotionalen Kompetenzen besonders im Erkennen der Bedürfnisse des behinderten Kindes liegen, die kognitiven Kompetenzen werden sichtbar in der Bewältigung des Alltags, z. B. auch in der Reflexion der Beziehungen zwischen Eltern, Kind und Fachleuten und der kritischen Auseinandersetzung mit pädagogischen und therapeutischen Methoden. Die sozialen Kompetenzen werden besonders deutlich in der Darstellung des sozialen Netzes, der Beziehungen innerhalb und außerhalb der Familie und der Unterstützungsangebote. Diese Kompetenzen sind auch bei dem schwierigen Übergang in eine andere Betreuungsform vorhanden und auf diese kann auch Begleitung bauen. Es bedarf allerdings der Geduld und der Zeit. Eine Anpassung an eine veränderte tief einschneidende persönliche Situation erfolgt nicht schnell, sondern stellt sich als ein Prozess dar, der sehr unterschiedlich verläuft, und der immer wieder der Achtung und der Bereitschaft zum Dialog bedarf.

Es ist normal, verschieden zu sein. Dieser innerhalb der Lebenshilfe oft gebrauchte Satz des ehemaligen Bundespräsidenten Richard von Weizäcker gilt auch für die Eltern. Es ist normal, einen unterschiedlichen Blick auf den behinderten Menschen zu haben; es ist normal, unterschiedlicher Meinung zu sein; es ist normal, dass Eltern und professionelle Helfer unterschiedlich empfinden, bezogen auf den betroffenen behinderten Menschen. Es gilt nur, das in Wertschätzung und mit Respekt gegenüber den Eltern umzusetzen und selbst bei problematischen Verhaltensweisen zu wissen, dass dies einen Sinn hat, der aus dem Miteinander und der Besonderheit der Familie oder der Beziehungen zu erklären ist.

Und natürlich gehört zu allem die Technik. Ohne eine Grundqualifikation in Gesprächsführung, ohne ein Training in systemischen Denken, ohne ein stabiles Selbstbewusstsein, das Wissen um die eigenen Kompetenzen und die eigene Wirkung werden viele Elternkontakte weiter unbefriedigend bleiben. Nicht nur Begleiten will gelernt werden, auch der Umgang mit Eltern.

Literatur

Dornes, Martin (1993): Der kompetente Säugling. Frankfurt am Main.

Feuser, Georg (1996): Geistigbehinderte gibt es nicht! Projektionen und Artefakte in der Geistigbehindertenpädagogik. In: Geistige Behinderung H. 1, 18–25.

Hinze, Dieter (1993): Väter und Mütter behinderter Kinder. Heidelberg.

Jonas, Hans (1984): Das Prinzip Verantwortung. Versuch einer Ethik für die technologische Zivilisation. Frankfurt a.M.

Klicpera, Christian; Gasteiger-Klicpera Barbara (1998): Einstellungen von Angehörigen und Betreuern – zum Leben eines erwachsenen Menschen mit geistiger Behinderung in der Familie und im Heim. Vergleich einer Großstadt und einer ländlichen Region. In Geistige Behinderung, H. 2, 108–119.

Niedecken, Dietmut (1989): Namenlos. München.

Seifert, Monika (2001): Zur Rolle der Familie – im Kontext von Autonomie und Abhängigkeit geistig behinderter Menschen. In: Geistige Behinderung, H. 3,247– 261.

Weiss, Hans (2000): Selbstbestimmung und Empowerment – Kritische Anmerkungen zu ihrer oftmaligen Gleichsetzung im sonderpädagogischen Diskurs. In: Behindertenpädagogik, 39. Jg., Heft 3/2000, 245–260.

Theunissen, Georg; Garlipp, Birgit (1999): Kompetente Eltern – vergessen in der Professionalität der Behindertenarbeit. In: Zschr. Behinderte in Familie, Schule und Gesellschaft, H. 4/5, zitiert nach: http://bidok.uibk.ac.at/library/beh4-99-vergessen.html. Abgerufen am 25. 8. 2016

Ziemen, Kerstin (2002): Das bislang ungeklärte Phänomen der Kompetenz – Kompetenzen von Eltern behinderter Kinder. Butzbach-Griedel.

Zum Schluss mit einem Augenzwinkern

Was ist eigentlich geworden aus der Selbstbestimmungsdebatte – eine Typologie

Beinahe 20 Jahre nach Erscheinen der Erstausgabe von »Vom Betreuer zum Begleiter« muss man sich offen der Frage stellen, was das Buch und seine Rezeption in der Praxis der Begleitung von Menschen mit Lernschwierigkeiten bewirkt hat. Und wir stellen fest: es hat sich Einiges getan! Natürlich gibt es ganz unterschiedliche Formen des Umgangs mit dem nicht mehr ganz neuen Paradigma. Wir stellen daher für die neue Ausgabe eine Typologie des Begleiters vor – nicht ganz (aber schon ein bisschen) ernst gemeint.

Der Absicherer

Der Absicherer findet die Selbstbestimmung eine gute Sache. Also er ganz persönlich. Findet er ganz toll. Nicht so sicher ist er aber, wie die anderen das finden. So im Einzelfall. Das muss man schon abklären. Denn wenn was passiert, ist man am Ende immer selbst dran. Man steht ja sowieso immer mit einem Bein im Gefängnis.

Also sichert er sich lieber ab. Gegenüber den Vorgesetzten und, was fast noch wichtiger ist, den gesetzlichen Betreuer(inne)n. Für das Dokusystem in der Wohngruppe hat er eine Abfrage entworfen. »Darf Ihr Betreuter bei entsprechendem Anlass etwas Alkohol trinken? Dürfen wir ihn in der Wohngruppe auch mal für eine gewisse Zeit allein lassen, wenn er keine Lust hat, mit zum Einkaufen zu gehen? Sind sie einverstanden mit sexuellen Kontakten?« So Sachen.

Die Antworten waren frustrierend. Zum Beispiel hat kein einziger gesetzlicher Betreuer angekreuzt, dass sein Betreuter auch mal alleine in der Wohngruppe bleiben oder abends ausgehen darf. Das findet er eigentlich blöd. Zumal er genau weiß, dass der eine oder andere, als er noch bei den Eltern gewohnt hat, durchaus auch mal alleine zuhause war. Aber sie haben es ja jetzt schwarz auf weiß, dass die gesetzlichen Betreuer das nicht erlauben. Schade eigentlich. Aber da kann man halt nichts machen ...

Der Absicherer meldet sich Jahr für Jahr wieder auf eine Fortbildung zum Thema »Aufsichtspflicht und Haftung« an. Als Privatperson gehört er zur bevorzugten Zielgruppe für Versicherungsvertreter.

Der Bedingungshuber

»Mensch«, sagt Sabrina, »»meine Betreuerin hat gesagt, dass mein Freund mich nicht in meinem Zimmer besuchen darf! Gemein!« »»Das ist bei uns kein Problem!«, sagt Annette, ihre Freundin, »»wenn ich einen neuen Freund habe, bring ich den mit in die Wohnstätte, und wenn der Betreuer den nett findet, kann der mich auch besuchen!«

Der Etikettenschwindler

Der Etikettenschwindler wird mit jeder neuen fachlichen Herausforderung fertig: Integration, Inklusion, Sozialraumorientierung, Personenzentrierung, Selbstbestimmung – alles gar kein Problem! Das haben wir doch eh alles schon immer gemacht. Man muss es jetzt halt nur noch so benennen, wie das gerade angesagt ist. Zum Beispiel in der Werkstatt gibt es schon seit Jahren keine Freizeiten mehr (nicht mehr finanzierbar!). Das ist nichts anderes als Selbstbestimmung, denn jetzt kann ja jeder selbst entscheiden, wie er seinen Urlaub verbringt.

Der Etikettenschwindler ist nicht zuletzt in Vorständen und dem mittleren Management von Einrichtungen häufig anzutreffen. Er sorgt zuverlässig dafür, dass die aktuellen fachlichen Begriffe zeitnah in Leitbild und Qualitätsmanagement-Handbuch aufgenommen werden. Und er versteht es, sie gewinnbringend für die Umsetzung der Unternehmensziele einzusetzen. Zum Beispiel plant er eine neue Zentralküche für die tägliche Erstellung von 2.000 Essen und stellt für deren Bau einen Antrag auf öffentliche Investitionsförderung in Millionenhöhe. Auf die lästigen Rückfragen des Bewilligungsgremiums, ob das denn noch eine zeitgemäße Planung sei, hält er die adäquate fachliche Begründung parat: Die neue Verteilerküche diene der Selbstbestimmung, denn die Wohngruppen könnten jetzt ganz eigenständig entscheiden, wann sie die angelieferten Rationen im gruppeneigenen Konvektomaten erwärmen wollen.

Der Fallensteller

Der Fallensteller ist eigentlich von der Leitidee der Selbstbestimmung ehrlich überzeugt und vertritt diese Position auch mit Nachdruck in Gesprächen gegenüber seinen Kollegen. Er kann diese Leitidee aber nicht so richtig umsetzen und stolpert über seine vorhandenen, »erzieherischen« Verhaltensmuster, in die er immer wieder zurückfällt.

Vom Fallensteller hört ein Heimbewohner vielleicht den Satz »Klaus, willst Du noch eine Tasse Kaffee?«, welcher dann erfreut über die höfliche Nachfrage mit »Ja, gerne!« antwortet, um sich daraufhin die Antwort des Fallenstellers einzuhandeln: »Ich bin nicht deine Bedienung, die Kanne steht in der Küche, hol dir deinen Kaffee selbst.«

Der Fallensteller ist schon ein bisschen eine fiese Socke, aber vielleicht auch eine unglückliche Figur, weil ihm seine Fallenstellerei wahrscheinlich nicht so bewusst ist. Aber immerhin, er ist auf dem Weg!

Der Faule

Mir leuchtet es wirklich ein, wenn behinderte Menschen auch mal abhängen wollen. Muss man immer was Sinnvolles machen? Das ist nicht angesagt, ein Hobby aufdrängen: Stricken, oder Puzzles legen. Ich find` Selbstbestimmung gut. Ich würde mir auch nicht sagen lassen, was ich machen soll. In meiner Freizeit. Ist ja Freizeit, wie gesagt! Die nerven auch echt, die hyperaktiven Betreuer im Kollegenkreis! Immer müssen sie mit was kommen. Mach das doch mal dies, oder das! Als ob sie ein schlechtes Gewissen hätten, wenn sie nicht pädagogisch sinnvoll unterwegs sein dürfen. Ich setz mich dazu, wenn zum Beispiel jemand vor dem Fernseher sitzt. Als Sodasitzer! Und warte mal, was kommt. Man muss auch mal Zeit lassen, damit sich was entwickeln kann. Ich bin als Profi immer bereit, auf spontane Impulse zu reagieren. Dafür werde ich ja schließlich auch bezahlt!

Der geheime Besserwisser

Der geheime Besserwisser fragt den Menschen mit Behinderung immer, was er selbst möchte. Das tut er aus Überzeugung, denn man muss die Menschen ja zu ihren Wünschen befragen. Seine Erfahrungen damit sind eigentlich hervorragend, denn meistens wissen die Betreuten durchaus, was gut ist für sie. Allerdings nur meistens! Wenn einer sich etwas wünscht, das nicht gut für ihn wäre, oder im Alltag die falschen Entscheidungen trifft, dann beginnt die eigentliche Herausforderung.

Aber die pädagogische Aufgabe, die Menschen dann auf die richtige Spur zu bringen, empfindet der geheime Besserwisser als sehr reizvoll. Man muss dabei behutsam vorgehen. Man darf nicht einfach sagen: »Du, es ist nicht gut, wenn du jeden Abend so viel fernsiehst!« Auch wenn das natürlich stimmt. Aber wenn man so mit der Tür ins Haus fällt, rennt man nur gegen die Wand. Und dann ist das ja auch keine Selbstbestimmung! Man könnte stattdessen den Betreuten einfach mal so lange fernsehen lassen, wie er will (einmal ist schon nicht so schlimm!), und ihn dann am nächsten Morgen fragen, ob er jetzt sehr müde ist. Was allerdings nicht geht, ist ihn dann zu schonen und in der Arbeit krank zu melden, damit er sich ausschlafen kann. Dann würde ja der total falsche Lerneffekt entstehen. Das Ganze muss man evtl. auch ein paar Mal wiederholen, denn Menschen mit Lernschwierigkeiten lernen ja nicht so schnell.

Der geheime Besserwisser ist Pädagoge mit Leib und Seele!

Der Hyperaktive

Der Hyperaktive ist besonders bei Vorgesetzten ein beliebter und geschätzter Mitarbeiter. Er ist ständig in Action und hat immer etwas zu tun. Er trägt die Wäsche im flotten Schritt zur Maschine und schnappt sich auf dem Rückweg den herumstehenden Besen, mit dem er dann hier und da schnell noch den Dreck wegfegt, wenn er schon mal da entlanggeht. Der Hyperaktive erledigt seine Arbeit mit großem Engagement und darf natürlich auch mächtig stolz auf sich sein: Was der alles so abarbeitet?! Respekt! Ein richtiger Schaffer halt, ein Topleister.

Der Hyperaktive betreut aber auch, wie er putzt. Weil betreuen arbeiten ist, lässt er es auch da zack, zack laufen. Er hat ständig Pläne und Angebote auf Lager, die an den Mann gebracht werden wollen. »Lukas, komm beweg dich, zieh dich an, wir gehen heute doch in die Disko!«, schnauf, schnauf, hechel, hechel, ... »Ach und mensch Marianne, hab dir doch schon zweimal gesagt, die Wäsche immer in den Korb im Bad – nicht einfach auf den Stuhl legen. So werde ich ja nie fertig! Du willst doch auch mit Lukas und mir in die Disko!« ... Wollen Lukas und Marianne überhaupt in die Disko? Darüber hat der Hyperaktive noch gar nicht so richtig nachgedacht, ... es musste ja alles so schnell gehen ... da war einfach keine Zeit, mal in Ruhe hinzusitzen und zu fragen.

Hyperaktive brauchen sich nichts, aber auch so gar nichts vorwerfen zu lassen: Wäsche erledigt, aufgeräumt und gekocht, alles fertig und auch noch in die Disko geschafft. Was will man mehr?

Der Kümmerer

Der Kümmerer kommt aus der gleichen Verwandtschaft wie der Hyperaktive, nämlich aus der Spezies der Überrumpler. Während die Hyperaktiven durch Geschwindigkeit überrumpeln, versuchen es die Kümmerer mit Ideenüberschüttung.

Ein Lieblingsobjekt des Kümmerers sind beispielsweise die vielen Sodasitzer. Diese sitzen halt so da und tun einfach nichts. Vielleicht, weil Ihnen nichts einfällt, vielleicht aber auch, weil sie wirklich nichts tun wollen oder weil es einfach schön ist, so da zu sitzen und zu schauen, was um einen herum so alles Interessante passiert. Die meisten Sodasitzer haben aber Münder und könnten auch sprechen, aber sie tun es nicht. Bekannt ist, dass sie hin und wieder aus eigenem Antrieb aufstehen und Kühlschränke oder Toiletten aufsuchen. Warum das Sodasitzen so verbreitet ist und worin dessen Attraktivität besteht, ist leider noch nicht genau erforscht. Eine neue Aufgabe für die Sonderpädagogik?

Wie dem auch sei, der Kümmerer kann diese Sodasitzerei so gar nicht ertragen, weshalb er umgehend mit Kümmerungen beginnt. »Dir ist doch langweilig! Komm, wir malen ein Mandala?«, »Lauf doch ein bisschen im Garten spazieren. Die frische Luft wird dir guttun.« »Wenn du müde bist, leg dich doch hin. Das ist doch unbequem auf dem Stuhl da!«, »Setze dich doch zu den anderen und unterhalte dich mit Ihnen! Dann ist dir nicht so langweilig« ... Mit solchen Sätzen versucht der Kümmerer die weit verbreitete Methode der Aktivierung einzusetzen und Sinn in das doch offensichtlich triste Dasein der

Sodasitzer zu bringen. Und manchmal wird er auch in seinen Kümmerungen bestätigt, nämlich dann, wenn der ein oder andere Sodasitzer nach der ein oder anderen Kümmerung auf die Frage des Kümmerers »Schönes Mandala! Das hat dir jetzt aber gefallen, nicht!«, »Gell, das war doch jetzt gut, die frische Luft!« oder »Siehst du, jetzt bist du wieder ausgeschlafen!« brav mit ja antwortet.

Kümmerer produzieren Ideen, was man machen kann. Das ist grundsätzlich nicht so schlecht. Vielleicht wollen Sodasitzer Hilfe beim Überlegen, was man so alles machen kann. Vielleicht aber auch nicht? Manchmal ist es eine Gratwanderung. Warum nicht mal innehalten und mit Sodasitzern zusammen etwas überlegen? Oder einfach mal so dasitzen!

Die Mediatorin

Alltag in einer Werkstatt. Seit zwei Monaten arbeitet Leon hier im Freiwilligen Sozialen Jahr. Er ist nett, fühlt sich wohl in seiner neuen Wirkungsstätte und kommt bei allen Mitarbeitern gut an. Besonders bei jungen Mitarbeiterinnen ist er ein begehrter Schwarm. Bis es ein seltsames Gerücht gibt: Leon habe bei einer Umkleidesituation vor der Sportstunde Andrea, die junge Mitarbeiterin aus dem Berufsbildungsbereich »begrapscht«. Gegenüber den Gruppenleitern und einer eigens eingesetzten Mediatorin sagt Andrea aus, dass dies nicht zutreffe. Die Mediatorin jedoch kommt trotz der Aussage von Andrea zu dem Schluss, dass Leon sexuell übergriffig geworden sei. Andrea habe nicht anders antworten können, da sie ihr Idol »»vergöttere« und seine Aggression ihr gegenüber verdrängen müsse, da dies nicht mit ihrem Bild des geliebten Mannes in Übereinstimmung gebracht werden könne – im Sinne der Identifikation mit dem Aggressor. Ein Mitarbeiter aus der Werkstatt fragt daraufhin: Was hätte Andrea denn antworten müssen, damit das Ergebnis gewesen wäre: er hat mich nicht sexuell bedrängt?

Der Moralist

Immer wenn es heißt »... man muss doch...« oder »... man kann doch nicht ...« ist mit einer moralischen Keule zu rechnen. Beginnend mit dem »MAN ...«. Womit ein allgemeiner Konsens, eine Konvention oder eine verbindliche ethische Norm herausgestellt wird. Im zweiten Teil wird diese Norm definiert.

Moral ist ein überaus wirkungsvoller Kommunikationskiller. Wer die Moral auf seiner Seite hat, muss keine wirkliche Auseinandersetzung fürchten, er macht sich annähernd unangreifbar. »Ich kann doch so einen behinderten Menschen nicht ins offene Messer laufen lassen!«, »Selbstbestimmung ist ja schön und gut, aber manche Situationen können die nicht übersehen!«

Selbstbestimmung, schön, aber ... Das ist dann schon eine Doppelmoral. Doppelmoral ist keineswegs eine doppelt so gerechtfertigte Moral, sondern schlicht und einfach Heuchelei. Selbstbestimmung ist in den Augen so manches Moralisten eben nicht »schön und gut«. Nur merke, solche vielfache Moral gibt es auch auf der Seite der Selbstbestimmungs-Moralisten.

Der Pflicht-Verteidiger

Der Pflicht-Verteidiger ist eigentlich schnell kategorisiert. Er plädiert einfach für Gerechtigkeit. Die Kollegen reden jetzt immer gerne von den Rechten, die Menschen mit Behinderung hätten. Das ist noch viel schlimmer geworden seit dieser UN-Konvention. Und da muss man dann einfach immer wieder an Folgendes erinnern:

»Wer Rechte hat, der hat auch Pflichten!«

Diese Aufgabe übernimmt er gerne. Und weil ja schon alle anderen ständig von den Rechten reden, kümmert er sich dann in erster Linie um die Pflichten. Sonst gehen die ganz unter!

Mit dem Pflicht-Verteidiger ist es wie im richtigen (Gerichts-)Leben. Man kriegt ihn, aber aussuchen kann man ihn sich nicht!

Der Selbstbestimmungs-Erzieher

»Sie fragen, warum die Bewohner schon um 20:00 Uhr im Nachtzeug hier unten sitzen? Das machen die selbstbestimmt. Überhaupt bei uns die entscheidende Richtschnur! Übrigens war das schon früher so. Das ist hier sozusagen Tradition. Sie kennen das ja. Die Behinderten wollen solche Rituale. Die helfen einem ja auch über den Tag. Und die haben ja auch was davon. Sie können bis Punkt zehne hier sitzen und fernsehen. Um zehne ist sowieso Schicht. Da kommt heut die Maria, die hat Nachtbereitschaft. Und die wollen der Maria ja auch eine Freude machen. Und sie glauben gar nicht, wie sich die Maria jedes Mal freut. Das müssten Sie sich eigentlich mal ansehen. Das ist immer schön.«

Als Selbstbestimmung erscheint dann, was über jahrelange pädagogische Interventionen soweit erarbeitet wurde, bis das Ritual sich verselbstständigt hat, und dann machen »die« das aus eigenem Willen. Oder um den Betreuern zu gefallen. An der Selbstbestimmung ist hier lange und hart gearbeitet worden. Merke: Es ist immer gut, hinter die Verpackung zu schauen.

Der selbstlose Egozentriker

»... noch vor zwei Jahren haben die Kollegen gesagt, dass Georg das nie schafft, alleine zu wohnen. Aber denen haben wir es gezeigt. Es war viel Arbeit, aber es hat sich gelohnt. Ich habe die Mutter ruhig halten müssen. Dann haben wir jeden Schritt geübt: Einkaufen, ein bisschen Kochen, Hygiene und was alles dazu gehört. Man muss schon was investieren, wenn man so ein Projekt anpackt. Mittlerweile habe ich meinen Chef hinter mir. Die Mutter ist immer noch im Daueralarm, aber wir haben jetzt ein wöchentliches Telefondate, und da kann ich sie auch wieder runterbringen.«

Der selbstlose Egozentriker ist so selbstlos auch wieder nicht. Die Bestimmung des von ihm begleiteten Menschen mit Behinderung liegt darin: Er sorgt dafür, dass sein Begleiter wahre Größe erlangt. Der Pragmatiker wird dazu sagen, darüber solle man keine Worte verlieren, es komme schließlich auf das Ergebnis an.